수제 원목가구 제작 가이드

고급 목가구
손수 만들기

수제 원목가구 제작 가이드

고급 목가구
손수 만들기

ANDY RAE 저

최석환 역

백주현 감수

씨아이알

- 영혼의 자유를 꿈꾸는 모든 목공인을 위하여 -

모든 사회적·기술적 장애를 극복하는 데 앞장섰던, 그리고 행복했던 목공인 Paul McClure 에게 감사드립니다. 그가 이 땅에 남기고 간 지혜를 이제 우리가 열매로 거둬들일 수 있기를 바랍니다.

감사의 글

먼저 The Taunton Press의 편집인들에게 진심으로 감사드립니다. 부 발행인 Helen Albert는 날카로운 안목을 지닌 분으로, 너무도 버거워 보였던 아이디어를 실현할 수 있게 해주었고, Jennifer Renjilian과 Tom Clark는 항상 신속하게 업무처리를 도와주었습니다. 이 세 사람과 같이 일하게 된 것은 행운이었습니다.

사진 작업을 멋지게 해준 Commercial Color in Allentown, Pennsylvania, Iris Photography in Asheville, North Carolina의 관계자 여러분께 감사드립니다. 사진작가 John Hamel은 직접적으로 혹은 원거리에서 도움을 주었는데, 여러 해 동안 정밀 사진 작업을 도와주었기에 특별히 감사드립니다.

나는 많은 목공인, 글 쓰는 분들과 개인적으로 알고 지내는 행운이 있었습니다. 목공 및 글쓰기를 직접 혹은 간접적으로 격려하고 가르쳐준 분들께 깊이 감사드립니다: 창의적인 나의 어머니 Johanna Weir와 두 분의 예술적인 아버지 Jud Rae, Walter Weir. 이 세 분은 무엇을 만드는 걸 매우 좋아했습니다. 감사드려야 할 분이 너무나 많습니다: 제대로 하는 것이 가치가 있다는 것을 보여준 형 Gurnee Brrett; George Nakashima가 주는 무언의 권위, Frank Klausz의 보여지는 권위, 그리고 Toshio Odate의 유무언의 권위; 금속공예를 도와준 Dave Cann and Paul Connor; Kerry Gordon, Michael Christ, Chris Fraznick 등 Arcosanti의 목공에 미친 사람들; 항상 가능하다고 말한 Fred Matlack; 꼼꼼하게 물어보는 Sue Taylor; 천방지축이지만 마음이 따뜻한 Dave Sellers; 작은 것에도 신이 나는 Jim Cummins; 목공을 즐겁게 만드는 Rich Wedler; 목공인을 신뢰하는 Jonathan Frank; 목공에 대한 지혜를 보여준 Palmer Sharpless; "Old" Jim, Michael Burns, Jim Budlong, David Welter는 멀리서도 가르쳐주었고; William Draper는 내가 여러 가지 시도를 해볼 수 있도록 기회를 주었고; 통찰력을 보여준 Tim Snyder; 이전 Nakashima를 계승한 Mira Nikashima; 어려운 작업을 조용히 수행한 Lonnie Bird; 적극적으로 문제해결을 도와준 Edward Schoen; 도전을 좋아했던 Kitty Mace; Pat Edwards는 목공인을 따뜻이 맞아주었으며; Ned Brown는 나에게 영감을 주었고; 신사 목공인 Simon Watts; 고집과 호의를 동시에 보여준 Steve and Susan Blenk; 젊은이에게 설치 예술을 알려준 Tom Brown; 공구 전문가 Leonard Lee; 나의 첫 번째 편집자 Kevin Ireland; 늘 호기심을 자극했던 David Sloan; 모험을 좋아했던 Frank Pollaro; 절실할 때 늘 도움이 된 Mike Dresdner; 열정과 예술적 영감을 보여준 Eric Stang; 늘 멋지게 피드백을 해준 Paul Anthony; 내가 목공 분야에서 살아있게 도와준 Janet Lasley; 인내와 계획의 중요성을 보여준 "Pimo" Metz and John Yarnall; 현명한 답과 해결책을 준 Ellis Walentine; 급한 작업을 도와준 Mike Callihan; Lehigh Valley (Pennsylvania) Guild의 사람들이 보여준 격려; 마음에서 우러나오는 디자인을 할 수 있는 용기를 보여준 Ric Hanisch; 밤늦게 까지 도와준 Peter Kauzman; 목공에 대한 열정이 무엇인지 보여준 Manny Pagan and Yeung Chan.

마지막으로 나의 가족 Lee, Zy, Shade, 그리고 특히 나의 아내 Lee Speed에게 이 책을 집필할 수 있도록 도와준 데 대해서 감사드립니다. 모두 늘 사랑합니다.

목차

  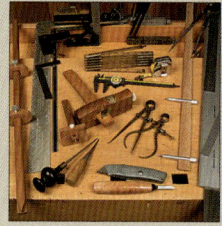  

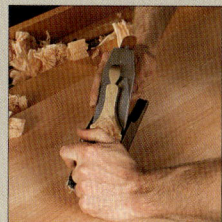

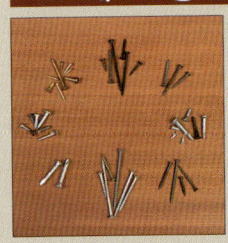 
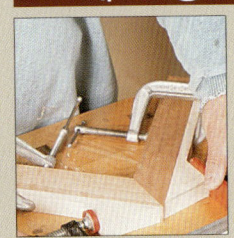

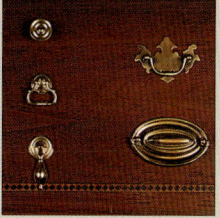

 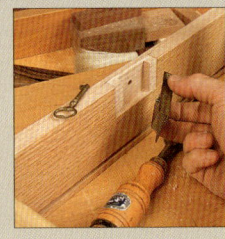 

서론

시간을 가장 만족스럽게 보내는 방법은 가구를 만드는 것이다: 대패질 소리; 사탕소나무(sugar pine)나 동인도 자단(East Indian rosewood)을 새로 켰을 때 나는 진한 냄새; 각국에서 온 다양한 나무 색상, 무늬, 촉감; 모든 작업 과정과 노력이 어우러져 최종 작품이 만들어지는 마지막 순간인, 긴장되지만 재미있는 조립 과정 등이 있다. 얼마나 재미있는가? 목공은 정교하면서도 즐거운 예술이다. 멋진 가구도 보상 받는다.

이런 재미있는 경험을 하려면 목공 작업 및 공구에 어느 정도 숙달되어야 하고, 목재에 대한 충분한 지식을 가지고 있어야 하며, 디자인에 대한 기본 원칙도 이해하고 있어야 한다. 다른 공예와는 달리 가구 및 캐비닛을 만들 때는 많은 지식과 주의력이 필요하다. 필요한 공구와 기법, 그리고 이들을 사용해서 어떤 순서로 작업해야 하는지를 알고 있어야 한다. 작업하는 목재에 눈과 귀를 기울여야 하며, 나무가 완벽한 재료가 아니라는 것을 이해해야 한다. 캐비닛을 만들 때는 조각과 부재가 매우 많기 때문에 잘 정리해야 한다. 부재와 공방을 정리하는 것도 기술의 일부다. 본인의 기술로, 꿈꾸는 모든 가구를 만들 수 있다. 여러분의 상상력이 유일한 한계일 것이다. 이 책이 그러한 기술을 습득하는 시발점이 되길 바란다. 연습하는 동안에도 소소한 여러 즐거움을 누릴 수 있으므로, 충분히 해볼 만한 가치가 있다.

무엇보다도 중요한 것은 인내심이다. 작은 것이라도 숙달되는 데는 시간이 필요하다. 물론 간단하게 해결하는 방법도 있을 수 있다. 경험으로 배울 수 있는 것도 많으며, 책에도 정보가 많다. 여러 방법을 시도해보고 본인에게 맞는 방법을 찾는 것이 중요하다. 목공은 개인적인 여행이다. 가구를 만드는 데 옳고 그른 방법이 따로 있는 것이 아니기 때문이다. 되는 방법으로 하면 된다. 나는 20년 이상 목공에 종사하고 있지만 매일 새로운 방법을 찾는다. 새로운 방법을 찾아낸 후에는 나만의 방법으로 정해놓고 계속 적용하면, 목공이 더 재미있게 된다. 손수 만든 고급스런 목가구에 그게 다 드러난다.

이 책을 보는 법

무엇보다 먼저, 이 책을 선반 위에서 먼지가 쌓이게 놔두지 말고 자주 이용하기 바란다. 익숙하지 않은 새 기법을 적용할 때는 앉아서 책을 펴보아야 한다. 따라서 책은 공방 가까운 곳에 두어야 한다.

이 책은 목공에 관한 주요 내용을 여러 가지 방법으로 설명하고 있다. 다른 실용 분야와 마찬가지로 결과는 같더라도 방법은 여러 가지다. 다음 기준을 적용해서 그중 한 가지 방법을 선택하면 된다:

시간. 서둘러야 하는가, 아니면 느긋하게 즐기면서 수공구를 사용할 수 있는가?

공구. 모든 목공인들이 부러워할 만한 공방을 가지고 있는가, 혹은 수공구 및 전동공구를 충분하게 가지고 있는가?

기술 수준. 초보라서 쉬운 방법을 선호하는가, 아니면 늘 도전하는 자세로 기술을 익히고 있는가?

과제. 실용적인 물건을 만들고 있는가, 아니면 최고의 작품을 만들어서 사람들에게 보여줘야 하는가?

이상의 여러 측면을 만족시킬 수 있는 기법들이 이 책에 설명되어 있다.

본인이 원하는 것을 찾기 위해서는, 먼저 다음 두 가지 질문에 대한 답을 스스로 생각해보아야 한다: 나는 어떤 결과를 원하고 있는가? 그 결과를 얻기 위해서 어떤 공구를 사용할 것인가?

다른 방법을 통하거나, 다른 공구를 사용하더라도 같은 결과를 얻을 수 있는 경우도 있다. 또한 어떤 때는 한두 가지 외에는 다른 방법이 없는 경우도 있다. 그러나 이 책에서는 항상 현실적인 방법을 택하기 때문에 일부 과정에서는 본인이 원하는 방법이 없을 수도 있다. 일반적인 방법은 대부분 설명하고 있으며, 몇몇 기법은 여러분의 목공 기술을 단련시키기 위한 것이다.

책의 내용은 두 단계로 나눠서 구성했다. 단원은 기술적인 분야로 구분했고, 장의 내용은 관련 기법들이다.

장에는 유사한 결과를 주는 기법 및 과정들이 그룹별로 설명되어 있는데, 가장 일반적인 방법을 먼저 설명하고 특별한 공구나 높은 단계의 기술이 필요한 것을 뒤에 설명했다. 아니면 가장 기본적인 기법이 요구되는 것을 먼저 설명하고, 다른 일반 공구를 사용해서 실행할 수 있는 또 다른 방법을 그 다음에 설명하고, 마지막으로 특별한 공구를 이용하는 방법 순으로 설명한 경우도 있다.

각 단원이 시작되는 부분에는 여러 개의 사진과 더불어 쪽 번호가 매겨져 있다. 이것을 목차로 생각하면 된다. 사진은 각 그 단원의 각 장을 나타내는 것이고, 쪽 번호가 시작 위치다.

유사하게, 각 장도 사진으로 시작하는데, 사진은 그룹별로 분류된 기법 혹은 개별 기법을 나타낸다. 각 그룹에 속하는 여러 가지 방법에 대한 목록 및 해당 쪽 번호가 그룹별로 주어져 있다.

각 장은 내용에 대한 간단한 설명으로 시작한다. 여기에는 안전에 관한 내용을 포함하여 일반적으로 중요한 내용들이 포함된다. 작업 공구에 대한 설명, 그리고 필요한 지그 및 보조장치를 만드는 법도 설명한다.

이 책의 구성에서 중요한 것은 단계별 설명이다. 중요한 단계를 설명하기 위해서 일련의 사진을 배열했다. 이어지는 내용이 해당 과정을 설명하고 있으며 손수 따라 할 수 있게 만들었다. 본인이 편한 대로 설명을 먼저 읽어볼 수도 있고 사진이나 그림을 먼저 참고할 수도 있다; 그러나 둘 다

'사진 목차'는 원하는 작업 내용에 관한 설명을 찾아볼 수 있도록 도와준다.

서로 연관이 있는 기법들은 '장'으로 묶어져 있다.

'개요'는 각 그룹별 기법에 관한 일반적이고 중요한 내용을 설명한다. 또한 지그 및 보조장치를 만드는 법, 공구를 다루는 법, 안전 수칙 등을 설명한다.

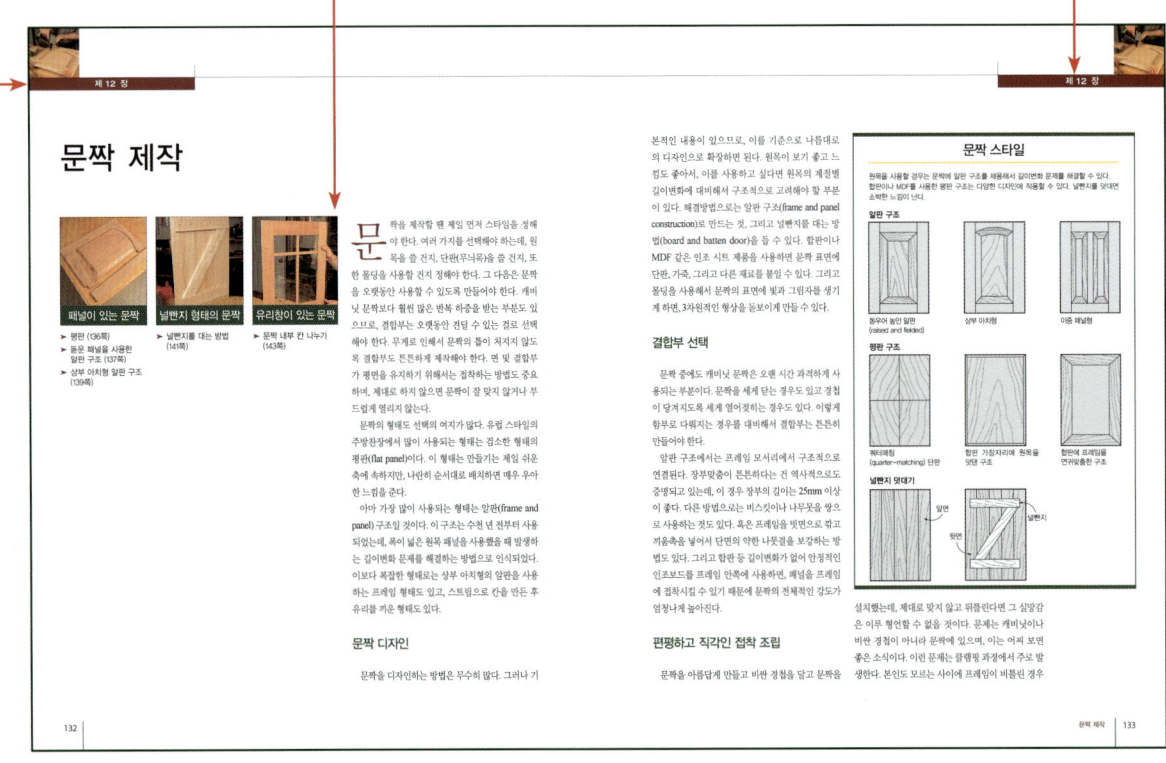

보는 것을 기준으로 책이 구성되어 있다는 것을 알았으면 한다. 다른 방법이 있는 경우에는 별도로 설명한다.

효율적인 설명을 위해서, 다른 쪽에서 관련 내용을 참고하기도 한다. 노란색으로 표시된 참고 표시 영역을 서론 및 각 단계별 설명에서 자주 볼 수 있다.

느낌표 기호, ⚠️로 표시한 내용은 잘 읽어보도록 한다. 안전에 관한 내용인데, 그 중요성은 아무리 강조해도 지나치지 않다. 항상 안전하게 작업하고 보안경, 귀마개 등 안전 장비를 사용해야

한다. 작업 방법이 뭔가 이상하면, 바로 중지하고 다른 방법을 찾아봐야 한다.

궁금한 것이 있을 때 찾아볼 수 있도록 책 뒤쪽에 색인 및 유관 업체명도 첨부했다.

마지막으로, 기억을 더듬을 때나 새로운 것을 배우고자 할 때 이 책을 사용하기 바란다. 독자 여러분이 좀 더 나은 목공인이 되는 데 필수적인 책이 될 수 있도록 만들었으므로, 본인이 좋아하는 평끌만큼이나 익숙해지도록 책을 자주 접하기 바란다.

- 편집자 -

'참고'는 다른 곳에 있는 관련 부분을 연결하거나 더 자세한 설명을 찾아볼 수 있도록 한다.

'단계별 설명'에서는 각 기법을 수행하는 방법을 사진, 그림, 글 등을 통해서 설명한다.

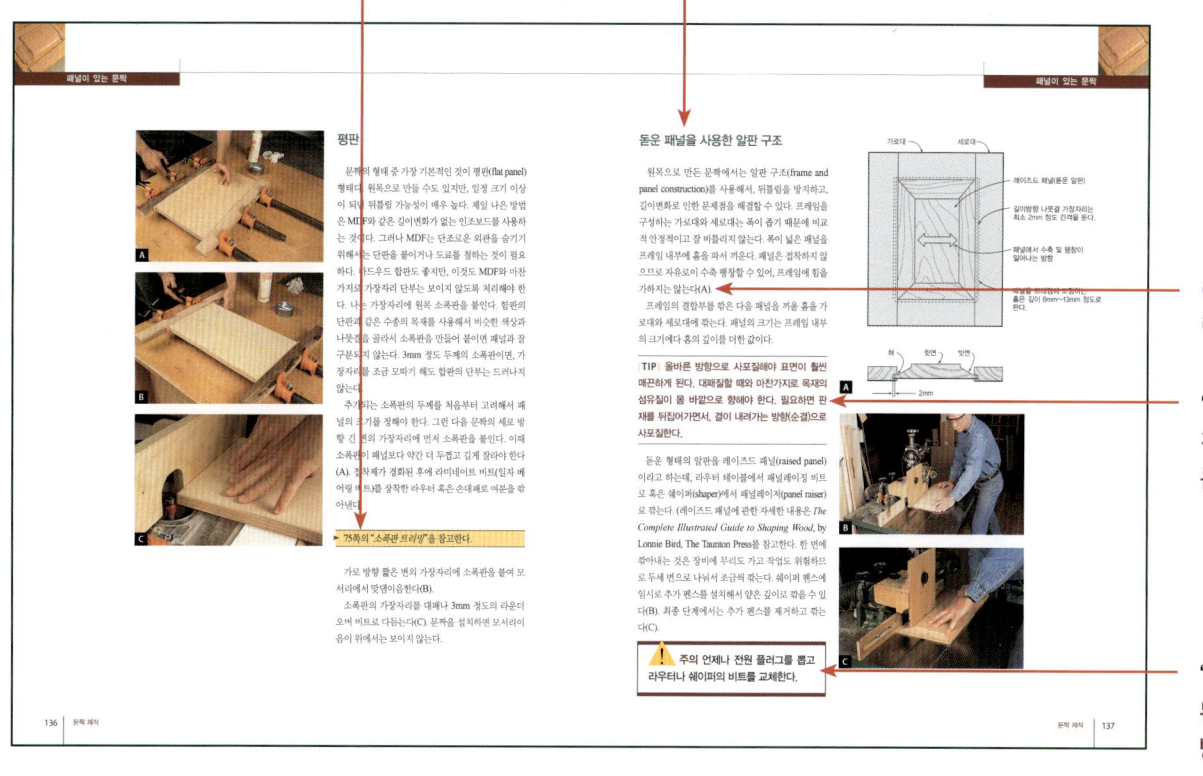

이 부분은 사진 및 그림에 대한 '설명'이다.

'TIP'은 작업을 효율적으로 쉽게 할 수 있는 방법을 설명한다.

'주의'는 작업과 관련된 안전문제 및 대처 방법을 설명한다.

공방 준비물, page 8

목공 장비 및 공구, page 13

목재 가공, page 22

가구 디자인, page 40

공구와 재료

고급 가구를 만드는 데는 세 가지 중요한 요소가 있다: 재료에 대한 이해, 적절한 공구, 그리고 전통적인 기법이다. 목공을 제대로 이해하지 못하면 아주 간단한 작업을 따라 하는 것도 쉽지 않다. 또한 공방에 기본 공구 및 적절한 재료가 갖춰져 있지 않은 경우에도 같은 문제점에 직면하게 된다. 공구가 좋으면 기술이 조금 모자라도 이를 보충해줄 것이라는 기대를 가지고, 재정이 허용하는 범위에서 최고의 공구를 갖춰서 공방을 시작하는 사람도 있다. 반면에 숙달된 목공인이 만드는 일류 작품도, 적절한 공구를 사용하면 더 멋지게 만들 수 있다.

공구와 재료는 필요할 때 하나씩, 주머니가 허용하는 범위에서, 최고의 것을 사라고 권하고 싶다. 하루아침에 고급 기술을 습득할 순 없지만, 여러분의 목공 기술은 계속 좋아질 것이다. 기술이 향상되면 구매도 현명하게 할 수 있고, 구매 욕구가 점점 커지면서, 꼭 필요할 때 적절한 공구를 구입할 수 있게 된다.

공방 준비물

가구 및 캐비닛(보관장)을 만들면 큰 만족감을 느낄 수 있다. 그러나 목표에 도달하기 전에 실망을 하는 경우가 많다. 내가 목공을 처음 시작했을 땐, 공방은 비좁았고, 공구도 달랑 몇 개 밖에 없어서 매우 힘들었다. 내가 처음으로 가구를 만들 때는 온통 문제 투성이었다. 목재를 정밀하게 자르려고 했지만, 조명 및 공간이 충분하지 않았고, 공구도 허용 한계 이상으로 사용했기 때문에 결과가 만족스런 경우는 별로 없었다. 지금 생각해보면, 더 나은 방법도 있었다. 내가 풋내기 시절 겪었던 실망스런 일들을 독자 여러분은 겪지 않도록 도와주고 싶다. 여러 해 동안 즐겁게 목공을 하기 위해서 요구되는 필수 장비 혹은 공구에 대해서 설명할 것이다. 그러나 이것을 절대적인 것으로 간주하지 말고 그냥 참고하기 바란다. 테이블쏘(table saw; 테이블 톱), 충분한 조명처럼 캐비닛이나 가구를 만드는 데 필수적인 것도 있지만, 있으면 좋지만 없어도 되는 것도 있다.

이 책에서 설명하는 대부분의 목공 작업 및 기법은, 설명하면서 보여주는 공구가 아니더라도 다른 공구를 이용해서도 수행할 수 있다. 수압대패(jointer; 손밀이 대패)가 없으면 손대패를 사용해서 집성하면 된다. 원형톱(휴대용 둥근톱)이나 테이블쏘가 없으면 손톱(hand saw)을 사용한다. 말하고 싶은 것은 가지고 있는 것을 사용하라는 것이다. 모두 처음에는 그렇게 시작한다. 목공을 점차 배우면서, 공구뿐만 아니라 어렵게 습득한 기술도 함께 모이게 된다.

공방 공간 및 작업 보조장치

목공 공방에서 필수적인 항목들이 있는데, 이들 대부분은 준비하기도 쉽다. 먼저 밝은 조명은 필수적이다. 자연광이 들어오지 않으면 백열전구와 형광등을 섞어서 사용한다. 부착식 백열 스포트라이트나 작업등은 값도 저렴하고 원하는 곳에 설치할 수 있다. 천장에 형광등을 설치하면 공방 전체가 상당히 밝아진다.

[TIP] 받침에 자석이 붙어 있는 등도 구입할 수 있다. 절제 표면에 붙일 수 있으므로 밴드쏘 등 장비에 직접 부착해서 사용하면 절단 위치를 정확히 확인할 수 있다.

공방 내에서 각 장비의 위치를 정할 때, 조립 공간을 충분히 할당하는 것이 좋다. 캐비닛을 제작할 때는 각 구성품 및 부재가 많기 때문에 공간이 금방 찬다. 장비 및 보조장치 등을 이동식으로 만들어서 필요하면 옆으로 옮겨서 공간을 만드는 것도 한 가지 방법이다.

▶ 11쪽의 "장비의 이동성"을 참고한다.

또한 테이블쏘, 수압대패, 자동대패 등 주요 장비를 같이 모으는 것도 도움이 된다. 공방을 따뜻하게 유지하는 것도 중요하다. 작업자도 안락하지만, 대부분의 마감재와 접착제는 18℃ 이하에서는 제 기능을 발휘

하지 못한다(최근에는 더 낮은 온도에서도 사용 가능한 제품이 시판된다. - 옮긴이).

나의 공방에서는 중요한 작업을 제일 많이 하는 곳인 작업대가 공방 한가운데에 배치되어 있다. 작업대는 아껴서 사용하든지, 불편을 감수할 수 있으면 구비하지 않을 수도 있다. 작업대는 견고하고 튼튼해야 한다. 작업대의 윗면은 편평해야 작업할 때 기준면으로 삼을 수 있다. 그리고 작업 중 밀고 당기고 또한 망치질을 해야 하므로 이를 버티기 위해서는 작업대 상판과 하부는 무거워야 한다.

톱질보조대에 합판을 고정해서 사용할 수도 있지만, 유럽 스타일의 작업대가 가지는 육중한 무게와 작업물을 잡아주는 능력을 따라올 수는 없다. 넓고 무거운 상판은 맞춤 혹은 짜임 작업이나 목공 디자인을 할 때 유용하다. 이런 형태의 작업대는 테일 바이스가 있고, 작업대 윗면과 바이스에는 일련의 구멍이 파여 있어서 목제 혹은 금속제 고정용 쐐기(bench dogs)를 끼워 넣을 수 있게 되어 있다. 작업물을 고정용 쐐기 사이에 끼우거나 바이스로 조여서 작업대 윗면에 붙여 고정할 수 있다. 조각, 깎는 작업 등에 좋고, 특히 대패질할 때 매우 유용하다.

작업물을 작업대 윗면에 단단하게 고정하는 또 다른 좋은 방법은 상판을 관통하도록 구멍을 뚫은 다음 고정장치를 박아 넣는 것이다. 이때 작업물을 손상시키지 않도록 자투리 목재를 대도록 한다. 나는 금속가공을 하는 친구가 있어서 그 친구가 나를 위해서 고정장치(holdfast)를 만들어 주었는데, 목공용품 전문점에서 주문할 수 있다.

작업대 윗면에서 대패질할 때, 목재를 고정용 쐐기에 고정하고 작업하면 편리하다.

작업대 상판을 통과하는 고정장치는, 쐐기작용으로 작업물을 작업대 윗면에 고정하므로, 조각하거나 깎아내는 작업을 할 때 편리하다.

쇼울더 바이스는 턱의 한쪽이 열린 모양이므로 큰 작업물을 넣어서 쉽게 고정할 수 있다. 바이스의 물림턱은 회전하게 되어 있으므로 기울어진 것도 고정할 수 있다.

조립, 고정, 사포작업 등을 할 때 낮은 작업대를 사용하면 작업자의 허리를 보호할 수 있다.

조립 테이블

합판 혹은 MDF, 두께 25mm, 하드우드로 가장자리에 소폭판을 붙인다.

1.5m

1m

19mm 합판 가로대

보관함을 끼우는 나무 러너(runner)

큰 부품을 보관할 수 있도록 입구가 열려 있다.

나사 보관용 플라스틱 보관함

625mm

75mm

75mm

19mm 합판

50mm 하드우드 가로대

작업대 반대편 끝에는 쇼울더 바이스(shoulder vise)를 달면, 긴 판재의 끝을 고정하거나 폭이 변하는 작업물이나 불규칙한 모양의 부재를 잡아주는 데 좋다. 왜냐하면 작업물의 각에 따라 바이스 턱(jaw)이 움직이기 때문이다. 바이스 턱 사이에는 다른 철물이 들어가지 않아야 긴 작업물을 바로 통과시켜 넣을 수 있다. 많은 목공인이 하듯이 작업대를 직접 만들어 쓰거나(*The Workbench Book*, by Scott Landis, Taunton Press 참고), 목공전문점을 통해서 구입하면 된다.

왼쪽에 보인 조립테이블은 작업대를 보완하는 역할을 한다. 윗면의 위치가 낮기 때문에 덩치가 큰 작업물을 편하게 조립할 수 있다. 그리고 접착할 때 혹은 마감재를 칠할 때도 사용할 수 있다. 그리고 아래 공간은 나사, 철물, 클램프 등 여러 공구들을 보관하는 장소로 사용할 수 있다.

공구를 잘 정리해서 관리해야 필요할 때 사용할 수 있다; 이런 용도로 필요한 것이 공구 보관장이다. 작업대 근처에 둔다면 금상첨화다. 공구 보관장은 본인이 직접 만들고, 특정 공구가 들어가도록 내부를 디자인한다. 공구마다 위치를 정해주기 위해서 얕은 서랍 및 작은 공간을 많이 만들어 넣거나 상자형 문짝에 공구를 매다는 것이 좋다. 이렇게 하면 공구를 바로 꺼내 쓸 수 있을 뿐만 아니라, 없어졌을 때도 금방 눈에 띈다. (*The Toolbox Book*, by Jim Tolpin, The Taunton Press에서 공구함 제작에 관한 아이디어 및 정보를 얻을 수 있다.)

이 책에는 작은 지그 및 고정장치에 대한 내용이 많다. 공방에서 만든 지그는 공구 및 작업을 보완하기 때문에 가구 만드는 것이 쉽도록 도와주고 또한 정밀한 결과를 얻을 수 있다. 가구를 만들다보면 지그가 점점 많아진다. 이 책에서 소개하는 목공 기법과 관련된 지그를 몇 개 직접 설계해서 만들어보기 바란다.

지그 자체에 사용하는 방법을 적어두면, 다음에 사

벽에 걸이용 나무막대를 설치해서 지그 및 고정장치
(fixtures)를 보관할 수 있다.

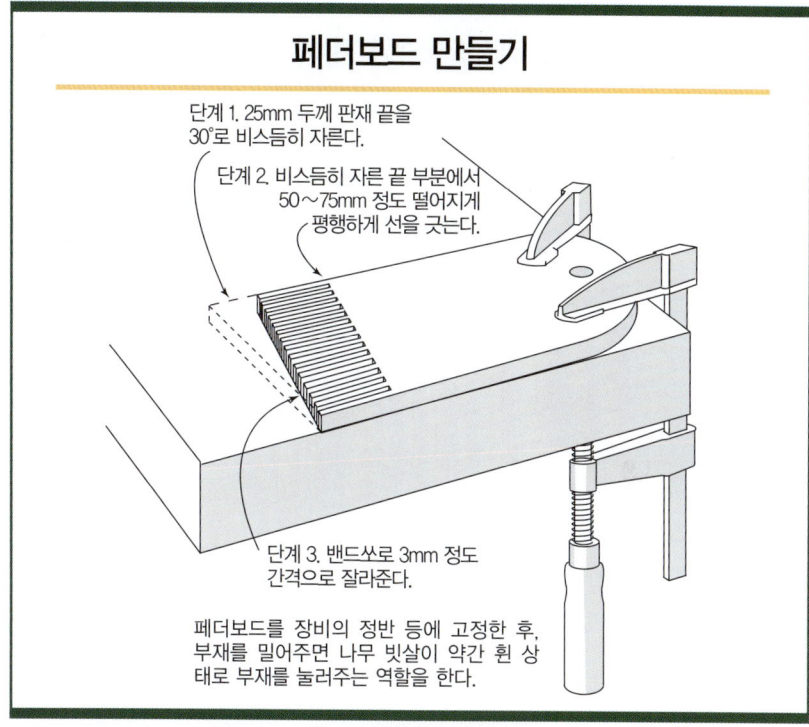

페더보드 만들기

단계 1. 25mm 두께 판재 끝을
30°로 비스듬히 자른다.

단계 2. 비스듬히 자른 끝 부분에서
50~75mm 정도 떨어지게
평행하게 선을 긋는다.

단계 3. 밴드쏘로 3mm 정도
간격으로 잘라준다.

페더보드를 장비의 정반 등에 고정한 후,
부재를 밀어주면 나무 빗살이 약간 휜 상
태로 부재를 눌러주는 역할을 한다.

용하고자 할 때 바로 사용할 수 있다.

지그 제작에 필요한 기본 재료는 공방에서 갖추
고 있는 것이 좋다. 중밀도섬유판(MDF)과 발트해
(Baltic) 자작나무 합판이 매우 좋다. 타카핀, 소형 마
감못, 접착제 등을 이용해서 금방 조립해서 만들 수
있다. 빨리 만드는 것도 필요하지만 정확하게 만들어
야 정밀한 결과를 얻을 수 있다. 지그는 너무 예쁘게
만들려고 애쓸 필요가 없다. 진짜 중요한 것은 지금
만들고 있는 가구고, 지그는 그냥 돕는 용도이다. 공
방에 지그와 고정장치가 많다면, 필요할 때 쓸 수 있
도록 잘 정리해서 관리해야 한다. 벽면을 이용하는 것
이 좋다.

장비의 이동성

내가 공방을 꾸밀 때 가장 잘한 것이 거의 모든 기
계 및 고정장치에 바퀴를 단 것이다. 장비의 이동성을
좋게 만들어 놓으면, 예를 들어 복잡하거나 제법 큰
보관장을 만들기 위해서 큰 공간이 필요할 때 공간을
재조정하기 쉽다.

큰 장비도 시판되는 이동형 받침대에 설치할 수 있

이동식 받침대를 사용하면
무거운 기계 장비 및 설비
를 쉽게 옮길 수 있다. 따
라서 전력선도 충분히 길
게 만든다.

대차(dolly) 제작

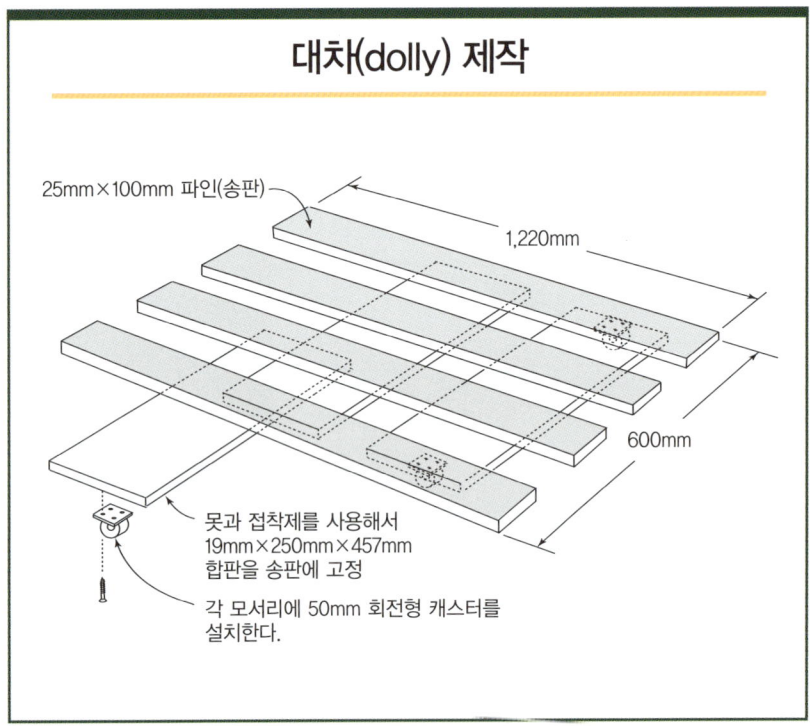

25mm×100mm 파인(송판)

1,220mm

600mm

못과 접착제를 사용해서
19mm×250mm×457mm
합판을 송판에 고정

각 모서리에 50mm 회전형 캐스터를
설치한다.

대차(dolly; 돌리)를 만들어서 사용하면 가구를 안전하게
보관하는 데 도움이 된다. 완성된 가구를 안전한 공간으로
쉽게 옮길 수 있기 때문이다.

공방의 테이블과 보관장에 큰 캐스터(casters)를 설치하면 이동형 작업장이 된다.

밑에 튼튼한 브레이크형 캐스터를 달면 이동하면서
사용할 수 있는 장점이 있다. 잠금장치가 이중인 브레
이크형 회전 캐스터가 제일 낫다: 이것은 바퀴 및 회
전판이 동시에 고정되기 때문에 캐비닛이 흔들림 없
이 고정된다.

　작업 중에 작업물을 공방 내에서 이리저리 옮기거
나, 마감재를 칠하면서 부재를 돌려야 할 때, 왼쪽 위
그림처럼 송판이나 합판으로 대차(dolly)를 만들어
사용하면 편리하다. 이렇게 만든 대차는 쉽게 다룰 수
있고, 가볍고, 또한 편리하게 실을 수 있다. 그럼에도
불구하고 상당한 무게를 지탱한다.

다. 나는 20인치(508mm) 밴드쏘(bandsaw, 띠톱)를
바퀴 달린 이동형 받침대 위에 설치해서 사용하는데,
고정해야 할 때는 아래를 작은 쐐기로 받친다. 쐐기를
빼고 뒷바퀴를 풀면, 체구가 작은 사람도 250킬로그
램에 이르는 이 거대한 장비를 옮길 수 있다.

　공방 테이블이나 캐비닛에도 다리나 상자형 뼈대

목공 장비 및 공구

시중에 있는 목공 장비 및 공구를 전부 가질 수 있으면 좋겠지만 - 그것을 놓을 수 있는 공방도 같이 - 겨우 몇 개만 가지고 버티는 것이 현실이다. 그렇지만 몇몇 장비는, 전문적으로 하든 아니면 취미로 하든, 가구제작자의 공방에는 반드시 있어야 한다. 그중 제일 첫째가 테이블쏘다.

캐비닛을 제작하는 공방에서 테이블쏘는 가장 중요한 공구라 할 수 있는데, 다양한 용도로 사용될 수 있다. 길이와 폭에 맞춰 목재를 자르고 켤 수도 있고, 단면이 가늘어지는 사선가공(taper; 테이퍼)이나 안이 오목한 코브(cove)에서부터 몰딩이나 기타 비선형적인 모양까지도 지그나 액세서리만 있으면 모든 종류의 결합부를 깎을 수 있다. 큰 패널이나 긴 판재를 사용하는 작업을 하려면 테이블쏘의 옆 및 뒤쪽에 전용 테이블 혹은 롤러 등으로 지지해야 한다. 테이블쏘는 공간을 많이 차지하는 장비다. 이상적으로 말하면, 톱날의 전후로 각각 5m가 필요하고, 톱날의 옆방향으로는 한쪽으로 3m 이상이 필요하다. 가구 제작용으로는 컨트랙터 테이블쏘 정도로도 나쁘지 않다. 그러나 두꺼운 원목을 켤 때는 3~5마력의 캐비닛 테이블쏘를 사용해야 충분한 힘과 정밀도를 얻을 수 있다. (테이블쏘에는 작고 이동식인 벤치탑(benchtop)형, 조금 더 크고 바퀴 달린 받침대에 고정된 컨트랙터(contractor)형, 육중한 캐비닛(cabinet)형, 그리고 컨트랙터형과 캐비닛형의 중간 정도인 하이브리드(hybrid)형이 있다. - 옮긴이)

테이블쏘의 톱날은 좋은 것을 사용해야 한다. 일반적인 자르기와 켜기 용도로는 40p(톱날의 갯수)의 다용도 ATB(alternate-top bevel) 톱날이면 충분하다. 두꺼운 원목을 켤 때는 24p의 FT(flat-top) 켜기용 톱날을 사용하면 매끈한 절삭면을 얻을 수 있다. 다도날(dado blade)을 붙여서 사용하면 바닥면이 편평한 홈이나 반턱을 깎을 수 있다.

작업물은 항상 조기대(기준대)나 마이터 게이지(miter gauge)에 대고 작업해야 안전하다. 혹은 이들 장치에 붙여 사용하는 지그를 이용한다. 절대로 손으로만 잡고 작업하지 않는다. 기본적인 마이터 게이지를 사용하면 대부분은 목재를 정확하게 자를 수 있지만, 목재가 커지면 작업이 약간 어려워진다. 마이터 게이지로는 큰 부재를 섬세하고 안전하게 다룰 수 없기 때문이다.

테이블쏘는 모든 공방에서 가장 주된 장비다. 길고 폭이 넓은 판재를 자를 때는 튼튼한 자르기용 지그를 제작해서 사용하는 것이 좋다.

이 경우에 나는, 마이터 게이지를 크게 확대한 것과 비슷하게 지그를 만들어 사용한다. 마이터 게이지와 마찬가지로 이 지그로 작은 부재도 자를 수 있지만, 길고 폭이 넓은 판재도 자를 수 있다. 매우 큰 부재로 작업할 때는 클램프로 부재를 지그에 고정하고 전체를 밀어서 자른다.

[TIP] 장비의 작업면은 깨끗하게 유지하도록 하고, 정기적으로 왁스(paste wax)를 칠해주면 면을 보호할 수 있다. 일반 가구용 왁스를 사용하며, 차량용 왁스는 연마재가 들어 있으므로 사용하지 않는다. 먼저 천을 사용해서 왁스를 충분히 바른 다음 깨끗한 천으로 세게 문지르고 닦아낸다. 이렇게 면을 매끈하게 만들어두면 녹도 잘 생기지 않고 부재를 밀면서 하는 작업이 쉬워진다.

아랫부분이 트인 자르기용 지그

762mm

1/4-20×1 1/2in.
(지름 6mm, 나사산 피치 20,
길이 38mm) 볼트

철제 레일, 10mm×19mm×610mm
(3/8×3/4×24in.)

19mm 합판 세 장을
접착시켜서 만든다.

95mm

50mm

25mm 지름으로 카운터싱크
(countersink)를 파서 소켓 렌치로
볼트 머리를 죌 수 있게 만든다.

펜스 고정용 나사를
박기 위한 구멍 및
카운터싱크를 뚫는다.

#8×2-in.(50mm) 나사

볼트 구멍을 뚫는다.

테이블쏘와 관련 부대용품 및 지그를 갖춘 후에는 경제적 여건이 허락하는 범위에서 다음에 설명하는 장비를 구비한다. 인터넷이나 경매를 통해서 중고품을 싸게 구입할 수도 있지만, 꼼꼼하게 검사한 후에 구입해야 한다. 내가 선호하는 순서대로 설명한다.

수압대패는 판재의 넓은 면과 좁은 단면을 판판하고 깎을 때 사용한다. 수압대패는 정반의 폭으로 구분한다; 150mm(6-in.) 및 200mm(8-in.) 수압대패가 일반적이다(국내 공방에서는 8~12인치가 많이 사용된다. - 옮긴이). 탁자 상판이나 패널 등 폭이 넓은 판재를 깎기 위해서는 정반의 폭이 넓을수록 좋다. 안전을 위해서 길이 300mm 이하의 작은 목재로는 작업하지 않으며, 손이 커터헤드 구역을 지나갈 땐 밀대(push stick) 혹은 푸시블록(push block)을 사용해서 민다.

수압대패에서 목재의 한 면을 매끈하게 깎은 후에 자동대패에서 반대편 면을 깎아서 일정한 두께의 판재로 만든다. 자동대패는 사실 판재를 판판하게 깎는 것은 아니다(별도의 지그를 사용하면 이것도 가능하다). 수압대패와 마찬가지로 자동대패도 폭이 넓은 것이 좋으며, 일반적인 모델이 300mm(12-in.)에서 380mm(15-in.) 정도다. 300mm(12-in.) 혹은 330mm(13-in.) 벤치탑(benchtop)형 자동대패는 비싸지도 않고, 유니버스 모터(직교류 겸용 모터)의 분당 회전수(rpm)가 높아서 칼날이 매우 빠른 속도로 회전한다. 따라서 작업하기 힘든 나무 혹은 괴목에서도 매끈한 면을 얻을 수 있다. 주철로 만든 대형 주물형 자동대패는 프레임이 튼튼하고 강력한 유도 모터를 장착하고 있기 때문에 한 번에 깎아낼 수 있는 두께가 커서 공장의 대량 생산용으로 적합하다.

밴드쏘는 매우 쓸모가 많으며, 곡선으로 자를 때 특히 유용하다. 그러나 폭이 넓은 톱날(13mm 이상; 1/2in.이상)을 장착하고 조기대(기준대)를 사용하면, 겹합부를 깎을 때나 곧게 자르는 경우에도 매우 좋다.

거친 제재목이나 매우 두꺼운 목재를 켤 때는, 예를 들면 판재를 얇게 단판으로 켤 때는 정밀도, 사용 편이성, 안전성 면에서 밴드쏘를 따라 올 것이 없다.

밴드쏘는 톱날의 보호덮개와 본체 기둥 사이의 거리인 쓰로트(throat)로 구분하는데, 이것이 작업 가능한 최대폭이다. 작업 가능한 높이는 보호덮개 아래쪽까지 높이가 되는데, 높을수록 좋다. 대부분의 356mm(14-in.) 밴드쏘는 라이저블록(riser block)을 삽입해서 기둥의 높이를 늘일 수 있게 되어 있다. 보통 406mm(16-in.) 이상인 유럽 스타일의 밴드쏘가 점점 일반화되어 가고 있는데, 작은 밴드쏘보다 훨씬 낫다. 프레임이 튼튼하고 모터가 강력하고, 톱날 가이드 시스템이 매우 좋기 때문에 크고 두꺼운 목재로도 온종일 무리 없이 작업할 수 있다.

정밀한 빗각켜기 혹은 일반적인 자르기 작업을 할 때, 요즘은 방사톱(radial-arm saw) 대신에 각도절단기(miter saw, chop saw)가 많이 사용된다. 슬라이딩 각도절단기(sliding miter saw)는 판재 폭 300mm까지도 자를 수 있다. 각도절단기 톱날 어느 한쪽 방향에 지지 테이블을 설치하면 최고다. 또한 위로 젖힐 수 있는 멈춤장치를 달면, 같은 길이로 반복해서 자르는 작업을 할 때 매번 자로 재지 않아도 되므로 편리하다.

라우터를 테이블에 붙이면 작업 능력이 좋아지며, 작은 규모의 쉐이퍼(shaper)로도 사용할 수 있다. 테이블에 라우터를 거꾸로 장착해서 사용하는데, 작은 목재를 다듬을 수 있고, 같은 형태의 결합부를 반복적으로 깎을 수 있고, 또한 작은 부재를 보다 안전하고 정교하게 깎을 수 있다. 라우터 테이블과 펜스는 직접 만들어 쓸 수도 있고, 풀세트로 구입하거나 아니면 개별 부품을 구입해서 조립할 수도 있다. 여차하면 라우터를 거꾸로 바이스에 물릴 수도 있다. 편평한 상판과 튼튼하고 곧은 펜스가 중요하므로 잘 살펴봐야 한다. 비트가 크면(38mm 이상; 1 1/2in. 이상) 낮은 회전수에서 사용해야 하므로 라우터 테이블이 큰 경우는 회전속도를 조절할 수 있는 가변 라우터(variable speed router)를 구하는 것이 좋다.

구멍을 뚫을 때, 특히 큰 비트를 사용할 때는 탁상드릴을 사용하면 전기드릴을 사용할 때보다 더 안전하며, 작업도 정교하게 할 수 있다. 또한 여러 드릴 지그와 고정장치를 붙여서 작업할 수 있다. 탁상드릴에 붙여 장붓구멍을 팔 수 있는 장치(mortising attachment)도 있다. 작업대에 여유 공간이 있으면 작업대에 올려놓을 수 있는 벤치탑(benchtop)형이 좋은데, 가격도 싼 편이다. 바닥에 세우는 형태(floor형)는 긴 부재를 뚫을 수 있는 장점이 있다.

사발을 깎거나 스핀들 선반가공을 하려면 목선반이 필요하다. 센터 사이의 거리가 810mm~910mm(32~36in.)인 벤치탑형이면 탁자 다리 등 대부분의 스핀들(spindle) 가공을 할 수 있다. 그러나 침대 기둥 등을 깎을 때는 베드의 길이가 긴 목선반이 필요하다. 또한 큰 사발을 깎을 때는 헤드스톡 및 테일스톡과 베드 사이의 높이, 즉 스윙(swing)이 커야 한다. 큰 가공을 주로 할 예정이면 공방 바닥에 놓는 크고 무거운 목선반을 구한다.

기본적인 전동공구

대형 장비를 보완해줄 수 있는 이동식 소형 전동공구도 몇 개 필요하다. 사실 여차하면 큰 장비 대신에 유사한 기능을 가지고 있는 작은 전동공구를 사용할 수 있다. 기본적인 전동공구로는 곡선 작업을 할 수 있고 내부를 잘라 낼 수 있는 직쏘(jigsaw); 단시간 내에 튼튼하고 정확한 집성을 가능케 하는 비스킷 조이너(biscuit joiner); 임의 크기의 목재 면을 편평하게 다듬거나 사포질할 때 사용하는 원형 샌더(random-orbit sander) 및 벨트 샌더(belt sander); 큰 패널을 작

주요 이동식 전동공구(왼쪽 아래로부터 시계 방향으로): 직쏘, 비스킷 조이너, 원형 샌더, 벨트 샌더, 플런지 라우터, 고정형 라우터, 충전드릴

은 크기로 자를 때 사용하는 원형톱(circular saw); 장붓구멍 및 홈을 팔 때, 그리고 큰 비트를 사용할 때 필요한 3마력의 가변 플런지 라우터(variable-speed plunge router); 이외에 굳이 대형 플런지 라우터를 사용하지 않아도 되는 작업, 그리고 판재 위쪽에 라우터를 올려놓고 가공하는 작업에 사용할 수 있는 중간 크기의 고정형 라우터(fixed base router); 아무데서나 구멍을 뚫고 나사를 박을 때 사용할 수 있는 충전드릴(cordless drill) 등을 들 수 있다.

▶ 81쪽의 "충전드릴과 나사"를 참고한다.

이 외에도 추가로 공방에서 갖출 수 있는 공구 및 기계가 많이 있다. 그중 일부는 나도 가지고 있고, 지금은 없지만 앞으로 장만하고 싶은 것도 있다. 그러나 없어도 괜찮은 것도 있다. 가장 유용한 것을 말하자면 쉐이퍼(shaper)다: 쉐이퍼는 라우터 테이블보다 더 강력하고 정밀하기 때문에 매우 큰 몰딩 및 폭이 넓고 큰 목재도 가공할 수 있다. 장붓구멍을 팔 때 사용할 수 있는 벤치탑형 각끌기(hollow-chisel mortiser); 사포 기능도 좋지만, 부재의 모양을 다듬거나 정확하게 깎아낼 때 유용하게 쓸 수 있는 벨트 디스크 샌더(belt-disk sander); 오목한 곡면을 과감하고 매끈하게 사포질하는 스핀들 샌더(oscillating spindle sander);

작아서 잡기 편하지만, 강력해서, 손에 들어오는 미니 쉐이퍼로 느껴지는 트리머(laminate trimmer); 회전날을 장착해서 목재를 빠르게 파낼 때 사용할 수 있는 디스크 그라인더(right angle disk grinder); 상감을 하거나 퍼즐을 만들 때, 혹은 곡선으로 정확하게 잘라야 할 때 그리고 안쪽 면을 매끈하게 잘라야 할 때는 실톱기계(scroll saw; 스크롤쏘)가 필요하다; 컴프레서와 결속용 철물을 정확한 위치에 박을 수 있는 크고 작은 스테이플건(staple gun; 타카)과 네일건(nail gun, 타정기); 진공 펌프와 비닐백 혹은 대형 베니어 프레스(이것도 공간을 많이 차지한다)가 있으면 많은 클램프를 사용하지 않고도 단판을 접착시킬 수 있다. 또한 라우터가 여러 개 있으면, 각기 서로 다른 비트를 장착해 두고 사용할 수 있고, 라우터용 지그 전용으로 쓸 수도 있어 편리하다.

내가 좋아하는 목공구

나의 공방에서는, 목재를 다듬고 자르고 사포질하는 데 사용되는 수공구가 모든 전동공구를 합한 것보다도 더 중요하다. 그것은 정밀도 및 목재 표면을 깎는 수준이 수공구를 능가할 수 없기 때문이다. 추가로 이들 공구는 비교적 소음과 먼지가 적다. 물론 제대로 사용하기 위해서는 기술이 필요하다. 사포질할 때, 점점 고운 사포를 좋아하게 된다면, 이제 대패, 끌 등 날이 있는 공구의 사용법을 제대로 익혀야 할 단계에 도달한 것이라 생각하면 된다.

여러 종류의 대패를 비롯하여 내가 가장 좋아하는 수공구를 맞은편 쪽의 그림에 실었다. 나는 면접기 대패(beading plane; 구슬선용 대패), 홈대패(rabbet plane) 등 몰딩대패(molding planes)로는 목재를 파거나 둥글게 깎을 때 사용하는데, 조용하게 작업하고 싶을 때 혹은 전동공구로는 내가 원하는 모양으로 깎기

합판으로 선반을 만든 후, 다양한 크기의 구멍을 뚫어서 라우터 비트와 드릴 비트를 꽂아 정리한다.

필요한 목공구들. 위: 벤치플레인(bench plane), 블록플레인(block plane), 홈대패(rabbet plane), 스포크쉐이브 spokeshave), 스크레이퍼. 아래: 활톱(bow saw), 실톱(coping saw), 등대기톱(back saw), 주먹장용 등대기톱(dovetail saw), 플러그톱(flush saw), 베니어톱(veneer saw), 환(rasp), 목공선반 끌(lathe chisels), 평끌(bench chisels), 조각끌(carving chisels)

필수적인 측정 및 표시 공구(왼쪽 아래로부터 시계 방향으로): 핀치로드(pinch rod; 상자형 빼대 구조가 직각인지 판단하기 위해서 사용하는 나무 막대로 길이를 조절할 수 있다. - 옮긴이), 여러 크기의 직각자, 핀컴퍼스(trammel points on stick and compass), 줄자, 직선자, 곧은자(straightedge), 내경 및 외경 캘리퍼, 그무개, 송곳, 칼, 다이얼 버니어캘리퍼

어려운 경우에 주로 사용한다. 몰딩대패의 종류는 수백 가지만, 현재 시판되는 것은 몇 가지뿐이다; 그래서 벼룩시장이나 골동 공구상에 들러서 구하기도 한다. 다른 중요한 공구로는 손톱, 줄, 환, 끌 등 일반적인 자르기 및 깎기 작업을 수행할 때 사용되는 공구다.

드릴이나 라우터를 사용하려면 일련의 비트 및 액세서리가 필요하다. 이들을 선반 위에 정리하면 한 눈에 바로 찾아 사용할 수 있다. 샌크 지름이 12mm(1/2-in.) 및 6mm(1/4-in.)인 것으로, 예산이 허용하는 범위에서 여러 형태의 라우터 비트를 구비해두면 다양한

형태로 모따기, 홈파기, 반턱깎기, 장부깎기, 템플릿 작업 등을 할 수 있다. 라우터 비트 외에도 나무와 금속에 구멍 혹은 길잡이 구멍을 뚫을 때 사용하는 일반적인 트위스트 비트, 구멍의 들어가는 부분과 나오는 부분을 매우 깨끗하게 깎아주는 목공용 트위스트 비트, 주로 탁상드릴에서 바닥이 편평한 크고 작은 구멍을 뚫을 때 사용하는 포스너 비트, 포스너 비트만큼 정밀하지는 않지만 저렴하고 전기드릴에 장착하여 사용하기 편리한 스페이드 비트, 그리고 나사 샌크 및 나사머리를 박기 위해서 혹은 목심을 제조하기 위해서 사용되

는 여러 종류의 카운터씽크(countersink), 카운트보어(counterbore), 플러그커터(plug cutter) 등이 필요하다.

기본적인 측정 및 표시 공구

결합부를 디자인할 때, 부재를 측정하고 정밀하게 표시할 때 쓰이는 공구는 좋은 것이 많다. 정밀도에 직접 영향을 주기 때문에 좋은 것을 구입하도록 권한다. 직접 만들어 사용할 수 있는 것도 있다.

측정 및 표시 공구는 기본적인 직선자 및 줄자로부터 상자형 뼈대구조의 대각선 방향 길이를 비교해서 직각 여부를 판단할 때 사용하는 핀치로드(pinch rod)처럼 조금 특수한 것까지 여러 가지가 있다. 공구를 얼마나 전문적으로 보유할 것인지에 따라 다이얼 게이지나 다이얼 캘리퍼 같은 공작기계용 측정 공구도 구비할 수 있다. 원을 그릴 때는 컴퍼스를 사용해야 하고, 큰 원을 그릴 때는 핀컴퍼스(trammel)가 필요하다. 곧은자(straightedges)를 여러 크기로 갖추고 있으면 항상 유용하게 쓸 수 있다.

연마 공구

공구를 많이 구비하게 되면 날을 갈아야 하는 일이 급격히 많아진다. 날이 날카로워야 더 안전하고 더 정밀한 작업이 가능하지만, 그것은 날을 제대로 갈았을 경우에 해당한다. 나는 날이 무뎌져서 제대로 깎지 못한다면 초경톱날, 라우터 비트, 수압대패의 날, 자동대패의 날 등은 전문점에 의뢰해서 연마한다. 그러나 수공구는 정기적으로 손수 날을 간다. 톱니는 톱날세우기용 줄(file)을 사용해서 날을 세울 수 있다. 대팻날, 칼, 끌 등은 연삭 숫돌바퀴를 사용해서 날의 이가 빠진 곳이나 손상된 곳을 바로잡고 숫돌로 날을 세운다. 연마 공구를 구비하는 것만큼이나 작업할 공간을 정하는 것도 중요하다. 잘 셋업 해 두면 연마 작업의 효율성이 높아진다. 숙련된 목공인은 별 어려움 없이 신속하게 날을 갈고 바로 목공 작업을 계속한다.

[TIP] **대팻날은 여러 개 준비해서 사용하고, 대팻날이 전부 무뎌지면 한꺼번에 날을 간다. 이렇게 하면 진행하던 작업을 멈추고 날을 갈 필요 없이, 무뎌진 날을 새로운 걸로 교체해서 작업을 계속할 수 있다.**

공구의 날을 제대로 손질하기 위해서는 그라인더의 설치 높이가 중요한데, 위치 조정이 가능하고 튼튼한 공구받침대가 필요하다. (공구받침대는 좋은

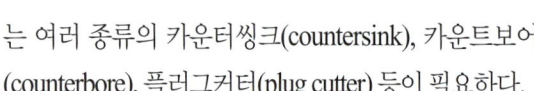

탁상 그라인더는 가슴 높이에 맞춰 설치하는 것이 제일 낫다. 그렇게 하면 팔을 편하게 펼 수 있기 때문에 작업이 쉽다.

사진과 같은 간단한 지그를 사용하면 정확한 각도로 끌을 갈 수 있다.

것이 많이 시판된다.) 공구받침대는 비교적 높은 위치에 설치하는 편이 공구를 다루기도 쉽고, 작업 상황을 살피는 것도 용이하다. 공구받침대는 바닥에서 100~115cm 정도 혹은 팔뚝을 몸에 직각 되게 올렸을 때 손이 올라가는 높이로 편하게 맞춘다. 이 경우 팔꿈치를 고정하고 어깨를 중심으로 작업할 수 있기 때문에 작업의 안정성 및 정밀도를 크게 높일 수 있다.

날을 갈아본 적이 없으면, 직각 방향으로 잘 갈릴까 하는 걱정이 앞선다. 그러나 연습하면 맨손으로 잡고서도 쉽고 정확하게 갈 수 있다. 처음에는 오른쪽 그림과 같은 지그를 만들어서 사용하면 매우 편하다. 지그는 공구받침대의 홈을 따라 옆으로 밀 수 있게 되어 있는데, 날의 폭이 좁은 경우에도 연삭 숫돌바퀴와 날이 직각을 이루게 해준다.

[TIP] 연마 중에 공구가 과열되면 커팅에지가 약해진다. 이를 막는 요령이 몇 가지 있다. 먼저, 항상 부드럽게 살짝 대고, 연삭 숫돌바퀴를 가로지르는 방향으로 움직인다. 타는 것을 방지하기 위해서 그라인더는 속도가 1,700~1,800rpm 정도로 느린 것을 사용한다. 드레서(dresser)로 연삭 숫돌바퀴를 주기적으로 문질러서 번들거리는 부분이나 잔해가 낀 부분을 제거한다.

날을 가는 데 사용되는 공구는 좋은 것이 많다. 세라믹 숫돌, 다이아몬드 숫돌, 페이스트(paste; 연마제)부터 인디아(India) 및 아칸소(Arkansas)같은 천연 숫돌에 이르기까지 매우 다양하다. 편평한 면에 사포를 붙여서 사용해도 된다. 나는 작업 속도 및 청결성(비록 사용할 때는 물이 튀지만)을 고려해서 인공 물숫돌을 사용한다. 일반적으로 숫돌은 물에 잠근 채로 연삭작업을 수행하기 때문에, 나는 숫돌 받침대 및 작업 상자를 이용한다.

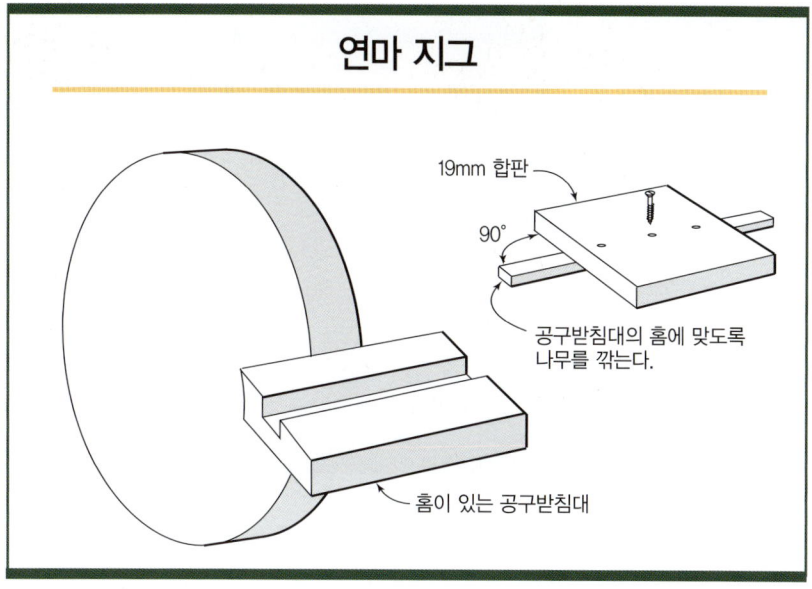

연마 지그

19mm 합판

90°

공구받침대의 홈에 맞도록 나무를 깎는다.

홈이 있는 공구받침대

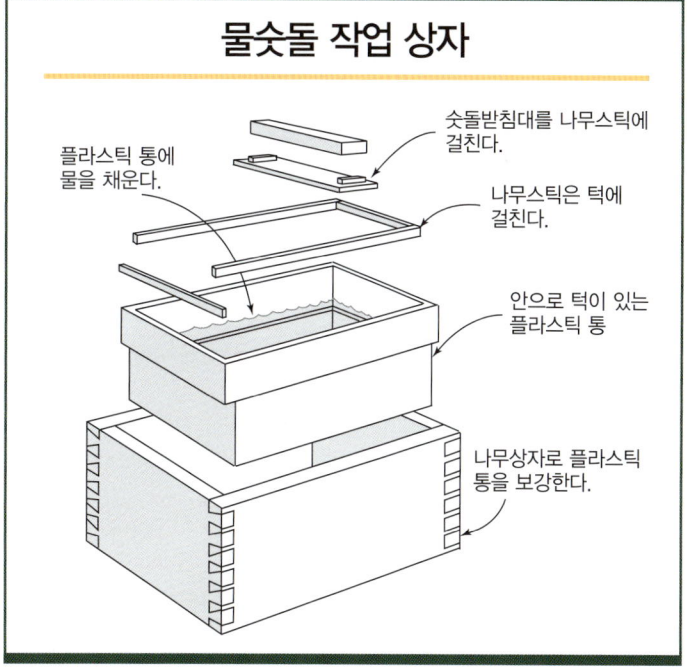

물숫돌 작업 상자

숫돌받침대를 나무스틱에 걸친다.

플라스틱 통에 물을 채운다.

나무스틱은 턱에 걸친다.

안으로 턱이 있는 플라스틱 통

나무상자로 플라스틱 통을 보강한다.

연삭 작업과 달리 연마면을 갈고 날을 세우는 것(honing)은 작업 위치가 낮기 때문에, 상체로 위쪽에서 공구에 적절한 압력을 가할 수 있다. 작업 높이가 적절해야, 날을 숫돌을 가로질러 넓게 움직이면서 작업할 수 있다. 선 자세로 팔을 자연스레 늘어뜨린 다

사진은 튼튼한 물숫돌 작업대인데, 평소에는 물숫돌을 담가 보관한다.

클램프 보조목(caul, 간판, 間板)은 가운데 부분을 약간 볼록하게 제작해서, 판재의 중앙에 압력을 가할 수 있게 만든다.

볼록한 클램프 보조목

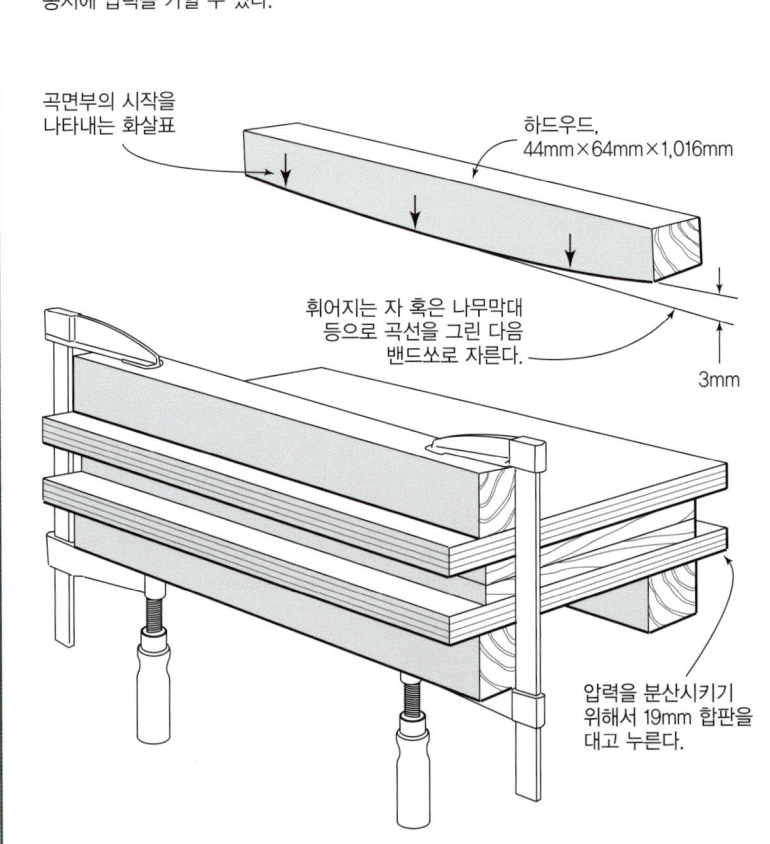

한 쌍의 보조목을 사용해서 위아래에서 판재의 중앙에 동시에 압력을 가할 수 있다.

곡면부의 시작을 나타내는 화살표

하드우드, 44mm×64mm×1,016mm

휘어지는 자 혹은 나무막대 등으로 곡선을 그린 다음 밴드쏘로 자른다.

3mm

압력을 분산시키기 위해서 19mm 합판을 대고 누른다.

음, 손가락 끝에서부터 바닥까지 거리가 약 760mm가 되는 것이 이상적인 숫돌의 높이라 할 수 있다.

클램프

옛말이 틀린 게 없다: 클램프는 많을수록 좋다. 그러나 중요한 클램프부터 구입하는 것이 좋다. 캐비닛을 만들 때는 판재를 집성 하거나 상자형 뼈대를 조립해야 하는데, 이때는 600mm~1,800mm 길이의 파이프 클램프나 바 클램프가 제일 요긴하다. 그 다음으로 내가 좋아하는 것은 목 깊이(throat depth) 100mm의 퀵 클램프다; 작업물을 특정 위치에 고정하거나 여러 부재를 함께 죌 수 있고, 지그나 장치 설치에도 사용할 수 있다. 여력이 있으면, 목 깊이가 깊은 퀵 클램프를 몇 개 구비해서 폭이 넓은 작업물의 안쪽을 고정할 때 사용한다. 목재 핸드스크류(handcrews), 밴드 클램프, 스프링 클램프, 그리고 마이터 클램프 같은 특수 클램프는 필요할 때 구입하면 된다. 클램프는 좋은 제품을 구입해야 한다; 휘어지지 않으면서도 충분한 압력을 가할 수 있는 것이 좋은 클램프다. 그리고 클램프의 물림턱은 작업 부재를 직각으로 단단하게 잡아줄 수 있어야 한다.

넓은 패널의 중앙부처럼 직접적으로 클램프가 닿지 않는 부분에 압력을 가해야 할 때는 돈 들여 목이 깊은 클램프를 구입해서 사용하지 않아도, 보(beam) 혹은 보조목을 만들어서 쓸 수 있다. 이렇게 만들어두면 단판(venner)을 붙일 때, 합판을 지압판으로 대고, 그 위를 누를 때도 사용할 수 있다. 보는 길이 방향으로 약간 곡면으로 되어있기 때문에 넓은 작업물의 가운데까지 압력이 고루 가해진다. 복잡한 접착 조립 작업에 사용하려고, 나는 10개 정도를 준비하고 있다.

클램프가 많으면 이를 보관할 장소가 문제가 된다. 공방에 작업 공간이 충분하면, 바퀴 달린 수레를 이용해서 필요한 장소로 클램프를 쉽게 옮길 수 있다. 벽이나 천장의 공간을 적절하게 이용할 수도 있다. 천장이 너무 높지 않다면 천장의 장선 사이에 클램프를 여럿 매달아둘 수 있다. 또 다른 방법은 나의 목공 친구 Paul Anthony로부터 배운 것인데, 아래 그림처럼 합판으로 걸이를 만들어, 벽에 부착시키고 클램프를 걸어두면 쉽게 꺼내 쓸 수 있다.

바 클램프 혹은 파이트 클램프를 위한 장선 고정장치

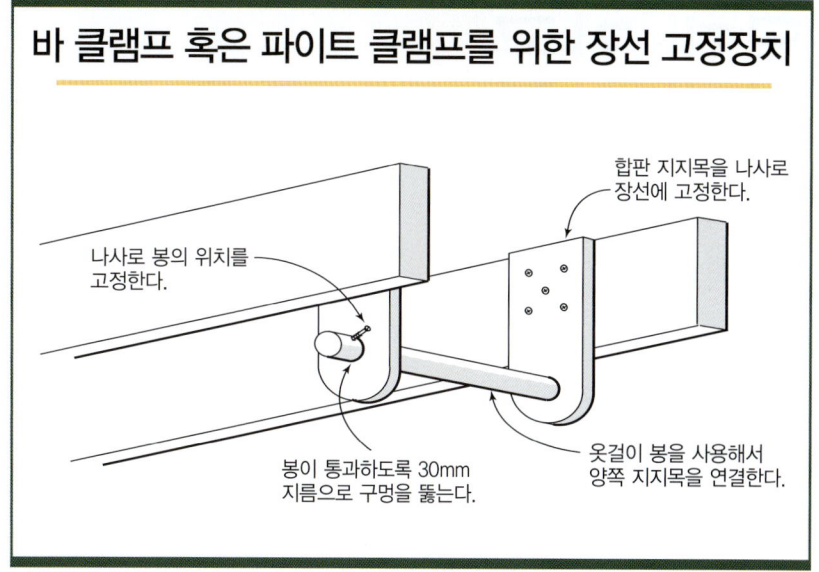

합판 지지목을 나사로 장선에 고정한다.

나사로 봉의 위치를 고정한다.

봉이 통과하도록 30mm 지름으로 구멍을 뚫는다.

옷걸이 봉을 사용해서 양쪽 지지목을 연결한다.

머리 위에 걸어두는 것도 편리한 방법이다.

바 클램프 혹은 파이프 클램프를 위한 벽걸이

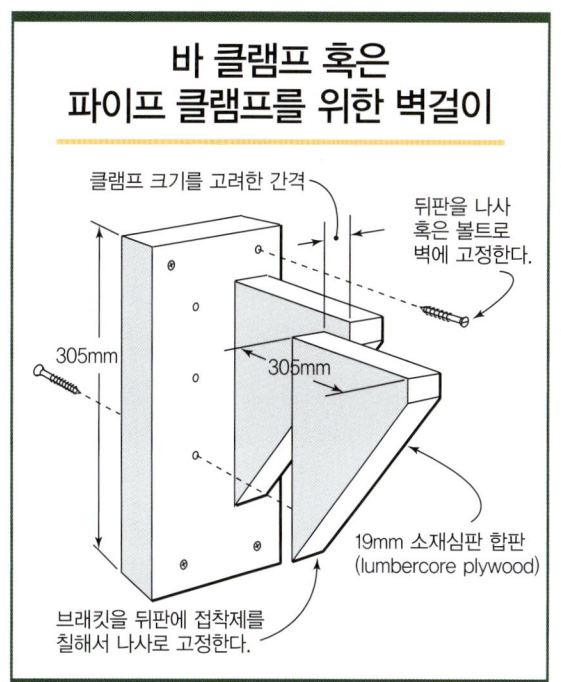

클램프 크기를 고려한 간격

뒤판을 나사 혹은 볼트로 벽에 고정한다.

305mm

305mm

19mm 소재심판 합판 (lumbercore plywood)

브래킷을 뒤판에 접착제를 칠해서 나사로 고정한다.

합판으로 벽에 브래킷을 설치해서, 바 클램프를 정리해두면 필요할 때 바로 쓸 수 있다.

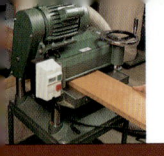

목재 가공

고급 목가구를 만들기 위해서는 사용 재료를 잘 알아야 한다. 어떤 재료를 사용할건지 그리고 그 재료를 어디서 어떻게 구입할 것인지, 또한 나무가 거친 제재목 상태로부터, 가구의 일부가 되어서 100년이 지나면 어떻게 변할 것인지 등은 목공 실력을 향상시키기 위해서 알아야 하는 중요한 내용인데, 끌(chisels)을 집어 들기 전에 이런 것부터 알아야 한다. 재료를 잘 알아야 안전하게 작업할 수 있으며, 안전 목공이 가장 중요한 기술이다. 여기서 설명하는 내용은 목공을 시작할 때 도움이 될 것이다. 목재, 합판, 인조보드 등에 관한 기술적인 면, 물성에 관한 자세한 내용은 *Understanding Wood*, by R. Bruce Hoadley, The Taunton Press를 참고한다.

안전한 작업

목공에서 제일 중요하고 또한 가장 먼저 배워야 하는 것이 안전하게 작업하는 기술이다. 목공은 실수를 하더라도 바로 잡을 수 있지만, 사고를 당하면 되돌릴 수 없다. 공방에는 신체에 심각한 상해를 입힐 수 있는 날카로운 공구들이 가득하다. 안전하게 작업하는 데는 큰 비용이 들지 않는다. 마음가짐이 제일 중요하다. 더 정확하게 말하면 태도에 달렸다. 물론 갖춰야 하는 안전 장치들이 많이 있기는 하지만 내 생각에 제일 중요한 것은 공방에서의 마음 자세. 본인의 몸 상태를 살펴야 한다; 몸이 피곤하면 기계를 돌리지 않도록 한다. 그리고 공구에 귀를 기울여야 한다. 소리

의 높낮이나 음색의 변화를 통해서 위험이 다가오고 있다는 것을 감지할 수 있으므로, 하던 작업을 멈추고 자세히 살펴봐야 한다. 위험할 수 있다는 생각이 들면 다른 방법을 찾아야 한다. 항상 다른 방법이 있다. 언제나 안전하다는 느낌이 들어야 하고 수행하는 작업에 확신이 있어야 한다.

안전장비도 필수적이다. 라우터, 각도절단기, 자동대패 등 소음이 심한 기계를 사용할 때는 귀마개나 귀덮개를 착용해서 귀를 보호해야 한다. 목재를 자를 때나 망치질을 할 때, 혹은 압축공기를 사용하는 공구를 사용할 때는 나무 부스러기나 먼지로부터 눈을 보호해야 한다. 보안경, 고글보안경, 안면보호구 등을 착용해서 눈을 보호한다.

폐에 먼지가 쌓이지 않도록 유의해야 한다. 달콤한 톱밥 냄새는 목공의 낭만을 느끼게 해주지만 실제는 미세먼지가 공중에 오랜 시간 떠다닌다. 마이크론 크기의 미세먼지는 호흡계에 치명적이고 다른 질병도 일으킨다. 방진마스크를 착용하고, 공기가 정말 안 좋으면 전기 공기정화호흡용 보호구(powered air purifying respirator)를 착용한다. 나무 부스러기나 먼지를 제거하기 위해서는 큰 기계들은 집진기나 중앙집진장치에 연결한다. 정말로 미세한 먼지를 제거하기 위해서는 천장에 공기정화장치를 설치할 수도 있다.

아무리 깨끗한 공방이라도 먼지가 쌓이는 것은 피하기 어렵다. 마른 목공 분진은 화재위험이 높다. 항상 깨끗이 청소하는 것이 안전하며, 콘센트, 전기 판

넬 등은 압축공기를 사용해서 정기적으로 먼지를 털어낸다. 그리고 만일을 대비해서 가까운 곳에 소화기를 비치해둔다.

마감작업을 하는 동안에는 폐와 피부 그리고 옷을 화학물질로부터 보호해야 한다. 의료용 장갑과 유사한 라텍스 장갑은 저렴한 편이며, 이를 사용하면 손을 깨끗하게 유지할 수 있다. 유기증기용 방독마스크를 착용하면 금속증기, 유기증기가 폐로 들어가는 것을 막을 수 있다. 또한 상의와 바지는 목공 앞치마를 착용하면 보호할 수 있다.

마감재에 대한 정보를 읽고 이해하는 것이 안전장비보다 더 중요하다. 사용하는 제품에 대한 물질안전보건자료(MSDS) 구해서 내용을 파악하도록 한다. 유성마감재는 건조되면서 열이 발생하므로, 저절로 불이 날 수 있다(자연발화). 따라서 젖은 천은 밀봉된 금속용기에 보관하거나 실외 벤치에 널어 말린다.

목공 기계를 사용할 때는 밀대, 푸시블록, 페더보드 등을 사용하고 손가락을 위험 반경에 두지 않는다. 이런 도구는 자투리 목재로 만들 수도 있고, 아니면 시판 제품을 구입할 수도 있다. 여하튼 가능하면 이런 도구를 항상 사용해야 한다.

[TIP] 목공 기계는 매우 주의해서 사용해야 한다. 가족, 친구 혹은 동료들에게 작업할 때 절대로 뒤쪽에서 다가오지 않도록 일러둔다. 갑자기 작업을 방해하면, 집중력이 흐트러진다.

마지막에 언급하지만, 마찬가지로 중요한 것이 기계에 안전장치를 설치하는 것이다. 안전장치는 손가락과 살갗을 보호한다. 이를 간과하면 안 되고, 당연히 설치되어 있는 것으로 간주해서도 안 된다. 안전장치가 제대로 설치되어 있는지 확인한 후 사용한다. 가

능하면 테이블쏘에는 스플리터(splitter)나 라이빙 나이프(riving knife)를 붙여서 킥백(kick back)이 발생할 수 있는 위험성을 줄이도록 한다. 현재 설치된 보호장치가 불편하다면 - 테이블쏘에서 제일 거추장스럽다. - 다른 걸로 바꾸도록 한다. 여러 좋은 디자인이 시판되고 있다.

원목의 구입 및 제재

적재장에서 가구용으로 목재를 구입할 때는 거친 제재목을 구입하며, 규격에 맞춰 잘라놓은 목재는 보석함 등 작은 프로젝트에 이용한다. 판재를 직접 가공하면 더 편평하게 가공할 수 있고, 더 안정적이고, 일관성 있고, 아름다운 색상 및 무늬를 얻을 수 있다. 이는 시간을 들여서 판재를 잘 살피면서 제재할 수 있기 때문이다.

가구를 만들 때는 건조가 잘 된 목재를 사용하는 것이 매우 중요하다. 경험적으로 보면 6~8% 정도의 함수율이면 주변 실내 환경과 평형상태가 유지된다. 인공건조된 목재를 구입해도 되지만 천연건조된 목재도 고려해본다. 목재를 건조시키는 것은 어렵지 않기 때문에 직접 건조시키면 비용을 절약할 수 있으며, 이에 관한 자료도 많이 나와 있다. 목재를 인공건조했든 아니면 천연건조했든, 상대습도 40% 정도에서 보관하는 것이 중요하며, 또한 사용하기 전에 작업하는 공간에서 2주 정도 보관한 후 사용한다. 대부분의 목재소는 이러한 조건을 유지하고 있으며, 공방에도 저렴한 습도계를 하나 걸어 두고 확인하면 된다.

과학 전문 용품점에서 비싼 습도계를 구입할 수도 있지만, 깨끗하게 관리하면(먼지가 쌓이지 않도록 선반 아래쪽에 걸어둔다) 저렴한 제품도 정확하다. 공기 순환이 잘 되는 위치에 걸어두고 정기적으로 측정 오

판재의 단부를 100mm 이상 잘라낸 후 내부에서 측정해야 정확한 값을 얻을 수 있다.

두 핀을 단부에 대고 단단하게 눌러서 측정한다.

판재는 양쪽 끝에서 100mm 정도는 제외하고 안쪽부터 사용하도록 계획을 세운다. 목재를 자동대패에서 깎을 때 목재가 배출부로 빠져나가는 순간, 롤러가 가하는 압력이 바뀌면서 판재 끝에서 스나이프(snipe)가 발생할 수 있기 때문이다.

를 사용해서 목재 내의 실제 함수율을 측정한다. 정확하게 측정하기 위해서는 판재의 끝 부분을 잘라낸 후 내부에서 측정하는데, 마구리 가운데에서 측정한다. 왼쪽 사진의 함수율측정기는 값을 디지털로 표시하는데, 두 개의 강재 핀을 목재에 대고 누르면 값이 표시된다. 목재를 공방에 처음 들여놓을 때 함수율을 측정하고, 이후 2주 간격으로 정기적으로 측정한다. 함수율이 일정해지면 목재가 공방의 환경조건과 평형을 이뤘다는 것을 의미하므로 작업에 사용해도 된다.

[TIP] 프로젝트를 진행하기 훨씬 전에 미리 목재를 구입해서 공방에 보관해둔다. 환기가 잘 되는 위치를 정해서, 층마다 잔목(棧木, sticker)을 받쳐서 쌓는다. 목재를 사용하기 전에, 공방의 환경과 평형을 이루는 데 수 주가 필요하다.

목재를 공방에 보관해서 함수율이 적절하면, 재단 계획을 세우고 대패작업을 하기 전에 목재에 흠이 없는지 살펴봐야 한다. 먼저 스테이플, 못 등 금속 재질이 박혀 있는지 살펴보고 플라이어로 제거한다. 균열 및 옹이가 있으면 표시한다. 그러고 나서 긴 판재는 짧게 잘라서 대패 작업을 용이하게 만든다.

목재 단부는 균열 및 자동대패 스나이프 등으로 인해서 100mm 정도는 사용할 수 없다고 생각하고 계획을 세워야 한다. 목재에 필요한 표시를 할 땐 분필을 사용하는 것이 편하다. 나는 가루가 적게 날리는 제품을 사용한다. 분필 표시를 수정해야 한다면 젖은 스펀지로 닦아서 쉽게 지울 수 있다.

모든 게 다 잘되어도 목재는 뒤틀릴 것이다. 그러나 이것은 건조과정에서 발생하는 자연스런 일이기 때문에 긴장할 필요는 없다. 이에 대해서는 가구를 제작하기 전에 지금 조치를 취해야 한다. 뒤틀림에는 네

차를 검증한다. 공방 내의 상대습도가 연중 얼마나 변하는지 살핀다.

공방의 습도가 얼마인지 확인한 후, 함수율측정기

뒤틀림 유형

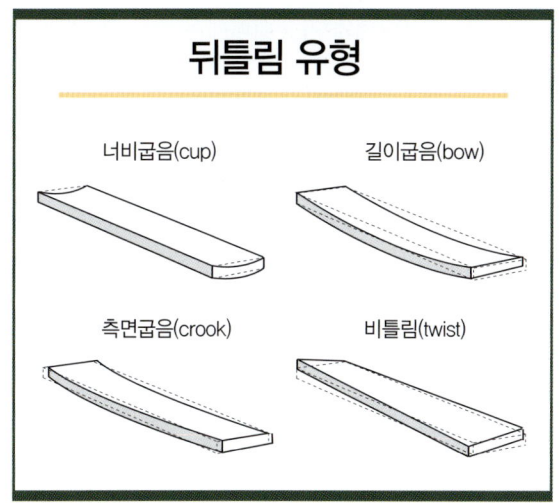

너비굽음(cup)　　　　길이굽음(bow)

측면굽음(crook)　　　　비틀림(twist)

수압대패로 판재를 깎을 땐 오목한 면을 아래로 두고, 고무판이 붙은 푸시블록을 사용해서 미는 것이 안전하다.

가지 유형이 있다. 조금만 살펴보면 어떤 유형인지 금방 알 수 있다(위의 그림 참고). 목재의 어느 부분에 어떤 뒤틀림이 발생하는지 파악하고 나면, 어떤 방법으로 이를 제거하고 편평하면서도 직각되게 깎을 건지 결정할 수 있다.

편평하고 직각인 형상의 가구를 제작한다면, 면을 편평하게 깎기 위해서 수압대패가 필요하다. 수압대패는 판재의 옆면을 곧게 깎을 때 사용하는 장비라고 생각하는 사람이 많다. 물론 그런 용도로 사용하긴 하지만, 수압대패는 자동대패에서 목재의 두께를 맞추어 깎기 전에 한 면을 편평하게 깎는 장비로 간주해야 한다. 만일 수압대패의 폭이 충분히 넓지 않아서 목재의 전체 폭을 깎을 수 없다면, 손대패를 사용해서 한쪽 면을 편평하게 깎도록 한다.

► 27쪽의 "수압대패가 없는 경우의 판재 가공"을 참고한다.

수압대패에서 작업을 하기 전에 너비굽음이나 길이굽음이 있는지 살핀다. 그러고 나서 너비굽음이나 길이굽음이 일어난 면을 수압대패의 정반에 닿게

아래로 둔다. 수압대패의 칼날을 조절해서 한 번에 0.8mm(1/32in.) 정도만 깎는다. 반드시 푸시블록으로 목재를 밀어, 손을 다치지 않도록 한다.

한 면을 편평하게 깎은 후에는 자동대패에서 균일한 두께로 깎는다. 편평한 면을 아래로 향하도록 자동대패 정반에 올린다. 목재가 뜯기지 않도록 순결 방향으로 작업한다.

► 28쪽의 "순결 방향 깎기"를 참고한다.

목재의 내부 응력으로 인해서, 뒤틀림이 추가로 발생하는 것을 최소화하려면 판재의 양쪽 면에서 깎아내는 두께를 같은 수준으로 맞춘다. 매번 자동대패를 통과시킬 때마다 판재를 단부에서 단부 방향으로(길이 방향으로) 뒤집어야 나뭇결의 방향이 일정하다.

자동대패 작업이 끝나면 다시 수압대패에서 가장자리 단면을 깎는다. 이때 판재를 펜스에 잘 밀착시켜야 단면이 직각으로 깎인다. 단면은 폭이 좁기 때문에 넓은 옆면을 깎을 때보다는 많은 양을 한 번에 깎을 수 있는데, 1.6mm(1/16in.) 정도도 괜찮다.

자동대패에서 판재가 뜯기지 않게 하려면 결 방향을 맞춰서 작업해야 한다. 매번 길이 방향으로 뒤집고, 양쪽 면에서 같은 양을 깎는다.

가장자리 단면을 직각으로 깎기 위해서는 판재를 펜스에 밀착시켜 누른다. 한 번에 약 1.6mm까지만 자른다.

원하는 나뭇결 방향을 정한 다음, 선을 표시하고 밴드쏘에서 잘라준다.

긴 판재를 자를 때는 판재를 미는 동안, 톱날을 보는 것이 아니라, 판재가 조기대에서 떨어지지 않는지 살핀다.

판재를 수압대패와 자동대패에서 깎은 후 개별 부재로 자르기 전에 목재를 잘 살피는 것이 좋다. 결방향, 색상, 무늬 등을 잘 살피면 작품에 나뭇결을 적절하게 넣을 수 있다. 비슷한 색상을 표시해두고 서로 균형을 맞춰서 넣도록 한다. 예를 들어서 문틀의 양쪽 세로대는 판재에서 같은 부분의 나무를 가져다 사용해야 한다. 결이 직선일 필요는 없으며, 나무의 결을 자연스럽게 살린다. 결의 모양을 잘 살펴서 부재로 쓸 위치를 정한 다음, 재단 위치를 분필로 표시한다. 밴드쏘에서 표시선 가까이까지 자른 후, 수압대패에서 마저 깎는다. 그리고 나서 테이블쏘에서 반대편 옆면을 마저 켠다. 이런 식으로 판재의 나뭇결을 원하는 방향으로 넣을 수 있다.

원목 판재에서 개별 부재를 잘라낼 때는, 수압대패에서 깎은 단면을 조기대 쪽에 대고, 최종 폭보다 6mm 정도 더 넓게 켠다. 긴 판재를 켤 때는 지렛대처럼 눌러주면서, 테이블쏘의 톱날이 아니라 조기대 쪽에 정신을 집중하면서 압력을 가해야 한다. 켜는 동안 목재 내부 인장력이 풀리면서 길이굽음이 발생할 수도 있는데, 수압대패에서 넓은 면을 다시 깎아준다. (너비굽음도 확인하고, 필요하면 수압대패, 자동대패를 이용해서 면을 다시 깎아준다.) 이후 테이블쏘에서 최종 폭에 맞춰서 켠다. 이때도 수압대패에서 깎은 단면을 조기대 면에 밀착시키고 켠다.

마지막으로 테이블쏘에서 마이터 게이지나 자르기용 지그를 사용해서 길이에 맞춰 자른다.

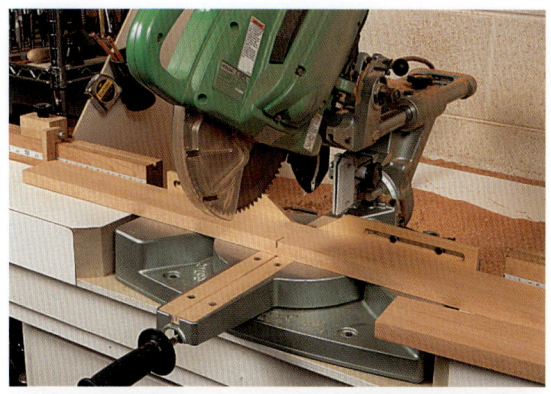

톱의 왼쪽에 보이는 (위로 젖힐 수 있는) 스토퍼를 사용해서 여러 부재를 같은 길이로 자를 수 있다.

▶ 14쪽의 "아랫부분이 트인 자르기용 지그"를 참고한다.

길이에 맞춰 자를 때는 각도절단기를 사용할 수도 있다. 여러 개를 잘라야 하는 경우에는 스토퍼를 사용하면 일일이 측정하고 표시하지 않아도 전부 같은 길이로 정확하게 자를 수 있다.

수압대패가 없는 경우의 판재 가공

수압대패가 없거나 판재가 수압대패가 깎을 수 있는 폭보다 넓다 하더라도, 손대패로 시작해서 편평하게 깎을 수 있으므로 걱정할 필요 없다. 그러나 이건 예전에 조상들이 전동공구 없이 땀을 뻘뻘 흘리면서 작업하던 것과는 다르다. 대신에 날이 잘 선 손대패와 자동대패를 사용한다. 오목한 면이 위로 오도록 판재를 작업대 위에 죄어서 고정하고, 판재가 흔들거리지 않도록 가장자리 몇 군데에 쐐기를 박아 받친다. 긴 대패를 사용해서 솟은 부분 위주로 비교적 많은 양을 깎아낸다. 대각선 방향으로 깎는다. 작업 중에도 수시로 곧은자 및 평면자를 사용해서 면이 휜 정도를 확인한다. 넓은 면을 전부 깎으려고 하지 말고, 가장자리 부분만 편평하게 깎는다.

너비굽음이 발생한 판재를 대패질할 때는 쐐기를 사용하면 흔들림을 방지할 수 있다. 일단 판재 둘레를 일정하게 깎은 다음에는 자동대패로 전체 두께가 같게 깎는다.

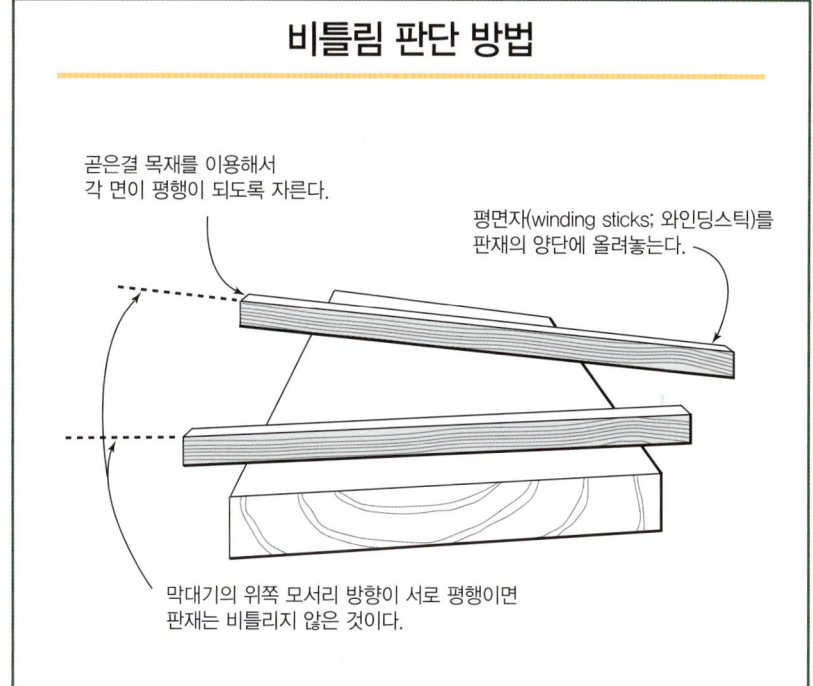

비틀림 판단 방법

곧은결 목재를 이용해서 각 면이 평행이 되도록 자른다.

평면자(winding sticks; 와인딩스틱)를 판재의 양단에 올려놓는다.

막대기의 위쪽 모서리 방향이 서로 평행이면 판재는 비틀리지 않은 것이다.

한 면을 손대패로 깎은 다음, 그 면이 아래로 향하게 놓고 자동대패 안으로 밀어 넣어 윗부분을 편평하게 깎는다.

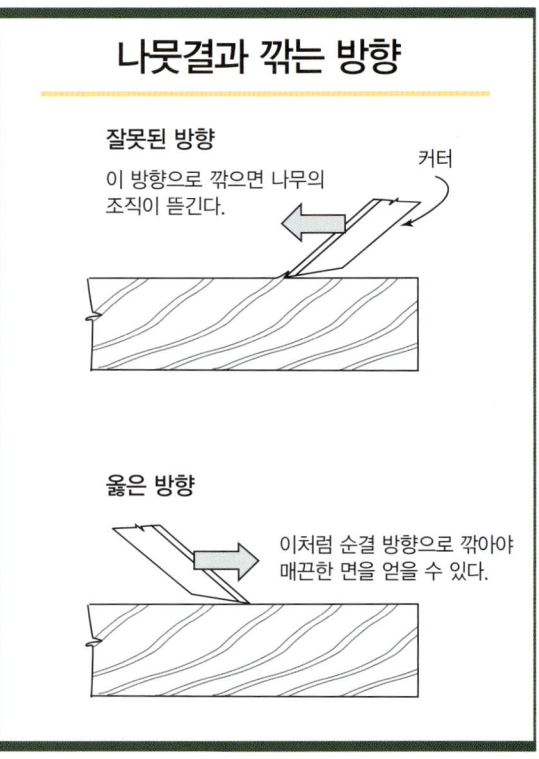

나뭇결과 깎는 방향

잘못된 방향

이 방향으로 깎으면 나무의 조직이 뜯긴다.

커터

옳은 방향

이처럼 순결 방향으로 깎아야 매끈한 면을 얻을 수 있다.

이제 판재를 뒤집어서 자동대패에 넣어서 뒷면도 편평하게 깎는다. 몇 번만 통과시키면 된다. 뒷면이 편평하게 된 후에는 판재를 앞뒤로 교대로 통과시키면서 원하는 두께가 나올 때까지 깎는다.

순결 방향 깎기

작업할 때는 나뭇결의 방향에 주의를 기울여야 한다. 라우터 혹은 대패 작업할 때 혹은 사포질할 때도 순결 방향으로 깎아내야 매끈한 표면을 얻을 수 있다. 엇결 방향으로 작업하면 나무의 조직이 당겨지면서 뜯어지게 되고 표면이 거칠어진다. 결 방향을 잘 살펴보고 작업 방향을 결정해야 한다. 판재의 옆면을 살펴보면 결의 방향을 확인할 수 있다. 애매한 경우엔 손가락으로 길이 방향으로 표면 위를 쭉 밀어보면 한 쪽 방향이 더 거칠다는 것을 알 수 있다. 고양이 같은 애완동물의 털을 쓰다듬는 것을 생각하면 된다. 이외에도, 일단 깎아보고 뜯기면 방향을 바꿔서 깎는 최후의 수단도 있다.

수공구를 사용해서 깎기

수압대패나 전동대패로 가공한 목재는 바로 가구를 만들 수는 있을 만큼 표면이 매끈하지는 않다. 커터헤드의 칼날이 회전하면서 자국을 남기기 때문에 작게 올라오거나 패인 부분이 보인다. 이러한 자국은 마감작업을 하면 확연히 드러난다. 벨트 샌더나 원형 샌더를 사용해서 갈아낼 수는 있지만 그럴 경우 먼지도 많이 나거니와 더 나쁜 것은 판재의 표면이 깎여서 더 이상 편평하지 않게 된다. 이처럼 표면에 자국이 있거나 문제가 생기면 손대패를 사용하는 것이 당연 최고다. 손대패로 빠르고 효율적으로 작업할 수 있으며, 편평하고 반짝거리는 표면을 얻게 된다.

크고 넓은 판재로 작업할 때는 작업대처럼 편평한 면 위에 고정해야 한다. 그렇지 않으면 대패질할 때 판재 표면의 작은 자국들은 깎이지 않고 스쳐지나가 버린다. 판재를 자동대패에서 일정한 두께로 깎았다면, 처음에는 no.4 혹은 no.5 대패를 사용해서 깎는다. 날이 잘 선 대패를 사용해서 미세한 깊이로 깎도록 맞춘다.

대패질을 할 때는 몸동작이 중요하다. 넓게 서서, 대패를 손목 및 어깨와 같은 선상에 두고, 하체를 이용해서 힘을 가한다. 부드럽고도 확실한 하나의 움직임으로 동작을 수행하는데, 상체가 판재 위를 돌아 넘어가는 느낌으로 민다. 길이 1.5m 정도까지는 발을 고정한 채로, 그리고 숨을 헐떡거리지 않고도 깎을 수 있어야 한다. 대패질은 부드럽고 즐거운 동작으로 한다. 판재가 긴 경우에는 여러 번에 나눠서, 비행기가 이착륙하는 듯한 동작으로 작업한다. 이렇게 하면 대팻날이 닿는 위치에 생기는 자국이 줄어든다.

작업을 진행하면서 곧은자를 사용해서 면이 편평한지 점검한다. 작게 패인 부분이 깎이지 않고 건너뛴다면 대패를 돌려서 비스듬히 옆 방향으로 밀면, 미는 방향으로는 대패 바닥면의 길이가 줄어들게 되므로 이 부분도 판판하게 깎을 수 있다. 대패질이 잘 되지 않고 뜯긴다면 판재의 방향을 반대로 돌려서 작업한다. 아니면 판재를 돌리는 대신 대패를 거꾸로 잡고 당기면서 작업하는 편이 빠를 수도 있다.

[TIP] 대팻집 바닥에 가끔 오일이나 왁스를 칠해주면 마찰이 줄어들어 대패질이 수월해진다. 경유나 파라핀 왁스(양초)도 좋고, 목공용 고형왁스를 바르고 깨끗한 천으로 문질러 닦아내도 된다.

표면 문양이 복잡하거나 나뭇결이 소용돌이 모양으로 말린 경우에는 대패질을 하면 표면이 뜯기고 작업하기 어렵다. 이런 경우엔 핸드 스크레이퍼(hand scraper)를 사용한다. 스크레이퍼는 표면이 깎이도록 약간 기울여야 한다. 스크레이퍼의 날이 제대로 섰다면 가루 형태의 분진이 생기는 것이 아니라 대팻밥이 생기면서 깎인다. 스크레이퍼는 필수 수공구이며, 날

마지막 동작에서 대패를 위로 들어 올리면, 대패 자국이 생기는 것을 막을 수 있다.

작업 도중에 곧은자를 이용해서 면이 편평한지 자주 살핀다.

대패를 사진처럼 비스듬히 놓고 앞으로 밀면 약간 꺼진 곳도 깎아낼 수 있다.

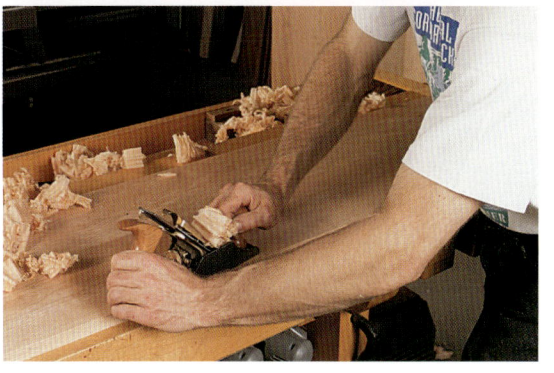

나뭇결의 방향을 바꿔야 하는 경우, 판재를 돌리는 대신에 대패를 거꾸로 잡고 당기는 것이 편할 수도 있다.

나뭇결 방향이 복잡하여 작업하기 어려운 경우에는 대패 대신에 날이 잘 선 스크레이퍼를 사용한다.

사포를 펠트블록(felt block)에 감아 작업하면 손의 감각을 잘 느낄 수 있고, 사포도 효율적으로 사용할 수 있다.

사포를 화강석에 감아 사용하면 모서리를 무디게 만들지 않고 각을 세워 정확하게 깎을 수 있다.

스프레이 접착제, 사포, MDF 자투리를 사용해서 각 면마다 서로 다른 거칠기의 사포를 붙여서 샌딩블록을 만든다.

세우는 방법은 관련 도서에 잘 나와 있다.

대패질 후에도 작은 자국들이 남는데, 이를 사포질해서 없애고 일정한 질감을 갖도록 해야 마감 후에도 균질한 표면을 얻을 수 있다. 대패질 혹은 스크레이퍼 작업을 한 표면은 매우 매끈해서 아주 고운 사포부터 시작해도 되므로, 먼지도 적게 나고 시간도 별로 들지 않는다.

사포질하는 방법

소용돌이 형상의 자국을 남기지 않고 편평한 표면을 얻으려면 사포질을 제대로 해야 하고, 그래야 마감도 깔끔하게 된다. 사포질을 아무렇게나 하면 흠도 남지만 이보다 더 나쁜 것은 표면이 둥그스름하게 깎이면서 빛의 반사가 균일하지 않게 되어 작품이 아주 조잡하게 된다는 것이다. 아예 사포질을 하지 않으면 전동기계나 대패로 작업한 자국이 남게 되고, 모서리에 각이 날카롭게 생기며, 마감 처리를 하고 난 후에는 표면이 균질하게 보이지 않는다. 시간을 들여서 표면을 잘 관찰하고, 사포의 거칠기 순서대로 사포질을 완전히 해야 한다. 최종적으로 순결 방향으로 손으로 사포질 한다.

손으로 직접 사포질을 할 때는 항상 사포를 블록에 감싸서 사용한다. 샌딩블록을 사용하면 표면이 둥그스름하게 깎이거나 파이는 것을 막을 수 있어서 훨씬 효율적이다. 판재가 넓은 경우에는 펠트블록을 사용하면 손과 표면이 닿는 감각을 더 잘 느낄 수 있다.

두 면이 만나는 부분인 모서리는 뾰족한데, 이 부분을 둥그스름하게 깎을 때는 하드우드 블록에 사포를 덧대서 작업하면 된다. 블록은 단단할수록 좋다. 모서리 부분을 작업할 때, 손에 직접 사포를 잡고 작업하면 일관된 결과를 얻기 어렵다. 나는 완전히 평면인

화강암 블록을 제일 좋아하는데, 구석 부분까지도 일정하게 깔끔하게 사포질할 수 있기 때문이다.

우리 공방에서는 MDF 조각 양면에 사포를 접착해서 사용하는 것을 제일 애용한다. 나는 다양한 거칠기의 사포로 블록을 여러 개 만드는데, 접착시멘트(contact cement; 네오프린과 합성고무로 만드는 접착제 - 옮긴이)로 붙인다. 이 블록으로 면을 편평하게 사포질할 때나 모서리를 깎아낼 때 사용한다. 작은 부재를 사포질할 때는 블록을 작업대에 고정하고, 부재를 손에 잡고 갈아내는 것이 효율적이다. 블록은 재활용도 가능하다. 사포가 다 닳으면 열풍기나 헤어드라이어로 가열해서 떼어내고, 새로운 사포를 붙이면 된다.

보관장을 별도로 만들어 각종 사포, 블록 등을 한곳에 보관하는 것이 좋다. 사포의 크기에 맞춰서 선반을 만들고, 거칠기 순서대로 사포를 정렬해서 보관한다.

작은 부재를 사포질할 때는 서로 다른 거칠기의 샌딩블록을 쭉 이어 작업대 위에 고정해 놓고 작업하면 효율적이다.

낡은 사포는 열풍기로 가열해서 떼어내고, 새로운 사포를 붙이면 된다.

부재를 편평하게 유지하는 방법

원목을 제재해서 편평하게 깎고 사포질까지 한 판재라도 공방에 그냥 방치하면 판재가 뒤틀릴 수 있다. (원목을 공방에 수 주 동안 보관한 다음 작업을 시작하면 공방 환경에 적응할 시간이 있으므로 이런 현상을 줄일 수는 있지만 완전히 없앨 수는 없다.) 판재를 길이에 맞춰 자르고, 결합부를 깎고 바로 맞춰, 접착 조립하는 것이 가장 이상적이다. 이렇게 하면 가구가 뒤틀리지 않고 면이 편평하게 유지된다. 그러나 대부분의 경우는 작업을 조금씩 하기 때문에 결합부를 깎은 후에 실제 접착 조립할 때까지는 수 주 혹은 수 개월이 걸릴 때도 있다. 빠듯한 일정 때문에 금방 작업을 못할 때에도 부재를 편평하게 보관할 수 있는 방법이 있다.

높이 조절이 가능한 선반으로 보관장을 만든 후, 사포를 거칠기별로 구분해서 보관하면 편하다.

지그를 사용해서 사포 자르기

나는 지그나 공구에 맞춰서 크기별로 사포를 미리 잘라둔다. 3등분해서 쓰는 것이 편하며, 펜스가 붙은 지그를 만들어 사포를 자른다. 나는 240mm×250mm 크기로 만들어 사용하는데, 각자 필요한 크기대로 만들면 된다. 여러 장의 사포를 포개서 두 펜스에 대고, 플라스틱 단판으로 누른 다음 한 장씩 들어 올려 찢는다.

사포의 1/3 크기에 해당하는 플라스틱 단판을 이용해서 찢는다.

다른 작업을 하는 동안에는, 가구 뼈대를 가조립해두면 뒤틀림을 막을 수 있다.

미리 가공한 부재는 사진처럼 쌓아올린 뒤 눌러두면 뒤틀리는 것을 막을 수 있다.

작은 크기의 부재는 랩으로 싸두면 건조수축으로 인한 치수변화를 막을 수 있다.

판재를 편평하게 깎은 후에는 완전히 편평한 면 위에서, 간격재(잔목)를 끼워서 판재를 쌓아올린다. 공방의 자투리 나무를 사용해서 폭과 두께를 20mm×20mm 정도로 일정하게 잘라 간격재를 만든 다음, 간격재를 세로로 정렬해서 판재 사이에 끼워서 쌓아 올린다. 제일 위에도 간격재를 줄 맞춰 깔고 무거운 물건을 올려둔다. 이런 간단한 과정을 통해서, 나중에 생길 수 있는 많은 문제를 미연에 방지할 수 있다.

결합부를 깎고 난 후, 최종 조립까지 시간이 빈다면, 가조립해서 끼워둔다. 결합부가 잡고 있기 때문에 뒤틀리는 것을 막을 수 있다.

부재의 크기가 작은 경우에 적용할 수 있는 편리한 방법은 랩(wrap)으로 싸두는 것이다. 나는 배송할 때, 산업용 수축방지용 랩을 사용하는데, 크기도 다양하고 매우 질기다. 모든 표면을 다 싸야 하지만 특히 마구리 부분을 잘 덮어야 한다. 그리고 나서 작업을 재개할 때까지 편평한 면 위에 올려둔다.

패널 종류별 특징

패널	가격(A-2 grade)	무게(19mm×122cm× 244cm)	편평도	나사 작업 용이성	강성
소프트우드 합판 (softwood plywood)	$20	30.8kgf	나쁨	좋음	좋음
하드우드 합판 (hardwood plywood)	$45, 자작 $80, 체리	34.0kgf	보통	좋음	좋음
솔리드코어 합판 (solid-core plywood)	$40, 자작 $60, 체리	36.3kgf	좋음	보통	보통
소재심판합판 (lumbercore plywood)	$100, 자작 $140, 체리	34.0kgf	보통	우수	우수
MDF	$25	45.4kgf	우수	보통	보통
파티클보드(particleboard)	$20	45.4kgf	좋음	나쁨	보통

Georgi Pacific Corporation, American Plywood Association, Hardwood Plywood and Veneer Association, National Particleboard Association 제공 자료.

합판 및 기타 인조보드

원목으로 가구 한 점을 만드는 데 소요되는 판재 가공 시간이면, 합판을 사용하면 주방 전체를 제작하는 데 필요한 패널을 전부 크기에 맞춰서 자를 수 있다. 인조보드의 장점은 폭이 정해져 있다는 것이다. 또 다른 장점은 선택의 여지가 많다는 것이다. 하드우드 합판, 섬유판(fiberboard), 파티클보드 등이 많이 쓰인다. 더구나 인조보드는 매우 안정적이기 때문에 목재의 치수변화에 대해서 신경 쓸 필요가 없다. 위의 표에서 각 패널의 장단점을 볼 수 있는데, 여기서 프로젝트에 적합한 패널을 고를 수 있다.

합판은 내부에 베니어코어(veneer core), 솔리드코어(solid core), 혼합코어(combination core), 혹은 럼버코어(lumbercore; 소재심판) 등을 넣고 양쪽 노출면에 소프트우드 혹은 하드우드 단판을 접착해서 만든다. 가구 제작자는 주로 하드우드 합판을 사용해서 패널을 만든다. 가격도 비싸지 않고 나사와 같은 철물 작업이 용이하며 비교적 단단하기 때문에 선반을 만들 때도 좋다.

비교적 새로운 형태의 하드우드 합판인 솔리드코어 혹은 혼합코어 합판은 안쪽에 비교적 저렴한 파티클보드나 섬유판(fiber board)을 넣는데, 일반적으로 더 편평하다. 문짝에 비접착식으로 끼워 넣는 알판이나 대형 탁자 상판은 편평도가 중요하다. 럼버코어는 원목을 집성해서 가운데 넣는데, 매우 튼튼하다. MDO(medium density overlay) 합판은 내부에 적층을 하고 양쪽 표면에 크라프트(kraft) 종이를 수지에 함침해서 붙인 것으로 실외 간판을 제작하는 데 이상적이다.

A, 표면이 월넛인 하드우드 베니어코어 합판; B, 자작나무 합판; C, 표면이 전나무인 소프트우드 합판; D, 표면이 체리인 혼합코어 합판; E, MDO; F, 표면이 자작나무인 럼버코어; G, MDF; H, 경질섬유판(hardboard) (예를 들면, 매소나이트(Masonite)); I, 표면이 오크인 MDF 솔리드코어; J, 파티클보드(particle board, 삭편판); K, MCP.

하드우드 합판의 표면에 붙은 단판은 매우 얇으므로, 가공 및 마감 과정에서 손상되지 않도록 조심해서 다루어야 한다. 하드우드 합판은 내부 적층 사이에 무작위로 빈 공간이 들어 있어서 단면을 보면 구멍처럼 보인다. 따라서 가장자리 옆면은 다른 목재로 덮거나 장식띠(band)를 붙여서 빈 공간 및 내부 적층을 가려준다.

제품 중에 발트해 자작 합판(Baltic birch plywood), ApplePly®, 그리고 Europly는 자작나무(birch) 단판을 적층해서 만든 것인데, 내부에 빈 공극이 없다. 따라서 단면을 바로 사포 마감할 수 있다. 또한 밀도가 높고 안정적인 재료이므로 지그를 만들 때 아주 좋다.

[TIP] 하드우드 합판, 멜라민(melamine), 혹은 플라스틱 라미네이트(포마이카를 예로 들 수 있다. – 옮긴이) 등으로 섬세한 패널을 제작할 때는 TC 톱날(triple–chip blade)을 사용하면 합판이 뜯기지 않고 깔끔하게 잘린다. 60p 네거티브훅

(negative hook; 톱날의 이빨이 뒤로 기울어진 형태 – 옮긴이) 톱날을 사용하면 뜯기는 것을 양쪽 면 모두 방지할 수 있다.

MDF는 저렴할 뿐만 아니라 편평한 원래의 모양이 변하지 않는다는 것이 장점이다. MDF는 면이 매우 매끈하기 때문에 단판을 붙이는 작업이나 고급 페인트 작업을 하는 경우에 매우 적합한 선택이다. 또한 지그를 만드는 재료로도 매우 좋다. 그러나 단점도 있다. 무겁기 때문에 다루기 불편하고, 철물이 잘 고정되지 않고, 하중이 크면 휘어지고, 단면이 거칠고 공극이 많기 때문에 메워주거나 장식띠를 붙여야 한다. 또한 습기가 들어가면 불룩해지는데, 이게 회복되지 않는다.

파티클보드는 MDF의 사촌이라 할 수 있는데, MDF는 미세한 섬유로 만들지만 파티클보드는 작은 나뭇조각으로 만든다. 따라서 파티클보드는 표면이 거칠기 때문에 얇거나 섬세한 단판 작업용으로는 적절하지 않다. 파티클보드는 MDF처럼 저렴하고 비교적 편평한 장점을 가지고 있지만 MDF의 모든 단점을 그대로 지니고 있다. 표면이 거칠기 때문에 바깥에 라미네이트판처럼 두꺼운 재료를 붙이는 경우에 적절하다. MCP(melamine-coated particleboard, 멜라민코팅 파티클보드)는 단단한 플라스틱으로 마감 코팅한 것인데, 내구성이 좋기 때문에 실내용 상자형 뼈대를 제작하는 데 적합하다.

파티클보드는 산업용으로 생산된 고밀도 제품을 구입해야 한다. 칩보드(chipboard)나 플레이크보드(flakeboard)는 건축용으로 생산된 것으로, 매우 거칠고 강도 및 강성도 약하다.

원목과 합판을 섞어서 사용하는 것이 효율적이다. 사진은 서재인데 문틀, 가장자리 장식, 문선 등은 원목 마호가니를 사용했고 패널은 사펠리 (sapele) 합판을 사용했다.

책상의 상판은 사펠리 합판으로 제작했는데, 가장자리에 원목을 대고 위에 가죽을 붙였다.

여러 재료의 조합

원목이 가지는 느낌 및 외양은 매우 멋지다. 그러나 하드우드를 붙인 패널도 원목과 함께 사용하면, 모든 프로젝트에 잘 어울리는 고급스런 느낌을 낼 수 있다. 예를 들어, 위 사진은 가정집 서재인데 문틀, 가장자리 장식, 문선 등은 마호가니 원목으로 만들었지만, 책상의 상판을 비롯해서 패널은 전부 사펠레 합판으로 제작했다. 전체적인 분위기가 안정감 있고 고급스럽다.

일단 원하는 느낌을 얻었더라도, 다른 자재를 섞는 것이 현명한 경우도 있다. 캐비닛 내부는 마감 처리된 패널을 사용하고 외부는 하드우드 합판을 사용하는 것이 좋은 조합이다. 오른쪽 사진에서 위판, 디바이더 (dividers), 밑판 등 내부는 MCP로 제작했다. 멜라민은 마모저항성이 좋기 때문에 번거롭게 마감재를 칠할 필요가 없다. 바깥에 보이는 부분은 메이플(단풍나

캐비닛 내부에는 내구성이 좋은 멜라민 코팅 파티클보드를 사용할 수 있다.

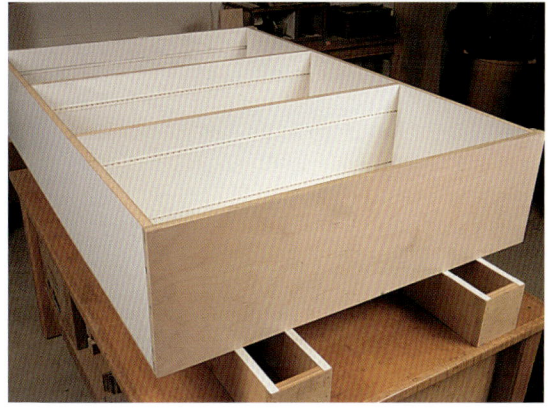

밖으로 드러나 보이는 캐비닛 외부에는 메이플 합판을 사용했다.

멜라민 캐비닛인데, 외부의 메이플 문짝 등으로 인해서 천연 원목 느낌이 난다.

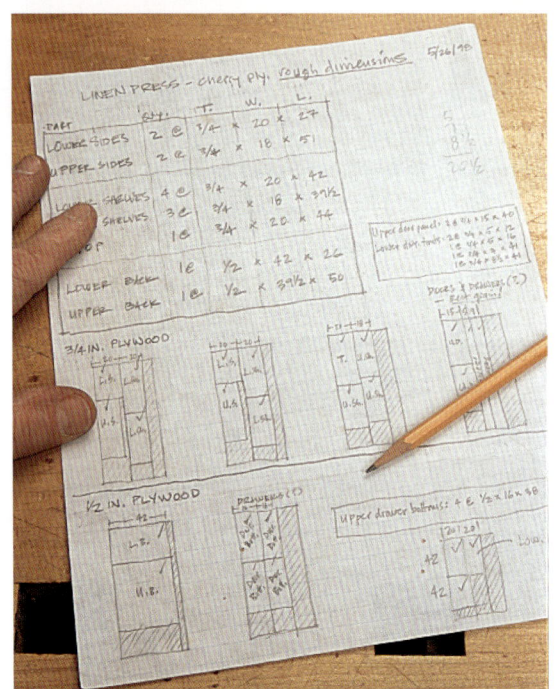

부재 목록을 만들고, 각 합판마다 그래프용지에 도면을 미리 그려서 작업하면 재료의 손실을 최소화할 수 있다.

처음에 합판 시트에 배치도를 대략 그릴 때는 분필을 사용한다.

무) 합판인데, 마감재를 한 번 정도 칠하면 된다. 문짝을 전부 달아서 완성하고 나면 메이플만 자연 그대로의 모습으로 멋지게 보인다(왼쪽 위 사진 참고).

배치도 그리고 합판 재단하기

합판은 크고 안정적인 재료이기 때문에 별도로 해야 할 일은 거의 없다. 그러나 시트(sheet)가 크기 때문에 다루기는 불편하다. 따라서 재단 계획을 잘 세워서 취급하기 좋은 크기로 자르는 것이 중요하다.

맨 먼저 부재 목록을 만들고, 1,220mm×2,440mm (4-ft×8-ft) 합판 시트를 어떻게 나눠서 자를지 배치도를 그린다.

▶ 맞은편 쪽의 "부재 목록 작성"을 참고한다.

이런 방식으로 하면 가장 효율적으로 재단할 수 있다. 종이의 내용을 기초로 패널 작업을 할 때는 실제 합판에 옮겨 그리면 각 부재에 대한 나뭇결의 형상을 확인할 수 있어서 좋다; 분필을 사용하면 배치도를 확인하고 수정하기 쉽다; 또한 필요 없는 부분은 젖은 스펀지로 쉽게 지울 수 있다.

합판은 시트가 크기 때문에, 옆 부분이나 배출부에 받침대가 있더라도 일반적인 테이블쏘로 작업하기 어렵다. 따라서 시트를 먼저 작게 잘라서 나누는 것이 최선이다. 맞은편 쪽의 그림에서 보인 지그를 사용하면 원형톱으로 시트를 쉽게 자를 수 있다. 지그를 절단선에 맞춰서 고정한 다음 받침부를 따라서 원형톱을 밀면 된다. 원형톱으로 시트를 일단 작게 나눈 다음, 테이블쏘에서 각 부재별로 크기에 맞춰 정확히 자르면 된다.

지그는 간단한 게 최고다. 원형톱 가이드를 사용해서 합판 시트를 취급하기 쉬운 크기로 자를 수 있다.

지그의 가장자리를 배치도의 절단선에 맞춘다; 원형톱은 파티클보드 펜스에 대고 민다.

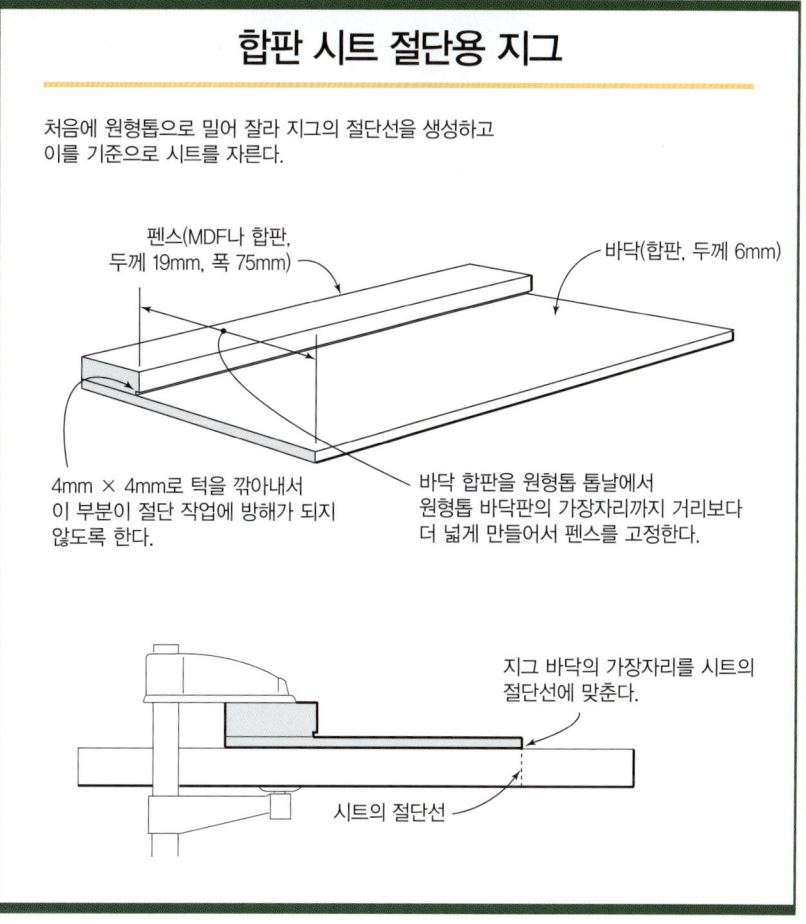

합판 시트 절단용 지그

처음에 원형톱으로 밀어 잘라 지그의 절단선을 생성하고 이를 기준으로 시트를 자른다.

펜스(MDF나 합판, 두께 19mm, 폭 75mm)

바닥(합판, 두께 6mm)

4mm × 4mm로 턱을 깎아내어 이 부분이 절단 작업에 방해가 되지 않도록 한다.

바닥 합판을 원형톱 톱날에서 원형톱 바닥판의 가장자리까지 거리보다 더 넓게 만들어서 펜스를 고정한다.

지그 바닥의 가장자리를 시트의 절단선에 맞춘다.

시트의 절단선

부재 목록 작성

부재 목록을 만들면 정리해서 관리하는 데 편하고, 조립 단계에서 실수를 줄일 수 있다. 복잡한 프로젝트에서는 모든 부재에 대한 목록을 만들고, 종이 한 장에 부재의 크기를 전부 정리한다. 그래프용지를 사용하면 생각을 정리하기 쉽다. 각각의 부재를 하나씩 표시해 나가면서 크기에 맞춰서 자른다.

부재에 표시하기

부재 목록과 마찬가지로 각 부재에도 표시를 해두

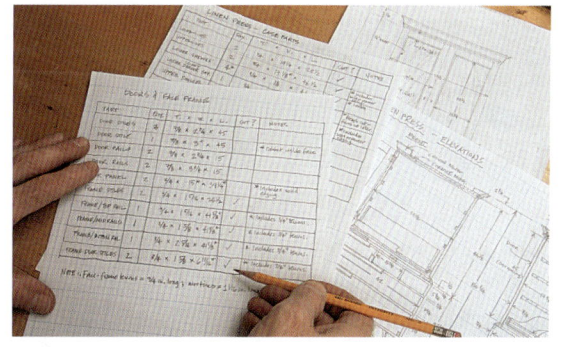

부재 수가 많은 프로젝트를 진행할 때는 빠트리지 않고 정확하게 자르기 위해서 부재 목록을 작성하는 것이 중요하다.

면 정리하는 것이 쉽고 부재 찾느라 시간을 낭비하는 것도 줄일 수 있다. 일반적인 연필을 사용하면 되지만, 짙은 색의 목재에는 화방에서 파는 흰색 연필을 사용하면 된다.

선을 옮겨 그릴 때는 마킹나이프를 사용하는 것이 최선이다.

부재의 단면에 삼각형 기호를 표시해두면 결합부를 깎고 조립할 때, 부재를 방향에 맞춰 제대로 결합할 수 있다.

목공용 접착제의 종류는 전통적인 접착제인 아교로부터 순간 접착이 되는 현대적인 합성접착제까지 매우 다양하다.

형 표시를 하지만, 각자 원하는 대로 표시하면 된다. 나는 앞쪽 및 위쪽 단면에 표시하는 방법을 사용한다. 앞쪽에는 직선을 넣고, 위쪽 및 안쪽 단면에는 삼각형(혹은 여러 개의 삼각형)을 그려 넣는다. 이런 방식을 사용하면 부재의 수가 많더라도 순서를 정확하게 파악할 수 있다.

접착제의 선택 및 사용

조립 단계에 도달하면 본인이 가장 좋아하는 접착제를 집어들 것이다. 그러나 캐비닛을 만들면서 한 가지 재료만 사용하지는 않기 때문에 조립할 때도 한 가지 접착제만 고집해서도 안 된다. 그렇긴 해도 나는 가구를 조립할 때 90% 정도는 일반적인 목공용 화이트글루(white glue)를 사용한다. 기술적으로 말하면 PVA(polyvinyl acetate) 접착제인데, 흰색(white glue)도 있고 노란색(yellow glue)도 있다. 화이트글루가 작업 가능 시간(open time; 접착제가 굳어지기 전 시간)이 더 길기 때문에 조립이 복잡한 경우에 유리하다. 또한 다른 목공용 접착제와 마찬가지로 충분히 튼튼하다.

접착제에 따라서 나름의 특징을 가진 것도 있다. 예를 들어 가역적인 특징이 있는 접착제는 부재를 도로 분리할 수도 있고, 방습 혹은 방수 기능이 있는 것도 있다. 맞은편 쪽의 표를 참고하여 작업에 맞는 접착제를 선택할 수 있다.

[TIP] 대부분 접착제는 유통기한이 1년 정도다; 더 짧은 것도 있다. 구입할 때는 제조일자를 확인한다; 만약 없으면 구입할 때 용기에 적어둔다. 날짜를 적어두면 접착제가 얼마나 오래된 건지 알 수 있다.

장부를 깎는 경우처럼 매우 정밀한 표시가 필요하다면, 마킹나이프로 가는 칼금을 넣는 것이 최선이다. 프로젝트에서 부재를 추적해서 파악하기 위해서는 표시를 체계적으로 해야 한다. 나는 직선 및 삼각

일단 접착제를 선택하고 난 후에는 접착제의 적정 사용량을 알아야 한다. 왜냐하면 너무 많이 사용하거나 너무 적게 사용하면 문제가 따르기 때문이다. 접착제를 너무 적게 사용하면 접착선이 부족해질 위험성이 있다. 특히 클램핑으로 인해서 접착제가 결합부에서 빠져나오는 경우엔 결합부가 분리될 수가 있다. 이것보다는 차라리 접착제를 많이 칠하는 편이 낫다. 그렇다고 질척할 정도로 칠할 필요는 없다. 잉여 접착제를 완전히 제거하지 않으면 나중에 마감재를 칠하고 난 후에 마감재 아래에 그대로 드러나는 난감한 상황이 생기기 때문이다. 그러면 어느 정도가 적당한 접착제 양일까? 접착 조립한 결합부에서 일정하게 방울 모양으로 접착제가 스며 나올 정도면 된다.

클램핑했을 때, 결합부에서 접착제가 방울 모양으로 스며 나올 정도로 칠한다.

접착제의 시간별 특성

종류	작업 가능 시간	클램프 필요 시간	내용
PVA(옐로우, 화이트)	3분~5분	1시간	일반 목공용; 물로 세척
가교제(cross-linking, type Ⅱ water resistant; 방수 본드)	3분	1시간	실외용으로 좋음; 물로 세척
고형 아교(hot hide glue)	열을 가하면 제한 없음	제한적	해머 베니어 작업; 분리 가능(reversible)
액상 아교(cold hide glue)	30분	12시간	물과 열로 분리 가능
폴리우레탄	20분	2시간	방습; 양생 중 거품 형성
플라스틱 수지(분말형/액상형)	20분/20분	1시간/12시간	방습; 단판 및 절곡적층 (bent lamination)
2액형 에폭시(급속/지연)	1분/1시간 이상	30초/24시간	수축 없음; 적층; 수중 작업 가능
시아노아크릴레이트 (cyanoacrylate glue; 슈퍼글루; 순간접착제)	5초	5초	작은 부재 급속 수리; 균열 메꿈
접착시멘트(contact cement)	30분~3시간	단시간 내 접착	플라스틱 라미네이트 작업
핫멜트 접착제(hot-melt glue)	15초	잠시 고정	지그, 템플릿 제작

가구 디자인

가구의 일반적인 크기			
가구	높이 in. (mm)	깊이 in. (mm)	길이/폭 in. (mm)
테이블			
커피	14–18 (360–460)	18–24 (460–610)	36–60 (910–1,520)
카드/게임	29 (740)	30 (760)	30 (760)
협탁	30 (760)	15 (380)	24 (610)
거실	30–40 (760–1,020)	15 (380)	24–40 (610–1,020)
책상	30 (760)	24 (610)	36–40 (910–1,020)
주방	30–32 (760–810)	30 (760)	42 (1,070)
식탁	29–32 (740–810)	42 (1,070)	60–84 (1,520–2,130)
의자			
책상/사무	16.5 (420)	16–18 (410–460)	16–20 (410–510)
식탁	16–18 (406–460)	16–18 (410–460)	16–18 (410–460)
긴소파/안락의자	14–18 (360–460)	18–24 (460–610)	24–90 (610–2,290)
캐비닛			
뷔페캐비닛 (식기보관함)	30 (760)	16–24 (410–610)	48–72 (1,220–1,830)
그릇장/진열장	54–60 (1,370–1,520)	12–22 (300–560)	제한 없음
주방찬장	32–36 (810–910)	12/24 (300/610)	제한 없음
기타			
서랍장	32–54 (810–1,370)	24 (610)	제한 없음
책꽂이	32–82 (810–2,080)	14–18 (360–460)	제한 없음
책상	30 (760)	24–30 (610–760)	40–60 (1,020–1,520)

자신 있게 목재를 다루고, 내세울 수 있는 목가구를 제작하기 위해서는 가구 디자인에 관한 기본 내용을 이해하는 것이 매우 중요하다. 좋은 가구를 디자인하는 것은 일생의 도전일 수도 있지만 기본은 정말 간단하다.

가구, 캐비닛 등을 제작할 때, 나는 기능에 중점을 둔 기본 원칙을 따른다. 간단히 말해서 가구는 보통의 사람들이 만족하면서 편리하게 쓸 수 있어야 하고, 보기에도 좋아야 한다. 이 원칙에 입각하여 나는 모양이나 형태에 앞서 제대로 기능이 발휘되도록 신경 쓴다. 가구가 어떻게 쓰이는지 생각해본다. 예를 들어 책상과 의자의 높이는 함께 고려되어야 한다. 왼쪽 표를 참고해서 정하면 된다.

가구의 크기를 정했다면 그 다음엔 종이에 가구를 스케치한다. 만들고자 하는 가구에 대해서 아이디어를 얻기 위한 것이기 때문에 스케치를 별도로 배워야 하는 건 아니다. 대략 그리더라도 그림에서 에너지와 활력을 느낄 수 있다. 뒤에 스케치를 다시 보면서 진행 상황을 점검할 수 있다.

이제 직접 뭔가를 만들어본다. 물론 적절한 재료를 선택하고 결합부를 잘 깎는 것이 중요하다. 지금보다는 다음에 만드는 것이 더 나을 것이고, 그 다음에도 더 좋아질 것이다.

가구 디자인을 잘 하기 위해서는 생각해봐야 하는 것이 있는데, 외관, 비례, 균형, 선, 모양, 부피감, 색상, 나뭇결 등이다. 이런 요소들이 서로 잘 어우러져야 멋진 가구가 만들어진다. 하다보면 스스로 알게 된다.

막상 디자인해서 제작하다보면 실수할 가능성이 많다. 실수를 줄이기 위해서 제작하기 전에 모델을 개발해서 검토하는 것이 좋다. 예를 들어서 스피커를 제작한다면 목재별 음향특성이 어떻게 다른지 시험해볼 필요가 있다. 또는 새로운 디자인의 문짝을 구상한다면 다양한 경첩을 검토해봐야 할 것이다. 모델을 만들 때는 자투리 목재를 사용하고 나사나 핫멜트 접착제, 아니면 테이프 등으로 붙이면 된다.

제작하기 전에 디자인을 확인하기 위해서 축소 모델을 만들어 보는 것도 좋다. 스케일자를 사용해서 축척을 정확히 계산하고 주의해서 제작해야 한다. 축소 모델 재료로는 얇은 원목, 합판, MDF, 판지 등 쉽게 구할 수 있는 것을 사용한다. 핫멜트 접착제나 순간접착제(cyanoacrylate glue)로 조립하고, 한 발 물러서서 비율 및 전체적인 느낌을 판단한다.

때로는 축소 모델이 실물 크기와 느낌이 다른 경우가 있다. 직접 비례를 확인하는 데 가장 정확한 방법

은 실물크기의 모형(mock up)을 만들어 보는 것이다. 단단한 판지와 나사로 만들고 원하는 디자인이 나올 때까지 수정한다. 나는 정면도, 측면도, 평면도 등 도면을 자주 그린다. 도면은 삼각자 등을 사용해서 실측도나 축척도로 그린다. 이를 통해서 부재의 크기도 확인할 수 있고, 아울러 어차피 필요한 부재 목록을 작성하는 데도 도움이 된다.

축소 모델을 만들어보면 프로젝트의 비율을 결정하는 데 도움이 된다. 스케일자(사진 앞쪽)를 사용하면 실제 크기를 축척에 맞춰 정확하게 그릴 수 있다.

▶ 37쪽의 "부재 목록 작성"을 참고한다.

목재의 치수변화에 대한 이해

모든 원목은 공기 중 상대습도 변화에 따라 수축하거나 팽창한다. 목재는 공기 중의 수분을 흡수하거나 배출하는 성질이 있기 때문에, 진공실에 넣어 밀봉하지 않는 한, 지구 상에 존재하는 최고의 접착제, 마감재를 사용하더라도 치수변화(wood movement)를 완전히 없앨 수는 없다. 다행스러운 것인 나뭇결 방향으로 생기는 치수변화는 무시할 정도로 작기 때문에 부재의 길이에 대해서는 크게 신경을 쓰지 않아도 된다. 그러나 목재 단면에서 나이테의 방사 방향 혹은 접선 방향으로는 치수변화가 많기 때문에 이에 대처하지 않으면 가구에 큰 문제가 생긴다. 몇 가지 기본만 지키면 가구가 휘어지거나 꺾이는 일 없이 오래 사용할 수 있다.

대부분의 인공 혹은 천연건조목은, 계절별 공방의 상대습도에 따라 다르지만, 대략 폭 300mm당 최대 6mm 정도의 치수변화가 생긴다고 보면 된다. 그러나 목재에 따라 변화량에 차이가 크다. 예를 들어 300mm 폭의 블랙체리 무늬결제재목 판재는 함수율이 6%에서 12%로 증가하면 3mm 정도 조금 넘는 정도 늘어난다. 그러나 같은 조건에서 비치(beech, 너도밤나무)는 6mm 이상 변한다.

또한 나무를 제재하는 방향에 따라서 치수변화량이 달라진다. 앞에서 말한 비치를 무늬결제재(plainsawn)가 아니라 곧은결제재(quartersawn)로 자르면 같은 판재라 할지라도 치수변화량은 3mm 정도다. 또한 곧은결제재목이 무늬결제재목보다 예측하기가 쉽다. 무늬결제재목은 나뭇결이 불규칙하기 때문에 치수변화가 발생하면서 뒤틀리게 되어, 판재의 폭 내에서도 치수변화량이 일정하지 않다. 따라서 여기서 알아야 하는 것은 탁자 상판처럼 넓고, 또한 아래에 튼튼하게 지지하는 뼈대가 없는 패널 구조는 좀 더 안정적인 곧은결제재목을 사용하는 것이 좋다는 것이다. (목재의 종류 및 특성에 관한 자세한 내용은 *Understanding Wood*, by R Bruce Hoadley, The Taunton Press를 참고한다.)

가구를 오래 사용하려면 치수변화가 가능하도록 디자인 하는 것이 핵심이다. 문짝에서의 알판 구조(frame and panel door)가 옛날부터 적용된 최고의 예다. 이것은 문틀에 홈을 파고 넓은 패널을 끼워 넣은 멋진 형태다. 패널이 함수율에 따라서 수축 및 팽창을 일으키더라도 문틀의 홈 안에서 움직이므로, 문틀 자체에 균열이 생기거나 터지지 않는다.

또 다른 방법은 상자형 틀 제작에서, 각 부재의 나뭇결 방향을 한 방향으로 일치시키는 것이다. 예를 들어 틀의 옆판 나뭇결이 위쪽으로 향한다면 상판과 바닥판의 나뭇결은 옆판 방향으로 향하게 만든다. 이렇게 붙이면 함수율의 변화가 생기더라도 부재가 일체로 움직인다. 나뭇결을 서로 가로질러 부재를 접착시키면 일반적으로 재앙이지만 예외도 있다. 예를 들어 장부맞춤에서 장부와 장붓구멍을 접착시키는 것은 괜찮다. 이 경우는 나뭇결이 가로지르는 거리가 비교적 작기 때문이다. 폭이 100mm 이하인 경우는 전체적인 치수변화량이 크지 않다. 부재의 폭이 큰 경우에는 치수변화량이 상당히 크기 때문에 인접 부재를 가차 없이 밀거나 당기게 되므로 균열이 발생하거나 결합부가 파괴되는 것을 피할 수 없다. 마감재를 두껍게 칠하는 경우에는 때로는 이것이 접착제처럼 작용해서 균열 발생을 촉진시킨다.

마감재가 치수변화를 막을 수는 없지만, 보호 기능을 간과해서는 안 된다. 불건성유 종류의 천연 오일을 포함하여 모든 종류의 마감재는 판재의 치수변화를 어느 정도 줄여준다. 그러나 가구의 모든 표면에

걸쳐서 - 알판처럼 떠있는 패널도 포함하여 - 도장 횟수는 같아야 한다. 예를 들어 탁자 상판 윗면의 광택과 아름다운 모양에 관심이 많이 가겠지만, 아랫면의 마감도 마찬가지로 중요하다는 것이다. 그래야 패널이 수분을 균등하게 흡수 및 배출하게 된다. 이렇게 양쪽 면을 균등하게 마감하지 않으면 패널이 뒤틀리게 된다.

제작 기법에 못지않게 중요한 것이 작업 환경과 상대습도다. 예를 들어 대부분의 지역에서 여름보다는 겨울에 목재가 더 건조하다. 겨울철 추운 바깥 날씨와 실내 난방은 습기를 뺏어가는 효과가 있으므로 일 년 중에 상대습도가 가장 낮다. 따라서 겨울에 제작할 때는, 여름에 습도가 높아져서 늘어날 것을 미리 고려해서, 부재의 폭 및 두께를 약간 작게 만드는 것이 현명하다. 반대로 습도가 높은 계절에 만들 때는 건조한 계절이 되면 줄어들 것을 예상해서 최대한 크게 제작해야 한다. 공방에 습도계를 걸어두고 계절별로 습도가 얼마나 변하는지 관찰하도록 한다.

▶ 23쪽의 "원목의 구입 및 제재"를 참고한다.

치수변화에 대한 가장 안전하고 근본적인 대처 방법은 그것을 있는 그대로 받아들이는 것이다. 다시 말해서 최악의 경우를 가정하여 제작하는 것이다. 실제는 그렇지 않더라도, 가구가 남반구, 해변, 열대지방(습도의 변화가 심함) 등에서 사용될 예정이라고 가정한다. 이렇게 큰 치수변화를 고려해서 가구를 제작하면 오래도록 대를 이어 사용할 수 있다.

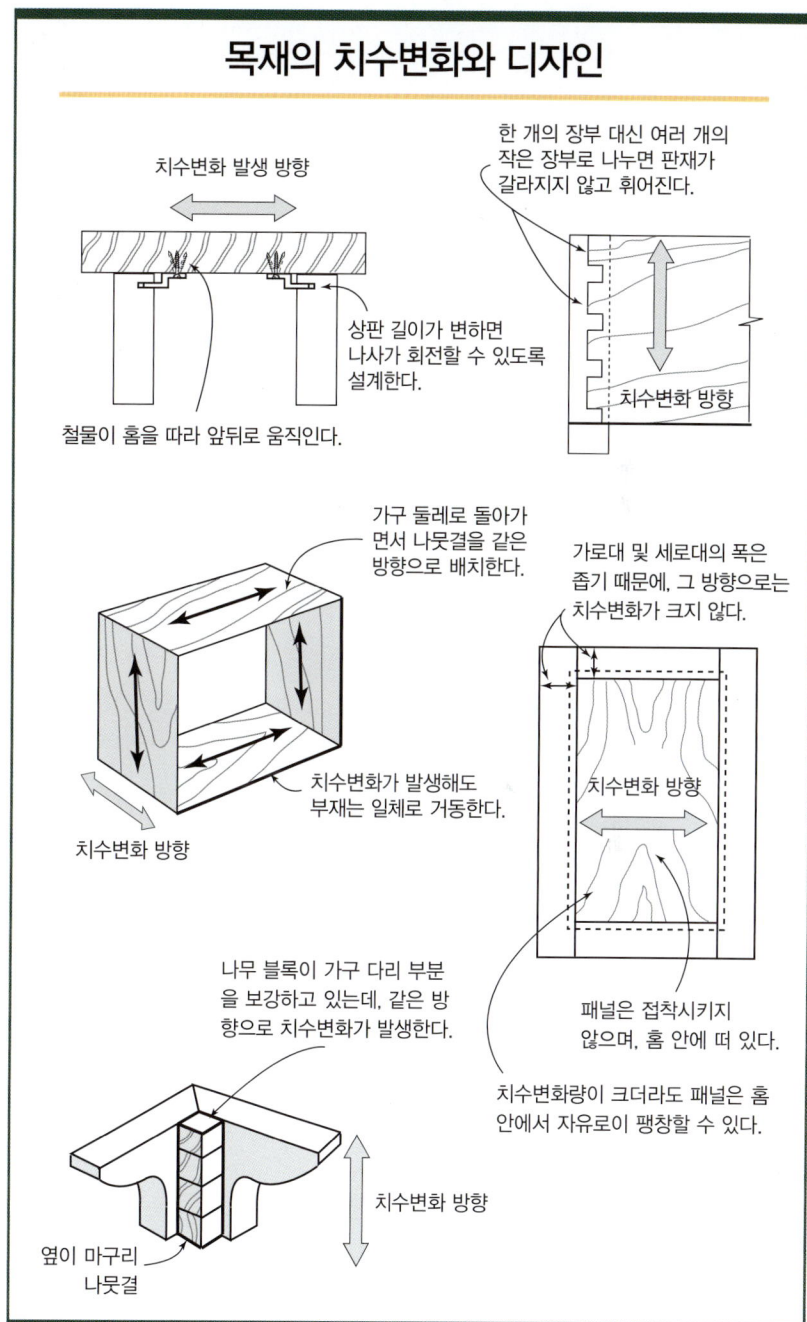

목재의 치수변화와 디자인

치수변화 발생 방향

한 개의 장부 대신 여러 개의 작은 장부로 나누면 판재가 갈라지지 않고 휘어진다.

상판 길이가 변하면 나사가 회전할 수 있도록 설계한다.

철물이 홈을 따라 앞뒤로 움직인다.

치수변화 방향

가구 둘레로 돌아가면서 나뭇결을 같은 방향으로 배치한다.

가로대 및 세로대의 폭은 좁기 때문에, 그 방향으로는 치수변화가 크지 않다.

치수변화가 발생해도 부재는 일체로 거동한다.

치수변화 방향

치수변화 방향

패널은 접착시키지 않으며, 홈 안에 떠 있다.

나무 블록이 가구 다리 부분을 보강하고 있는데, 같은 방향으로 치수변화가 발생한다.

치수변화량이 크더라도 패널은 홈 안에서 자유로이 팽창할 수 있다.

치수변화 방향

옆이 마구리 나뭇결

기본적인 상자, page 46

선반, page 58

**못, 나사 및 기타 체결철물,
page 81**

틀 구조 조립, page 88

몰딩 작업, page 95

서랍, page 101

서랍 철물, page 119

상자 및 틀 구조 제작

상자형 구조 제작은 모든 목공의 기본이며, 단순히 6개의 면을 가지는 캐비닛을 제작하는 것 이상의 의미가 있다. 복잡한 프로젝트는 알고 있는 거의 모든 맞춤 방법을 이용해서 깎아야 하고, 곡면이 들어가기도 하고, 부재의 길이가 유난히 긴 경우도 있다. 그러나 기본적인 상자형 구조를 제작하는 데는 목재의 면을 편평하게 깎고, 또한 각 면이 서로 직각이 되게 하고, 변형되지 않게 유지하는 방법 등이 중요하다. 울퉁불퉁하지 않게 곡면을 부드럽게 깎는 것도 기술의 일부다. (여러 형태로 목재를 깎는 기법에 대해서는 *The Complete Illustrated Guide to Shaping Wood*, by Lonnie Bird, The Taunton Press를 참고한다.) 그리고 부재 조립이 있다. 그렇다. 틀을 제작할 때는 끊임없이 부재를 조립해야 한다. 끈기가 없는 사람에게는 어려운 일일지 모른다. 그러나 그 모든 작은 부재를 조립해서 눈에 보이는 상자나 캐비닛을 제작해보는 것은 좋은 경험이 된다. 점차 공구와 재료를 사려 깊게, 계획적으로 이용하는 법을 알게 되고, 운이 좋으면 그것을 더 높은 수준에서 자유자재로 사용할 수 있게 된다.

기본적인 상자

상자형 틀의 내부

➤ 웨브-프레임 (53쪽)
➤ 서랍 러너(runners)
(55쪽)
➤ 먼지받이 (56쪽)

벽에 설치하기

➤ 추가 보강재 (57쪽)

캐비닛은 용도 및 기호에 따라 수 없이 많은 스타일이 있고, 변형된 형태도 있다. 그러나 기본적인 상자 구조는 몇 가지 스타일과 형태로 나눌 수 있다. 상자의 기본 형태를 정한 후에도 제작하는 방법은 여러 가지이므로 나름 최선의 방법을 선택하면 된다.

작은 보석 상자를 만들든지 서랍장을 만들든지 아니면 긴 오디오장을 만들든지 기본적인 상자 구조의 제작 방법은 같다: 적어도 두 개의 면을 짜 맞추고 상판, 바닥판, 뒤판을 붙인다. 캐비닛을 조립하는 방법은 사용 재료에 따라 달라진다. 즉, 원목이냐 아니면 합판과 같은 인조보드냐, 아니면 이 둘의 조합이냐에 따라 달라진다. 물론 원목 상자에 합판을 넣어도 된다. 그러나 지켜야 할 규칙이 있다. 이를 지키지 않으면, 원목은 치수변화를 피할 수 없기 때문에 새로 만든 캐비닛에 조만간 균열이 생길 것이다.

➤ 42쪽의 "목재의 치수변화에 대한 이해"를 참고한다.

부재를 결합하는 방법이 48~49쪽에 그림으로 설명되어 있다. 맞춤 방법에 대한 더 자세한 내용은 *The Complete Illustrated Guide to Joinery*, by Gary Rogowski, The Taunton Press를 참고한다.

상자형 구조를 만드는 다음 단계는 내부를 설계하는 건데, 이것은 캐비닛의 용도에 따라 달라진다.

캐비닛 스타일

기본적인 상자 구조에다 개인적인 미적 취향 및 용도에 따른 특성을 추가로 반영할 수 있다.
예를 들어, 하부장(base cabinet)은 부엌 찬장으로 사용할 수도 있고, 서류정리 캐비닛으로도 사용할 수 있다.

프리스탠딩(freestanding) 캐비닛
독립적인 형태로, 넓고 높게 만들 수 있고,
상부 캐비닛을 분리 제작해 하부 캐비닛
위에 올릴 수도 있다.

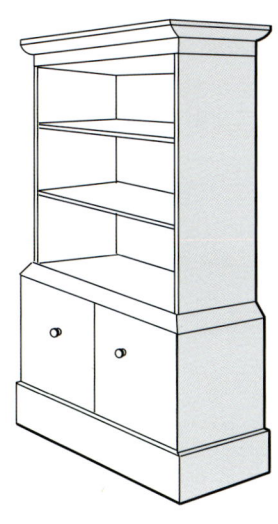

붙박이장
바닥, 벽, 천장 등에 붙여서
스크라이빙(scribing)해서 맞춘다.

상부장

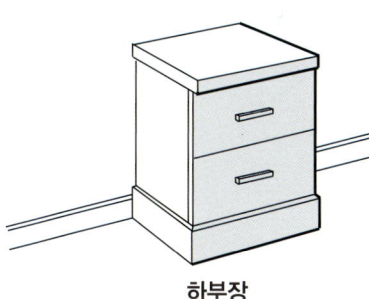

하부장

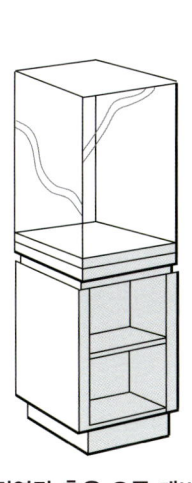

진열장 혹은 오픈 캐비닛

32-mm 시스템(프레임 없음)

코너장

상자형 틀 연결 방법

합판 및 기타 인조보드에서도 원목에서 사용하는 형태의 캐비닛 결합 방법을 동일하게 적용할 수 있다. 그러나 합판에 슬라이딩 도브테일(sliding dovetail)을 깎으면 힘을 별로 받지 못하므로 이는 제외한다. 원목으로 작업할 때는 각 부재의 나뭇결 방향을 그림의 화살표 방향과 일치시켜야 균열이 안 생기는 안정적인 가구를 만들 수 있다.

맞댄맞춤(butt joints)

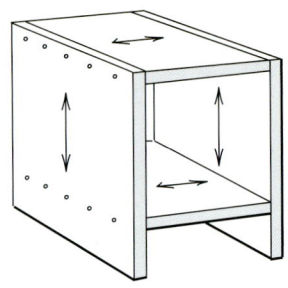

접착제, 못, 나사 등으로 고정한다.

조립식맞춤(knock-down joints)

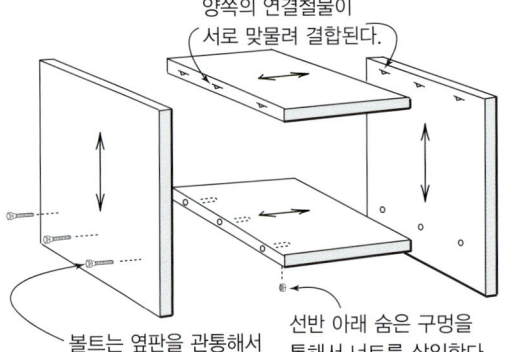

양쪽의 연결철물이 서로 맞물려 결합된다.

볼트는 옆판을 관통해서 선반의 너트에 결합된다.

선반 아래 숨은 구멍을 통해서 너트를 삽입한다.

반턱맞춤(rabbet joint)과 통맞춤(dado joint)

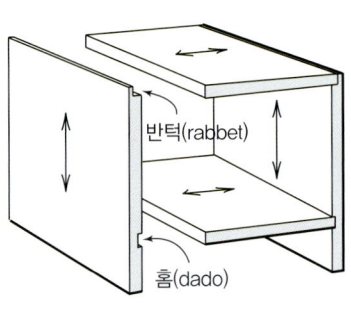

반턱(rabbet)

홈(dado)

비스킷(biscuits)

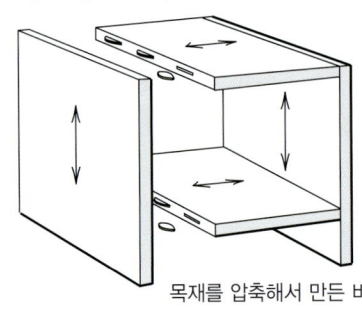

목재를 압축해서 만든 비스킷을 양쪽 부재에 깎은 슬롯에 끼워 접착한다.

꽂임촉맞춤(dowels)

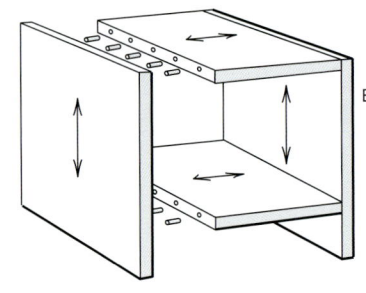

주먹장맞춤(dovetails)

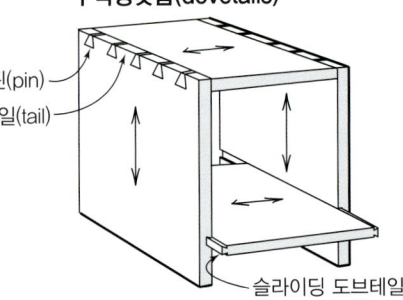

핀(pin)

테일(tail)

슬라이딩 도브테일

위쪽 모서리는 통주먹장맞춤으로 연결하고, 바닥판이나 선반은 슬라이딩 도브테일로 연결한다.

장부맞춤(mortise and tenons)

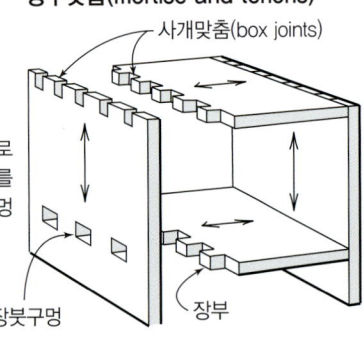

사개맞춤(box joints)

위쪽 모서리는 사개맞춤으로 연결하고, 바닥판에는 장부를 깎아서 옆판에 깎은 장붓구멍에 끼워 접착한다.

장붓구멍

장부

딴혀쪽매(splines)

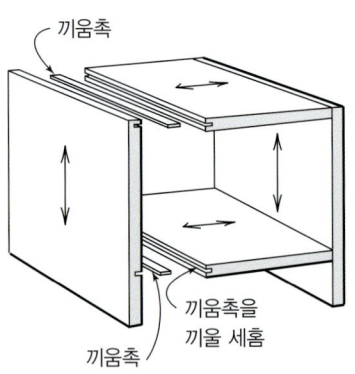

끼움촉

끼움촉을 끼울 세홈

끼움촉

디바이더(dividers)와 파티션(partitions)을 사용해서 공간을 분할하면 내부의 공간을 효율적으로 사용할 수 있다. 선반을 설치한다면 조립하기 전에 지금 단계에서 설계를 검토해야 한다.

▶ 58쪽의 "선반"을 참고한다.

캐비닛에 서랍이나 작은 트레이(tray)가 들어간다면 서랍레일 및 키커(kicker)를 설치해야 한다. 물론 뒤판도 설치해야 한다(혹은 작은 상자나 서랍은 바닥판도 설치한다). 일반적으로 뒤판은 제일 나중에 조립하지만, 뒤판을 연결할 수 있도록 반턱 혹은 유사한 구조는 대부분 필요하므로, 이것은 조립 이전에 설계해서 깎아두어야 한다.

합판과 원목을 섞어 사용하는 경우

합판과 원목을 섞어 쓰는 경우에는 접착 연결하는 부분의 폭이 100mm를 넘지 않도록 디자인하는 것이 매우 중요하다. 원목의 폭이 매우 큰 경우엔 합판과 나사로 결합하는 것이 최선이다. 완전히 결합하는 것이 아니라 나사를 사용하지만 나무가 움직일 수 있게 연결한다. 혹은 나사를 사용하는 대신에 원목 프레임 속에 합판 패널을 끼우고 철물을 사용하지 않는 방법도 있다. 합판으로 제작한 뒤판은 옆판에 반턱을 깎아 접착시킨다.

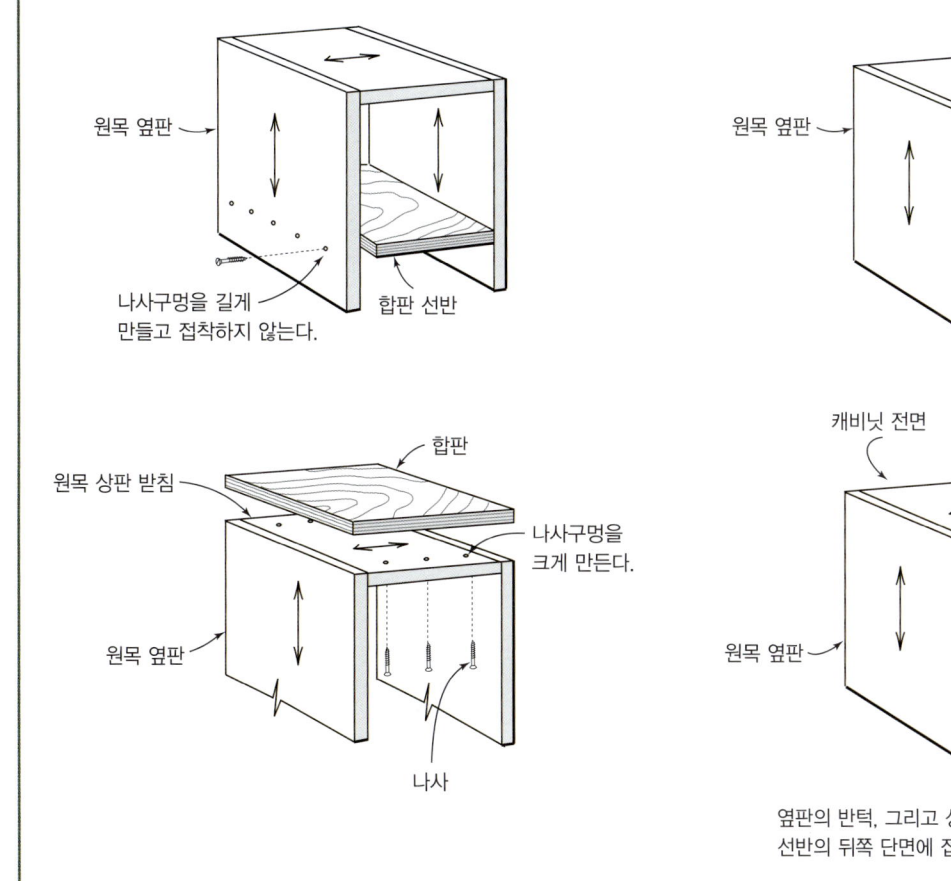

원목 옆판

나사구멍을 길게 만들고 접착하지 않는다.

합판 선반

원목 상판 받침

합판

나사구멍을 크게 만든다.

원목 옆판

나사

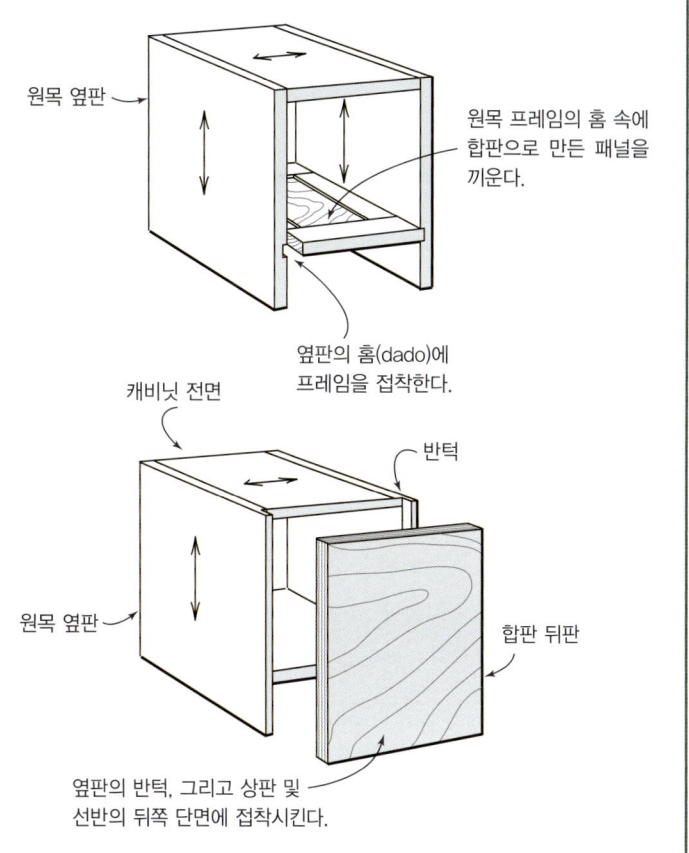

원목 옆판

원목 프레임의 홈 속에 합판으로 만든 패널을 끼운다.

옆판의 홈(dado)에 프레임을 접착한다.

캐비닛 전면

반턱

원목 옆판

합판 뒤판

옆판의 반턱, 그리고 상판 및 선반의 뒤쪽 단면에 접착시킨다.

내부 구조

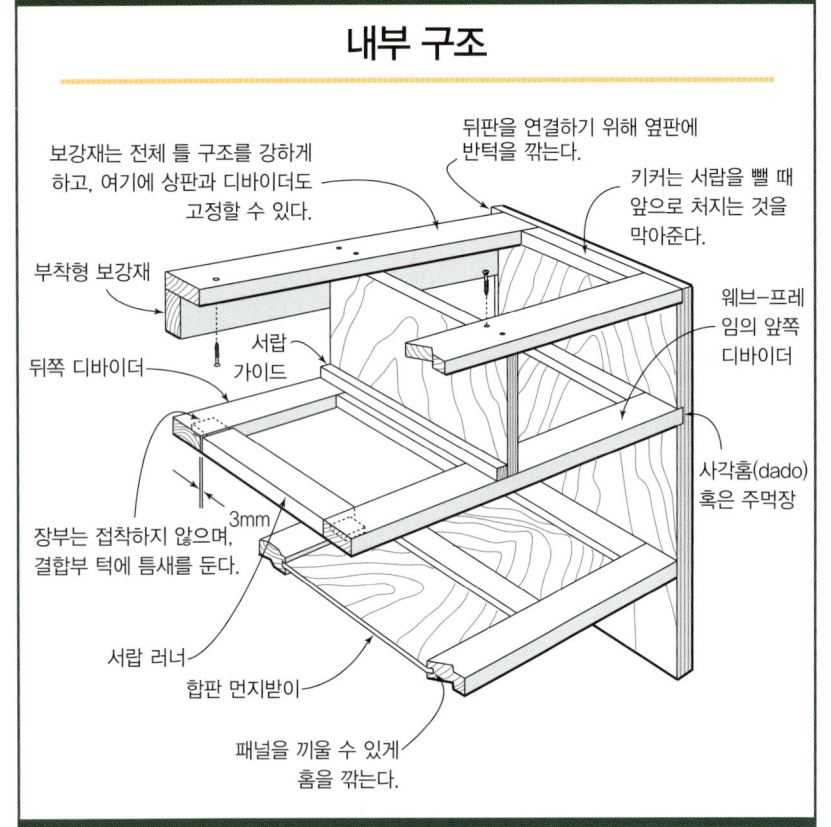

보강재는 전체 틀 구조를 강하게 하고, 여기에 상판과 디바이더도 고정할 수 있다.

부착형 보강재

뒤쪽 디바이더

서랍 가이드

장부는 접착하지 않으며, 결합부 턱에 틈새를 둔다.

3mm

서랍 러너

합판 먼지받이

패널을 끼울 수 있게 홈을 깎는다.

뒤판을 연결하기 위해 옆판에 반턱을 깎는다.

키커는 서랍을 뺄 때 앞으로 처지는 것을 막아준다.

웨브-프레임의 앞쪽 디바이더

사각홈(dado) 혹은 주먹장

마지막으로, 캐비닛을 벽에 매단다면 거치 방법도 생각해야 한다. 아니면 하부장처럼 바닥이나 벽에 고정하는 경우도 있다. 캐비닛에는 자체 무게의 몇 배에 해당하는 물건이 들어갈 수 있으므로 이를 고려하는 것이 중요하다. 캐비닛을 수직 벽체에 영구 고정할 때는 나무로 걸이를 만들어 이용하면 된다. 그러나 캐비닛의 위치를 옮겨야 하는 경우엔 어떻게 하나? 이 경우엔 공구를 사용하지 않고도 상부장을 쉽게 옮길 수 있게 제작해야 한다.

캐비닛 제작에 바로 들어가기 전에, 캐비닛의 스타일 및 기능을 결정해야 한다. 대부분 가장 기본적인 디자인을 적용하고, 특정 조건을 반영해서 수정한다. 예를 들어 간단한 하부장을 기본으로 하고, 이를 여러 개 나열해서 전체 주방을 채울 수 있다.

원목과 합판의 결합

일단 스타일을 정한 후에는 재료를 선택해야 한다. 상자형 구조를 만들 때는 원목과 인조보드(합판, 파티클보드 등)를 모두 사용할 수 있다. 각 재료마다 장단점이 있다.

부재를 서로 결합시키는 방법은 사용 재료에 따라 정해지는 것도 있지만, 대부분은 가구가 얼마나 복잡하냐에 달려 있다.

▶ **22쪽의 "목재 가공"**을 참고한다.

예를 들어, 맞댄이음(butt joint)에서 나사와 접착제를 사용하는 것도 전혀 문제가 없다. 생각을 잘해서 주의 깊게 작업한다면, 나사로 연결한 이음부도 여러 세대 동안 괜찮다. 단시간 내에 캐비닛을 조립할 수 있는 방법이기도 하다. 반대로 상자형 구조의 네 모서리를 전부 주먹장맞춤으로 연결할 수도 있는데, 이 경우엔 훨씬 주의 깊게 계획을 세워야 하고, 작업도 훨씬 힘들다. 즉, 허용되는 시간과 열정에 맞춰서 작업한다. 대부분 개인적인 취향과 목공 기술, 그리고 공방의 수준에 따라 정해진다.

원목을 사용해서 상자형 구조를 만들 때, 가장 중요하게 고려해야 하는 점은 목재의 치수변화가 생기는 방향이다. 즉, 치수변화가 일어날 수 있도록 가구를 제작해야 한다. 올바른 나뭇결 배치 방향을, 부재를 서로 접착시키는 경우에 대해서, 48쪽의 그림으로 설명한다. 합판 표면에 하드우드 단판을 붙인 제품 및 시트 제품은 표면의 결 방향이 상관없다. 원목과 합판을 섞어 사용하는 경우엔 하나 더 신경을 써야 한다 (49쪽 그림 참고).

캐비닛 내부 디자인

캐비닛의 양식과 사용 재료를 선택했다면, 내부를 어떻게 설계할 건지 결정해야 한다. 캐비닛은 내부 구조에 따라 여러 기능을 하게 된다. 옆판끼리 웨브-프레임(web frame)으로 연결하면 캐비닛이 구조적으로 보강도 되고, 서랍이 놓이는 받침 역할도 한다. 디바이더는 선반을 보강하고 또한 공간을 효율적으로 사용할 수 있게 만든다. 넓은 패널 대신에 보강재로 상판을 연결할 수도 있다. 서랍가이드는 서랍이 부드럽게 움직일 수 있도록 도와주며, 서랍 키커는 서랍을 뺄 때 앞부분이 아래방향으로 내려가는 것을 막아준다. 벽걸이 형태의 상부장을 제작한다면 벽에 거는 방법도 생각해야 하는데, 캐비닛 안쪽으로 잘 안 보이는 곳에 뭔가를 붙여서 거는 경우가 많다.

파티션과 디바이더

웨브-프레임과 먼지받이가 내부 구조의 기본 골격이며, 여기에 디바이더와 파티션을 넣는다. 디바이더는 내부 공간을 분할하는 역할도 하고, 철물을 고정시키는 곳도 되고, 서랍 및 선반을 지지하는 역할도 한다. 수평 디바이더 혹은 선반 아래에 수직 디바이더를 넣으면, 선반이 아래로 처지는 것을 막아주는 보강효과가 생긴다. 디바이더를 캐비닛의 옆판에 연결하면, 상자형 틀 자체의 강성이 전체적으로 좋아진다.

선반이나 서랍을 수직 파티션으로 받치면 처지지 않는다.

수직 파티션과 수평 디바이더를 사용하면 서랍을 견고하게 지지할 수 있다.

일련의 얇은 수직 파티션으로 소품을 보관할 수 있는 칸막이 선반(pigeonholes)을 만들 수 있다.

디바이더 연결 방법

디바이더와 파티션은 캐비닛 전체 구조에서 중요한 역할을 담당하는데, 결합부가 튼튼해야 제 역할을 한다. 캐비닛 내부에 디바이더를 간단하게 나사로 맞댄이음 하는 것은, 나사가 보이지만 않는다면, 비용이 별로 안 드는 방법이다. 와이어(wire)를 사용하면 보이지도 않을 뿐더러 디바이더를 쉽게 분리할 수도 있다.

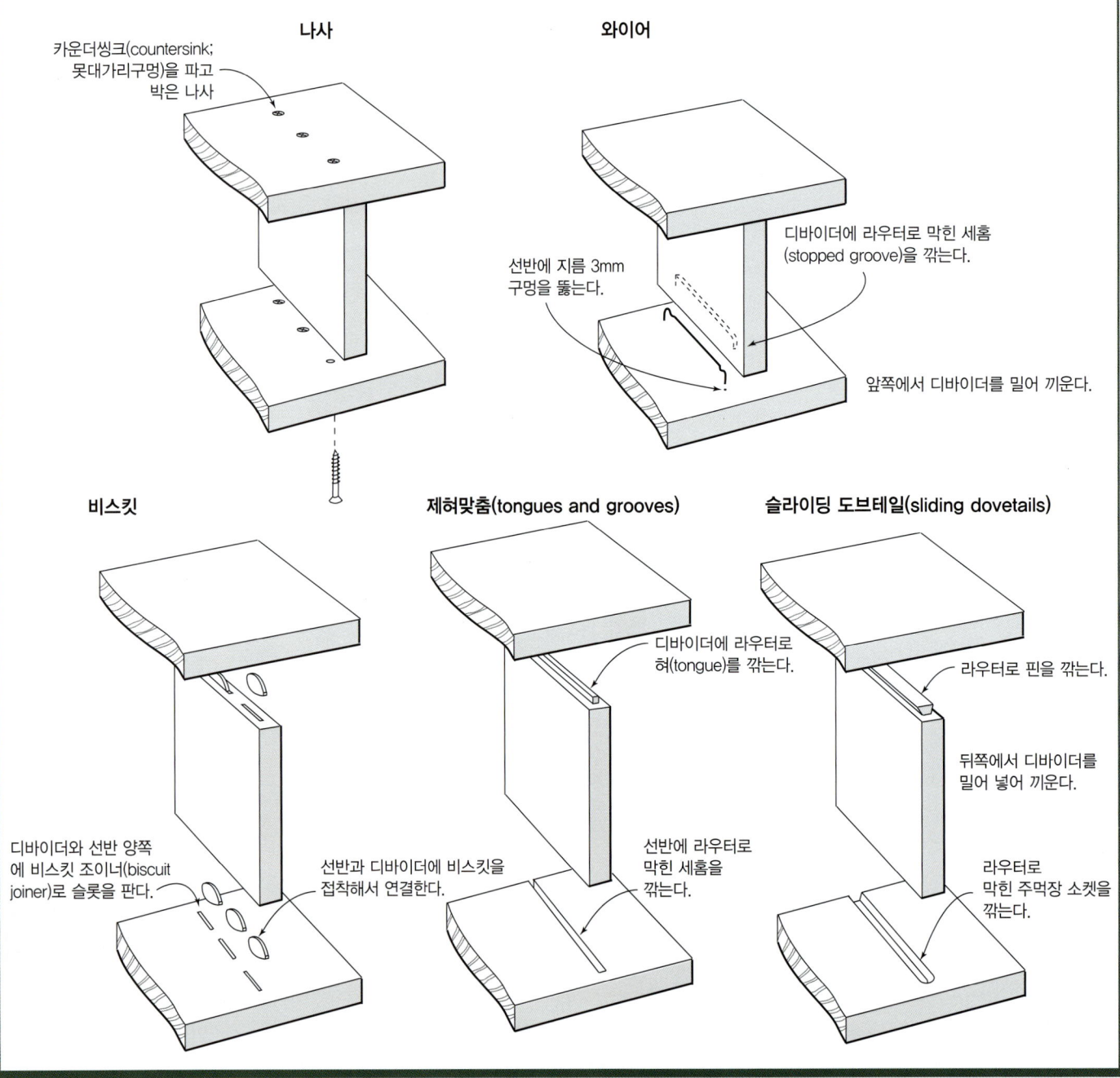

나사

카운더씽크(countersink; 못대가리구멍)을 파고 박은 나사

와이어

선반에 지름 3mm 구멍을 뚫는다.

디바이더에 라우터로 막힌 세홈 (stopped groove)을 깎는다.

앞쪽에서 디바이더를 밀어 끼운다.

비스킷

디바이더와 선반 양쪽에 비스킷 조이너(biscuit joiner)로 슬롯을 판다.

선반과 디바이더에 비스킷을 접착해서 연결한다.

제혀맞춤(tongues and grooves)

디바이더에 라우터로 혀(tongue)를 깎는다.

선반에 라우터로 막힌 세홈을 깎는다.

슬라이딩 도브테일(sliding dovetails)

라우터로 핀을 깎는다.

뒤쪽에서 디바이더를 밀어 넣어 끼운다.

라우터로 막힌 주먹장 소켓을 깎는다.

웨브-프레임

웨브-프레임(web frame)은 상자형 틀 구조를 보강하고, 또한 서랍을 끼울 수 있는 받침 역할도 하지만, 캐비닛의 무게가 추가적으로 늘어나지는 않는다. 또한 옆판을 원목으로 하더라도 치수변화를 허용하는 구조로 제작한다.

먼저 캐비닛 내부 크기에 맞춰서 프레임을 깎아 만든다. 프레임에 장부 및 장붓구멍을 판다. 그리고 틀의 옆판에는 슬라이딩 도브테일 홈(dovetail sockets)과 사각홈(dadoes)을 한꺼번에 깎는다. 정밀한 작업을 위해서는, 베이스 플레이트(baseplates)의 크기가 다른 두 개의 라우터를 이용하지만, 지그는 하나를 사용한다(A). 베이스플레이트의 크기가 다르므로, 작은 라우터를 사용할 때는 한 쪽에 보조목을 대서 차이를 보완한다. 보조목의 두께는 사용하는 라우터의 크기에 맞춘다. 이 지그와 라우터 하나로 두 작업을 수행할 수 있지만, 깎을 때마다 비트를(그리고 절삭깊이도) 교체해야 하거나, 혹은 지그의 위치를 조정해야 한다. 서랍용 수평 디바이더를 설치하기 위해서, 13mm 라우터 비트를 사용해서 폭 18mm, 깊이 8mm의 슬라이딩 도브테일 홈을 깎는다. 필요한 폭보다 작은 비트를 사용하면 비트에 걸리는 부하도 줄고, 나무도 더 깔끔하게 깎을 수 있다. 보조목을 라우터 한쪽에 대고, 라우터를 시계 방향으로 움직이면서, 처음에는 보조목을 왼편에 대고 그 다음엔 오른편엔 대고 깎는다. 연필선으로 소켓의 길이를 표시하고, 비트가 여기에 다다르면 깎는 것을 멈춘다(B).

그 다음엔 서랍 러너를 설치하기 위해서 사각형홈을 판다. 같은 지그에서 보조목을 들어내고, 베이스 플레이트가 더 큰 다른 라우터를 사용한다.

19mm 스트레이트 플런지 비트(plunge-cutting straight bit)를 끼운 다음, 3mm 정도로 얕게, 양쪽 주먹장 슬롯 사이에 사각형홈을 깎는다(C).

주먹장과 사각홈을 파는 그림의 지그로 상자형 틀의 옆판에 18mm 주먹장 홈과 8mm 사각홈을 전부 깎을 수 있다. 하나의 라우터에 13mm 주먹장 비트를 끼우고, 가이드 레일의 어느 한 쪽에 보조목을 대면, 라우터와 레일 사이에 5mm 간격이 생긴다. 주먹장을 깎을 때는 라우터를 몸 바깥쪽으로 미는 방향으로 왼쪽, 오른쪽을 깎는다. 그러고 나서, 보조목을 제거하고, 베이스 플레이트가 더 큰 또 다른 라우터에 19mm 스트레이트 플런지 비트(plunge-cutting straight bit)를 끼운 다음 사각형홈을 깎는다.

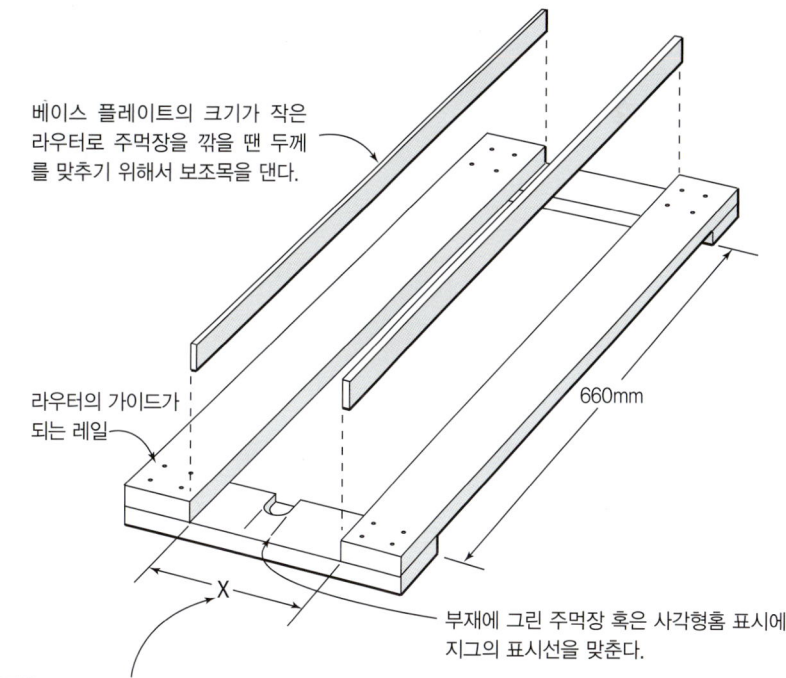

베이스 플레이트의 크기가 작은 라우터로 주먹장을 깎을 땐 두께를 맞추기 위해서 보조목을 댄다.

라우터의 가이드가 되는 레일

660mm

A

부재에 그린 주먹장 혹은 사각형홈 표시에 지그의 표시선을 맞춘다.

X

사각형홈을 깎는 큰 라우터의 베이스 플레이트 지름

B

C

캐비닛의 앞쪽부터 작업하는데, 소켓에 앞쪽 디바이더의 주먹장을 접착하고 결합부를 가로질러 클램핑한다(D).

이제 틀 전체를 뒤집어서, 뒤쪽에서 서랍 러너를 접착하는데, 앞쪽 디바이더의 장붓구멍에 접착한다. 이때 사각형홈(dado)에는 접착제를 칠하지 않는 대신, 러너의 한가운데 부분을 나사로 옆판에 박는데, 나사 구멍을 약간 크게 만든다(E). 폭이 넓은 경우엔 러너에 나사 두세 개를 박는다. 나사를 박는 것이 전통적인 방법은 아닐 수 있지만, 이렇게 하면 전체 구조도 더 튼튼해질 뿐만 아니라, 더 중요한 건 옆판이 오래도록 편평하게 유지된다.

뒤쪽 디바이더를 주먹장 소켓에 접착한다. 그러나 러너의 장부는 접착하지 않는다. 뒤쪽 디바이더와 러너의 턱 사이에 3mm 정도의 틈새가 생기도록 러너를 만든다(F). 이렇게 해야 옆판에 치수변화가 생겨도 문제가 없다. 러너가 쉽게 움직일 수 있도록 뒤쪽 장부에 왁스를 칠해두는 것도 좋은 방법이다. 지금 작업하는 캐비닛처럼 서랍이 나란히 쌍으로 들어가는 경우에는 앞쪽에 수직 디바이더를 주먹장으로 넣는다. 디바이더 뒤쪽에는 폭이 넓은 러너를, 앞에서 설명한 것과 마찬가지로, 접착시키지 않은 장부로 넣는다. 나중에 러너에 가이드 스트립(guide strip)을 접착해서 서랍을 열고 닫을 때 길잡이 역할을 할 수 있게 만든다.

▶ 맞은편 쪽의 "서랍 러너"를 참고한다.

서랍 러너(runners)

캐비닛에 서랍이 들어간다면 가이드 시스템이 필요하다. 제일 간단한 구조는 옆판 자체가 가이드 역할을 수행하는 것이다. 그러나 전면 프레임이 캐비닛의 옆판보다 앞으로 나오는 경우나 서랍이 둘 이상 옆으로 나란히 설치되고 수직 디바이더가 이를 나누고 있는 경우엔 가이드가 필요하다.

캐비닛 전면에 수평 디바이더를 넣지 않고 사용 공간을 최대화하고 싶다면, 틀 옆판에 원목 스트립을 달고 이에 대응하는 홈을 서랍 옆면에 라우터로 파서, 위아래로 서랍을 바로 이어서 끼워 넣는다.

서랍 옆판에 라우터로 6mm 깊이로 막힌 홈을 판다(A). 스트립을 틀의 옆판에 나사로 박는다. 합판을 잘라서 아래쪽에 받치고 작업하면, 스트립을 틀과 평행하게 설치할 수 있고, 또한 양쪽 스트립을 서로 정렬시킬 수 있다(B). 서랍을 스트립에 끼운 후에는 서랍 옆의 홈만 보인다(C). 전면 프레임이 앞으로 튀어나온 경우엔, 공간을 합판 스트립으로 채우고, 하드우드 가이드 스트립을 틀의 옆판에 나사로 고정시킨다.

[TIP] 서랍 위에 공간이 있으면 서랍이 아래위로 놀게 되는데, 옆판 위쪽에 키커를 설치해서 이를 막을 수 있다. 나사 두어 개를 박거나 접착제를 몇 군데 칠해서 붙인다.

서랍이 디바이더로 나눠진 경우에는, 디바이더와 같은 두께로 스트립을 깎아, 앞뒤로 장부를 깎아 넣거나 아니면 웨브-프레임에 바로 접착시킨다. 가이드 스트립을 직각으로 잘 정렬하려면, 자투리 판재로 서랍 입구의 폭과 정확히 같은 폭으로 판재 두 개를 잘라 만든 다음, 가이드 스트립을 가운데 넣고 아래위로 크램핑한다. 그런 다음 판재 하나를 들어내고, 스트립에 접착제를 칠한 후에 프레임에 클램핑한다(D).

먼지받이

캐비닛 내부에 먼지받이(dust panels)를 설치하는 이유는 두 가지다: 서랍장 내부의 옷가지들이 서로 엉키는 것을 막아주고, 공기 중의 먼지가 안으로 들어가는 것을 방지한다.

프레임을 조립하기 전에 패널을 끼울 홈을 웨브에 만든다. 라우터 테이블에서 슬로팅커터(slotting cutter)를 사용해서 깎으면 빠르다(A).

앞쪽 디바이더와 러너를 설치한 후에는 뒤쪽에서 패널을 홈에 끼워 넣는다. 만약 합판으로 패널을 만들었다면 앞쪽 및 옆쪽 홈에 접착시킬 수 있으며 이는 전체 구조를 추가 보강하는 효과가 있다(B).

뒤쪽 디바이더를 소켓에 끼우는데, 주먹장 부분만 접착한다. 여기서 주의할 점은, 상자형 틀의 옆판은 계절별로 길이가 변할 수 있게 제작해야 하므로, 디바이더를 패널 혹은 러너의 장부와 접착시키지 않아야 한다(C).

추가 보강재

캐비닛을 벽, 바닥, 천장 등에 붙이려면 추가적인 보강재를 붙여두어야 한다. 하부장(base cabinets)의 경우엔 캐비닛 상단에 수평 스트립 하나만 있으면 벽에 고정시킬 수 있다. 혹은 캐비닛 바닥에 나무 블록을 붙여두면 나사나 볼트로 바닥에 고정시킬 수 있다.

벽에 붙이는 상부장의 경우엔 상판 아래쪽 내부(A)와 바닥판 아랫부분(B)에 원목 스트립을 붙인다. 스트립을 통과해서 나사나 못으로 캐비닛을 벽에 고정시킨다. 뒤판을 벽에 직접 고정시키는 것보다 상하 스트립을 통해서 벽에 고정시키는 편이 훨씬 튼튼하다. 목조 주택의 경우엔, 캐비닛을 고정하기 전에, 벽체의 수직 골조에 철물을 박을 수 있는지 미리 살펴본다. 석재 혹은 콘크리트면 콘크리트용 앵커를 사용해서 고정시킨다.

상부장을 탈부착이 가능한 이동식으로 만들 때는 스트립을 빗면으로 깎아서 벽에 고정시키고, 상부장을 걸면 된다(C). 같은 모양으로 스트립에 빗면을 깎아 캐비닛 뒤 위쪽에 붙이고, 캐비닛 아래쪽에도 같은 두께로 스트립을 붙여서, 캐비닛이 수직을 유지하도록 맞춘다. 캐비닛을 벽에 붙여서 건다(D).

소형 캐비닛은 뒤판 양쪽에 구멍을 파서 건다. 라우터에 키홀비트(keyhole bit)를 끼워서 열쇠구멍을 팔 수 있다(E). 가능하면 나사는 벽체의 수직 골조 위에 박는 것이 좋으므로, 캐비닛의 열쇠구멍 위치를 그 위치에 맞춘다.

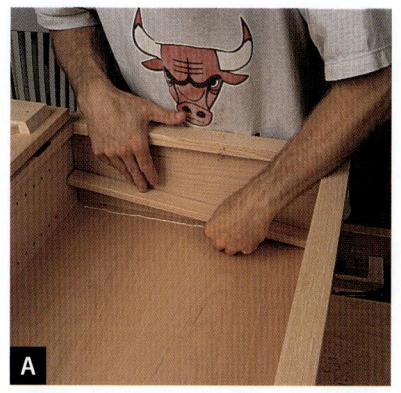

윗부분을 30° 빗면으로 깎은 다음 벽에 고정시킨다.

아랫부분을 30° 빗면으로 깎은 다음 캐비닛 뒷면에 박는다.

위쪽 스트립과 같은 두께의 나무를 아래에도 붙여서 캐비닛을 똑바로 세운다.

벽체

옆판을 뒤로 약간 연장해서 덮으면, 스트립이 보이지 않는다.

선반

선반의 이음

➤ 다도(dado) 선반 제작 (64쪽)
➤ 테이퍼 슬라이딩 도브테일 (65쪽)

개방형 선반

➤ 개방형 선반에 설치하는 지지대 (66쪽)
➤ 개방형 선반에 다는 목재 브래킷 (67쪽)

선반의 형태

➤ 위치조정식 선반 (68쪽)
➤ 소폭판을 이용한 선반 받침 (69쪽)
➤ 필라스터와 클립 (70쪽)
➤ 핀과 구멍 (71쪽)
➤ 와이어 받침 (72쪽)
➤ 벌집공법 선반 (73쪽)

선반의 모양내기

➤ 소폭판 덧대기 (74쪽)
➤ 소폭판 트리밍 (75쪽)
➤ 나사 숨기기 (76쪽)
➤ 비스킷 (77쪽)
➤ 제혀맞춤 (78쪽)
➤ 테두리 장식 (edgebanding) (79쪽)
➤ 목공용 접착제와 단판 (80쪽)

상자형 틀 구조에서 가장 중요한 것 중 하나가 선반이다. 선반보다 더 쓸모 있는 평면 보관 공간이 있겠는가? 책, 주방용품, 사무용품, 공구 등 살면서 쌓이는 물건을 보관하는 장소가 선반이다.

선반을 제작할 때는 사용 재료를 잘 골라야 한다. 선반 가장자리를 멋지게 깎아 장식적인 효과를 내고자 할 때는 합판과 같은 인조보드 보다는 원목을 사용하는 편이 낫다. 합판, 파티클보드, MDF는 크고 편평하기 때문에 넓은 부재도 테이블쏘나 원형톱으로 자르기만 하면 된다. 나중에 선반에 물건을 올려놓았을 때 휘거나 처지는 현상은 사용하는 재료에 따라 많이 다르다. 일반적으로 원목이 합판보다 더 강하다.

➤ 맞은편 쪽의 "처짐이 생기지 않도록 선반을 설계하는 방법"을 참고한다.

선반은 두 가지 형태로 제작할 수 있다: 고정식 혹은 위치조정식. 위치조정식으로 제작하면 선반의 위치를 필요에 따라 바꿀 수 있기 때문에 융통성 있게 사용할 수 있다. 그러나 선반 설계는 더 복잡하다. 고정식 선반은 설계 및 제작이 쉽고, 또한 각 선반 및 전체 캐비닛의 구조가 더 튼튼하다. 일반적으로 고정식 선반은 캐비닛의 옆판에 사각형홈(dado)을 깎아서 고정시킨다. 그러나 슬라이딩 도브테일(sliding dovetail)을 사용하면 접착면도 넓어지고, 또한 기계적 물림이 좋기 때문에 훨씬 튼튼하다.

► 64쪽의 *"다도(dado) 선반 제작"*을 참고한다.

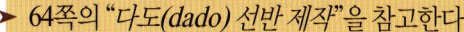

위치조정식 선반은 다양한 방법으로 만들 수 있다. 옆판에 구멍을 파서 핀(pin)을 끼워서 고정하는 방법도 있고, 받침부를 정교하게 제작할 수도 있다.

► 68쪽의 *"위치조정식 선반"*을 참고한다.

처짐이 생기지 않도록 선반을 설계하는 방법

캐비닛이나 책꽂이의 선반은 약간만 휘어도 보기에 이상하다. 고급 가구의 선반은 편평하고 튼튼하게 보여야 한다. 따라서 선반을 제작하기 이전에 실제 올라갈 무게를 미리 알아야 한다. 보강하는 방법으로는 가장자리에 보조목을 대는 방법, 받치는 방법, 디바이더나 벌집공법(torsion boxes)을 이용하는 방법 등 다양하다. 또 선반의 길이는 가능하면 짧게 하고, 재료를 잘 선택해서 적절한 두께로 만들어야 한다. 두꺼운 원목을 사용하는 것이 가장 튼튼하며, 고정식 선반은 결합부 자체가 선반을 보강하기 때문에 위치조정식 선반보다 훨씬 튼튼하다.

► 74쪽의 *"소폭판 덧대기"*를 참고한다.

위치조정식 선반 받침 선택

선반의 위치를 바꿔가면서 융통성 있게 사용하려면 옮길 수 있는 위치조정식이 좋다. 받침은 시판되는 철물을 구입하거나 직접 제작할 수 있다. (60~62쪽의 그림 참고).

선반의 최대 지간

통상적인 사용하중을 기준으로 한 지지부 사이의 최대 거리 (사용하중은 선반 길이 100mm당 3kgf, 선반의 폭은 250mm를 기준으로 함)

재료	최대 지간
파티클보드, 19mm	610mm
MDF, 19mm	710mm
하드우드 합판, 19mm	810mm
소프트우드	
19mm	910mm
25mm	1,220mm
38mm	1,600mm
하드우드	
19mm	1,070mm
25mm	1,220mm
38mm	1,680mm

선반을 보강하는 기법

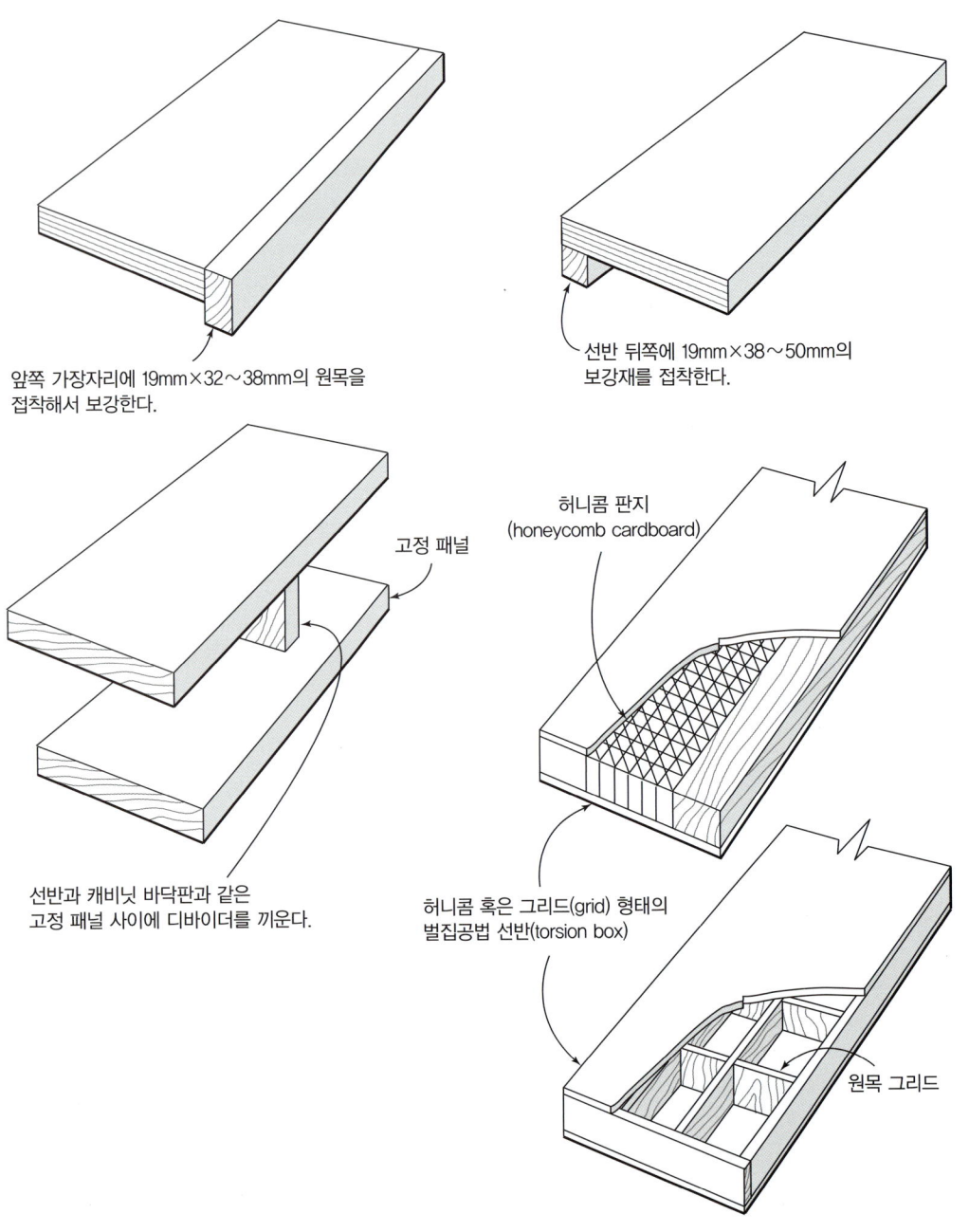

앞쪽 가장자리에 19mm×32~38mm의 원목을
접착해서 보강한다.

선반 뒤쪽에 19mm×38~50mm의
보강재를 접착한다.

고정 패널

선반과 캐비닛 바닥판과 같은
고정 패널 사이에 디바이더를 끼운다.

허니콤 판지
(honeycomb cardboard)

허니콤 혹은 그리드(grid) 형태의
벌집공법 선반(torsion box)

원목 그리드

위치조정식 선반 받침의 종류

시판되는 철물

금속 브래킷

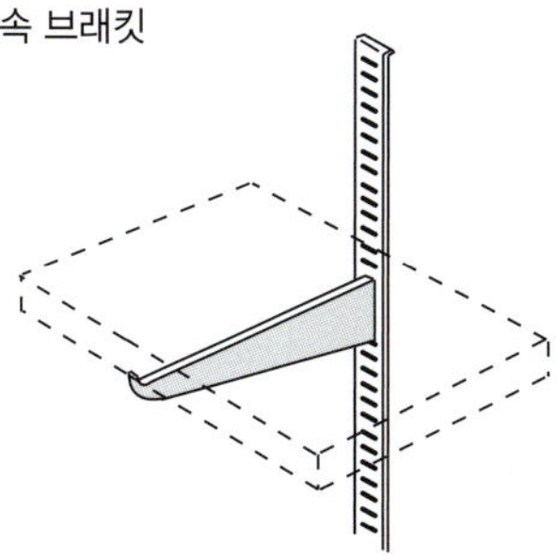

금속 혹은 플라스틱 필라스터
(pilasters)와 선반 클립

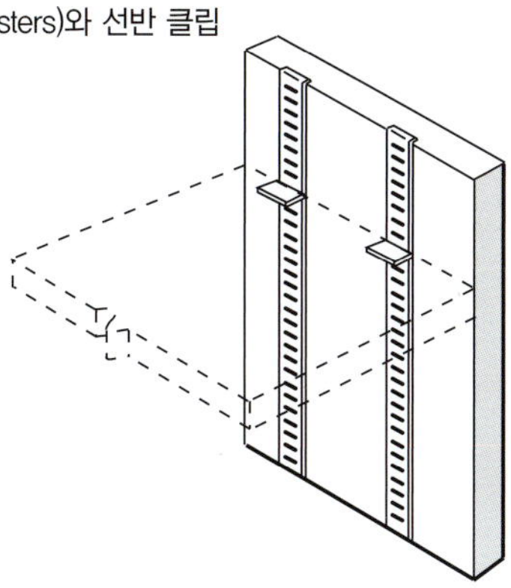

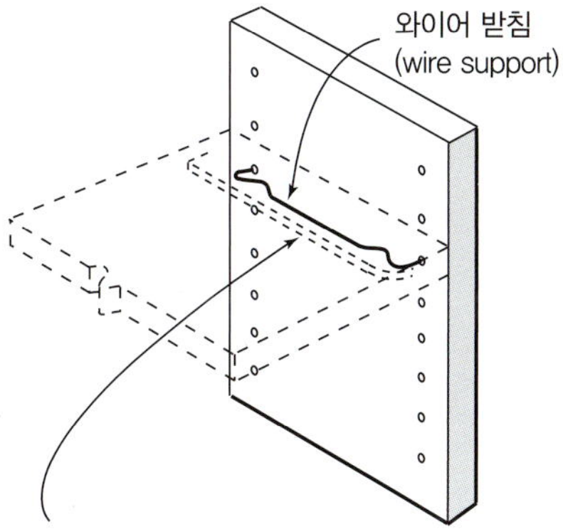

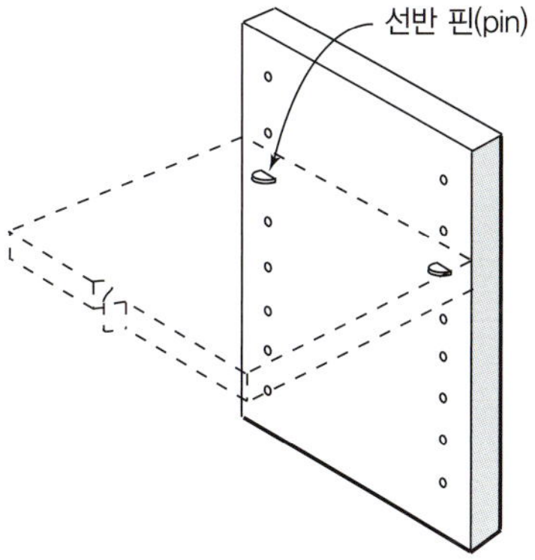

와이어 받침
(wire support)

선반 핀(pin)

클립과 핀

필라스터에 끼우거나, 상자형 틀에 구멍을
뚫어서 끼울 수 있는 여러 종류의 클립과 핀
이 있다.

필라스터 클립

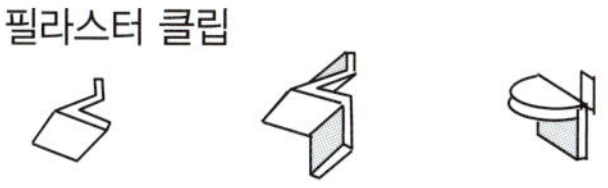

핀

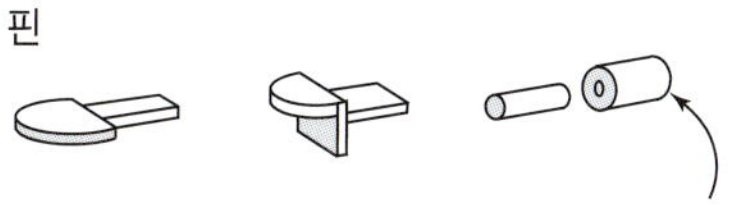

금속 슬리브(sleeve)

막힌 세홈(stopped groove)을 깎은
다음 와이어 받침을 끼운다.

공방에서 만들 수 있는 위치조정식 선반

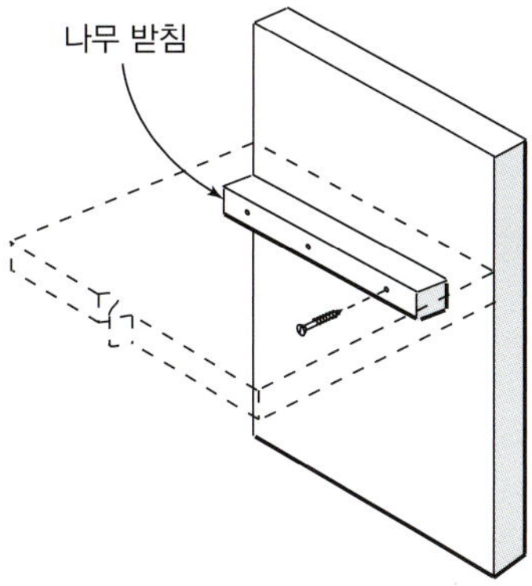

나무 받침

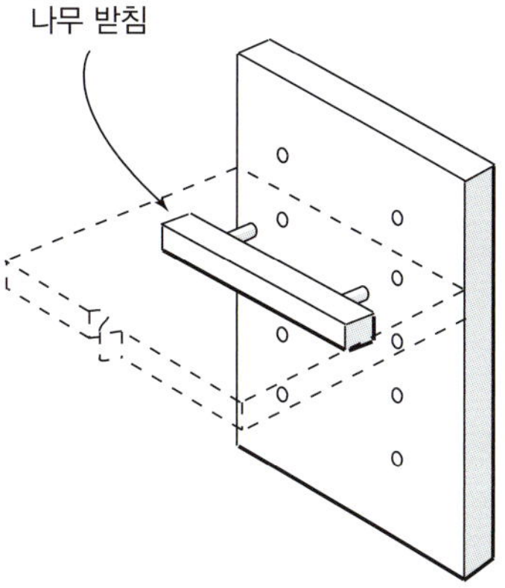

핀을 붙인
나무 받침

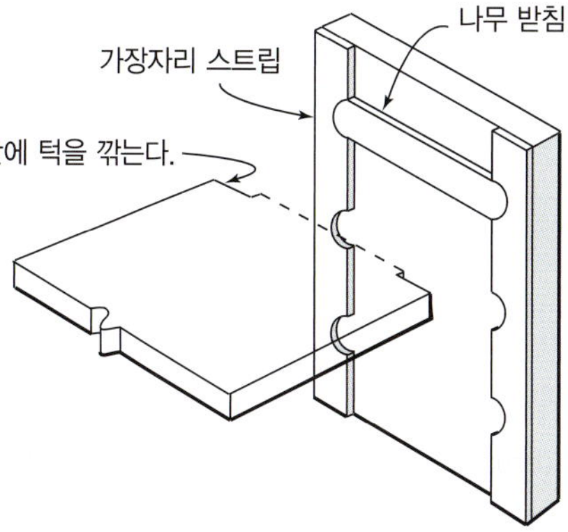

가장자리 스트립

나무 받침

선반에 턱을 깎는다.

모서리 모양내기

기본 형태

변형

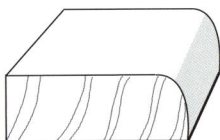

라운드 오버(round over)

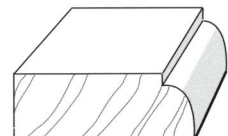

가는 띠(fillet, 필렛) 모양을 넣은
라운드 오버

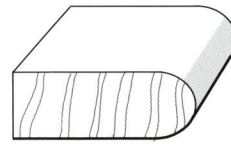

불노우즈(bullnose)

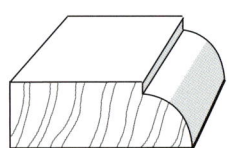

썸네일(thumbnail)

챔퍼(chamfer,
45도 정도로 경사지게 모따기)

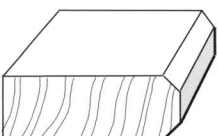

위아래로 챔퍼 깎기

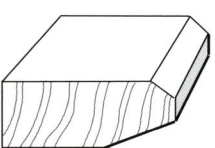

위에는 챔퍼,
아래는 빗면(bevel)으로 깎기

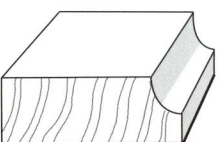

코브(cove, 오목하게 깎기)

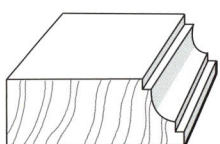

코브와 킬렛의 조합

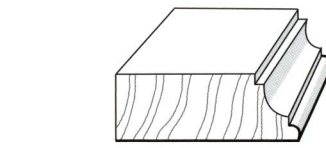

코브와 쿼터라운드
(quarter round, 사분원)

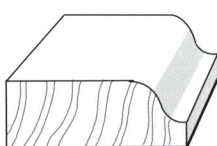

오지(ogee)

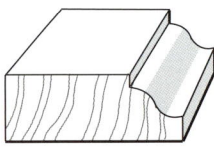

로만 오지와 필렛의 조합

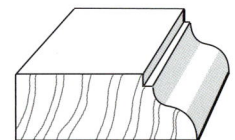

리버스 오지와 필렛의 조합

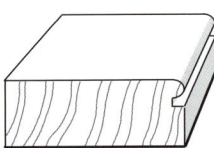

비드(bead, 구슬선)

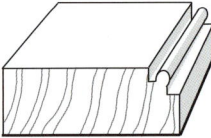

코너 비드
(corner bead, 모서리에 비드 깎기)

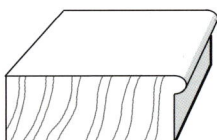

콕 비드
(cock bead, 버들 구슬선)

나무 마개 숨기기

나무 및 선반의 크기를 결정하고 난 뒤에는 선반의 처짐을 줄이는 방법을 생각한다. 예를 들어 나사 및 못을 사용해서 여러 군데를 받칠 수 있다. 표면에 보이는 철물은 나무 마개로 숨길 수 있다.

카운트보어(counterbore, 나사머리를 집어넣기 위해서 구멍을 깊이 파는 것) 구멍을 나무 마개로 꽉 막으려면, 탁상드릴에서 테이퍼 플러그 커터(목심제조 비트)를 사용해서 나무 마개를 깎는다. 같은 목재로 나뭇결을 맞추면 잘 숨길 수 있다. 커터로 뚫을 때 커터가 목재의 가장자리 밖으로 드러나도록 펜스 위치를 맞추면, 커터가 과열되어 무뎌지는 것을 막을 수 있다.

구멍을 뚫은 후에는 테이프로 나무 마개의 윗부분을 길이 방향으로 눌러 붙인 다음, 옆으로 돌려 눕힌 후 밴드쏘에서 뿌리 부분을 자른다. 옆 부분이 노출되어 있기 때문에 뿌리 부분을 보면서 자를 수 있다.

각각의 나무 마개를 떼어 내기 전에 나뭇결 방향을 미리 표시해야 한다. 안 그러면 자칫 뒤집어서 거꾸로 끼울 수 있기 때문이다. 이제 나뭇결에 맞춰서 나무 마개를 끼운 다음, 대패 혹은 사포로 마무리하면 나무 마개가 거의 보이지 않는다.

일렬로 나무 마개를 제작할 때는 커터가 옆면에 드러나도록 맞춘다. 이렇게 하면 마찰과 열을 줄일 수 있다.

밴드쏘를 사용해서 나무 마개의 뿌리 부분을 자른다.

나무 마개를 떼어 내기 전에 나뭇결의 방향을 미리 표시해둔다.

나뭇결 방향에 맞춰 나무 마개를 끼우면 거의 보이지 않는다.

다도(dado) 선반 제작

선반은 옆판에 완전히 고정시키는 것이 가장 튼튼하다. 이렇게 하면 상자형 틀 구조 자체도 보강되고, 물건을 올렸을 때 선반이 처지는 것도 막을 수 있다.

가장 간단한 방법은 옆판에 사각홈을 깎아서 선반을 끼우는 것이다. 라우터를 곧은자에 대고 스트레이트 비트를 사용해서 깎는다. 좀 더 매끈하게 깎으려면 플런지 라우터를 사용해서 깎는 것이 좋은데, 깊이를 조금씩 증가시키면서 깎아야 뜯기는 것을 막을 수 있다(A). 홈은 19mm 두께 패널이면 6mm 정도로 얕게 파야 옆판이 약해지지 않으며, 또한 옆판이 일정 두께를 유지해야 연결부에 못이나 나사를 박을 수 있다.

결합부가 꽉 조이게 홈을 깎아야 보기에도 좋고 튼튼하다. 대부분의 합판은 치수보다 0.4mm 정도 얇게 판매되기 때문에, 이를 고려해서 홈을 깎을 때 폭을 약간 좁게 깎아야 딱 맞게 끼울 수 있다. 이런 용도로 약간 작게 제작된 비트도 있는데, 사진 B에서 왼쪽이 그것이다.

이렇게 깎은 다음 접착해서 클램핑한다(C). 옆 부분이 보이지 않는다면, 나사 혹은 못으로 선반을 고정하면 작업도 쉽고 결합부도 튼튼하다.

테이퍼 슬라이딩 도브테일

가장 튼튼한 결합 방법은 도브테일(dovetail, 주먹장)로 연결하는 것인데, 테이퍼 방식으로 길이 방향으로 폭이 변하게 깎는다.

먼저 도브테일 소켓(홈)을 깎는다. 13mm 도브테일 비트를 사용할 수 있도록 라우터 지그를 만들어서 사용하면 된다(A, B). 마지막 순간에 뜯기는 것을 방지하려면, 패널 끝 부분을 라우터로 먼저 약간 깎아 놓고, 패널 전체 홈을 깎는다(C).

다음에는 선반 양쪽 면에 0.8mm 두께의 얇은 나무를 테이프로 붙인다(D).

이제 라우터 테이블에서, 소켓을 깎을 때 사용한 비트를 그대로 사용하여, 선반의 양쪽 면을 각각 깎아서 핀을 만든다. 자투리 목재를 사용해서, 정확한 양이 깎이는지 먼저 확인해본다. 펜스의 위치를 조정하거나 테이프로 붙이는 얇은 나무의 두께를 조절해서, 테일의 가장 넓은 쪽이 소켓의 가장 넓은 쪽에 거의 맞도록 조정한다. 보조목을 클램핑하면 혹시 모를 뒤틀림을 방지할 수 있다(E).

선반을 결합했을 때 마지막에 도브테일 핀이 딱 맞도록 끼여야 한다. 즉, 마지막 13mm 정도는 망치로 살살 쳐서 들어갈 정도여야 한다. 접착제를 사용할 수도 있다. 그러나 원목으로 제작할 경우에는 치수변화에 대비해서 앞부분 50mm 정도만 접착시킨다(F).

그림은 테이퍼 도브테일 소켓 지그(tapered dovetail socket jig)인데, 13mm 도브테일 비트를 사용해서, 폭이 16mm, 깊이가 8mm인 도브테일을 상자형 틀의 옆판(폭 최대 360mm까지)에 깎을 때 사용할 수 있다. 도브테일의 폭이 길이 방향으로 점차 1.6mm가 변한다. 옆판의 폭이 넓으면 가이드보드의 폭을 더 넓게 만든다.

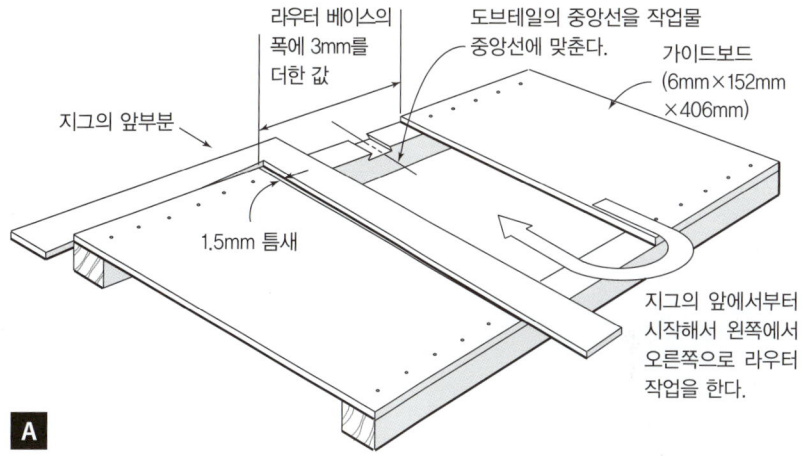

라우터 베이스의 폭에 3mm를 더한 값

도브테일의 중앙선을 작업물 중앙선에 맞춘다.

가이드보드 (6mm×152mm ×406mm)

지그의 앞부분

1.5mm 틈새

지그의 앞에서부터 시작해서 왼쪽에서 오른쪽으로 라우터 작업을 한다.

A

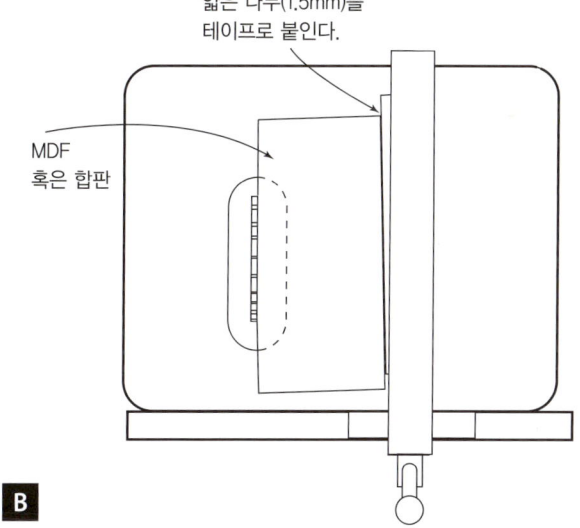

얇은 나무(1.5mm)를 테이프로 붙인다.

MDF 혹은 합판

B

C

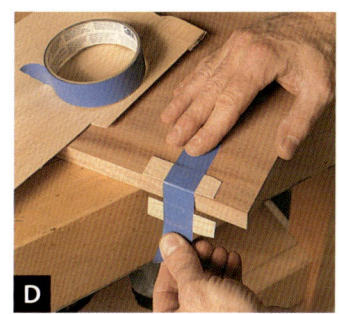

D

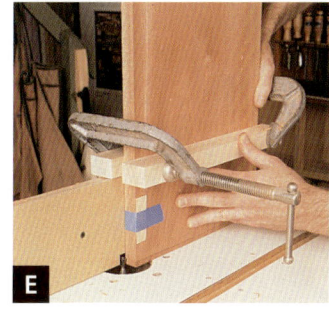

E

F

개방형 선반에 설치하는 지지대

진열 선반을 제작할 때는 판재 중간에 지지대를 설치해야 하는 경우가 많은데, 이때는 뒤에서 나사로 고정한다.

단조로운 직사각형 형태에서 벗어나고 싶다면, 밴드쏘에서 모서리를 잘라낸 후(A), 드럼 샌더를 이용하거나 아니면 손 사포질로 표면을 다듬는다.

좀 더 섬세한 느낌을 표현하려면 라우터 테이블에서 목재의 아랫부분 모서리를 45° 정도로 모따기 한다. 안내 베어링이 장착된 모따기 비트(piloted chamfer bit)를 사용하며, 스타팅 핀(starting pin) 반대쪽으로 목재를 돌리면서 깎기 시작하는 것이 안전하다. 한 번에 다 깎을 생각은 하지 말고, 비트를 조금씩 올리면서 깎아야 한다(B).

너무 눈에 띄지 않게 하려면, 6mm 포스너 비트로 카운트보어를 판 다음, 트림나사(trim screws; 소형접시머리나사)를 사용해서 선반을 뒤판에 고정한다(C). 선반을 완전히 고정한 후에는 6mm 나무 마개에 접착제를 칠해서 카운터보어 구멍을 막는다. 나무 마개에는 나뭇결 방향을 미리 표시해둔다(D).

접착제가 경화된 후에는 선반의 가장자리에 맞춰서 나무 마개의 윗부분을 끌로 깎아낸 후 사포질한다(E). 나무 마개와 선반의 나뭇결 방향을 같게 맞추면, 나무 마개가 잘 보이지 않는다.

사용자 용도에 맞춰 제작한 지지대는 특별한 느낌이 난다. 나는 대형 손대패를 각각의 대패 모양에 맞춰 선반을 제작하고, 그 위에 보관한다(F).

개방형 선반에 다는 목재 브래킷

벽체나 오픈 캐비닛에 목재 브래킷을 달아서 사용하면, 많은 무게를 지지할 수도 있고 보기에도 괜찮다.

브래킷을 한 두 개만 만든다면, 목재에 원하는 모양을 그린 다음 밴드쏘에서 잘라낸다. 여러 개를 만든다면 합판으로 템플릿을 만든 후 모양을 본뜬다(A).

밴드쏘에서 표시선을 따라 잘라낸다(B). 드럼 샌더를 사용해서 순결 방향으로 사포질하면, 톱자국도 없어지고 한층 깨끗한 면이 된다(C). 예리한 끌을 사용해서, 단차가 있는 턱 부분을 정확하게 깎는다.

틀의 뒤판 혹은 벽체 지지판 뒤쪽에서 나사로 브래킷을 고정하면 연결부를 숨길 수 있다(D). 경우에 따라서는 나사를 브래킷을 통과해서 뒤판에 박은 후, 나사 구멍을 막는 것도 한 방법이다.

▶ 63쪽의 "나무 마개 숨기기"를 참고한다.

마감 처리한 선반은, 브래킷 위에 그냥 올려둘 수도 있고, 나사나 마감못으로 벽체 지지판 뒤로부터 혹은 브래킷 아래로부터 박아서 고정시킨다(E).

위치조정식 선반

캐비닛이나 책꽂이의 선반을 고정하지 말고 그냥 얹어두면, 선반 위치를 조정하면서 융통성 있게 사용할 수 있다. 받침대는 맘에 드는 모양으로 고르면 되는데, 구멍을 파서 핀으로 고정하는 간단한 형태도 있고, 정교하고도 멋있는 나무 제품도 있다.

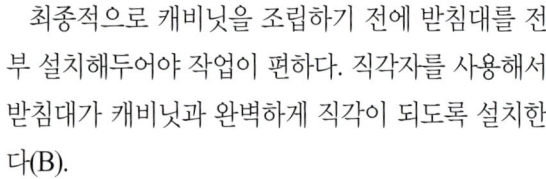

▶ 61쪽의 "위치조정식 선반 받침의 종류"를 참고한다.

받침대로 선반을 받치는 방법은 단순하지만 효율적이다. 가능한 한 두께가 얇은 받침대를 사용하고(그러나 최소 10mm), 작은 나사나 마감못으로 고정하면 보기가 낫다.

목재를 켜고 잘라서 폭과 길이를 맞춘 다음 라우터 테이블에서 앞쪽 아래 모서리를 둥글게 깎는다. 시작할 때는 스타팅 핀(staring pin)을 이용해서 안전하게 작업한다(A).

최종적으로 캐비닛을 조립하기 전에 받침대를 전부 설치해두어야 작업이 편하다. 직각자를 사용해서 받침대가 캐비닛과 완벽하게 직각이 되도록 설치한다(B).

마감 처리한 선반을 받침대 위에 올린다(C). 원하는 대로 선반의 위치를 옮겨가면서 사용하면 된다.

소폭판을 이용한 선반 받침

위치조정식 선반을 만드는 멋진 방법이 또 있다. 소폭판(wood strip)에 반원 모양으로 홈을 깎고 이곳에 받침대를 끼워서 사용하는 것이다. 보기보다는 만들기도 쉬운 편이며, 받침대는 템플릿 지그를 이용하여 일괄적으로 정확하게 제작할 수 있다(A).

폭 50mm 판재 두 개를 준비한 후, 탁상드릴에서 포스너 비트(Forstner bit)를 사용해서 지름 25mm 구멍을 각 판재의 중심선을 따라 일렬로 뚫는다(B).

테이블쏘에서 소폭판 가운데를 켜서 반으로 자르고(C), 틀 양쪽 구석에 못으로 박는다. 소형 에어 타정기를 사용하면 작업 시간을 줄일 수 있다(D).

받침대 만들 나무를 필요한 길이보다 3mm 정도 더 길게 잘라서 준비한다. 템플릿 지그와 패턴비트(pattern bit)를 사용하면, 필요한 길이로 깎는 작업과 단부를 곡면으로 깎는 작업을 동시에 수행할 수 있다(E).

소폭판으로 만든 세로 지지대 사이에, 원하는 위치에 나무 받침대를 끼우고, 선반을 올린다(F). 선반의 구석에 홈을 파서, 세로 지지대 사이에 끼울 수 있도록 만든다.

> ⚠️ **주의** 탁상드릴에서 작업할 때는 반지나 보석류는 몸에 착용하지 않는다. 회전하는 드릴척(drill chuck)이나 비트에 반지가 걸리면 손가락 살점이 바로 떨어져 나갈 수 있다.

아래 그림은 라우터 테이블에서 선반 받침대의 양쪽을 반원으로 깎는 데 사용할 수 있는 템플릿 지그다. 먼저 나무를 필요한 폭으로 켜고, 길이는 3mm 정도 여유를 두고 자른다. 그러고 나서 밴드쏘에서 필요한 반원보다 약간 더 크게 반원으로 잘라낸다. 라우터 테이블에 상부 안내베어링 템플릿 비트(top–bearing template bit) 혹은 패턴 비트(pattern bit)를 장착하고, 한 번에 모서리 하나씩 돌아가면서 깎는다.

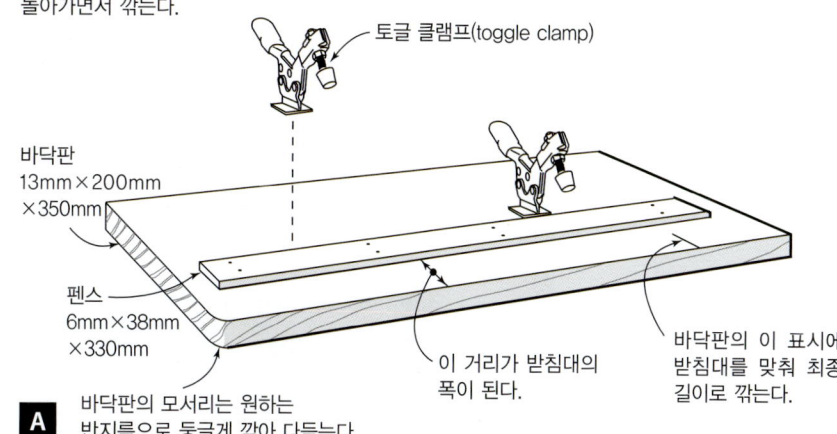

토글 클램프(toggle clamp)

바닥판
13mm×200mm
×350mm

펜스
6mm×38mm
×330mm

이 거리가 받침대의 폭이 된다.

바닥판의 이 표시에 받침대를 맞춰 최종 길이로 깎는다.

바닥판의 모서리는 원하는 반지름으로 둥글게 깎아 다듬는다.

A

B

C

D

E

F

필라스터와 클립

캐비닛에 필라스터(pilasters)를 설치해서 위치조정식 선반을 손쉽게 만들 수 있다. 일반적으로 높이를 13mm 혹은 그 이하의 간격으로 조정할 수 있기 때문에 선반을 원하는 높이에 정확히 설치할 수 있는 장점이 있다. 표면에 설치하는 형태보다는 안으로 들어간 형태가 설치 후 더 깔끔하게 보인다.

다도날(dado blade)이나 라우터를 사용해서 판재에 필라스터를 설치할 홈을 판다. 본 작업 전에 자투리 판재를 사용해서 정확히 끼워지는지 미리 깎아보는 것이 좋다(A).

필라스터를 길이에 맞춰 잘라야 하는데, 재료가 알루미늄, 황동, 플라스틱이면 초경 톱날을 사용해서 자른다(B). 강철이면 금속절단용 쇠톱을 사용한다. 필라스터 중에 클립을 끼우는 구멍이 끝에서부터 같은 간격으로 뚫려있는 제품은 구멍의 위치와 길이를 정확히 맞춰 잘라야 선반이 기울지 않는다.

캐비닛의 위판 및 밑판을 조립한 후, 필라스터를 두드려 홈에 끼우면, 잘 고정된다(C).

캐비닛을 완전히 조립한 후에 선반을 걸친다. 사진에 보인 필라스터는 플라스틱 클립을 사용하는데, 클립을 돌려서 안전하게 고정할 수 있는 형태다(D).

핀과 구멍

위치조정식 선반을 만드는 데 사용할 수 있는 쉽고도 괜찮은 방법이 하나 더 있다. 상자형 틀에 쭉 구멍을 뚫고 그 구멍에 핀을 꽂아서 선반을 받치는 방법이다. 그러나 정확한 위치에 구멍을 뚫지 않으면 선반이 흔들거리게 된다. 간단한 지그를 만들어 사용하면 옆판에 구멍을 정확히 뚫을 수 있다(A).

지그의 끝과 패널의 끝을 정확히 맞춘 다음 클램핑한다. 여기서는 패널에 비스킷을 꽂아서 정렬시켰다. 송곳이나 센터펀치로 지그 구멍을 통해서 눌러서 패널에 표시한다. 마스킹 테이프를 사용해서 구멍을 뚫을 구간을 표시한다(B).

탁상드릴 테이블에 펜스를 클램핑한 후, 목공용 드릴비트(brad-point bit)를 사용해서 표시 부분에 구멍을 뚫는다. 펜스에 턱을 깎아두면 목재 부스러기가 끼어서 정렬이 흐트러지는 것을 막을 수 있다(C).

[TIP] 탁상드릴(아니면 라우터 테이블) 작업 중 생기는 목재 부스러기가 작업물과 펜스 사이에 끼이는 경우가 있다. 이것이 작업에 손상을 입힐 가능성이 많다. 펜스의 아랫부분에 턱을 깎아두면 이곳이 부스러기의 배출 통로가 되기 때문에 작업물이 펜스에 잘 밀착된다.

탁상드릴이 없다면, 사진의 Veritas® 지그처럼 시판되는 드릴링 지그를 사용하는 것도 한 방법이다. 별도의 표시 없이 지그를 작업물에 고정시킨 다음, 경화강 부싱(hardened steel bushing)을 대고 드릴로 바로 구멍을 뚫는다(D). 마스킹 테이프를 비트에 감아서 뚫어야 하는 깊이를 표시한다.

수동 카운터씽크 비트를 사용해서 구멍 입구를 빗각으로 깎아주면 좋다. 일정하게 보일 수 있도록 구멍마다 같은 회전수로 깎는다(E). 황동 핀을 사용하면 깔끔하다(F).

그림과 같은 간단한 지그를 사용해서, 일련의 구멍을 뚫을 때 위치를 정확히 맞출 수 있다. 사용하는 방법은 지그의 아래쪽 끝을 옆판의 맨 아래쪽(혹은 사각형홈이나 비스킷 같은 이음부)에 맞춰 정렬시킨 다음, 송곳이나 센터펀치(center punch)로 구멍 위치를 표시한다.

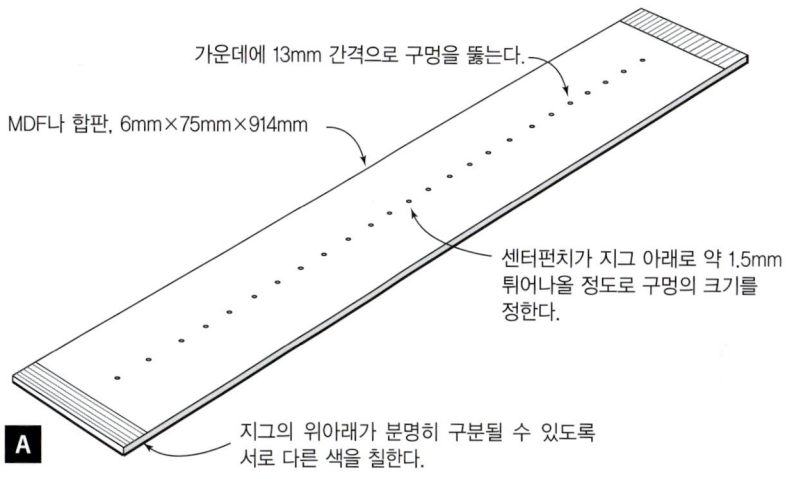

가운데에 13mm 간격으로 구멍을 뚫는다.

MDF나 합판, 6mm×75mm×914mm

센터펀치가 지그 아래로 약 1.5mm 튀어나올 정도로 구멍의 크기를 정한다.

지그의 위아래가 분명히 구분될 수 있도록 서로 다른 색을 칠한다.

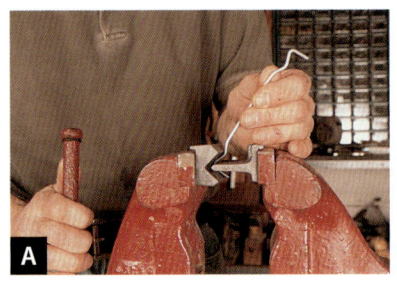

그림과 같은 와이어 받침 드릴 지그를 이용하면, 구멍 간격을 정확히 맞출 수 있다. 지그의 펜스를 작업 부재의 앞쪽 가장자리에 밀착시키고 아크릴판의 구멍을 통해서 뚫는다.

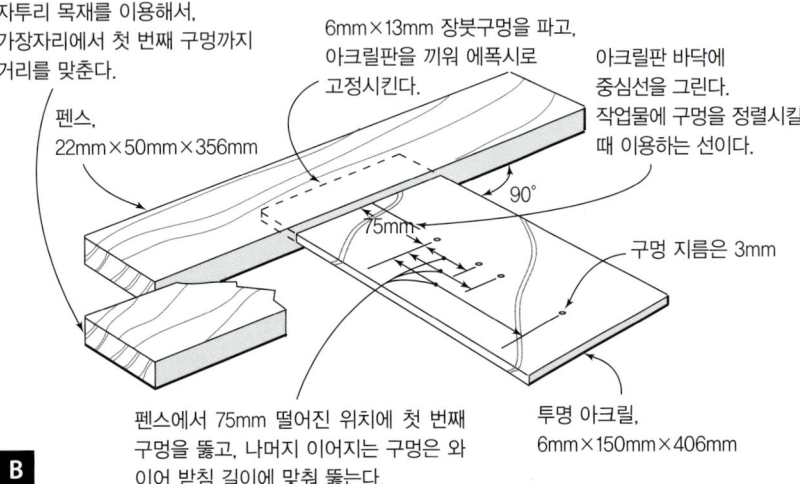

자투리 목재를 이용해서, 가장자리에서 첫 번째 구멍까지 거리를 맞춘다.

펜스, 22mm×50mm×356mm

6mm×13mm 장붓구멍을 파고, 아크릴판을 끼워 에폭시로 고정시킨다.

아크릴판 바닥에 중심선을 그린다. 작업물에 구멍을 정렬시킬 때 이용하는 선이다.

90°

75mm

구멍 지름은 3mm

펜스에서 75mm 떨어진 위치에 첫 번째 구멍을 뚫고, 나머지 이어지는 구멍은 와이어 받침 길이에 맞춰 뚫는다.

투명 아크릴, 6mm×150mm×406mm

와이어 받침

이동 가능한 형태로 디바이더나 파티션을 만들어야 할 때, 와이어(wire)를 이용해서 받침을 만들 수 있다. 숨은 와이어(invisible wire) 혹은 매직 와이어(magic wire)라고 불리기도 하는데, 매우 상상력이 좋은 기법이다. 한 쌍의 굽은 와이어로 선반 단부에 깎은 홈과 옆판에 뚫은 구멍을 연결하는 방법이다. 옆판에 뚫는 구멍은 지름이 3mm 정도이므로 잘 드러나지 않고, 또한 선반을 끼운 후에는 와이어 받침이 눈에 보이지 않는다는 장점이 있다.

▶ 61쪽의 "위치조정식 선반 받침의 종류"를 참고한다.

와이어 받침은 길이 150mm, 225mm 정도가 시판된다. 선반의 폭이 넓어서 더 긴 와이어가 필요하다면 두 개를 사용할 수 있다. 선반의 폭이 좁은 경우는 와이어를 직접 만들어서 사용하면 된다. 3mm 지름의 튼튼한 철사 혹은 기존의 긴 와이어 받침을 바이스와 밴딩 지그(bending jig)를 사용해서 굽힌다(A).

드릴 지그를 이용해서, 와이어를 꽂을 지름 3mm의 구멍을 옆판에 뚫는다(B). 뚫고자 하는 깊이에 맞춰, 드릴 비트에 마스킹 테이프를 감아서 표시한다(C).

선반의 양단에 홈을 깎는데, 선반 앞쪽에서 13mm 정도는 깎지 않는다. 그래야 선반을 끼운 후에 홈이 보이지 않는다. 라우터 테이블에서, 3mm 슬로팅커터(slotting cutter)를 사용해서 작업하며, 펜스의 위치를 깎는 깊이에 맞게 맞춘다. 깎는 첫 부분과 끝 부분 위치를 펜스에 연필로 표시하고 작업한다(D). 선반을 틀에 밀어 넣어 끼운다(E).

벌집공법 선반

벌집공법을 사용해서, 선반을 매우 튼튼하게 만들 수 있다. 이것은 허니콤(honeycomb, 벌집형 구조) 형태의 패널을 사용하거나 혹은 목재를 격자무늬 형태로 배치하고 앞뒤로 얇은 합판을 붙여서 만든다. 이러한 구조는 비행기 날개에서도 볼 수 있다. 이러한 구조는 무게는 상대적으로 가볍지만 강성은 매우 크다. 벌집공법은 여러 가구 부재에 적용될 수 있다. 대형 회의용 탁자나 상자형 틀 구조처럼 부재의 면이 커서 큰 하중이 가해지는 경우, 벌집공법의 상판을 적용하면 처지지 않는다.

먼저 두께 6mm~19mm 정도의 원목 리브(rib)를 사용해서 격자구조를 만든다. 파인(pine; 소나무), 포플러(poplar; 사시나무) 등 가벼운 목재를 사용하는 것이 좋다. 리브가 넓을수록 선반이 더 튼튼하다. 리브 사이의 간격은 100mm 정도면 되는데, 앞뒤 표면에 붙이는 합판의 두께에 따라 조정한다. 간격이 넓으면 표면에 붙이는 합판이 휘어질 수 있다. 스테이플건(타카)를 사용해서 부재를 서로 연결하는데, 양쪽 면에서 다 박도록 한다(A). 지금은 접착제로 붙이지 않는다. 표면에 합판을 붙이기 전까지는 스테이플(철심)이 격자구조를 유지시킨다.

양면에 접착제를 바를 때는 롤러를 사용하면 편하다(B).

두께 6mm 혹은 13mm 정도의 합판 혹은 MDF를 잘라서 앞뒤로 붙이는데, 격자구조의 크기보다 13mm 정도 크게 자른다. 접착제를 칠하고, 클램핑할 때 압력이 고루 가해질 수 있도록, 약간 볼록한 클램프 보조목(caul; 간판; 間板)을 대고 죈다(C).

▶ 20쪽의 "볼록한 클램프 보조목"을 참고한다.

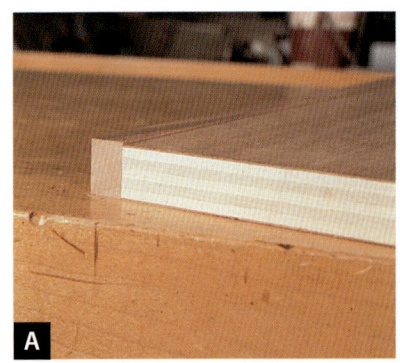

A

B

접착제가 굳어지면 라우터에 라미네이트 비트(laminate bit, 일자 베어링 비트)를 장착하고 격자구조의 둘레를 깔끔하게 깎아낸다(D). 합판의 단면이 보이지 않도록 무늬목, 단판, 가죽 등을 붙여서 선반을 고급스럽게 만들 수 있다. 혹은 일정 두께의 원목을 둘레에 덧대 접착시키는 것도 거친 단면을 숨길 수 있는 효과적인 방법이다.

소폭판 덧대기

C

D

합판, MDF, 파티클보드 등으로 만든 선반의 가장자리 단면은 원목을 띠 형태로 잘라 붙이거나 무늬목을 붙여서 보기 흉한 부분을 가릴 수 있다. 소폭판의 두께는 자유롭게 선택할 수 있으며 붙이는 방법 또한 다양하다. 일단 원목을 붙인 후에는 라우터 등을 이용해서 다양한 모양으로 깎을 수 있지만, 합판 가장자리를 바로 그렇게 할 수는 없다.

어떤 재료를 선택해서 사용하든지 선반보다는 약간 두껍게 깎아 붙여야 한다. 그래야 이후 대패 등으로 깎아내고 단차 없이 맞출 수 있다. 선반보다 1.5mm 정도 더 두꺼운 것이 적절하다(A).

E

F

롤러로 접착제를 선반 및 소폭판에 모두 바르고 서로 붙이는 것이 간단하다(B). 소폭판이 선반보다 두꺼우므로 선반 아래에 단판을 깔아서 두 재료의 중심이 일치하도록 만든다(C).

파이프 클램프로 소폭판을 단단하게 고정할 수 있다. 클램프와 클램프 사이에 긴 보조목(caul)을 받쳐 사용하면 적은 수의 클램프로도 소폭판에 일정한 압력을 가할 수 있다(D).

G

더 효율적으로 클램핑하는 방법도 있다. 두 선반에 각각 소폭판을 접착한 다음, 소폭판을 서로 마주 대고 클램핑하는 것이다(E). 사진 F에 보인 스프링 클램프를 사용하면 효율적으로 빠르게 작업할 수 있다. 그러나 이때는 많은 수의 클램프가 필요하다.

두께 3mm 이하의 장식띠 형태의 얇은 단판 소폭판이라면, 마스킹 테이프로 당겨 붙여도 충분한 압력을 가할 수 있다. 패널 한쪽 면에 테이프를 단단히 누른 다음 반대편 면까지 당겨서 붙인다(G).

소폭판 트리밍

접착제가 경화된 후에 양쪽 면으로 소폭판이 튀어나온 부분을 깔끔하게 깎아내야 한다. 소폭판이 얇으면 볼베어링이 달린 라미네이트 비트를 라우터에 장착해서 깎아내면 된다. 목재 블록을 작업대에 대고 클램핑해서 작업하면, 라우터가 흔들리지 않는다(A).

나는 대패로 깎는 것을 선호한다. 작업 시간도 짧고, 조용하고, 먼지도 별로 없다. 그러나 너무 많이 깎아서 선반 표면까지 깎아낼 위험성이 있다. 이것을 피하는 방법이 있다: 먼저 대패의 절삭 깊이를 중간 정도로 조절하여, 표면까지 다 깎이지 않을 정도로 맞춘다. 이것은 손가락 감촉으로 판단이 가능하다. 그리고 뜯김을 방지하기 위해서 대패를 비스듬한 방향으로 밀면서 깎는다(B). 그 다음엔 대패의 절삭 깊이를 매우 얇게 조정하고 마지막 두께를 깎아낸다. 아주 고운 얇은 대팻밥이 나와야 한다(C). 이렇게 하면 선반의 표면을 깎아내게 되더라도 아주 조금 깎게 되고 뜯기지도 않는다.

소폭판의 폭이 넓거나, 작업하기 어려운 목재를 깨끗하게 마무리하는 방법으로는 멜라민 코팅된 파티클보드를 라우터에 붙여서 이용하는 것도 가능하다. 파티클보드는 선반 위를 미끄러지듯 지나가고, 라우터 비트는 소폭판을 잘라낸다. 이때 4날 엔드밀 비트(four-flute end mill bit)를 사용하면 제일 말끔한 표면

을 얻을 수 있다. 그러나 스트레이트 바텀 커팅 비트(straight bottom-cutting bit)면 아무거나 사용할 수 있다(D).

선반의 표면을 먼저 트리밍한 후에는 양쪽 단부에서도 유사한 작업이 필요하다. 단부 작업을 고려해서, 선반의 길이를 필요한 길이보다 약간 더 길게 제작했다면, 단부를 테이블쏘에서 잘라내면 된다(E).

나사 숨기기

클램프가 없거나 클램핑하기 어려운 경우에는 나사로 소폭판을 붙이는 것도 좋은 방법이다. 나사 구멍은 나무 마개로 막는다. 나무 마개의 나뭇결을 잘 맞추면 거의 눈에 띠지 않게 만들 수 있다.

탁상드릴에서 카운터씽크/카운터보어 비트(countersink/counterbore bit, 이중비트)를 사용해서 나사 구멍의 카운터씽크와 카운터보어를 동시에 뚫을 수 있다. 사진에서는 나사 구멍의 간격을 125mm 정도로 했다. 소폭판의 폭이 넓으면 나사의 개수를 줄여도 좋다(A).

먼저 패널을 손으로 잡고 가장자리에 길잡이구멍(pilot hole)을 뚫는다. 그리고 나서 패널과 소폭판에 접착제를 바르고 나사로 소폭판을 박아서 고정시킨다(B).

나무 마개에 접착제를 칠한 다음 카운터보어 구멍에 박아 넣는다. 나무 마개에 미리 나뭇결 방향을 표시해 둔 후, 소폭판과 나무 마개의 나뭇결 방향을 일치시킨다(C).

나무 마개 튀어나온 부분은, 끌을 대고 나무망치로 쳐서 대부분 떼어낸다. 마지막에는 끌을 손에 잡고 조심스럽게 밀어서 단차 없이 깎아낸다(D). 최종적으로 날이 잘 선 손대패로 대패질해서 마무리한다(E).

비스킷

소폭판을 튼튼하게 고정시키는 용도로는 필요하지 않으나, 정확하게 위치를 정렬시키기 위한 목적으로는 비스킷만큼 좋은 게 없다. 비스킷을 200mm 정도의 간격으로 설치하면 소폭판을 선반이나 틀과 잘 정렬시킬 수 있다. 즉, 소폭판을 선반에 클램핑할 때 선반을 괴거나 조심스레 위치를 맞추는 일 따위는 하지 않아도 된다. 소폭판에서 비스킷 슬롯의 위치를 약간 내리면 소폭판이 선반 위로 약간 올라오게 된다. 이후 소폭판을 패널에 접착시킨 후에 튀어나온 부분을 깎아내면서 깨끗하게 마감할 수 있다.

비스킷 슬롯을 뚫을 때는 특별히 자로 재서 정확하게 위치를 정할 필요는 없다. 소폭판을 패널 끝에 대고 연필로 슬롯의 가운데 위치를 가로질러 표시한다(A).

패널에 슬롯을 파는 것도 간단하다. 비스킷 조이너의 중심선과 패널의 연필 표식을 정렬시켜서 뚫는다. 작은 작업물은 클램핑해야 한다(B).

목재의 폭이 좁거나 길이가 짧은 경우는 클램핑이 어렵기 때문에 슬롯을 깎는 작업이 까다롭고 위험할 수도 있다. 이런 경우에는 그림과 같은 지그를 만들어서 사용하면 안전하게 작업할 수 있다(C). 이 지그는 만들기도 쉽고 또한 작업 부재의 크기에 따라 조정이 가능하다(D).

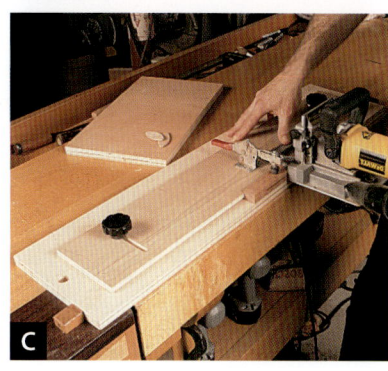

사진과 같은 홀드다운 지그(hold-down jig)를 사용하면 짧고 작은 작업물에 비스킷 슬롯을 파야할 때 비스킷 조이너 비트로부터 손을 보호할 수 있다.

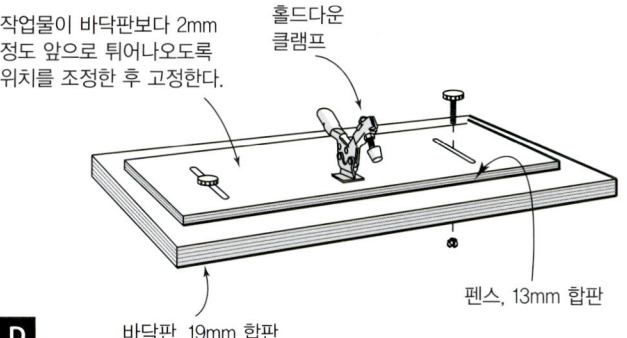

작업물이 바닥판보다 2mm 정도 앞으로 튀어나오도록 위치를 조정한 후 고정한다.

홀드다운 클램프

펜스, 13mm 합판

바닥판, 19mm 합판

제혀맞춤

부재를 제혀맞춤(tongue and groove)으로 연결해도, 비스킷과 마찬가지로, 접착 후 위치가 정확하게 맞는다. 그리고 제혀맞춤은 맞닿는 접착 면적이 넓은 구조이므로 연결 강도가 상당히 크다. 부재의 폭이 넓은 경우에는 이러한 추가적인 강도도 중요하게 고려해야 한다.

테이블쏘에서 다도날(dado blade)을 이용해서 패널에 홈을 판다. 홈의 폭은 패널 폭의 1/3 정도다. 페더보드를 사용해서 작업 부재를 펜스에 단단하게 밀착시킨다(A).

[TIP] 작업 부재의 폭이 작을 때는 먼저 폭이 넓은 목재를 사용해서 홈 등을 먼저 깎은 다음, 나머지를 테이블쏘에서 잘라내는 방법이 안전하다.

다도날의 절삭 높이를 그대로 유지한 채, 보조 펜스를 대고 부재에 혀(촉) 부분을 깎는다. 양쪽에 반턱을 깎으면 가운데에 혀가 자연히 만들어진다(B).

일단 혀를 먼저 깎은 후에 최종적으로 원하는 폭에 맞추어 켠다(C).

접착제가 굳은 후, 접착선을 따라 단차를 없애주면 완성된다(D).

테두리 장식(edgebanding)

선반의 가장자리 단면에 장식용 단판(veneer)를 붙일 수 있다. 가장자리에 단판을 붙이면 깎아서 모양을 낼 수 없으므로 가정용 주방찬장의 내부 선반 등에 주로 사용한다. 시판되는 테두리 장식용 단판은 한쪽 면에 열에 녹는 핫멜트 접착제가 칠해져 있어서 간편하게 붙일 수 있다. 다양한 종류의 나무가 있으며, 19mm 표준 합판보다 2mm 정도 더 넓은 띠 형태로 시판된다. 멜라민이나 라미네이트 면일 경우는 어울리는 색상으로 플라스틱 테두리 장식용 띠를 구입해서 사용한다.

전용 다리미도 있지만 가정용 다리미를 중간 정도의 온도에 맞추어서 사용하면 된다. 접착제에 열을 가할 때 다리미를 계속 움직여야 장식이 타지 않는다. 다리미를 잡지 않는 손으로는 장식이 패널의 양쪽으로 같은 양만큼 튀어나오게 잡아준다(A).

접착제를 가열한 다음 바로 단단한 블록을 사용해서 문질러 붙인다. 긴 쪽과 짧은 쪽 가장자리가 만나는 모서리는 특별히 신경 써서 잘 눌러 붙인다(B).

장식의 끝부분을 잘라내고 다듬는 데는 폭이 넓은 끌을 사용하는 것이 좋다. 특히 사진의 오크(oak)처럼 결이 거친 단판은 더 그렇다. 끌의 뒷면을 단부에 대고, 끌을 아래방향으로 비스듬히 밀면서 깨끗이 잘라낸다(C).

길이 방향 나뭇결을 트리밍하는 방법은 몇 가지가 있다. 잘 뜯기는 단판은 줄(file)의 한 종류인 에지커팅 파일(edge-cutting file)을 이용하는 것이 안전하다. 줄을 수직으로 세워서 모서리에 댄 후 약간 기울여서 아래방향으로 밀면서 깎는다(D).

양쪽 모서리를 한꺼번에 깎아내려면 칼날이 양쪽에 붙어 있는 상용 트리머를 사용하면 된다. 그러나 엇결 방향으로 밀면 목재에 따라서는 뜯기는 경우가 있으므로 조심해야 한다(E).

목공용 접착제와 단판

특별한 접착제나 클램프가 없어도 테두리 장식용 단판을 직접 만들어 붙일 수 있다. 목공용 접착제 (white or yellow PVA glue)는 열가소성이므로 이를 이용한다.

[TIP] 이 방법은 단판이 작을 때는 괜찮지만, 단판의 폭이 클 때는 신뢰하기 어렵다.

목공용 접착제에 물을 10% 정도 추가해서 희석한 다음 붓으로 패널과 단판에 고루 바른다. 이때 롤러를 사용하면 작은 기포가 생길 수 있으므로 롤러는 사용하지 않는다. 가장자리 및 구석 부분은 일어나기 쉬우므로 특히 신경 써서 바른다. 단판에 접착제를 바르기 전에 반대편 면을 젖은 스펀지로 적셔주면 단판에 주름이 잡히지 않는다(A).

접착제가 완전히 경화되면 80-grit 사포로 가볍게 사포질해서 티끌이나 먼지를 없앤다(B). 그런 다음 패널과 단판에 접착제를 다시 한 번 바른다.

두 번째 칠한 접착제가 완전히 경화된 후(접착제가 투명해지고 반짝거린다), 단판을 패널에 대고 다리미를 사용해서 열을 가해서 붙인다(C). 이후 가장자리를 트리밍하면 된다.

못, 나사 및 기타 체결철물

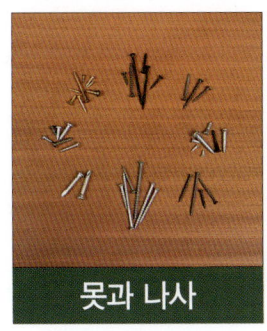

못과 나사

➤ 이음부와 못 (84쪽)
➤ 압축공기를 사용하는 파스너(fastener) 장비 (85쪽)

각종 철물

➤ 조립철물 (86쪽)
➤ 침대 철물 (87쪽)

장 식장 등을 만들 때 체결철물(fasteners)이 반드시 필요하다. 나사를 사용해서 결합하면 시간도 적게 걸릴 뿐 아니라, 손이 닿지 않아 작업이 어려운 지점에서는 접착제가 경화될 때까지 부재를 고정시키는 용도로 최선의 선택일 수도 있다. 전통적인 못도 공방에서 쓸모가 있는데, 마감못 특히 소형 마감못은 부재 및 프로젝트가 작은 경우에 유용하다. 그리고 압축공기를 사용하는 스테이플건(에어타카)이 다양한 형태로 출시되고 있고 저렴한 컴프레서(compressor;공기압축기)도 많기 때문에 작은 공방에서도 저렴한 가격에 간편하게 이용할 수 있다.

대형 서랍장처럼 현장에서 직접 조립해야 하는 경우, 혹은 침대처럼 규모가 큰 것은 체결철물을 사용하는데, 종류가 많으며 가구업계에서 광범위하게 사용되고 있다. 가구의 크기가 공방에서 들고 나오기 어려운 정도라면 체결철물을 사용하는 것이 정답이다.

충전드릴과 나사

나사를 박을 때는 시판되는 강력 충전드릴을 사용하는 것이 최고다. 물론 무선이 아니더라도 작업을 할 수는 있지만 충전드릴을 사용하면 작업 속도도 빠르고 발밑에서 전선이 걸리적거리는 것도 피할 수 있다. 나는 드릴에 자석비트홀더(magnetic bit holder)를 붙여서 사용하는데, 나사를 박는 데 도움도 되고, 좀 더 먼 곳까지 닿는다. 십자나사 혹은 사각나사에 적합한 방법이지만 익숙해지면 전통적인 일자나사에도 쓸 수 있다.

나무못으로 마구리 보강

마구리에 나사를 박는 것은 아무리 잘해도 위험이 따른다. 나사산이 목섬유를 으깨서 결합이 느슨해지므로 힘이 가해지면 파손될 가능성이 많다. 따라서 마구리에 나사를 박아야 한다면, 한 가지 요령은 나사가 통과하는 위치에 길이 방향 나뭇결을 심어주는 것이다. 이음부를 가로질러 나무못을 박는 것이 가장 쉬운 방식이다.

나무못으로 나사 이음 보강하기

나사가 잘 결합될 수 있도록, 나무못에 접착제를 칠해서 마구리 쪽 부재에 심는다.

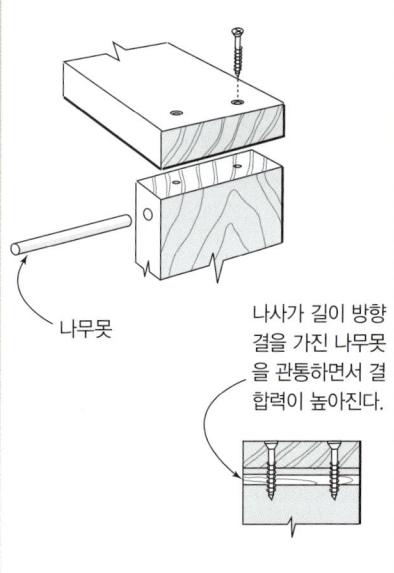

나무못

나사가 길이 방향 결을 가진 나무못을 관통하면서 결합력이 높아진다.

나사를 박을 때 비트가 겉도는 현상이 생기면 나사머리가 금세 으스러진다. 이를 막으려면 두 가지만 기억하면 된다. 첫째는 드라이버와 나사를 길이 방향으로 잘 맞춰 정렬하는 것이고, 둘째는 드라이버를 돌릴 때 일정한 힘으로, 가능하면 세게 눌러주는 것이다.

나사 구조

나사를 제대로 박으려면, 먼저 나사의 골지름(root diameter)과 같은 크기로 길잡이구멍을 뚫는다. 소프트우드인 경우는 이보다 약간 작게 뚫는다. 그 다음 나사의 자루(shank) 지름을 측정해서 같은 크기로 구멍을 뚫는다. 이렇게 하면 나사가 위쪽 부재는 그냥 지나간다.

나사머리는 여러 모양이 있으므로 그에 맞추어 드라이버 팁을 선택한다. 일자머리는 드라이버가 미끄러져 빠지기 쉽다. 십자머리는 잘 정렬해서 눌러주면 나사머리가 망가지는 일은 적다. 사각홈머리 나사는 절대 미끄러지지는 않지만 다른 나사보다 가격이 비싸다. 조합머리(combination head) 나사는 사각홈 드라이버가 필요하지만, 없는 경우에는 십자 드라이버로도 작업이 가능하다.

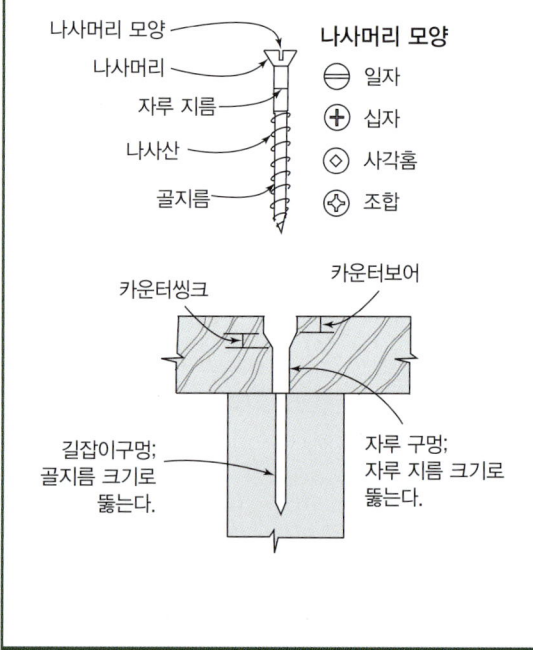

나사머리 모양
나사머리
자루 지름
나사산
골지름

나사머리 모양
⊖ 일자
⊕ 십자
◎ 사각홈
⊕ 조합

카운터싱크   카운터보어

길잡이구멍;
골지름 크기로
뚫는다.

자루 구멍;
자루 지름 크기로
뚫는다.

나사의 종류

시중에 나사의 종류가 워낙 많기 때문에 혼란스러울 수도 있지만, 사용 재료와 용도에 맞는 나사를 항상 찾을 수 있어서 좋다. 그러나 일반적인 가구 제작에서 사용되는 나사는 몇 가지 정해져 있다. 나사를 고른 후에는, 아래 오른쪽 사진과 같은, 드릴 작업에 필요한 몇 가지 액세서리를 준비한다.

나사머리를 망가뜨리지 않으려면 드릴과 비트를 나사의 자루 방향과 잘 정렬시킨 후 세게 눌러준다.

공방에서 주로 사용하는 나사(위에서부터 시계 방향으로): 파티클보드 나사인데 합판이나 파티클보드에 잘 박힌다; 석고보드용 나사; 목공용 테이퍼 나사로 크기 및 재료가 매우 다양하다; 머리가 작아서 속으로 박히는 트림나사; 에폭시로 코팅된 데크 나사(deck screws); MDF나 파티클보드처럼 나뭇결이 없는 재료에 적합하게 만들어져서 나사산이 유난히 높은 컨퍼맷 나사(Confirmat screws); 철물을 고정하는 용도로 사용하는 냄비머리 금속시트 나사(pan-head sheet-metal screw); 고급 황동 철물 마감에 잘 어울리는 황동 나사

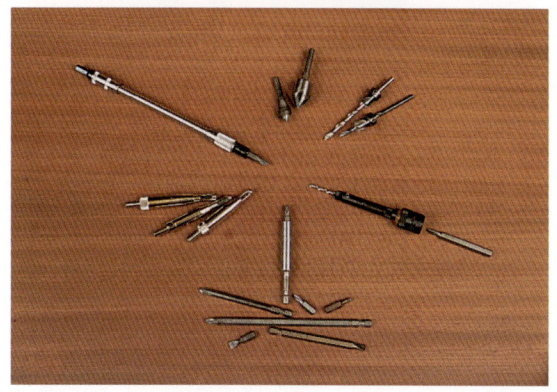

나사를 박는 데 사용되는 주요한 비트들(위에서부터 시계 방향으로): 나사머리가 밀착 고정될 수 있도록 나사 구멍 입구를 빗면으로 깎아주는 카운터씽크; 세 가지 작업(길잡이 구멍, 나사머리를 박는 카운터씽크, 나사 자루가 지나가는 카운터보어)을 한 번에 할 수 있는 카운터씽크/카운터보어 드릴 비트; 드릴 비트와 드라이버 비트를 서로 교체하는 시간을 줄여주는 퀵체이지 드릴/드라이버 비트; 자석 비트 홀드와 여기에 끼워서 사용하는 교환식 드라이버 비트; 경첩에 나사를 박을 때 사용하는 셀프센터링 비트(self-centering bit); 공간이 별로 없을 때 사용하는 플렉스블 드라이버(flexible driver)

이음부와 못

캐비닛이나 가구에 못만 제대로 박아도 부재를 단단하게 고정시킬 수 있는 경우가 많다. 그러나 일반적인 못으로는 안 된다. 그런 못은 목수가 사용하기엔 적합할지 모르지만 목공용으로는 너무 크다. 캐비닛 뒤판을 붙이는 경우처럼 소규모 작업에서는 박스 못(box nail)이 적합하다. 못자루가 단단해서 휘어지지 않으면서도 못대가리가 비교적 작아서 위험하게 팅기지 않는다. 커트 못(cut nail)은 전통적인 시대 가구를 재현하는 데 유용하다. 마감못(finish nails) 및 소형 마감못(brad nails)이 가구 제작에서는 가장 많이 쓰일 것이다. 몰딩이나 트림이 얇은 경우에 아주 좋은데, 소형 마감못은 아주 작고 표면 아래로 박히기 때문에 눈에 잘 띄지 않는다. 마감못 위에는 표면에 어울리는 퍼티를 발라 못을 숨길 수 있다.

압축공기를 사용하는 스테이플건과는 달리 손으로 못을 박을 때는 원목에 길잡이구멍을 파지 않으면 갈라질 우려가 있다(A).

[TIP] 마감못을 박기 위해서 길잡이구멍을 뚫을 때, 맞는 크기의 비트가 없다면, 못대가리 부분을 잘라내고 나머지를 비트 삼아 구멍을 뚫는다.

표면 아래로 못을 박아 넣을 때는 적절한 크기의 못대가리 압입기(nail set)을 사용한다(B). 못대가리를 속으로 숨기기도 하지만 부재의 결합력도 높인다. 못 구멍을 퍼티 혹은 색깔이 있는 충전제(filler)로 메워서 목재와 색상을 맞춘다(C).

압축공기를 사용하는 파스너(fastener) 장비

쉽고 간편하게 사용할 수 있는 장비로는 압축공기를 사용하는 파스너 장비가 최고다. 압축공기를 사용하는 타정기(nail gun)는 강력하고 빠르기 때문에 부재의 정렬이 흐트러질 틈도 없이 바로 박아버린다. 한 번에 표면 아래로 바로 박히기 때문에 못대가리 압입기도 필요하지 않다.

다양한 장비가 있지만 공방에서는 기본적으로 소형못 타정기, 소형 스테이플건, 대형 스테이플건, 대형 타정기가 기본이다(A). 컴프레서가 있어야 하지만 큰 용량이 필요한건 아니다. 탱크가 달린 3/4HP 정도의 공기압축기로 7MPa(100psi) 정도의 압력을 얻을 수 있으며, 이들 장비를 사용하기에 충분하다.

소형못 타정기에는 18-gauge(지름 1.02mm)나 15-gauge(지름 1.83mm) 못을 주로 사용하는데, 길이는 13mm에서 50mm 정도다. 이들은 몰딩 작업 등 소형 작업에 유용하다. 이 정도 못으로는 목재가 잘 갈라지지 않기 때문에 별도로 길잡이구멍을 뚫을 필요가 없다. 그냥 대고 쏘면 된다(B). 구멍 크기도 작기 때문에 쉽게 메울 수 있다.

대형 타정기(finish nailer)는 굵고 강한 못을 사용하며, 상자형 구조에서 드러나는 부분을 결합시키는 데 적합하다. 주방찬장의 두꺼운 19mm 내부 디바이더 등 안 보이는 부분은 대형 스테이플건으로 스테이플을 박는 편이 결합력이 더 우수하다(C). 캐비닛 뒤판이 6mm 정도로 얇은 경우는 16mm 혹은 19mm 스테이플을 넣는 소형 스테이플건을 사용해야 합판이 통째로 뚫리지 않을 것이다.

A

B

C

⚠️ **주의** 타정기나 스테이플건은 나무와 손가락을 구분하지 못한다. 따라서 방아쇠를 당기기 전에 손이 안전한지 항상 확인해야 한다.

각종 볼트를 사용해서, 두 상자형 틀의 옆면을 서로 붙여 연결할 수도 있고, 두 수직 패널의 면을 붙여 결합시킬 수도 있다. 혹은 선반과 옆판이 만나는 위치에서는 T형 결합도 가능하다. 이때 선반의 아래쪽에 막힌 형태로 숨은 구멍을 내서 볼트를 넣고 결합하면, 앞에서는 전혀 보이지 않는다.

면과 면의 결합

너트도 볼트 머리와 같은 모양이다.

볼트

편평하고 얇은 볼트 머리

육각홈

너트

너트의 자루 지름과 같은 크기로 구멍을 뚫는다.

포스너비트로 카운터 보어를 뚫어서 볼트 머리를 넣어 표면이 편평하게 만든다.

T형 결합

너트를 끼울 숨은 구멍을 뚫는다.

너트

볼트

볼트의 자루 지름과 같은 크기로 구멍을 뚫는다.

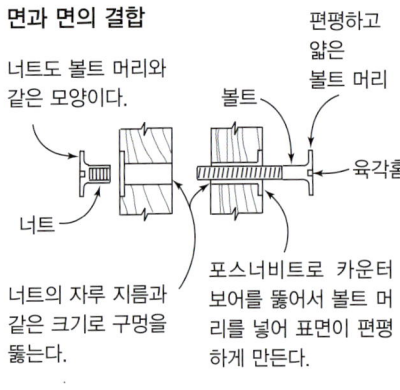

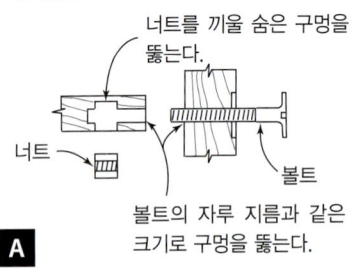

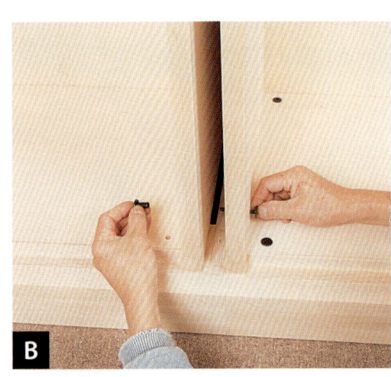

조립철물

가구를 분리해서 공방 밖으로 옮겨야 하는 경우엔 조립철물(knockdown hardware)을 이용하는 것이 제일 낫다. 침대나 캐비닛처럼 크고 무거운 부재를 결합하는 데 특히 유용하다. (조립철물에 관한 더 자세한 내용은 *The Complete Illustrated Guide to Joinery*, by Gary Rogowski, The Taunton Press를 참고한다.)

개인적으로 제일 좋아하는 조립철물은 볼트 커넥터(bolt connectors)다(A). 다루기 쉽고 사용하기 쉽고 또한 재사용도 용이하다. 가구를 분리, 조립하는 경우가 잦다면 철물을 다시 사용할 수 있어야 한다.

볼트 커넥터는 볼트와 너트 두 부분으로 구성되어 있다: 너트로 죄면 볼트 머리가 표면 위로 튀어나오지 않기 때문에 보기에 좋다. 연결하는 두 부재를 같이 고정시킨 후에 드릴로 구멍을 뚫는데, 구멍의 크기는, 두 부분 중에 큰 쪽인, 너트의 지름이 통과할 수 있어야 한다(B).

너트를 죄어서 볼트를 고정시킨다. 대부분의 커넥터는 육각렌치(hex wrench)로 간편하게 죌 수 있다(C).

침대 철물

정말 작은 크기를 제외하고는, 공방에서 침대를 접착해서 조립하는 것은 엄청난 실수라고 보면 된다; 공방에서는 어떻게든 나갈 수 있다 하더라도 사용자의 집에 들이는 것은 쉽지 않다. 이 문제는 조립식 침대 철물을 이용해서 해결한다. 침대 철물에는 침대볼트 및 침대 레일이 있는데, 둘 다 좋다.

침대 레일 철물은 포스트 플레이트(post plate)와 레일 플레이트(rail plate)로 구성되어 있다. 포스트 플레이트에는 슬롯이 뚫려 있고, 레일 플레이트에는 그 슬롯에 끼우는 핑거(fingers)가 달려 있다. 설치하기는 약간 까다롭지만 공구 없이도 침대의 탈부착은 매우 쉽다. 라우터와 끌을 사용해서 기둥에 얕은 장붓구멍을 파고 면에 맞춰서 포스트 플레이트를 설치한다(A). 포스트 플레이트를 설치하기 전에 포스너 비트(forstner bit)를 사용해서 레일 플레이트의 핑거를 넣을 수 있도록 내부 공간을 슬롯 형태(길쭉한 구멍)로 파두어야 한다(B).

침대 레일의 단부에 장붓구멍을 파고 레일 플레이트를 표면과 맞춰서 설치한다. 레일 플레이트에 붙어 있는 금속 핑거를 포스트 플레이트의 슬롯에 끼워 넣는다(C). 제대로 설치하면, 침대에 하중이 걸릴수록 쐐기효과가 증가하면서 더 강하게 체결된다.

침대볼트 철물은 설치하기도 쉽고 매우 튼튼하기 때문에 아주 좋다(D).

레일의 단부에 깎은 반다지장부가 프레임을 지탱하게 되어 있지만, 볼트가 이음부를 단단하게 당겨주는 형태다. 기둥을 관통해서 볼트 구멍을 뚫고, 침대 레일의 안쪽 면에, 포스너 비트를 사용해서 바닥이 편평한 구멍을 판다. 이제 기둥에 뚫은 구멍과 같은 크

기로, 레일의 반다지장부를 통해서 포스너 비트로 파놓은 구멍에 이르도록 구멍을 뚫는다. 너트를 레일 쪽 구멍에 넣고, 볼트를 기둥을 관통해서 끼운 다음 렌치로 죈다.

틀 구조 조립

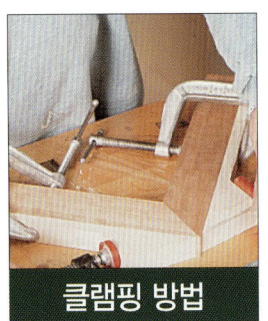

클램핑 방법

- ➤ 클램핑할 때 주의할 점
  (92쪽)
- ➤ 모서리 부분 클램핑
  (92쪽)
- ➤ 난이도가 높은 클램핑
  (94쪽)

가구를 조립할 때는 한 번에 제대로 해야 한다. 일단 접착제를 칠하고 나면 돌이킬 수 없다. 캐비닛을 직각으로 접착하지 않으면, 계속해서 오차가 중첩되기 때문에, 점점 조립이 힘들어지고 뒤에 가서 큰 대가를 치러야 한다. 처음부터 제대로 하려면, 필요한 조립공구를 준비한 후, 클램프를 잘 선택해서 제대로 클램핑해야 한다. 연귀맞춤하려고 부재를 빗각으로 정확하게 켜서 클램핑했더니, 이음부가 밀려버린 경험은 다 한번쯤 해보지 않았을까? 조립하는 과정을 제대로 배우고 익혀두면, 절망의 시간을 엄청나게 줄일 수 있다.

가조립

조립과 관련해서 내가 깨달은 최고의 기법은 항상 - 정말 항상 - 미리 가조립을 해보는 것이다. 나는 이것을 많은 실패를 경험한 후에 배웠다. 가조립은 접착제 없이 미리 전부 조립해보는 것을 말한다. 실제처럼 클램프를 모두 사용했을 때 전부 제대로 결합이 되는지 확인해야 한다. 즉, 전체 조립 과정을 미리 연습해보는 것이다.

십중팔구는 가조립 과정에서 문제점을 발견하거나 특정 위치에서 클램프가 추가로 더 필요하다는 것을 알게 된다. 혹은 접착 순서를 바꾸어서 다루기 쉽도록 부재를 더 작은 단위로 조립할 수도 있다. 물론 시간은 더 걸리지만 접착한 뒤에 계획대로 조립이 안 되는 불상사를 막을 수 있으므로 그만한 가치가 있다.

조립 공구 및 지그

조립 지그의 종류 및 유익한 기법은 매우 많다. 이들 모두가 많은 부재를 쉽고 정확하게 조립해서, 궁극적으로는 실망감을 줄이는 데 초점을 맞추고 있다. 접착제를 칠하고 난 뒤에 공구나 기타 필요한 장치를 찾지 못하면 정말 암담하다. 다음은 조립 작업을 훨씬 수월하게 만들어주는 도구들이다.

핀치로드로 직각 확인

접착제가 경화되기 전에 틀이 정확하게 직각인지 확인하는 것은 매우 중요하다. 한 가지 방법으로는 줄자를 사용해서 대각선 방향 모서리 바깥까지의 거리가 좌우 모두 같은지 재보는 것이다. 이 값이 같으면 틀의 트인 부분이 직각을 이룬다고 할 수 있다. 그러나 클램프 때문에 뒷부분에서는 줄자로 잴 수 없는 경우가 많고, 또한 틀이 깊은 경우에는 모서리 바깥까지 잰 결과로는 안쪽도 직각이라는 보장이 없다. 이때는 핀치로드(pinch rod)를 사용하는 것이 더 정확하다.

예전의 핀치로드는 양끝이 뾰족한 막대기 두 개를 포갠 후 가운데를 고정하는 형태였다. 최근에 보완된 형태는 가운데에 클램핑 헤드를 단 것으로, 좀 더 간편하고 정확해졌다. 틀 안쪽 대각선에 핀치로드를 끼우고 길이를 확인한 다음, 반대편 대각선도 같은 길이인지 확인한다. 핀치로드를 틀 뒤쪽 깊이 방향으로 밀어 넣으면서 끝까지 같은 대각선 길이가 유지되는지 확인한다. 핀치로드의 길이 및 클램핑 위치를 조정해서 대각선 길이가 전부 같도록 만든다.

핀치로드를 이용하면 내부 임의의 깊이에서 대각선 길이를 바로 비교할 수 있다. 대각선 길이가 같으면 틀은 직각이다.

핀치로드

앞이 트인 상자형 틀의 직각을 확인할 때 핀치로드를 사용하는 것이 가장 정확하다. 소프트우드를 포함해서 아무 목재나 핀치로드로 사용 가능하나 곧은결(straight grain) 나뭇결을 사용해야 한다.

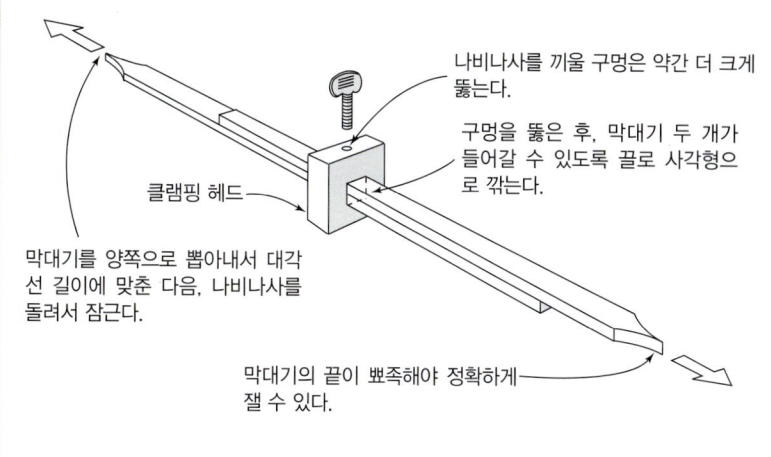

나비나사를 끼울 구멍은 약간 더 크게 뚫는다.

구멍을 뚫은 후, 막대기 두 개가 들어갈 수 있도록 끌로 사각형으로 깎는다.

클램핑 헤드

막대기를 양쪽으로 뽑아내서 대각선 길이에 맞춘 다음, 나비나사를 돌려서 잠근다.

막대기의 끝이 뾰족해야 정확하게 잴 수 있다.

틀의 안쪽 폭에 맞춰, 판재를 직각으로 잘라 넣으면, 조립할 때 직각이 유지된다.

보조로 사용할 쐐기를 다양한 재료로 준비해두면, 조립할 때 쓸모가 많다.

데드블로우 망치

조립할 때 망치를 사용하는 것도 목공 작업의 일부로 간주할 수 있다. 너무 빡빡해서 결합이 잘 안 되는 경우도 있고 접착제로 인해서 부재가 불어서 잘 안 들어가는 순간도 있다. 손으로나 클램프로 해결할 수 없으면, 망치로 달래서 두드려야 한다. 이때 해머보다 데드블로우 망치(dead blow mallet)가 더 낫다. 이 망치는 타격하는 힘은 좋지만 손에 전해지는 진동은 적다. 하드우드 블록을 대고 치면 힘을 분산시킬 수 있다. 사진의 망치는 양쪽 머리의 무게가 서로 다른데, 한 쪽은 살살 때릴 때 사용하고 다른 한 쪽은 세게 때릴 때 사용한다.

보드로 틀의 직각 확인

보드를 사용해서 직각을 잡는 방법도 있다. 먼저 합판을 틀의 안쪽 폭과 정확하게 같도록 자른다. 이때 합판의 네 변은 모두 정확하게 직각이어야 한다. 이제 틀을 조립하기 전에 합판을 안쪽에 넣어 합판의 한쪽 면을 옆판에 대고 같이 클램핑한다. 짠! 이제 틀이 비틀리거나 직각이 어긋나는 일이 없다.

보조 쐐기 및 블록

다양한 두께의 보조 쐐기 혹은 목재 블록을 준비해두는 것이 좋다. 게임용 카드인 트럼프, 플라스틱 라미네이트, 두께 6mm, 13mm 정도의 가죽띠, 두께 19mm 정도의 나무 블록 등이 유용하다. 접착 작업 중에 작업물을 정렬시키고 위치를 잡을 때 사용할 수 있고, 또한 가구 표면을 보호하는 용도로도 좋다. 왼쪽 가운데 사진에서 보듯이, 정사각형 모양의 작은 MDF 조각으로 클램프 물림턱의 높이를 맞출 수 있고, 또한 파이프로 인해서 표면에 흠집이 나는 것을 플라스틱 쐐기를 사용해서 막을 수 있다.

높이조절용 블록

가구를 접착해서 조립하다 보면, 아래쪽에 부재를 덧대야 하는 경우나 클램프를 넣어 죄야 하는 경우가 있고, 이때는 가구를 작업대 표면에서 약간 들어 올려야 한다. 가장 간단한 방법은 목재 블록을 깔고 작업물 전체를 올려놓는 것이다. 그러나 쓸 만한 두꺼운 목재가 항상 있는 것은 아니다. 이러한 경우에 사용하기 위해서 합판으로 블록을 만들어두면 좋다. 간단하게 19mm 합판으로 접착제를 바르고 못을 박아서 만들어두면 나무 블록 못지않게 튼튼하다. 대부분의 조립 작업은 높이 130mm, 길이 600mm 정도의 블록이면 충분하다.

클램프 보조목

블록과 마찬가지로 자투리 목재로 만들어둔 보조목(cauls; 간판)도 표면에 흠이 생기는 것을 막아준다. 이보다 더 중요한 기능은 클램프가 가하는 힘을 분산시켜주기 때문에 조립에 필요한 클램프의 수가 줄어든다는 것이다. 면이 넓을 경우에는 중간이 약간 볼록한 형태의 보조목을 사용한다.

► 20쪽의 "볼록한 클램프 보조목"을 참고한다.

결합부가 짧은 경우는 합판이나 막대기 모양의 목재 자투리로도 충분하다. 클램핑하기 전에 보조목이 움직이는 것을 막으려면 임시로 테이프로 고정시킨다.

주먹장 조립용 쐐기

서랍처럼 작은 상자형 구조의 주먹장은 클램핑이 필요 없는 경우가 많다. 그러나 확실하게 결합시키고 싶으면, 조직이 치밀한 나무를 쐐기 모양으로 잘라서 대고 그 위를 망치로 두드린다. 그러면 핀을 손상시키지 않고 결합시킬 수 있다. 쐐기 모양이기 때문에 테일의 크기에 별 상관없이 사용할 수 있다.

합판으로 만든 간단한 높이조절용 블록을 사용하면 클램핑 작업이 쉽다.

테이프로 클램프 보조목을 원하는 위치에 고정시킨다.

주먹장맞춤의 테일을 결합시킬 때는 쐐기 모양의 나무 블록이 유용하다.

클램핑할 때 주의할 점

캐비닛 조립에는 기본적인 순서가 있으며, 이를 따르면 보다 쉽게 성공적으로 조립할 수 있다. 요령은 항상 안쪽부터 조립해서 바깥쪽으로 나가는 것이다. 즉, 내부 디바이더와 파티션을 틀의 상하에 먼저 고정한다. 만약 틀의 폭이 넓다면 작업대 위에 엎어놓고 위쪽을 먼저 클램핑한다(A). 그런 다음 뒤집어 놓고 반대쪽을 클램핑한다(B).

내부 부재를 전부 클램핑한 다음에 옆판이나 위아래 판재를 클램핑한다. 클램프 종류나 캐비닛 디자인에 따라서는 외부를 클램핑하기 전에 내부의 접착제가 경화되도록 기다려야 하는 경우도 있다. 긴 클램프를 사용하면, 이미 설치한 클램프를 넘어서 전체 캐비닛을 한 번에 클램할 수 있다(C).

모서리 부분 클램핑

구조가 상자형인 가구, 상자, 서랍 등은 모서리 이음이 존재하는데, 이음부의 폭이 넓기 때문에 적절한 클램핑 방법이 필요하다. 방법은 가장자리 이음과 마찬가지로 클램핑 보조목을 사용해서 힘을 분산시키는 것이다.

► 89쪽의 "조립 공구 및 지그"를 참고한다.

통주먹장맞춤 혹은 사개맞춤처럼 결합부가 튀어나오는 경우는 보조목에 홈을 만들어준다(A). 홈은 밴드쏘나 테이블쏘에서 깎는다. 이렇게 만들면 보조목이 결합부가 접합되는 것을 방해하지 않고, 압력을 가할 수 있다. 그리고 보조목을 결합부 바로 위에 두어야 옆판이 휘지 않는다.

연귀맞춤은 미끄러지기 때문에 결합하기 까다롭다. 이때 사용할 수 있는 방법이 몇 가지 있다. 가장 믿을 수 있는 방법은 네 모서리를 바 클램프(bar clamps)로 한꺼번에 클램핑하는 것이다. Bessey K-body 클램프는 목이 깊어서 이음부 위아래로 설치하기가 용이하다(B). 각 클램프는, 자동차 바퀴의 너트를 죌 때처럼, 순서를 바꿔가면서 조금씩 조여준다. 접착제가 경화되기 전에 프레임이 직각을 이루고 있는지 확인한다.

사진의 블록앤로드(block-and-rod) 프레임 시스템(Lee Valley Tools 제품)은 네 연귀 부분을 동시에 죌 경우 매우 정확하게 맞출 수 있고, 큰 힘이 필요하지도 않다(C). 바 클램프와 마찬가지로 각 모서리를 조금씩 죄면서 잘 정렬시킨다.

가장 간단한 방법 중 하나로, 조립 전에 공방에서 만든 블록을 프레임에 클램핑해두는 방법도 있다. 프레임을 조립했을 때, 클램핑하는 면이 서로 평행이 되도록 밴드쏘에서 블록을 깎는다(D).

표구점에서 사용하는 바이스를 이용하는 것도 가능하다(E). 이 방법은 연귀를 하나씩 조립하면서 못이나 나사로 박을 때 사용한다.

웨브 클램프를 사용하면 네 모서리를 한꺼번에 접착시킬 수 있으며, 납작한 프레임 및 상자 모양에 모두 사용할 수 있다(F). 큰 가구에는 대형 웨브 클램프를 사용하면 된다. 그러나 다양한 크기로 구비하고 있는 것이 좋다.

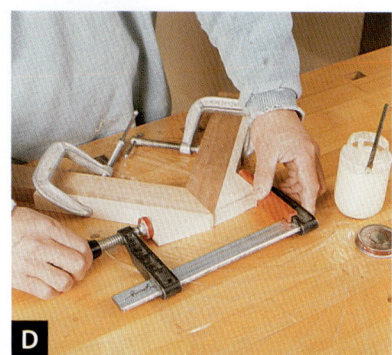

난이도가 높은 클램핑

파이프 클램프가 너무 짧은 경우에는 철물점에서 금속 이음쇠를 구입해서 길게 이을 수 있다. 파이프 중에 적어도 하나는 나사산이 양쪽으로 나 있어야 한다. 그래야 이음쇠와 클램프 물림턱을 모두 연결할 수 있다(A).

또 다른 좋은 방법으로는 두 클램프의 물림턱끼리 서로 연결하는 것도 있다. 힘이 가해지는 부분에 쐐기를 넣어서 위치를 잡고, 물림턱에 고무 패드를 깔아서 부재에 흠집이 생기는 것이 막는다(B).

패널처럼 다루기 힘든 부재는 목제 핸드스크류(handscrews, 나사조절 클램프)를 이용해서 잡아준다(C). 바 클램프로 핸드스크류를 작업대에 고정시키면, 손은 자유로이 사용할 수 있게 된다.

몰딩 작업

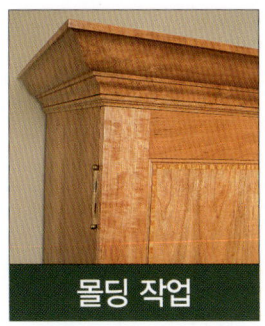

몰딩 작업

- ➤ 부재가 매우 큰 경우의 빗각켜기 작업 (98쪽)
- ➤ 마이터 지그 (98쪽)
- ➤ 몰딩이 짧은 경우 처리 방법 (99쪽)
- ➤ 정교한 빗면 자르기 (99쪽)
- ➤ 대형 몰딩 맞추기 (100쪽)

몰딩은 가구를 돋보이게 한다. 분리형 캐비닛에서 상부장을 하부장 위에 올리는 경우처럼, 서로 어울리지 않는 면을 연결해주는 역할도 하는데, 둘 사이에 웨이스트 몰딩(waist molding)을 붙이면 시각적으로 하나의 캐비닛처럼 보인다. 몰딩으로 인해서 바닥이 고정되는 느낌도 있고(베이스 몰딩, base molding), 꼭대기가 마무리되는 느낌도 든다(크라운 몰딩, crown molding).

몰딩은 두 면이 만나는 모서리를 감싸기 때문에 거의 대부분 빗각켜기가 들어간다. 마이터박스(miter box)와 손톱을 이용하거나 그냥 테이블쏘에서 빗각으로 켤 수도 있지만 전용 전동 각도절단기를 구비하는 것이 제일 좋다. 크고 작은 목재를 정밀하게 빗각으로 켜는 용도로 최고다. 그러나 몰딩의 크기가 매우 작거나 형상이 섬세한 경우는 깨지지 쉬우므로 직접 손으로 톱질하는 게 낫다.

가구에 몰딩을 붙이는 가장 쉬운 방법은 접착제를 이용하거나 못으로 고정하는 것이다. 못을 표면 아래까지 박고 구멍을 퍼티로 메꾸면 보이지 않는다. 원목에 고정할 경우는 원목의 치수변화를 고려해서 작업해야 한다. 이에 대처하는 방법으로 몇 가지가 있다. 또한 못을 박거나 클램핑하는 것이 적절하지 않거나 작업 자체가 불가능한 경우도 있다. 그러나 이런 문제도 해결할 수 있는 멋진 방법이 있다.

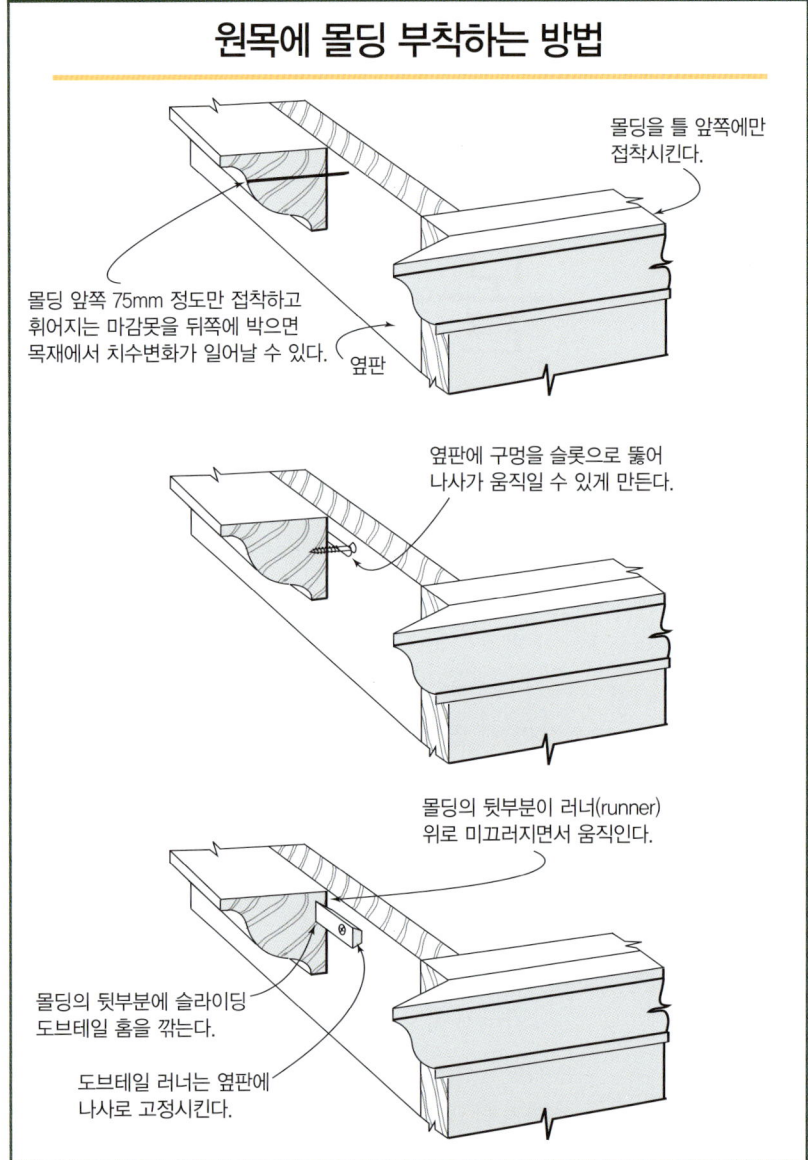

원목에 몰딩 부착하는 방법

몰딩을 틀 앞쪽에만 접착시킨다.

몰딩 앞쪽 75mm 정도만 접착하고 휘어지는 마감못을 뒤쪽에 박으면 목재에서 치수변화가 일어날 수 있다.

옆판

옆판에 구멍을 슬롯으로 뚫어 나사가 움직일 수 있게 만든다.

몰딩의 뒷부분이 러너(runner) 위로 미끄러지면서 움직인다.

몰딩의 뒷부분에 슬라이딩 도브테일 홈을 깎는다.

도브테일 러너는 옆판에 나사로 고정시킨다.

원목에 몰딩 부착하기

몰딩의 횡방향 나뭇결을, 캐비닛 옆판과 같은 원목 패널에 접착시키면 패널의 치수변화로 인해서 나중에 몰딩이 떨어져 나가거나, 운이 나쁘면 옆판이 갈라질 수도 있다. 몰딩을 전 길이에 걸쳐 접착시키지 말고 연귀맞춤 시작 부분에 맞춰서 옆판의 앞부분 75mm 정도만 접착시킨다. 뒤쪽으로는 여러 가지 방법을 사용할 수 있다. 가장 쉬운 방법은 옆판의 뒤쪽으로는 소형 마감못을 사용해서 고정하는 것이다. 못을 표면 아래로 박고 퍼티로 못구멍을 막으면 거의 보이지 않는다. 다른 방법으로는 옆판의 안쪽에서 슬롯을 통해서 나사를 고정하는 방법도 있다. 혹은 몰딩의 뒤쪽에 도브테일 홈을 라우터로 깎고 도브테일 러너를 옆판에 나사로 고정하는 방법도 있다.

난이도가 높은 몰딩 클램핑

못이나 클램프로 몰딩을 고정하는 게 불가능하거나 아니면 매우 어려운 경우도 있다. 한 가지 해법은 마스킹 테이프로 접착제가 경화될 때까지 임시로 고정하는 것이다. 한쪽 면에 테이프를 대고 누른 다음 몰딩 위로 당겨서 반대편 면에 붙인다.

틀의 앞부분에 연귀 몰딩을 접착시킨다. 뒤쪽에 못 하나를 박고 구멍은 퍼티로 메운다.

패널이 편평하면 마스킹 테이프를 당겨서 고정하기 쉽지 않다. 이때는 순간접착제를 이용한다. 먼저 몰딩의 뒷면에 목공용 접착제를 칠한 다음 순간접착제를 길이 방향으로 몇 방울 떨어뜨린 다음 제 위치에 붙인다. 짠! 목공용 접착제 속의 수분이 순간접착제의 경화를 가속시키기 때문에 거의 순간적으로 붙는다. 또한 순간접착제는 목공용 접착제의 접착에 나쁜 영향을 끼치지 않는다. 목공용 접착제가 경화되면 영구적이다.

목공용 접착제와 순간접착제의 혼합물을 바로 눌러 붙인다. 몇 초 안에 붙는다.

몰딩이 작은 경우는 접착제가 경화될 때까지 마스킹 테이프로 감아서 고정시킨다.

편평한 면에 몰딩을 붙일 때는 접착제를 쭉 칠한 다음, 접착제 선을 따라 순간접착제를 몇 방울 떨어뜨린다.

▶ 완벽한 결합을 위한 요령

각도절단기(mitersaw)에서 부재의 면을 빗각으로 아주 조금만 잘라내고 딱 맞추고 싶은 경우가 있다. 이때 적은 양을 정확히 자르기가 어렵다. 번거롭게 잴 필요 없이 간단하게 자를 수 있는 방법이 있다. 각도절단기의 톱날이 테이블 아래까지 내려가도록 내린다. 그런 다음 부재의 자르려는 빗면을 톱날의 옆면에 딱 붙인다. 이때 부재가 톱니에 닿아서는 안 된다. 그런 다음 부재를 움직이지 말고 고정한 채 톱날을 올리고 다시 내려서 자른다. 이렇게 하면 톱날의 한쪽 옆으로 튀어나온 톱니 두께만큼 잘리는데, 그 양이 0.4mm 정도다. 조금씩 잘라내서 완벽하게 맞출 때 아주 좋은 요령이다

완벽한 결합

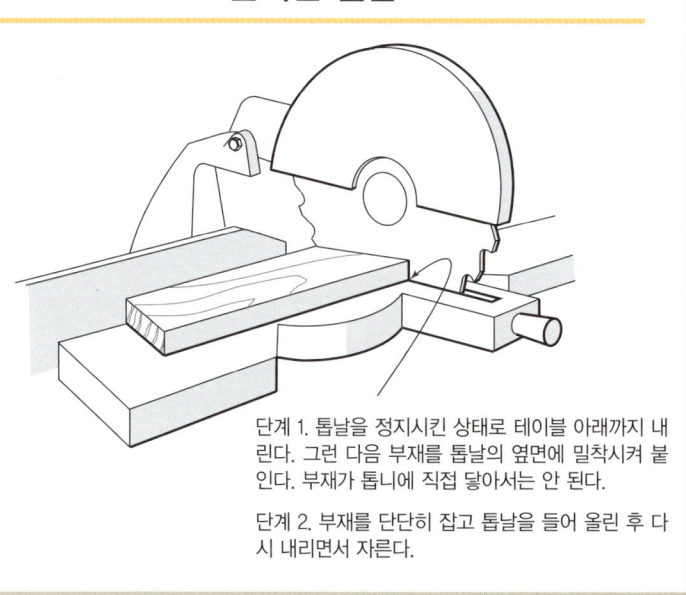

단계 1. 톱날을 정지시킨 상태로 테이블 아래까지 내린다. 그런 다음 부재를 톱날의 옆면에 밀착시켜 붙인다. 부재가 톱니에 직접 닿아서는 안 된다.

단계 2. 부재를 단단히 잡고 톱날을 들어 올린 후 다시 내리면서 자른다.

부재가 매우 큰 경우의 빗각켜기 작업

전동 각도절단기를 사용하면 빠르고 정확하게 몰딩 작업을 할 수 있다. 그러나 전통적인 크라운 몰딩처럼 매우 크고 넓은 부재는 작업이 어렵다. 이때는 몰딩은 뒤집어 놓고 잘라야 한다. L형 지그를 톱에 클램핑하고 몰딩을 대면 잘 고정시킬 수 있다.

몰딩의 뒤쪽 판판한 두 면을 펜스와 지그의 바닥에 완전히 밀착시킨다. 그런 다음 자르는 동안 몰딩이 앞으로 미끄러지는 것을 막기 위해서 소폭판을 지그 앞쪽에 고정시킨다. 소폭판은 나사 두어 개를 사용해서 바닥에 임시로 고정하는데, 폭이 다른 몰딩을 자르려면 소폭판의 위치를 다시 옮겨야 하기 때문이다(A). 소폭판의 위치를 맞출 때는 자투리 몰딩을 사용하면 된다.

몰딩의 윗부분 가장자리가 아래로 향하게 해서 소폭판에 밀착시켜서 자른다(B).

마이터 지그

빗면이 큰 경우에는 가능하면 접착되는 면이 넓어지도록 매끈하게 깎아주는 것이 중요하다. 이 경우 날이 잘 선 손대패를 사용하면 다른 어떤 공구보다도 나은 면을 얻을 수 있다. 또한 빗면을 약간만 깎아내야 할 때도 대패가 매우 좋다. 몰딩을 고정하고 깎는 양을 조절하기 위해 그림에서 보인 것과 같은 지그를 사용하는 것이 좋다(A). 깎고 싶은 양에 맞춰 몰딩을 지그의 빗면 펜스보다 약간만 위로 올라오게 놓고 클램핑한다.

몰딩을 깎을 때는 아무 대패나 사용할 수 있다. 그러나 큰 저각대패(low angle plane)를 사용하는 것이 작업이 더 용이하다. 대팻집 바닥을 펜스에 잘 밀착시킨 후 순결 방향으로 그리고 아래방향으로 빗면을 깎는다(B). 빗면과 펜스의 높이가 같아지면, 지그를 깎아내기 전에 대패질을 멈춘다.

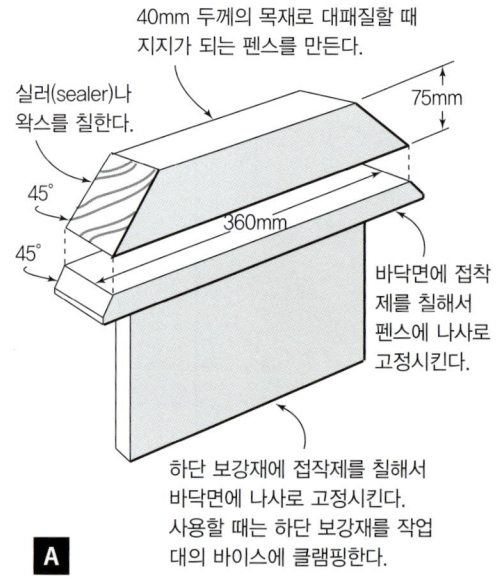

40mm 두께의 목재로 대패질할 때 지지가 되는 펜스를 만든다.

실러(sealer)나 왁스를 칠한다.

75mm

45°

360mm

45°

바닥면에 접착제를 칠해서 펜스에 나사로 고정시킨다.

하단 보강재에 접작제를 칠해서 바닥면에 나사로 고정시킨다. 사용할 때는 하단 보강재를 작업대의 바이스에 클램핑한다.

몰딩이 짧은 경우 처리 방법

몰딩을 자르고 나서 보니 필요한 길이보다 약간 짧은 경우엔 어찌할까? 더구나 마지막 몰딩일 경우에는? 너무 걱정할 필요 없다. 몰딩의 뒷면을 대패로 약간 깎아내면 몰딩의 유효길이가 늘어난다(A). 조금씩 깎아내고, 맞추는 부분을 기준으로 약간 경사지게 깎으면서 계속 맞춰보면서 작업한다(B). 이제 빗면의 앞쪽 끝부분이 몰딩의 끝에서 약간 튀어나오게 된다. 양쪽이 만나는 부분을 조심스레 깎아 내거나 사포질을 해서, 부정확한 정렬을 숨길 수 있다.

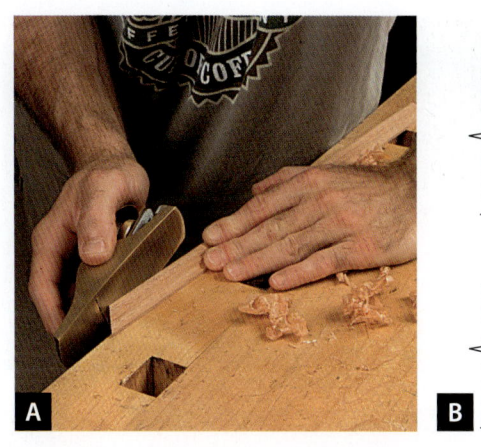

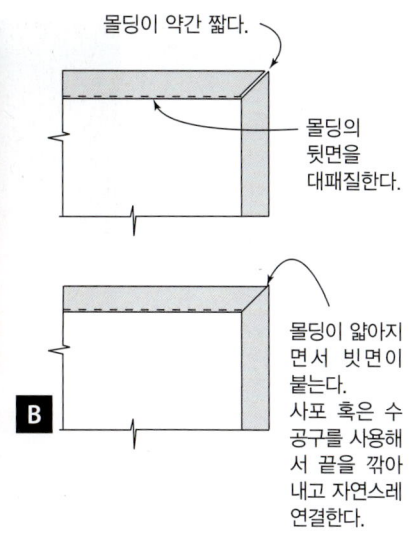

몰딩이 약간 짧다.

몰딩의 뒷면을 대패질한다.

몰딩이 얇아지면서 빗면이 붙는다.
사포 혹은 수공구를 사용해서 끝을 깎아내고 자연스레 연결한다.

정교한 빗면 자르기

몰딩이 작고 정교한 경우, 회전 톱날을 사용해서 자르면 몰딩이 쪼개질 수 있으므로, 손톱을 사용해서 자르는 것이 가장 안전하다. 톱질을 잘 제어하기 위해서는 지그를 만들어서 이용하면 좋다. 지그를 만드는 방법은 먼저 목재 블록을 준비해서 길이 방향으로 깊고 길게 홈을 깎는다. 홈의 폭은 몰딩의 폭과 같다. 손가락을 넣어서 잡을 수 있도록 포스너 비트로 얕은 구멍을 파준다. 조합직각자를 사용해서 블록에 빗각을 선으로 표시한 후, 등대기톱으로 홈의 바닥면까지 자른다(A).

몰딩을 블록에 넣고, 몰딩의 표시선을 블록의 절단 위치에 잘 정렬시킨 후, 동일한 등대기톱으로 자른다(B).

대형 몰딩 맞추기

방의 내부 벽체 크라운 몰딩처럼 대형 몰딩을 구석에서 맞추는 경우엔, 먼저 한쪽 몰딩은 끝까지 밀어서 벽에 붙이고, 다른 몰딩을 그에 맞춰 잘라 붙이는 것이 최선이다. 이렇게 하면 첫 번째 몰딩을 약간 옮겨야 하는 경우가 생기더라도 틈이 생기지 않는다. 두 번째 몰딩을 자르는 것도 생각보다 쉽다. L형 지그를 대고 안쪽으로 빗각켜기를 한다(A).

> 98쪽의 "부재가 매우 큰 경우의 빗각켜기 작업"을 참고한다.

오른손잡이인 경우는 두 번째 몰딩이 왼편 부재인 게 쉽다. 따라서 왼손잡이인 경우는 반대로 되도록 순서를 정한다.

작업대에서 실톱을 사용해서 몰딩의 위, 아래 혹은 가운데 부분을 직각으로 자른다. 이 부분은 갖다 대서 붙이는 부분이고, 곡선으로 맞추는 부분이 아니다. 톱을 약간 기울여서 뒤쪽으로 기울어진 빗면이 생기도록 잘라야 잘 맞출 수 있다(B).

곡선을 자를 때는 빗각켜기 한 부분을 따라 톱질한다. 앞에서와 마찬가지로 톱을 약간 기울여서 뒤쪽으로 기울어진 빗면이 생기도록 만든다(C).

두 몰딩을 붙였을 때(사진은 작업대 위에 거꾸로 엎은 모양임) 직각으로 자른 부분은 서로 맞닿고, 톱으로 곡선으로 자른 한쪽 몰딩이 반대편 몰딩에 붙는다. 과히 나쁘지 않은 결과다(D).

서랍

서랍 제작

각종 받침대 만들기

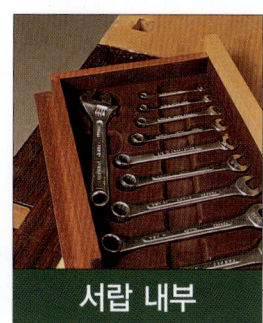

서랍 내부

서 랍은 용도가 다양하다. 많은 물건을 보관해 두면서 언제든지 사용할 수 있기 때문에 정리 정돈을 할 수 있고, 가구를 사용하는 것도 즐거워진다. 따라서 가구의 전체적인 제작뿐만 아니라 서랍의 형태에도 주의를 기울여야 한다.

서랍이 잘 맞도록 제작하는 기술은 목수가 계단을 예술적으로 만드는 것에 비유할 수 있다. 제작자의 기술과 노력이 그대로 반영된다. 계단은 일정 공간에 설치해 두고, 사람들이 오르내릴 때 이용하지만, 서랍은 좀 더 친밀하다. 개인적인 소장품을 서랍 안에 보관하기도 하고, 다른 사람의 눈을 피하고 싶은 비밀스런 물건을 숨기는 장소로도 이용한다. 이처럼 서랍은 사람에게 매우 친숙한 부분이기 때문에 서랍을 열 때 걸리지 않고 부드럽게 빠지도록 만들어야 한다. 완벽하게 맞는 서랍을 만들려면 정확하게 측정하고 옮겨 그려야 한다. 대패와 스크레이퍼의 날은 항상 매우 예리하게 유지하는 습관을 들여야 한다. 그리고 나서 서랍을 정확히 맞출 때 사용해야 한다.

서랍은 기본적인 형태 외에도 갖가지 종류가 많다. 디바이더로 분리된 서랍, 키보드 받침대, 가죽을 댄 서랍, 비밀스럽게 숨긴 서랍 등이 있다.

서랍 디자인

손으로 직접 완벽하게 깎아 맞춘 주먹장맞춤과 깎은 사람의 열정이 느껴지는 서랍 손잡이를 보노라면 서랍이 가구의 가장 아름다운 부분으로 생각된다. 서랍을 열고 닫을 때 공기쿠션 위에 있는 것처럼 부드럽게 움직인다. 그러나 완전히 엉망으로 만들어진 서랍도 볼 수 있다. 이것은 제작 기술의 문제라기보다는 서랍을 디자인할 때 비율에 주의를 기울이지 않았기

때문이다. 기본적인 몇몇 기준(다음 쪽의 "좋은 형상비" 참고)만 따르더라도 보기에도 훌륭하고 기능적으로 잘 작동하는 아름다운 서랍을 만들 수 있다.

서랍의 옆판과 앞판의 두께 비를 유의해서 보라. 전체적으로 좋은 느낌을 주는 게 중요하다. 중요한 것은 옆판의 두께를 앞판 두께의 1/3 이하로 만드는 것이다. 옆쪽에 보이는 주먹장맞춤에서 핀이 테일보다 훨씬 작음을 알 수 있다. 결합부의 구조적 요구조건과는 무관하나, 핀이 작을수록 더 우아하고 세련되어 보인다.

▶ 보기 흉한 전선 숨기기

요즈음은 전자제품이 많이 사용되기 때문에 가구는 예쁜데, 주위에 전선이 산만하게 늘려있는 경우가 많다. 전선과 플러그를 정돈하고 숨기기 위해서 옆판, 상판, 밑판, 뒤판, 선반 등에 그로밋(grommet)을 설치하고 전선을 통과시킨다. 가구에 어울리는 색상을 선택해서 설치한다.

그로밋은 지름 48mm 구멍을 뚫어 설치한다. 탁상드릴 정반에 판재를 클램핑하고 포스너 비트(Forstner bit)나 멀티스퍼 비트(multispur bit)로 구멍을 뚫는다.

구멍에 그로밋의 플라스틱 링을 두드려 끼우고 플러그와 전선을 이리 통과시킨다. 전선이 통과하고 남는 공간은 뚜껑으로 막는다. 구멍이 필요 없을 때는 작은 보조뚜껑을 마저 끼워서 완전히 막는다.

포스너 비트를 사용해서 그로밋의 링 지름과 같은 크기로 구멍을 뚫는다.

그로밋은 끼우면 걸리도록 되어 있다. 전선이 많지 않을 경우에는 남는 공간을 플라스틱 뚜껑으로 막는다.

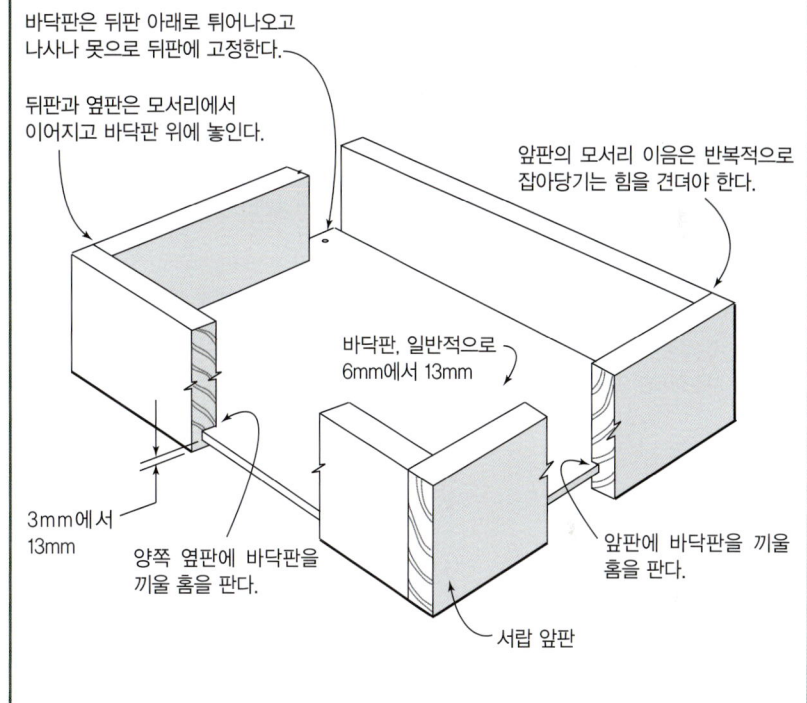

서랍을 만들 때 재료의 선택도 매우 중요하다. 언제나 곧은결 목재(straight-grain wood)를 사용하는 것이 제일 낫고, 예산이 허락한다면 장기적인 안정성이 좋은 곧은결제재목(quartersawn stock)을 사용한다. 합판도 서랍 제작용 재료로는 아주 훌륭하지만, 상용 슬라이더로 설치하는 서랍처럼, 조립 후에 추가적인 보정이 필요하지 않은 경우에만 사용한다. 발트해 자작나무 합판 같은 다층 합판(multi-ply plywood)은 편평도가 좋고 내부가 밀실해서, 서랍의 가장자리 단면에서 공극이 보이지 않아서 사람들이 선호한다.

서랍의 기본 구조

서랍 구조는 기본적인 공통점이 있다: 네 모서리에서 결합하고 바닥판은 끼운다는 것이다. 서랍은 오랜 기간 반복적으로 여닫는 물건이므로 결합 방법이 중요한데, 이에는 여러 가지가 있다.

바닥판은 뒤판 아래로 튀어나오고 나사나 못으로 뒤판에 고정한다.

뒤판과 옆판은 모서리에서 이어지고 바닥판 위에 놓인다.

앞판의 모서리 이음은 반복적으로 잡아당기는 힘을 견뎌야 한다.

바닥판, 일반적으로 6mm에서 13mm

3mm에서 13mm

양쪽 옆판에 바닥판을 끼울 홈을 판다.

앞판에 바닥판을 끼울 홈을 판다.

서랍 앞판

좋은 형상 비

서랍은 전체적인 비율이 중요하다. 서랍의 폭이 너무 넓으면 서랍을 열 때 힘을 많이 받고, 여닫을 때 끼는 경우가 생긴다. 너무 좁으면 물건을 보관할 공간이 부족하다. 옆판을 앞판보다 얇게 만든다. 많은 사람들이 옆판을 너무 두껍게 만든다.

옆판의 두께는 16mm 이상은 불필요하다. 작은 서랍은 3mm까지도 가능하다.

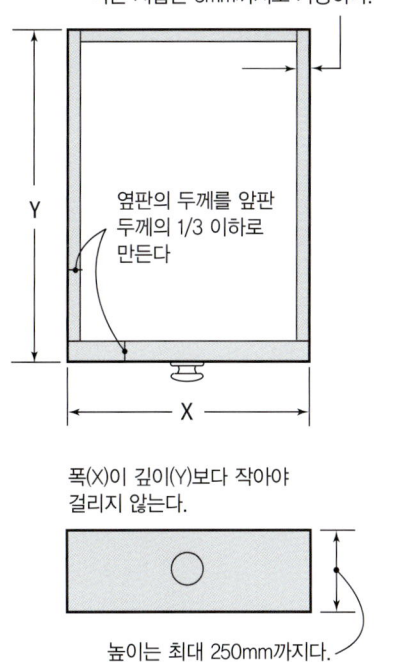

옆판의 두께를 앞판 두께의 1/3 이하로 만든다

폭(X)이 깊이(Y)보다 작아야 걸리지 않는다.

높이는 최대 250mm까지다.

서랍의 옆판 두께를 앞판 두께의 1/3 이하로 유지해야 보기가 좋다.

모서리 이음

맞댐 이음
(butt)

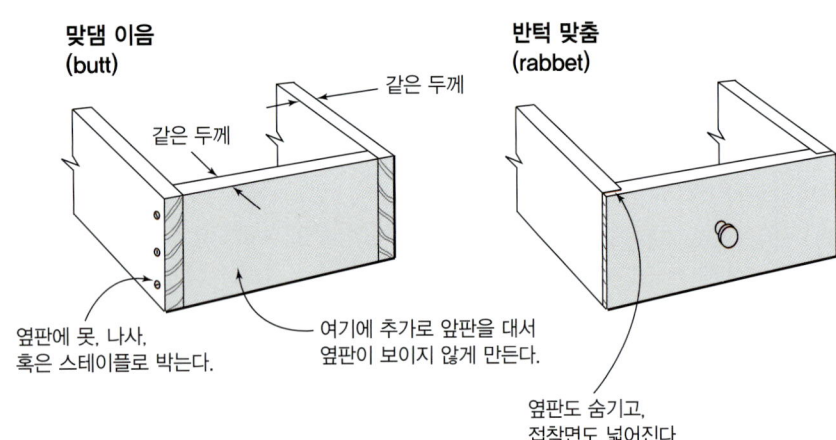

같은 두께

같은 두께

옆판에 못, 나사,
혹은 스테이플로 박는다.

여기에 추가로 앞판을 대서
옆판이 보이지 않게 만든다.

반턱 맞춤
(rabbet)

옆판도 숨기고,
접착면도 넓어진다.

반턱제혀맞춤
(rabbeted tongue and groove)

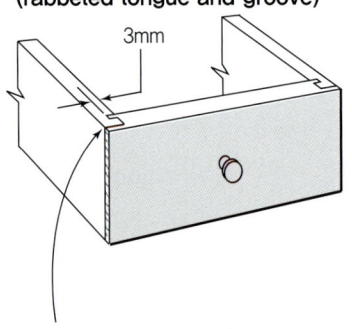

3mm

접착면이 넓기 때문에 추가적인
보강이 필요 없다.

주먹장맞춤
(through dovetail)

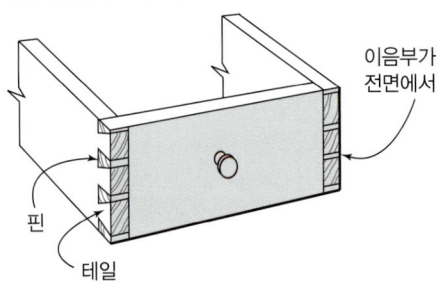

핀

테일

이음부가
전면에서 보인다.

슬라이딩 도브테일
(sliding dovetail)

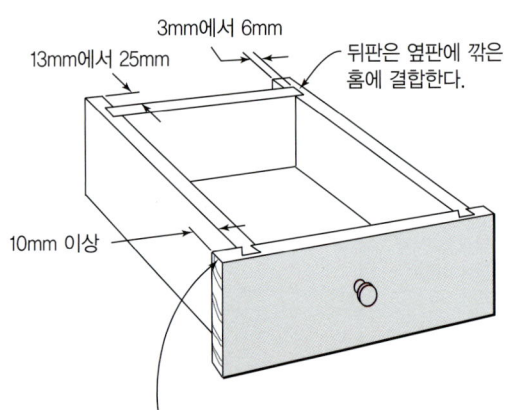

3mm에서 6mm

13mm에서 25mm

뒤판은 옆판에 깎은
홈에 결합한다.

10mm 이상

모서리에 제대로 결합력이 생기려면
앞판이 옆판을 지나 튀어나와야 한다.

반턱주먹장맞춤
(half-blind dovetail)

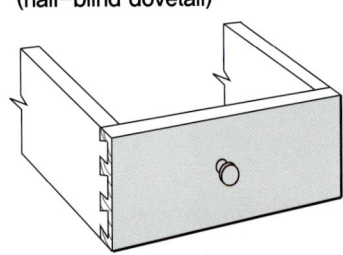

서랍의 형태

인셋
(inset; 안으로 들어간 형태)

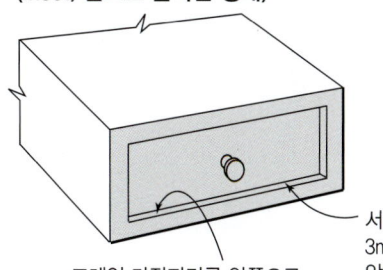

프레임 가장자리를 안쪽으로
곡면처리 해서 고급스럽게 만든다.

서랍 앞판이
3mm에서 6mm 정도
안으로 들어간다.

플러쉬핏
(flush fit; 프레임과 앞판을 맞춘 형태)

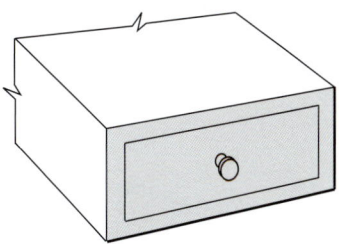

가장 난이도가 높은 서랍. 프레임과 서랍의
가장자리가 조금만 맞지 않아도 바로 표시가 난다.

하프오버레이
(half overlay; 반덮방 − 일부를 덮은 형태)

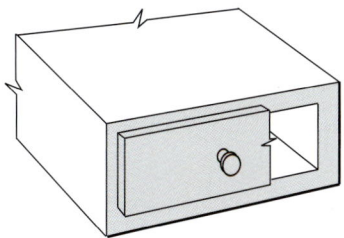

프레임 부분의 반 정도는 앞판이 가린다.
특별히 멋있다고 할 수는 없지만, 제작은
매우 쉽다.

풀오버레이
(full overlay; 덮방 − 전면을 덮은 형태)

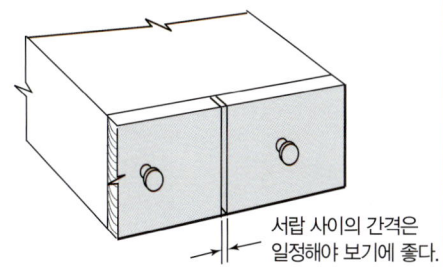

서랍 사이의 간격은
일정해야 보기에 좋다.

제작하기는 쉽지만 서랍 앞판을 프레임이나
인접 서랍과 면이 일치하도록 맞추는 것은
난이도가 높다.

서랍을 제작할 때 이음의 형식을 잘 선택해야 한
다. 서랍은 오랜 시간 반복적으로 여는 힘이 가해지
므로 이에 견디려면 모서리 이음을 튼튼하게 잘 만
들어야 한다. (서랍의 맞춤에 관한 자세한 내용은
The Complete Illustrated Guide to Joinery, by Gary
Rogowski, The Taunton Press를 참고한다.)

기본적인 서랍 제작법은, 위의 그림에서 보듯이 네

가지다. 서랍 안쪽은 여러 가지 형태로 만들 수 있다.
재미있는 형태 중 하나는 기념품을 보관할 수 있도록
디자인된 프렌치피팅(French fitted) 서랍이다. 보기에
도 좋고 내용물을 정리하는 것이 매우 편리하다. 106
쪽의 사진은 내가 상으로 받은 렌치를 정리한 것이다.
렌치를 정리할 때 빠진 것이 있으면 바로 알게 된다.

프렌치피팅 서랍

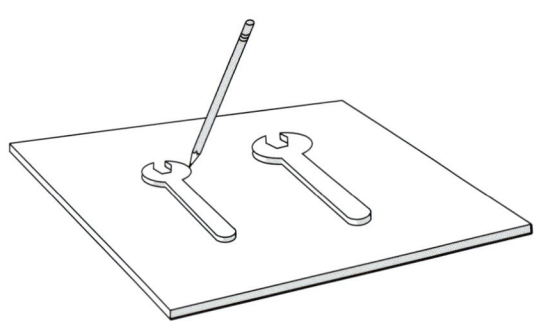

단계 1 서랍 바닥에 들어가도록 6mm 두께의 패널을 잘라 준비한다. 보관할 물품을 놓고 연필로 선을 그린다.

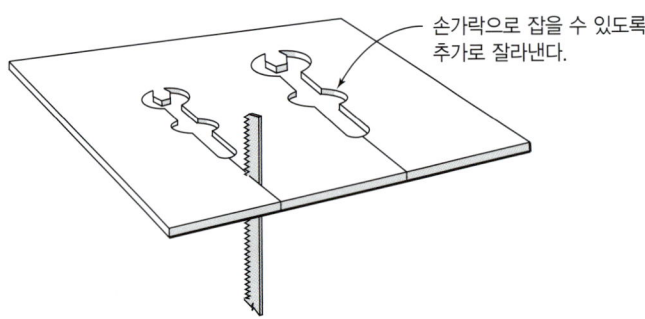

손가락으로 잡을 수 있도록 추가로 잘라낸다.

단계 2 밴드쏘에서 선을 따라 자른다. 패널에서 톱날이 들어가는 지점과 자른 후 도로 나오는 지점이 같도록 계획한다.

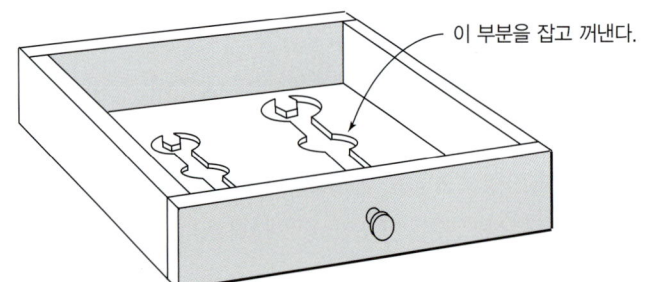

이 부분을 잡고 꺼낸다.

단계 3 패널을 서랍 바닥면에 접착시킨다. 펠트로 덮거나 플로킹을 뿌린다.

프렌치피팅은 사용하기 편리하며 공구가 서랍 안에서 돌아다니지 않는다.

왼쪽 그림에서 보듯이 프렌지피팅 서랍을 만드는 것은 매우 쉽다. 먼저 물품을 끼울 패널을 삽입한 후, 일반적인 펠트로 감싸거나 상용 스프레이 플로킹(flocking)을 뿌린다.

비밀 서랍

목공하는 사람들이 엉큼한 데가 있다는 것을 인정하는 것이 좋겠다. 목재 퍼즐이나 기계적인 장난감 등 풀기 어려운 문제를 만드는 것을 좋아한다. 이런 성향은 예전부터 있었다. 17, 18세기 가구를 살펴보면 상당수의 가구가 비밀 서랍을 가지고 있다. 대부분의 비밀 서랍은 사람들의 호기심 어린 눈길 혹은 손길로부터 귀중품을 보호하기 위한 장소다. 은행의 대여 금고나 개인 금고가 생기기 훨씬 이전이므로 은밀한 요청에 의해서 제작되었다기보다는 필요성에 의해서 만들어졌을 것이다. 재미로 혹은 안전하게 물건을 보관하는 용도로 비밀 서랍을 만들면 지금도 사람을 감동시킬 수 있다.

위 사진은 Craig Bentzley가 제작한 향신료 서랍장으로, 바닥판 아래에 나무 키(key)가 숨겨져 있는데, 이것을 당기면 뒤판이 아래로 떨어지면서 위쪽에 비밀 서랍이 드러난다(아래).

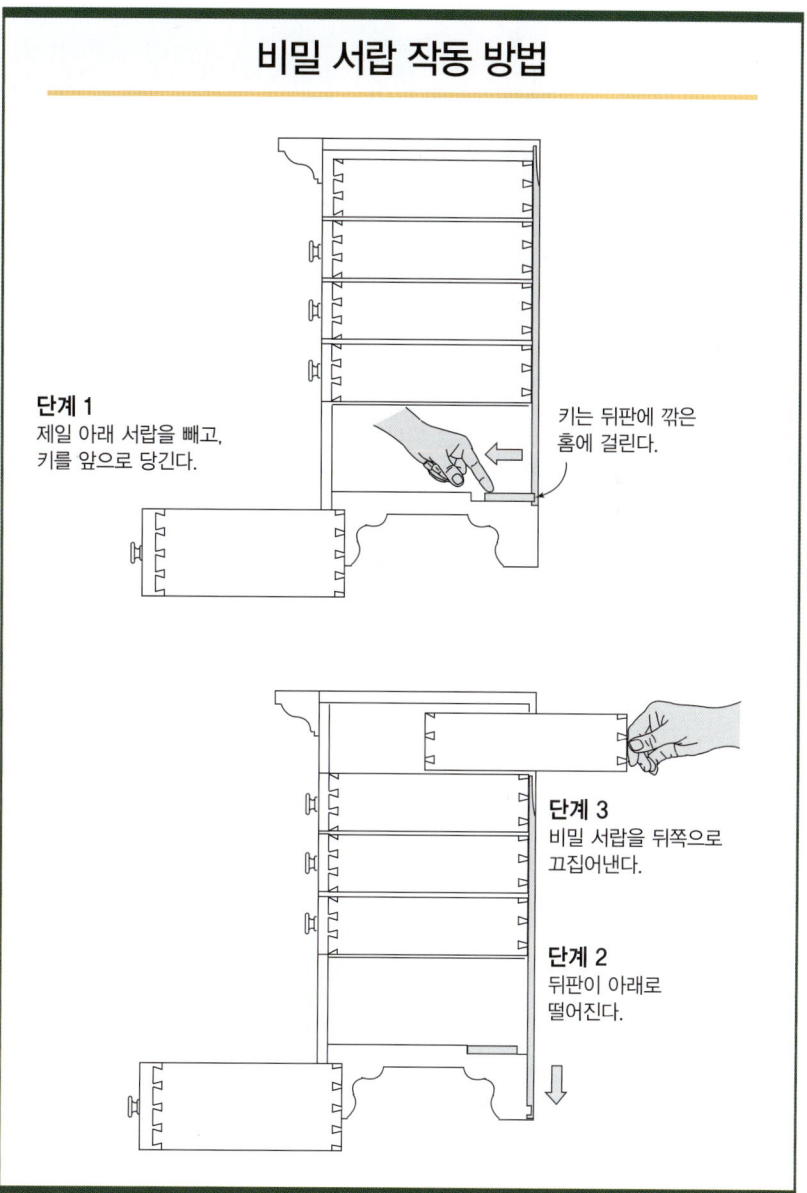

비밀 서랍 작동 방법

단계 1
제일 아래 서랍을 빼고, 키를 앞으로 당긴다.

키는 뒤판에 깎은 홈에 걸린다.

단계 3
비밀 서랍을 뒤쪽으로 꼬집어낸다.

단계 2
뒤판이 아래로 떨어진다.

뒤쪽에 있는 비밀 서랍

Pennsylvania 주의 가구제작자 Craig Bentzley는 향신료 서랍장 뒤쪽에 감질 나는 퍼즐을 숨겼다(위 그림). 먼저 캐비닛 앞쪽에서 제일 아래 서랍을 빼낸 후, 손을 집어넣어 바닥판에 도브테일 형식으로 끼워 넣은 나무 키를 앞으로 당긴다. 그러면 서랍장의 뒤판이 아래로 떨어지면서 제일 위에 작은 서랍이 드러난다. 잘 숨기지 않았는가?

에이프런에 숨긴 비밀 상자

Joseph Seremeth가 쓴 My Brother's Table(108쪽의 세련된 체리 커피 테이블)에는 에이프런에 비밀 상자

마술은 고정 디바이더처럼 보이는 가운데 서랍을 꺼내면
서 시작된다.

서랍을 도로 밀어 넣으면 다음 단계로 넘어간다.

캐치(catch)를 밀어 넣어 숨은 서랍을 걸어 붙인다.

두 번째 상자가 서랍에 붙어서 나온다.

두 번째 비밀 상자의 뚜껑을 밀면 내용물이 나타난다.

디바이더 형식

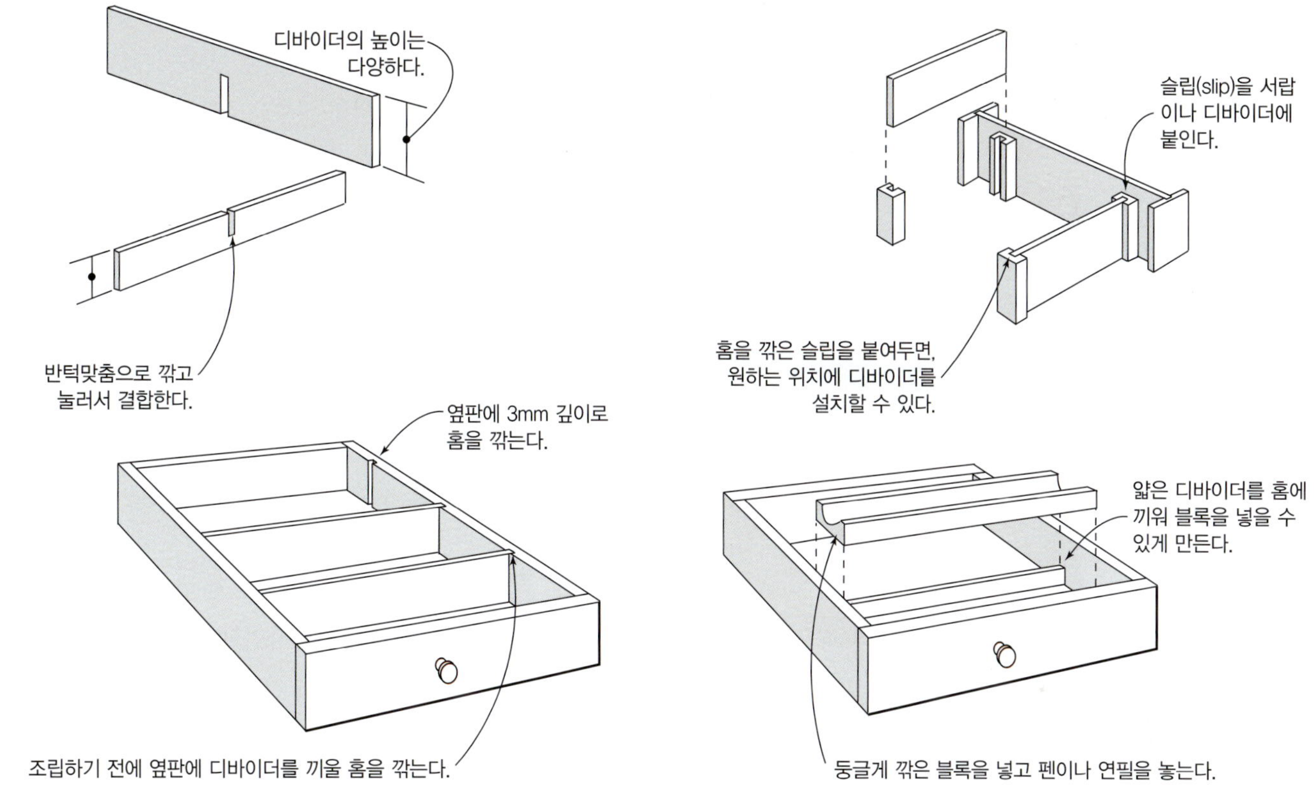

디바이더의 높이는 다양하다.

슬립(slip)을 서랍이나 디바이더에 붙인다.

반턱맞춤으로 깎고 눌러서 결합한다.

홈을 깎은 슬립을 붙여두면, 원하는 위치에 디바이더를 설치할 수 있다.

옆판에 3mm 깊이로 홈을 깎는다.

얇은 디바이더를 홈에 끼워 블록을 넣을 수 있게 만든다.

조립하기 전에 옆판에 디바이더를 끼울 홈을 깎는다.

둥글게 깎은 블록을 넣고 펜이나 연필을 놓는다.

를 숨기는 법이 나와 있다. 먼저 양쪽 서랍을 밀어 넣으면 고정 에이프런처럼 보이는 부분이 나타난다. 에이프런을 꺼내면 작은 서랍이 나온다.

이게 전부가 아니다. 작은 서랍을 도로 집어넣고, 한쪽 서랍 구멍으로 손을 넣으면 캐치에 닿는다. 캐치를 눌러서 건 후, 작은 상자를 도로 당기면 비밀 상자도 같이 따라 나온다.

디바이더

크기가 다른 서랍이 여럿 있으면 정리하기가 편하다. 그러나 한 걸음 더 나아가 하나의 서랍 내부를 디

바이더로 나눌 수도 있다.

디바이더가 있으면 용품들을 잘 정돈할 수 있다. 예를 들어서 주방이나 사무실에서 주방용품이나 사무용품을 큰 서랍에 전부 넣어두면 잃어버릴 수도 있고 찾기도 어렵다.

디바이더를 일부 구조적으로 결합에도 이용한다면, 디바이더가 서랍을 전체적으로 튼튼하게 만든다. 그러나 통상 서랍은 강도적인 측면에서는 별 문제가 없으므로 나는 가능한 한 단순하게 만들어서 불필요한 이음부를 줄인다. 디바이더를 나누거나 해서 디바이더가 서랍 내부에서 움직이지 않도록 만든다. 이에는 여러 가지 방법이 있다.

풀오버레이 서랍

유럽 스타일의 캐비닛에서 볼 수 있는 풀오버레이 (full overlay; 덮방) 서랍은 만들기는 제일 쉬운 편에 속하지만, 정확히 맞추는 것은 그리 쉽지 않다. 서랍의 앞쪽 판재로 전면 프레임을 완전히 덮어버리는 형태다.

다른 서랍 형태와 다른 점은 인접한 서랍과 정렬을 맞추어야 한다는 것이다. 중요한 것은 서랍과 서랍 사이의 간격을 3mm 이하로 유지하는 것이다(이웃하는 같은 형태의 문짝과의 간격도). 이렇게 하면 부드럽게 연결되는 현대적인 모양과 느낌이 생긴다. 이렇게 작은 간격을 유지하는 게 쉽지 않지만 순서만 제대로 따라하면 어렵지 않다.

서랍의 앞판을 옆판 쪽으로 연장해서, 앞판이 구조의 일부가 되도록 디자인할 수도 있다. 그러나 나는 좀 더 간단한 방법을 쓴다. 서랍의 상자 부분을 먼저 만든 후, 추가로 앞판을 덧댄다. 상자를 제작할 때는 결합부가 앞에서 보여도 되므로, 튼튼하고 오래가는 사개맞춤이나 주먹장맞춤을 적용할 수 있다. 추가로 덧댄 앞판이 모두 숨겨준다.

서랍의 상자 부분을 제작한 다음에는 앞판에 나사 구멍을 뚫고 카운터씽크를 판다(A).

서랍의 상자 부분을 프레임 면에 정확히 맞춰 설치하고, 양면 테이프로 덧대는 앞판을 상자에 붙인다(B).

조심스레 당겨낸 다음, 바로 덧댄 앞판과 상자 앞판을 클램프로 고정시킨다(C). 그러고 나서 상장 안쪽에서 나사 두 개를 박아 덧댄 앞판을 고정시킨다.

서랍을 도로 밀어 닫아, 잘 맞는지 점검한다(D). 만약 간격이 일정하다면 나사를 더 박아서 덧댄 앞판을 영구적으로 고정시킨다. 간격을 다시 조정해야 한다면 나사를 풀고 가장자리를 대패질 하거나 나사 구멍의 위치를 이동해서 덧댄 앞판의 위치를 조정한 후, 나사 두 개를 더 박는다.

플러쉬핏 서랍

서랍의 캐딜락이라고 할 수 있는 형태는 앞판을 프레임에 정확히 맞춘 플러쉬핏(flush fit) 서랍이다. 이런 형태가 제일 만들기 어렵기 때문에 제작자의 솜씨가 잘 드러난다. 플러쉬핏 서랍 제작에는 서랍 제작에 필요한 많은 부분이 포함되기 때문에 제대로 연습하기에 좋은 형태다. 서랍 부재의 높이와 폭은 서랍 입구를 직접 측정해야 정확한 값을 얻을 수 있다. 서랍의 앞판 혹은 옆판을 서랍 입구에 직접 대고 정확한 높이를 표시한다. 그런 다음 표시선을 따라 자른다(A). 이렇게 자르고 나서도 조립 후에 대패질해서 끼워 넣을 수 있다. 목재에 충분히 여유가 있다는 뜻이다.

주먹장맞춤하는 서랍은 클램핑이 필요 없다. 두드려 맞춘 다음 접착제가 굳기 전에 서랍이 직각인지 확인한다.

▶ 91쪽의 "*주먹장 조립용 쐐기*"를 참고한다.

서랍이 직각이 아니면 두 대각선 중 긴 쪽의 뒤판 부분을 단단한 바닥에 대고 탁탁 친다(B). 직각을 맞춘 후에는 접착제가 경화될 때까지 편평한 표면 위에 서랍을 올려둔다.

접착제가 경화된 후에 대패로 깎아 높이를 맞춘다. 작업대 등 편평한 면에 계속 대보면서, 편평하게 깎고 있는지 확인하면서 작업한다. 모서리에서는 나무가 뜯기는 것을 막기 위해서 대패의 방향을 돌려가면서

깎는다(C). 목재의 치수변화에 대응하기 위해서는 높이가 큰 서랍일수록 좀 더 많이 깎아내야 한다.

▶ 42쪽의 "*목재의 치수변화에 대한 이해*"를 참고한다.

이제 대팻날을 미세 조정해서 날을 약간만 낸 다음, 서랍의 옆판을 바닥에 놓고 핀과 테일의 평을 맞춘다. 서랍의 앞판을 작업대의 바이스에 물리고 옆판은 넓은 판재로 받친다. 각 단부에서는 안쪽으로 밀어 깎아야 뜯기지 않는다(D). 곧은자를 사용해서 편평하게 깎고 있는지 확인하고, 자주 서랍 입구에 끼워 봐서 맞는지 확인해야 한다. 서랍 양쪽이 걸리지 않고 부드럽게 움직일 때까지 깎는다. 마지막으로 220-grit 사포를 펠트블록(felt block)에 감아서 옆판을 가볍게 사포질해준다.

서랍 스토퍼를 설치하고 서랍을 프레임에 끼운 다음 앞으로 튀어나온 부분을 연필로 표시한다(E).

➤ 122쪽의 "서랍 스토퍼"를 참고한다.

다시 작업대로 옮겨서 표시선을 따라 앞판을 가볍게 대패질해 깎아낸다(F). 이제 원하는 손잡이를 골라 달도록 한다.

마지막으로, 바닥판으로 사용할 합판에 반턱을 깎은 다음 옆판에 깎은 홈에 밀어 넣는다(G).

[TIP] 큰 서랍에서는 서랍 바닥판을 접착제로 붙여 고정한다. 그렇게 하면 서랍의 강도가 훨씬 높아지고 모서리 결합부가 훨씬 튼튼해진다.

바닥판을 나사 혹은 못으로 서랍의 뒤판에 고정시킨다. 아주 작은 서랍을 제외하고는, 가능하면 9mm 이상의 합판을 사용한다. 얇은 6mm 합판을 사용하면 소리도 그렇고 싸구려 같은 느낌이 난다.

하프오버레이 서랍

여러 서랍 형태 중 마지막이 하프오버레이(half overlay; 반덮방)다. 하프인셋(half inset)이라고도 불린다. 하프오버레이는 제작하기가 매우 쉬우므로 다용도 서랍, 주방 서랍 등에 적합하다. 즉, 서랍의 수가 많고 작업시간을 줄이고 싶을 때 적합한 형태다. 서랍의 앞판이 캐비닛의 서랍 입구를 막는데, 앞판과 프레임 사이에 최대 10mm 너비까지 여유를 둘 수 있으므로 대충 제작해도 맞출 수 있다. 하프오버레이 서랍에는 철제 볼베어링 서랍 레일(metal ball-bearing slides)을 많이 쓰므로 전체적으로 설치가 쉽다.

> ▶ 124쪽의 "시판 서랍 레일"을 참고한다.

서랍의 결합부는 앞쪽에 붙이는 오버레이를 제작하는 시각 전후로 깎으면 된다. 순서는 크게 중요하지 않다. 앞쪽에 붙이는 하프오버레이를 만드는 순서는, 먼저 라우터 테이블에서 6mm 라운더오버 비트(round over bit)를 사용해서 판재의 가장자리를 깎아낸다(A).

그 다음에는 테이블쏘에 보조 펜스를 설치하고 다도날을 사용해서, 판재의 둘레로 깊이와 폭이 각각 10mm인 반턱을 깎는다(B).

하프오버레이 서랍은 통상 가장자리를 둥글게 깎는다(C). 폭이 넓은 가로대와 세로대를 사용해서 전면 프레임을 만들면 인접 서랍과의 간격을 좀 넓게 만들 수 있다. 그렇게 하면 하프오버레이 사이의 간격을 정확하게 맞추지 않아도 되므로 시간을 절약할 수 있다.

앞판을 곡면으로 제작

앞판을 곡면으로 제작하는 경우도 기본적인 서랍 제작 방식은 동일하며, 앞판만 곡면으로 깎는다. 처음에 부재가 전부 직각일 때 결합부를 전부 깎고, 바닥판을 끼울 홈을 전부 판다. 앞판은 곡면으로 깎아내야 하므로 약간 두꺼운 부재를 사용한다. 결합부를 깎은 후에는 앞판에 곡선을 그리는데, 패턴을 사용하거나 얇고 탄력 있는 널빤지 같은 것을 사용해서 원하는 대로 그린다(A).

밴드쏘에서 표시선 바깥쪽을 잘라 제거한다(B). 작은 대패나 바닥이 편평한 스포크쉐이브(spokeshave, 남경대패)로 톱자국을 깨끗하게 없앤다. 스포크쉐이브로 옆으로 약간 비스듬히 깎으면 보다 매끈하게 깎을 수 있다(C). 깎으면서 만져보아 곡면이 제대로 형성되는지 확인한다. 이제 사포질을 하고, 다른 서랍과 같은 방법으로 설치한다.

풀아웃 서랍

풀아웃 서랍은 캐비닛 내부 공간을 사용하기에 매우 좋다. 다른 서랍과 같은 방식으로 제작하는데, 차이점이 있다면 서랍을 캐비닛 안으로 집어넣는다는 것이다. 주로 문 안쪽에 만든다. 풀아웃 서랍에는 전체인출형 레일을 사용하는 것이 좋다. 풀오버레이에서와 마찬가지로 앞판을 옆판보다 길게 연장해서 레일을 숨길 수 있다.

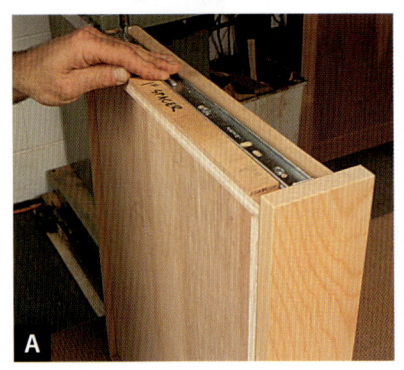

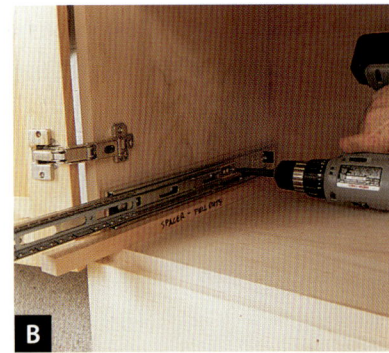

옆판에 레일을 설치할 때는 폭이 일정한 간격재를 사용해서 높이를 맞춘다 (A). 틀의 밑판과 평행하게 일정한 높이를 유지하도록 나무로 받치고 레일을 캐비닛에 나사로 박는다. 합판 간격재를 틀의 옆판에 접착해서 붙여두면 서랍을 당겨 뺄 때 레일과 문짝이 부딪치는 것을 막을 수 있다(B).

서랍을 레일에 끼워 밀어 넣는다(C).

키보드 선반

책상에 키보드 선반을 붙여 두면 유용하다. 사진의 선반은 폭이 250mm, 길이가 660mm인데 일반적인 키보드 및 마우스를 놓기에 충분하다.

19mm 하드우드 합판으로 만들고, 가장자리에 원목 소폭판을 대서 붙인다. 13mm 소폭판을 앞에 붙이면 모서리를 둥글게 깎아 만들 수 있다(A). 소폭판을 합판에 맞춰 단차 없이 깎아낸 다음, 앞 모서리를 스핀들 샌더 혹은 끌을 사용해서 둥글게 깎는다. 그런 다음 소폭판의 가장자리를 라우터 테이블에서 3mm 라운드오버 비트(roundover bit)로 둥글게 깎는다(B).

라우터 비트, 끌, 사포 등을 동원해서 손목 받침대를 깎는다. 윗부분이 바닥에 닿도록 뒤집어 놓고 대형 썸네일 비트(thumbnail bit)로 앞부분과 양쪽 단부를 깎는다(C). 뒤쪽 가장자리는 작은 라운드오버 비트로 깎는다. 모서리는 선반과 같은 방식으로 깎는다.

손목 받침대를 선반의 뒤쪽에서 나사로 고정시킨

다(D). 마우스패드를 놓기 위한 공간이 남기기 위해서 손목 받침대를 선반보다 150mm 정도 짧게 제작했다.

회전 선반

회전 선반(lazy Susan)은 턴테이블 형식이다. 캐비닛 내부에 설치해두고 여러 작은 물건을 보관할 때 최고다(양념병 보관용으로 최적). TV도 올릴 수 있다.

회전판(swiveling plate)에는 큰 구멍이 뚫려 있으며, 이를 통해서 회전판을 아래쪽 선반에 나사로 고정시킨다(A). 회전판 위에 추가로 선반을 설치해야 하는데, 회전판을 위쪽 선반에 고정시키기 위해서는 아래 선반에도 구멍을 뚫어야 한다. 이게 싫으면 선반을 그냥 양면 카펫 테이프(carpet tape)로 회전판에 고정시킨다(B). 설치된 선반은 360° 회전이 가능하다(C).

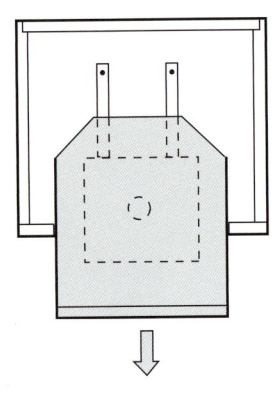

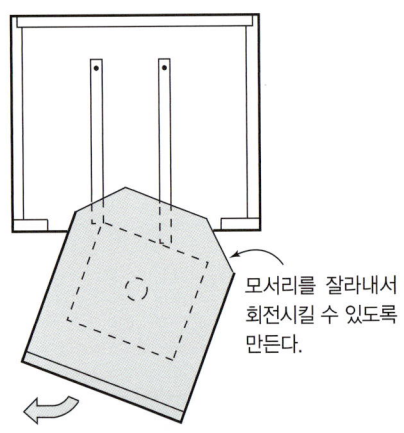

모서리를 잘라내서 회전시킬 수 있도록 만든다.

받침대를 당겨 꺼낸다.

원하는 방향으로 받침대를 회전시킬 수 있다.

TV 회전 받침대

대형 TV가 캐비닛 안에 있으면 그 뒤쪽에 있는 전선을 손보는 것이 매우 불편하고 거추장스럽다. 그러나 TV를 회전 받침대 위에 올리면 꼭 그렇지도 않다. TV를 꺼내면 뒤쪽에도 손이 닿고 또한 방향 조절이 가능하기 때문에 거실 어디에서든지 TV를 바로 볼 수 있다(A).

회전 철물을 먼저 구입하고 그 위에 올라갈 받침대를 제작한다. 합판 패널 앞에 원목 판재를 덧댄 간단한 형태로도 대형 TV를 받칠 수 있다(회전판의 최대 지지 하중을 먼저 확인한다). 캐비닛과 TV 크기 등을 기준으로 받침대의 크기를 결정한다. 앞쪽에 판재를 붙이기 전에 받침대 뒤쪽 모서리를 잘라내서, 회전시킬 때 캐비닛에 부딪치지 않도록 만든다(B). 앞쪽에 대는 판재는 회전 철물을 가릴 수 있을 정도로 폭을 충분히 넓게 하지만, 5mm 정도 틈은 유지하도록 제작한다. 그리고 손을 잡을 수 있도록 곡면으로 잘라낸다. 받침대를 뒤집어 두고 앞쪽에 판재를 접착시킨다. 넓은 클램프 보조목을 사용하면 바깥쪽에서 클램핑할 수 있다(C). 접착제가 경화된 후에 받침대와 앞쪽 판재를 편평하게 깎아 마무리한다.

받침대의 아래쪽에 회전 철물을 나사로 고정시킨다(D). 그런 다음 전체를 캐비닛 안에 넣고 나사 혹은 볼트로 철물을 고정시켜, 완성한다(E).

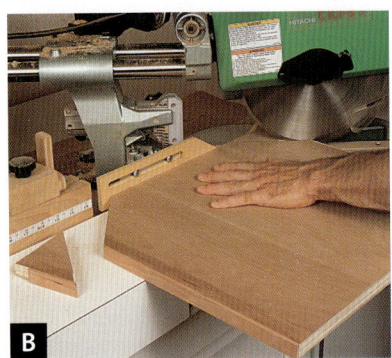

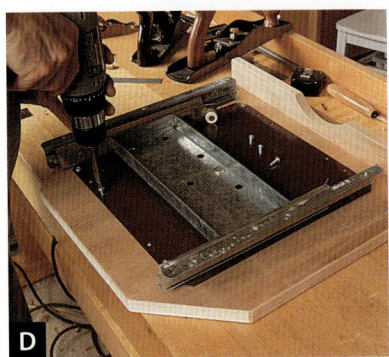

펠트를 붙인 서랍

서랍 바닥면을 펠트로 감싸면 상당히 멋스러우며, 전통의 향기가 물씬 난다. 사진은 Frank Klausz가 작은 주먹장맞춤 서랍에 펠트를 붙이고 있는 모습이다. 먼저 서랍 내부의 크기를 잰다. 그런 다음 판지나 액자용 대지를 그 보다 약간만 작게 자른다. 펠트를 판지보다 더 크게 자르는데, 둘레로 돌아가면서 25mm 정도 더 크게 자른다. 그런 다음 펠트가 판지의 구석에서 서로 거의 닿도록 구석을 45°로 잘라낸다(A).

이제 판지를 펠트 위에 올리고, 접착시멘트를 판지의 가장자리 및 펠트 보이는 부분에 가볍게 뿌린다(B). 그런 다음 펠트를 판지 위로 올려붙이고 손으로 부드럽게 눌러 밀착시킨다(C).

서랍 내부에 붙일 펠트-판지를 전부 만든 후에는, 뒷면에 일반 목공용 접착제를 적당히 묻히고, 각각의 면에 클램핑한다(D).

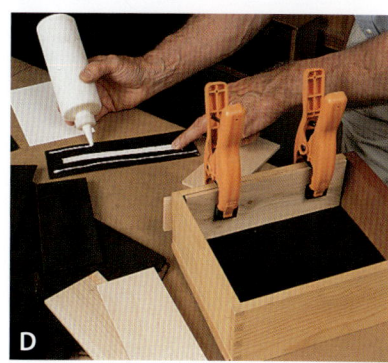

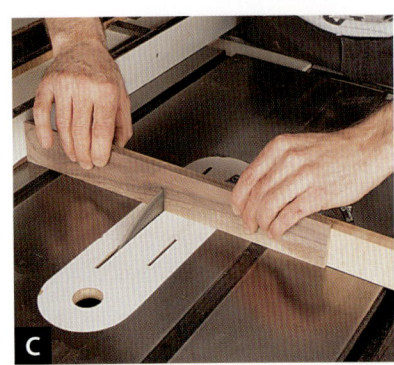

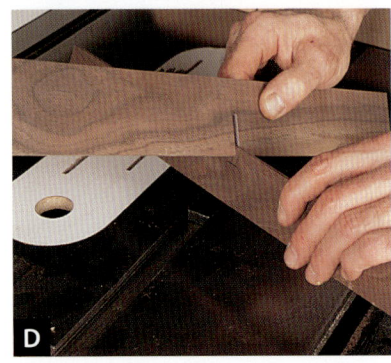

서랍 디바이더 설치

서랍 혹은 상자형 구조의 내부를 나누는 가장 간단한 방법은 테이블쏘에서 디바이더를 반턱맞춤으로 잘라서 서로 결합하는 것이다. 디바이더를 설치할 공간보다 약간만 짧게 자르고 디바이더 양단에 펠트를 붙인 후, 손으로 눌러 끼워 설치하면 된다. 먼저 디바이더를 최종적으로 대패질한다(A). 그런 다음 디바이더를 설치 공간의 길이보다 1mm 정도 짧게 자른다. 직각자로 결합부 위치 및 길이를 표시하고 자르는데, 자르는 홈의 폭은 디바이더의 두께와 같게 만든다(B).

테이블쏘에서, 마이터 게이지를 사용해서, 몇 번 왕복 하면서 첫 번째 홈을 깎는다(C). 맞는지 점검한다. 홈은 거의 들어갈 정도지만, 완전히 끼우기에는 좀 뻑뻑한 정도여야 한다(D). 마찬가지로 두 번째 디바이더에도 홈을 깎는다.

펠트블록에 220-grit 사포를 감고 디바이더를 사포질한다(E). 디바이더의 양쪽에 접착 펠트를 붙여서 서랍 혹은 틀 입구에 붙여 고정시킨다(F).

서랍 철물

서랍 레일

➤ 시판 서랍 레일 (124쪽)
➤ 하부고정형 슬라이드
 (125쪽)

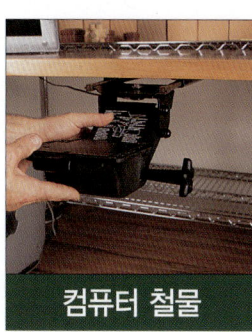

컴퓨터 철물

➤ 키보드 및 마우스 선반
 (126쪽)

서랍 손잡이

➤ 서랍 손잡이 (127쪽)
➤ 공방에서 손잡이
 제작하기 (128쪽)
➤ 스트립형 손잡이 (129쪽)
➤ 곡선형 손잡이 (129쪽)

서람을 만든 후에는 상자형 틀에 끼워 넣게 되는데, 캐비닛 안에 이미 웨브-프레임(web-frame)을 설치했다면 더 이상 할 게 없다.

➤ 53쪽의 "웨브-프레임"을 참고한다.

서랍을 여럿 제작하다 보면, 정확하게 부재를 맞춰 넣는 데 도움이 되는 좋은 지그, 그리고 여러 형태의 서랍 철물을 사용하게 된다. 좋은 서랍 레일(슬라이딩 볼레일)이 많이 시판되고 있으며, 모양도 멋지고 매우 부드럽게 작동하며, 그리고 상당히 조용한 편이다. 그러나 직접 만들어 쓰는 사람도 많다.

서랍을 설치할 때는 서랍을 밀어 넣을 때, 정지시키는 방법도 결정해야 한다. 또한 서랍을 뺄 때 사고를 막기 위해 어느 지점 이상은 빠져나오지 못하도록 만드는 것도 생각해야 한다.

마지막으로 서랍 손잡이 등 서랍을 여닫는 데 필요한 여러 철물이 있다. 시판되는 제품을 구입할 수도 있고, 공방에서 다양하게 만들어 사용할 수도 있다.

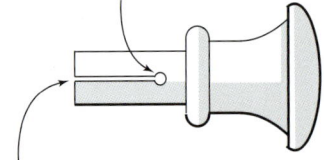

꼭지형 손잡이에 쐐기 박기

선반에서 손잡이에 장부를 깎는데, 서랍의 앞판보다 약간 더 길게 깎는다.

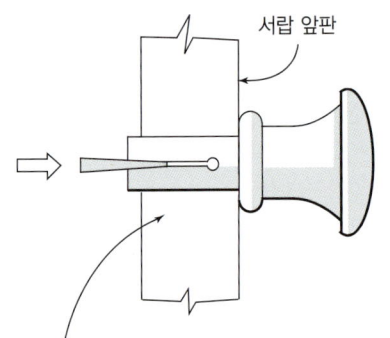

장부에 지름 3mm 구멍을 뚫는다.

구멍까지 1.6mm 두께의 톱자국이 나도록 밴드쏘에서 자른다.

서랍 앞판

손잡이를 앞판의 구멍에 접착시킨다. 쐐기에 접착제를 칠한 후 톱자국에 박는다. 장부 및 쐐기에서 튀어나온 부분을 잘라낸다.

전체인출형 레일을 달면 서랍의 안쪽까지 손이 쉽게 닿는다.

시판 서랍 레일

시판 서랍 레일은 고급 수제가구에 어울리지 않을지도 모르지만, 가구 제작에서 중요한 위치를 차지하고 있다. 시판 서랍 레일을 제대로 사용하면 서랍을 빨리 달 수 있을 뿐만 아니라, 레일은 부드럽게 그리고 조용하게 작동하며, 잘 드러나지도 않는다.

대부분의 시판 금속 서랍 레일은 틀과 서랍 옆판 사이에 총 26mm 정도의 간격이 필요하다. 즉, 양쪽에 각각 13mm의 간격이 필요하다. 좋은 서랍 레일은 2mm 정도의 오차를 용인하기 때문에 서랍 폭이 약간 좁거나 약간 넓어도 설치가 가능하다. 서랍을 만들기 전에, 서랍 레일을 구입해서 레일 설치 형식을 먼저 파악한다. 물론 서랍에 실리는 하중의 크기도 고려해서 레일을 구매해야 한다. 서류 서랍처럼 안쪽 깊은 곳까지 손이 쉽게 닿아야 하는 경우엔 전체인출형 레일(full-extension slides)이 적합하다.

공방에서 제작하는 가이드

공방에서 직접 가이드를 만들어 달면, 상용 철물에 없었던 느낌을 얻을 수 있다. 목재 러너(runners)는 특별한 느낌을 주기 때문에 애쓸 만한 가치가 있다. 몇 가지 방법이 있으므로 용도에 맞춰서 고른다.

반대편 쪽의 그림은 홈 안에서 움직이는 목재 러너의 형태다. 많이 쓰이는 방법은 서랍 옆판에 홈을 깎고 상자형 틀에 목재 러너를 설치하고 서랍을 다는 것이다. 혹은 러너를, 디자인의 일부로, 드러내고 싶다면 서랍에 달고 틀에 홈을 깎는 것도 한 방법이다. 러너의 단부가 작은 사각형 모양으로 보이게 된다.

러너 및 홈

상자형 틀에 러너를 붙이는 경우

라우터로 서랍 옆판에 막힌 홈(stopped groove)을 판다.

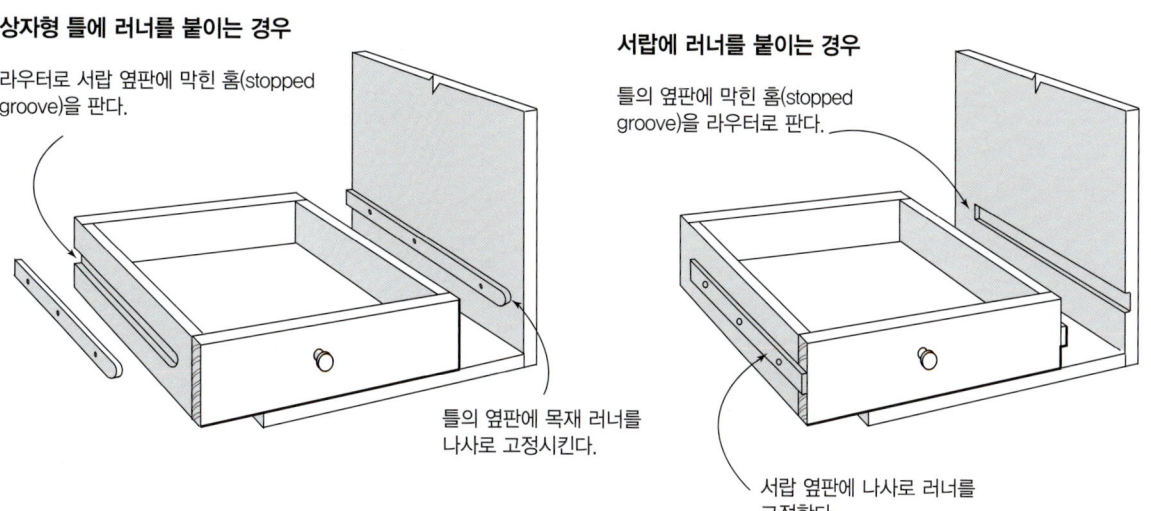

틀의 옆판에 목재 러너를
나사로 고정시킨다.

틀의 옆판에 러너를 고정시키면, 서랍을 열어도 러너는
보이지 않는다.

서랍에 러너를 붙이는 경우

틀의 옆판에 막힌 홈(stopped groove)을 라우터로 판다.

서랍 옆판에 나사로 러너를
고정한다.

서랍에 러너를 붙이면, 서랍을 열었을 때 앞에서도 보이므로
디자인의 일부가 된다.

가이드 두 개를 이용하는 경우

서랍을 조리하기 전에, 라우터로
두 줄로 홈을 판다.

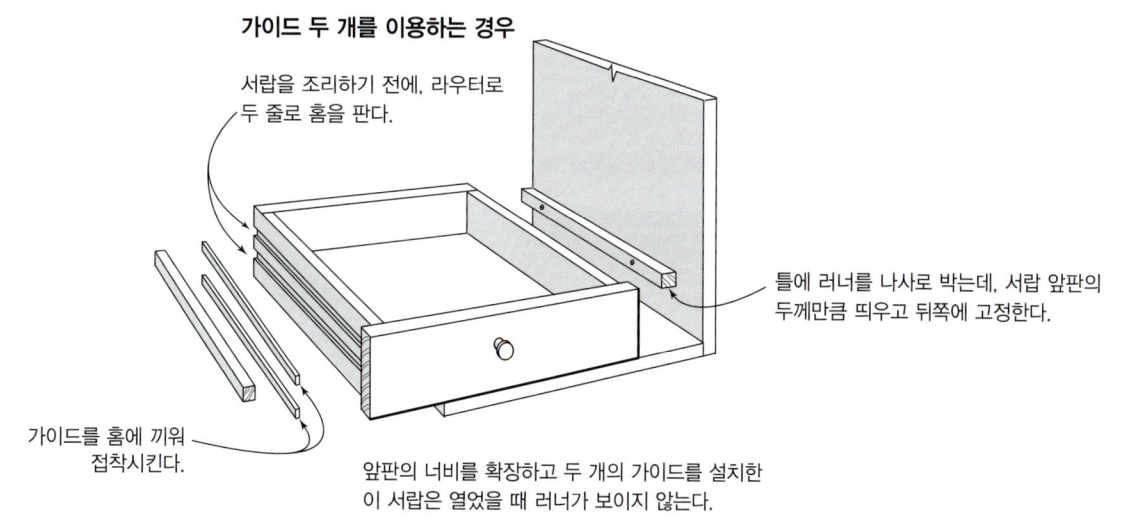

틀에 러너를 나사로 박는데, 서랍 앞판의
두께만큼 띄우고 뒤쪽에 고정한다.

가이드를 홈에 끼워
접착시킨다.

앞판의 너비를 확장하고 두 개의 가이드를 설치한
이 서랍은 열었을 때 러너가 보이지 않는다.

세 번째 방법은 두 개의 가이드를 이용하는 방법인데, 앞판의 폭을 확장한 서랍과 잘 어울린다. 서랍을 조립하기 전에 옆판에 라우터로 홈을 두 줄 깎는다. 그런 다음 목재 가이드를 홈에 끼워 접착시키는데, 가이드가 옆으로 튀어나온 높이가 앞판이 옆으로 확장된 폭보다는 작아야 한다.

러너를 잘라 두 가이드 사이에 들어가도록 대패질한 다음, 캐비닛 옆판에 나사로 임시로 고정한다. 서랍을 끼워보고, 미세하게라도 조정이 필요한 부분이

있으면 러너를 떼어내서 대패로 깎는다. 서랍이 부드럽게 움직이면 러너에 접착제를 바른 뒤 나사로 완전히 고정시킨다.

서랍 스토퍼

서랍을 제작할 때, 전체적으로 서랍을 짜 맞춰 넣는 것 외에도 두 가지를 더 결정해야 한다: 서랍을 밀어 넣을 때 어떻게 멈추게 할 것인가? 그리고, 서랍을 빼낼 때 서랍을 멈추게 할 것인가 말 것인가?

원목을 옆판에 사용하는 경우에는 원목을 바닥판으로 사용하면서 스토퍼로 활용할 수 있다. 바닥판이 서랍 뒤로 10mm 정도 튀어나오게 제작해서 캐비닛 뒤판에 닿게 만든다. 그러면 캐비닛의 옆판이 수축 팽창할 때는 서랍의 바닥판도 마찬가지로 수축 팽창하므로, 서랍의 앞면은 틀의 앞면과 항상 일치하게 된다.

바닥판의 나뭇결은 옆판 쪽을 향해야 하고, 절대로 앞뒤로 향하게 해서는 안 된다. 나뭇결을 앞뒤로 길게 놓으면, 바닥판이 조금이라도 팽창하면 옆판을 밀게 되므로 서랍이 끼이고 또한 결합부가 약해진다. 바닥판은 홈에 접착시키지 않는다. 테이블쏘로 바닥판에 길쭉하게 홈을 깎고, 와셔를 끼워서 나사로 고정시키는 것이 간단한 방법이다. 바닥판이 팽창하면 뒤로 길이가 늘어난다.

바닥판의 길이에 약간 여유를 두어 제작한 후, 바닥판의 뒷부분을 대패로 조금씩 깎아내면서 서랍 앞면을 캐비닛 앞면에 정확히 맞춘다.

앞판 폭을 연장한 서랍에서는 하드우드로 가이드 스트립을 쌍으로 만들어 붙이면 잘 어울린다.

서랍의 바닥판을 뒤로 빼서 서랍 스토퍼로 활용할 수 있다. 바닥판이 원목인 경우에는 나사 홈을 길게 파서 계절별 치수변화에 대비한다.

캐비닛 옆판이 합판인 경우에도 같은 방법을 적용할 수 있으나, 서랍의 바닥판도 원목 대신에 합판을 사용해야 한다.

서랍 스토퍼로는 틀의 앞쪽 가로대에 소폭판을 접착시키는 것이 편리한 방법이며, 틀이 원목일 경우에는 이 편이 더 정확하다. 서랍에 쿠션을 주기 위해서 소폭판의 앞쪽에 가죽을 덧붙이는 것도 가능하다. 터치감이 좋고 작동이 부드러워진다. 서랍의 스토퍼가 앞쪽에 있으면 틀이 계절에 따라 수축/팽창해도 서랍의 앞쪽 정렬은 잘 맞는다. 이 방법을 사용하려면 서랍의 앞판과 옆판이 바닥판 보다는 아래로 튀어나와 있는 구조라야 하며, 통상 6mm 정도 차이가 있다.

서랍 앞판의 두께에 맞춰 보조선을 긋고, 그 선에 맞춰서 스토퍼 소폭판을 클램핑한다. 스토퍼는 바닥판에 닿지 않도록 높이 5mm 정도로 만들며, 서랍의 옆판에 닿지 않도록 짧게 만든다. 스토퍼를 설치한 후에는 손대패로 앞판을 깎아 맞춘다.

➤ 111쪽의 "플러쉬핏 서랍"을 참고한다.

스토퍼 소폭판의 위치를 정할 때는 마킹게이지(외날그무개)를 사용한다. 서랍 앞판의 두께에 게이지를 맞춘다.

접착제가 굳을 때까지 스프링 클램프로 스토퍼를 고정시킨다.

시판 서랍 레일

측면고정형 슬라이더(side-mounted slides)가 캐비닛이나 주방찬장 제작에 많이 쓰인다. 가격도 적절하고 설치가 쉽기 때문이다. 각 서랍마다 좌우 한 쌍으로 판매된다. 레일은, 서랍 옆판에 나사로 고정하는 러너(runner), 그리고 러너와 결합되는 하우징으로 구성되어 있다. 하우징은 틀의 안쪽에 고정된다.

러너는 지그를 사용해서 정확하게 정렬시켜 설치한다. 지금 단계에서는 길쭉한 구멍에다 나사 2~3개로 러너를 고정시킨다(A). 러너를 설치 높이는 어떻게 정할까? 서랍의 손잡이 높이에 맞추는 것이 좋다. 예를 들어서 손잡이가 서랍 앞판의 가운데 높이에 있다면, 러너도 옆판의 가운데 높이에 설치해야 서랍이 제일 부드럽게 작동한다.

캐비닛에 하우징을 설치할 때는 합판 간격재를 이용해서 높이를 맞춘다. 양쪽 슬라이드의 높이를 서로 같게 맞춰 틀과 평행하게 설치할 수 있다(B). 서랍을 정확한 위치에 설치한 후에는 나머지 나사를 마저 박는다(C).

하부고정형 슬라이드

 정성스레 제작한 서랍 옆에 금속 철물이 보이는 게 맘에 들지 않는다면 하부고정형 슬라이드(under-mount slides; 언더레일)를 사용하면 된다.

 슬라이드 전체를 캐비닛의 옆판에 부착시킨다. 그런 다음 서랍의 양쪽 옆판 밑에, 앞판 가까운 위치에, 각각 구멍을 뚫는다(A). 서랍을 밀어 넣고 아래로 내려서 걸치면, 슬라이드 앞부분에 있는 핀이 구멍에 걸린다(B). 서랍을 당겨낸 후에도 철물은 전혀 보이지 않는다(C).

키보드 및 마우스 선반

요즘은 갖가지 목공용품을 우편으로 주문할 수 있는데, 물품목록을 보면 사무용품 및 컴퓨터 관련 철물이 많다. 이중 관심을 끌만한 것 중 하나가 키보드 및 마우스 선반을 설치할 수 있는 철물이다. 철물을 설치하면, 서랍과 마찬가지 방식으로 선반을 당겨 꺼낼 수 있고, 또한 타이핑할 때나 마우스를 사용할 때는 자세에 맞게 왼쪽으로 오른쪽으로 회전시킬 수도 있다.

키보드 철물은 금속판, 그리고 선반에 붙여 금속판을 따라 미끄러지도록 되어 있는 지지 철물로 구성되어 있다. 설치는 간단하다. 책상 상판의 아랫면에 금속판을 나사로 고정한다(A). 그리고 나서 미끄러지도록 되어 있는 지지 철물을 금속판에 끼운다(B); 그런 다음 시판 혹은 직접 공방에서 제작한 선반을 고정시킨다. 선반을 지지 철물에 고정시킬 때는 나사를 밑에서 박으면 위에서는 보이지 않는다.

▶ 115쪽의 "키보드 선반"을 참고한다.

선반과 지지 철물을 설치한 후에는 키보드 위치를 사용자에 맞게 정교하게 조정할 수 있다. 선반은 사용할 때는 잡아당겨서 꺼내며, 아래로 밀어 넣으면 보이지 않게 된다. 선반을 돌릴 때는 그냥 잡고 회전시키면 된다. 꼭지형 손잡이(knob)를 돌려서 선반의 높이도 책상면의 높이에 맞춰 조절할 수 있다. 마지막으로 선반의 앞쪽 아래에 있는 레버를 당겨서 키보드의 경사각을 맞춘다(C).

서랍 손잡이

U형 손잡이

U형 손잡이(U pulls)는 일반적으로 서랍 앞판의 안쪽에서 나사로 고정시킨다. 설치시 가장 중요한 것은 나사 구멍의 중심을 정확히 찾는 것이다. 나사 구멍의 위치를 정확히 맞춰 뚫어 놓은 템플릿을 만들어 사용하는 것이 편하다. 템플릿을 앞판에 대고 구멍 위치를 표시한다(A).

가능하면 서랍을 조립하기 전에 구멍을 뚫어둔다. 탁상드릴을 사용하면, 구멍을 정확하게 수직으로 뚫을 수 있다(B).

반원형 손잡이

반원형 손잡이(bail pulls)는 우아한 멋이 있다. 반원형 손잡이를 느슨한 포스트에 연결해야 하는데, 약간의 문제가 있을 수도 있다. 반원형 손잡이 부분의 핀이 정확히 직각이 안 되어서 서로 평행하지 않은 경우가 종종 있다. 이 경우 포스트를 끼울 구멍을 뚫고 손잡이를 설치하고 나면, 핀이 포스트 안에서 자유로이 회전하지 못하여 손잡이가 끼이게 된다.

따라서 이런 문제를 방지하기 위해서는 포스트 구멍을 뚫기 전에 손잡이를 자세히 확인해야 한다. 자투리 목재를 준비해서 필요한 간격에 맞춰 구멍을 뚫어서 지그를 만든다. 그런 다음 이 지그에 포스트와 반원형 손잡이를 설치해보고 제대로 작동하는지 확인한다. 손잡이가 부드럽게 움직이지 않는다면 손으로 당기거나 눌러서 핀이 직각이 되게 맞춘다. 그래도 안되면 지그에 구멍을 새로 뚫어 다시 맞춘다(C).

모든 손잡이가 지그에서 잘 움직이면 지그 가운데에 선을 그려 넣고, 서랍 앞판에도 높이 및 가운데를 나타내는 선을 표시한다. 지그의 가로선에 서랍의 높

이 표시선을 맞추고, 또한 중심선을 서로 맞춰서, 앞판에 지그를 대고 구멍 위치를 표시한다(D).

공방에서 손잡이 제작하기

손잡이를 직접 제작하는 것은 매우 재미있고 만족스런 작업이다. 자유롭게 디자인할 수 있고, 시판 손잡이 철물이 줄 수 없는 본인만의 개성을 표현할 수도 있다. 여기서 보여주는 것은 예일 뿐이고 얼마든지 상상력을 발휘할 수 있다. 여기서 보인 디자인은 문짝에도 그대로 사용할 수 있다.

➤ 130쪽의 "문짝"을 참고한다.

오랫동안 간직해 오던 자투리 나무가 있다면, 지금이 활용할 수 있는 기회다. 제일 간단한 형태라서 내가 더 좋아하는 거 같다. 절류문양(burl; 나무의 혹) 등 매우 복잡한 문양을 가진 목재를 사용하면 각각의 손잡이를 매우 개성 있게 만들 수 있다. 밴드쏘에서 손잡이를 원하는 모양으로 자르되 서랍에 붙이는 면만 편평하게 깎는다. 단부를 경사지게 자르면 극적인 효과가 있다(A).

서랍 앞판의 안쪽에 나사 구멍을 뚫고 카운터씽크를 판다. 그리고 손잡이 뒤에도 길잡이 구멍을 판다. 손잡이에 접착제를 바르고 서랍에 잘 밀착시킨 다음 서랍 안쪽에서 나사로 박는다(B).

스트립형 손잡이

단순하면서도 효과적인 손잡이가 있는데, 서랍 앞판의 위 가장자리에 스트립(strip)을 접착시키는 방법이다. 목재의 색상과 결을 잘 선택하면, 앞판에 손잡이를 직접 깎은 것처럼 보이게 만들 수 있다. 스트립을 서랍에 접착시키기 전에 모양을 깎는 것이 최선이다.

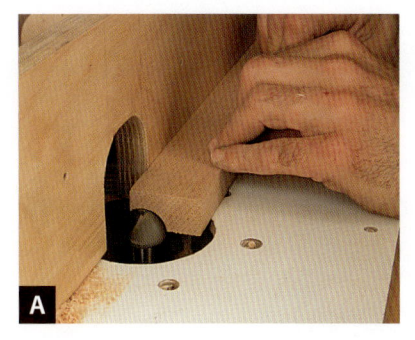

라우터 테이블에서 코브비트(cove bit; 오목면 비트)를 사용해서 아랫면을 반달모양으로 깎는다. 한 번에 다 깎지 말고 순차적으로 깊이를 늘리면서 깎는다(A). 그런 다음 위아래 가장자리 모서리를 둥글게 깎는다(B).

이렇게 깎은 스트립을 서랍의 앞판에 접착해서 클램핑한다(C). 접착제가 마른 후에는 거위목 스크레이퍼(goose-neck scraper)나 대패를 사용해서 표면을 다듬는다.

곡선형 손잡이

메이플(maple; 단풍), 로즈우드(rosewood; 자단), 에보니(ebony; 흑단)처럼 조직이 단단하게 결이 조밀한 목재로 곡선형 손잡이를 만들어 붙이면 매우 세련된 느낌이 난다(A). 사진처럼 나무로 가짜로 나사를 만들어 덧붙이면 더욱 멋스럽다. 물론 가짜 나사의 주된 기능은 진짜 나사를 안 보이게 숨기는 것이다.

합판으로 만든 두 개의 템플릿을 사용해서 목재에 손잡이 모양을 그려 넣는다. 하나는 옆면 형상이고(B), 다른 하나는 윗면 형상이다(C). 밴드쏘에서 모양을 따라 자른다.

드럼 샌더나 스핀들 샌더를 사용해서 톱자국을 없애고 곡면을 부드럽게 다듬는다. 그런 다음 손잡이에 카운터보어, 카운터씽크, 나사자루 구멍을 약간 기울여서 뚫는다(D). 구멍을 막을 나무못으로는 차이가 뚜렷한 대조되는 색상을 고른다. 나무못을 접착하기 전에 한쪽 끝을 톱으로 잘라 톱자국을 낸다. 나무못을 끼우고 톱자국에 나무 쐐기를 박는다. 나무 쐐기로는 눈에 띄는 색상을 사용해서, 나사머리처럼 보이게 만든다.

문짝 제작, page 132

문짝 달기, page 145

문짝 손잡이 및 철물, page 161

문짝

캐비닛 문짝은 가구 제작에서는 수문장과도 같다. 다양한 무늬, 질감, 색상, 스타일로 가구의 맨 앞을 장식하기 때문이다. 문짝이 잘 만들어져 있으면, 안도 들여다보고 싶어진다. 직접적인 기능은 먼지가 들어가지 못하게 막고, 안이 보이지 않도록 하는 것이다. 또한 집안 잡동사니를 숨겨 보관하는 방편이 되기도 한다. 좋고 나쁜 것을 전부 숨길 수도 있고, 잘 작동하는 멋진 문짝을 달고 나서, 열어 젖혀 모두 보여줄 수도 있다.

문짝 디자인에는 다양한 선택의 여지가 있다. 원목을 사용할 수도 있고 하드우드 단판(무늬목)을 붙인 합판을 사용할 수도 있다. 스타일도 작은 세부적인 것에 영향을 받는데, 곡선을 넣어 멋을 낼 수도 있고, 몰딩을 붙여 깊이와 차이를 느끼게 만들 수도 있다. 물론 단순하게 평판으로 만들 수도 있으므로 본인이 선택하면 된다.

문짝 제작

패널이 있는 문짝

➤ 평판 (136쪽)

➤ 돋운 패널을 사용한 알판 구조 (137쪽)

➤ 상부 아치형 알판 구조 (139쪽)

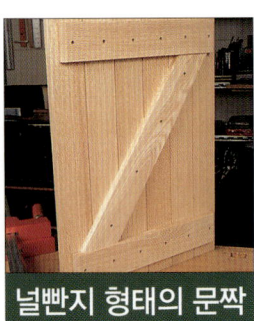

널빤지 형태의 문짝

➤ 널빤지를 대는 방법 (141쪽)

유리창이 있는 문짝

➤ 문짝 내부 칸 나누기 (143쪽)

문짝을 제작할 땐 제일 먼저 스타일을 정해야 한다. 여러 가지를 선택해야 하는데, 원목을 쓸 건지, 단판(무늬목)을 쓸 건지, 또한 몰딩을 사용할 건지 정해야 한다. 그 다음은 문짝을 오랫동안 사용할 수 있도록 만들어야 한다. 캐비닛 문짝보다 훨씬 많은 반복 하중을 받는 부분도 있으므로, 결합부는 오랫동안 견딜 수 있는 걸로 선택해야 한다. 무게로 인해서 문짝의 틀이 처지지 않도록 결합부도 튼튼하게 제작해야 한다. 면 및 결합부가 평면을 유지하기 위해서는 접착하는 방법도 중요하며, 제대로 하지 않으면 문짝이 잘 맞지 않거나 부드럽게 열리지 않는다.

문짝의 형태도 선택의 여지가 많다. 유럽 스타일의 주방찬장에서 많이 사용되는 형태는 검소한 형태의 평판(flat panel)이다. 이 형태는 만들기는 제일 쉬운 축에 속하지만, 나란히 순서대로 배치하면 매우 우아한 느낌을 준다.

아마 가장 많이 사용되는 형태는 알판(frame and panel) 구조일 것이다. 이 구조는 수천 년 전부터 사용되었는데, 폭이 넓은 원목 패널을 사용했을 때 발생하는 치수변화 문제를 해결하는 방법으로 인식되었다. 이보다 복잡한 형태로는 상부 아치형의 알판을 사용하는 프레임 형태도 있고, 스트립으로 칸을 만든 후 유리를 끼운 형태도 있다.

문짝 디자인

문짝을 디자인하는 방법은 무수히 많다. 그러나 기

본적인 내용이 있으므로, 이를 기준으로 나름대로의 디자인으로 확장하면 된다. 원목이 보기 좋고 느낌도 좋아서, 이를 사용하고 싶다면 원목의 계절별 치수변화에 대비해서 구조적으로 고려해야 할 부분이 있다. 해결방법으로는 알판 구조(frame and panel construction)로 만드는 것, 그리고 널빤지를 대는 방법(board and batten door)을 들 수 있다. 합판이나 MDF 같은 인조 시트 제품을 사용하면 문짝 표면에 단판, 가죽, 그리고 다른 재료를 붙일 수 있다. 그리고 몰딩을 사용해서 문짝의 표면에 빛과 그림자를 생기게 하면, 3차원적인 형상을 돋보이게 만들 수 있다.

결합부 선택

문짝 중에도 캐비닛 문짝은 오랜 시간 과격하게 사용되는 부분이다. 문짝을 세게 닫는 경우도 있고 경첩이 당겨지도록 세게 열어젖히는 경우도 있다. 이렇게 함부로 다뤄지는 경우를 대비해서 결합부는 튼튼히 만들어야 한다.

알판 구조에서는 프레임 모서리에서 구조적으로 연결된다. 장부맞춤이 튼튼하다는 건 역사적으로도 증명되고 있는데, 이 경우 장부의 길이는 25mm 이상이 좋다. 다른 방법으로는 비스킷이나 나무못을 쌍으로 사용하는 것도 있다. 혹은 프레임을 빗면으로 깎고 끼움촉을 넣어서 단면의 약한 나뭇결을 보강하는 방법도 있다. 그리고 합판 등 치수변화가 없어 안정적인 인조보드를 프레임 안쪽에 사용하면, 패널을 프레임에 접착시킬 수 있기 때문에 문짝의 전체적인 강도가 엄청나게 높아진다.

편평하고 직각인 접착 조립

문짝을 아름답게 만들고 비싼 경첩을 달고 문짝을

문짝 스타일

원목을 사용할 경우는 문짝에 알판 구조를 채용해서 치수변화 문제를 해결할 수 있다. 합판이나 MDF를 사용한 평판 구조는 다양한 디자인에 적용할 수 있다. 널빤지를 덧대면 소박한 느낌이 난다.

알판 구조

 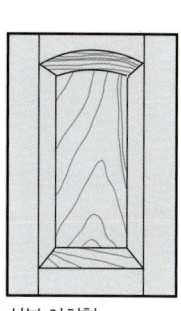 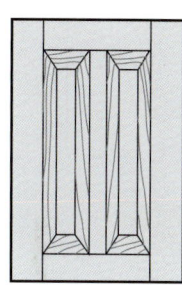

돋우어 높인 알판
(raised and fielded)　　　상부 아치형　　　이중 패널형

평판 구조

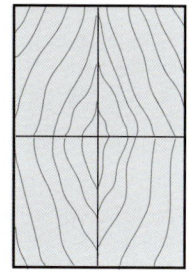 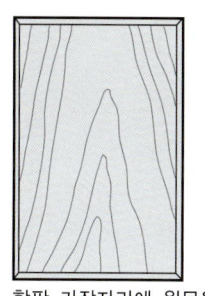 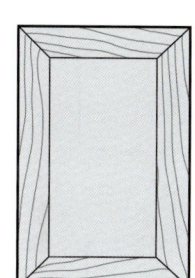

쿼터매칭
(quarter-matching) 단판　　합판 가장자리에 원목을 덧댄 구조　　합판에 프레임을 연귀맞춤한 구조

널빤지 덧대기

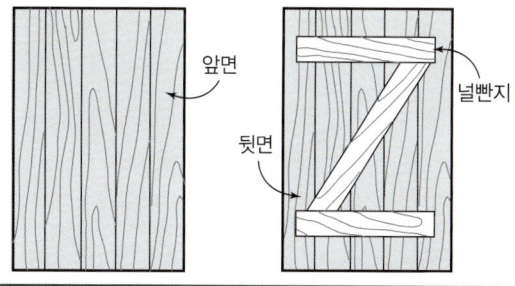

앞면

널빤지

뒷면

설치했는데, 제대로 맞지 않고 뒤틀린다면 그 실망감은 이루 형언할 수 없을 것이다. 문제는 캐비닛이나 비싼 경첩이 아니라 문짝에 있으며, 이는 어찌 보면 좋은 소식이다. 이런 문제는 클램핑 과정에서 주로 발생한다. 본인도 모르는 사이에 프레임이 비틀린 경우

다. 평면을 유지하고 직각으로 접착해야 하는 경우는 두 면을 생각한다. 하나는 문짝의 전체적인 앞쪽 평면이고 다른 하나는 문짝의 가장자리다. 항상 완벽한 평면 위에서 클램핑해야 하며, 그렇지 않으면 작업면 만큼 문짝도 비틀리게 된다. 그리고 문짝의 가장자리 및 전면에서 구조적으로 중심이 되는 중요한 위치를 클

문짝 결합부

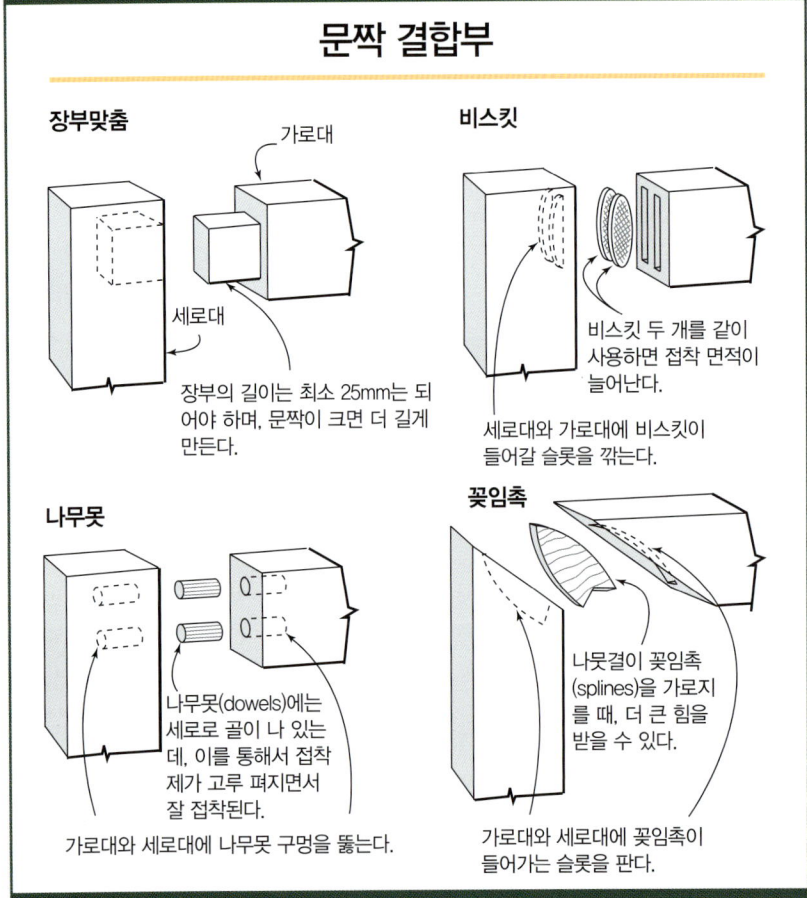

장부맞춤

가로대

세로대

장부의 길이는 최소 25mm는 되어야 하며, 문짝이 크면 더 길게 만든다.

나무못

나무못(dowels)에는 세로로 골이 나 있는데, 이를 통해서 접착제가 고루 펴지면서 잘 접착된다.

가로대와 세로대에 나무못 구멍을 뚫는다.

비스킷

비스킷 두 개를 같이 사용하면 접착 면적이 늘어난다.

세로대와 가로대에 비스킷이 들어갈 슬롯을 깎는다.

꽂임촉

나뭇결이 꽂임촉(splines)을 가로지를 때, 더 큰 힘을 받을 수 있다.

가로대와 세로대에 꽂임촉이 들어가는 슬롯을 판다.

클램핑 방법

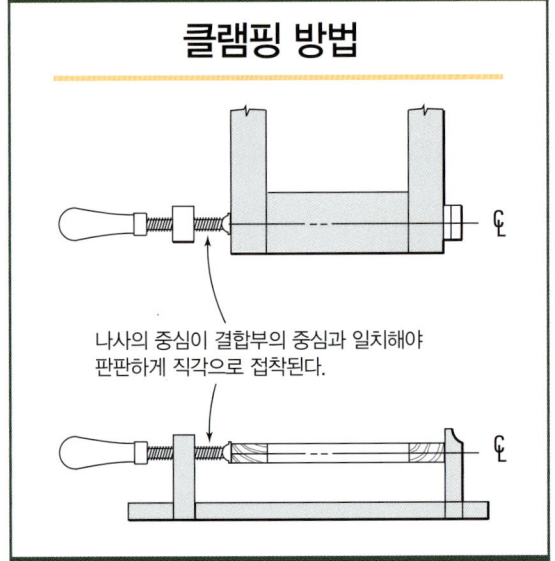

나사의 중심이 결합부의 중심과 일치해야 판판하게 직각으로 접착된다.

패널 형상

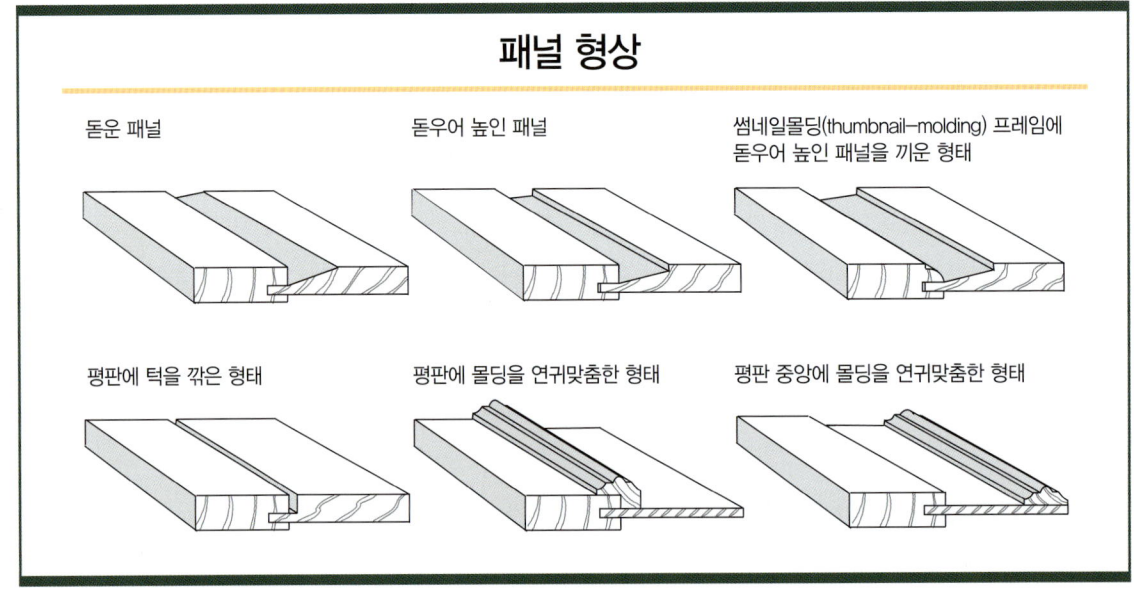

돋운 패널

돋우어 높인 패널

썸네일몰딩(thumbnail-molding) 프레임에 돋우어 높인 패널을 끼운 형태

평판에 턱을 깎은 형태

평판에 몰딩을 연귀맞춤한 형태

평판 중앙에 몰딩을 연귀맞춤한 형태

종횡 제허맞춤 보강하기

종횡 제허맞춤(cope and stick joint)을 추가로 보강해야 하는가에 대해서는 논란이 많다. 짧은 장부(stub tenon)를 사용하고 접착 면적이 늘어나도 긴 장부의 강도에 미치지 못한다는 것은 확실하다. 매일 계속적으로 사용되는 캐비닛 문짝의 경우 뒤쪽에 마감못을 박더라도 파손될 수 있다. 결합부를 보강하는 한 가지 방법은 가로대와 세로대에 나무못을 접착 고정하는 것이다. 다음과 같이 하는 것이 가장 튼튼하다. 먼저 라우터로 세로대의 가장자리와 가로대의 단부에 각각 장붓구멍을 판다. 그런 다음 분리된 장부를 양쪽으로 끼워서 접착 고정하는 것이다. 장부는 양쪽으로 각각 적어도 25mm는 삽입한다(시판되는 '도미노' 제품과 유사하다. – 옮긴이). 원목으로 제대로 장부를 깎아 결합하면 전통적인 장부맞춤보다 더 튼튼할지 모른다. 소규모 공방에서는 이게 제작하기도 더 쉽다. (이음에 관한 자세한 내용은 *The Complete Illustrated Guide to Joinery, by Gary Rogowski*, The Taunton Press를 참고한다.)

분리된 장부를 사용한 종횡 제허맞춤

장부

가로대는 스티킹에 맞도록 깎고 짧은 장부를 박는다.

가로대와 세로대에 장붓구멍을 뚫는다.

스티킹(sticking)

램핑해야 한다.

문짝의 가장자리 옆면에서, 클램프 나사의 중심이 프레임 부재의 두께 가운데에 일치하도록 맞춘다. 자투리 막대기를 필요한 두께로 잘라 클램프 위에 올려두면 된다. 이렇게 중심을 맞추면 세로대가 비틀리지 않으므로 문짝은 평면을 유지한다. 위에서 내려다보아서 클램프가 가로대의 중심에 놓여 있는지 확인한다. 그래야 결합부에서 직각이 유지된다.

클램프를 너무 세게 돌리지 않도록 한다. 너무 큰 압력을 가하면 프레임에 휘어지고 부재가 압축된다. 이후 클램프를 풀었을 때, 부재의 변형도 풀리면서 결합부가 벌어지게 된다. 가하는 힘의 크기에 주의를 기울여야 한다. 확실하게 맞춰지지 않은 결합부가 있으면, 일단은 단단하게 클램핑해서 결합시키고, 이후 서로 밀착된 후에 도로 약간 풀어준다. 그런 다음 곧은 자를 사용해서 편평도를 검사한다.

자투리 목재를 사용해서 문짝의 중심과 클램프 나사의 위치를 맞추면 문짝이 비틀리지 않는다.

가로대의 중심에 맞춰 클램핑해야 프레임이 직각으로 유지된다.

평판

문짝의 형태 중 가장 기본적인 것이 평판(flat panel) 형태다. 원목으로 만들 수도 있지만, 일정 크기 이상이 되면 뒤틀릴 가능성이 매우 높다. 제일 나은 방법은 MDF와 같은 치수변화가 없는 인조보드를 사용하는 것이다. 그러나 MDF는 단조로운 외관을 숨기기 위해서는 단판을 붙이거나 도료를 칠하는 것이 필요하다. 하드우드 합판도 좋지만, 이것도 MDF와 마찬가지로 가장자리 단부는 보이지 않도록 처리해야 한다. 나는 가장자리에 원목 소폭판을 붙인다. 합판의 단판과 같은 수종의 목재를 사용해서 비슷한 색상과 나뭇결을 골라서 소폭판을 만들어 붙이면 패널과 잘 구분되지 않는다. 3mm 정도 두께의 소폭판이면, 가장자리를 조금 모따기 해도 합판의 단부는 드러나지 않는다.

추가되는 소폭판의 두께를 처음부터 고려해서 패널의 크기를 정해야 한다. 그런 다음 문짝의 세로 방향 긴 변의 가장자리에 먼저 소폭판을 붙인다. 이때 소폭판이 패널보다 약간 더 두껍고 길게 잘라야 한다(A). 접착제가 경화된 후에 라미네이트 비트(일자 베어링 비트)를 장착한 라우터 혹은 손대패로 여분을 깎아낸다.

> ➤ 75쪽의 "소폭판 트리밍"을 참고한다.

가로 방향 짧은 변의 가장자리에 소폭판을 붙여 모서리에서 맞댐이음한다(B).

소폭판의 가장자리를 대패나 3mm 정도의 라운더 오버 비트로 다듬는다(C). 문짝을 설치하면 모서리이음이 위에서는 보이지 않는다.

돋운 패널을 사용한 알판 구조

원목으로 만든 문짝에서는 알판 구조(frame and panel construction)를 사용해서, 뒤틀림을 방지하고, 치수변화로 인한 문제점을 해결할 수 있다. 프레임을 구성하는 가로대와 세로대는 폭이 좁기 때문에 비교적 안정적이고 잘 비틀리지 않는다. 폭이 넓은 패널을 프레임 내부에 홈을 파서 끼운다. 패널은 접착하지 않으므로 자유로이 수축 팽창할 수 있어, 프레임에 힘을 가하지는 않는다(A).

프레임의 결합부를 깎은 다음 패널을 끼울 홈을 가로대와 세로대에 깎는다. 패널의 크기는 프레임 내부의 크기에다 홈의 깊이를 더한 값이다.

➤ 56쪽의 "먼지받이"를 참고한다.

돋운 형태의 알판을 레이즈드 패널(raised panel)이라고 하는데, 라우터 테이블에서 패널레이징 비트로 혹은 쉐이퍼(shaper)에서 패널레이저(panel raiser)로 깎는다. (레이즈드 패널에 관한 자세한 내용은 *The Complete Illustrated Guide to Shaping Wood*, by Lonnie Bird, The Taunton Press를 참고한다. 한 번에 깎아내는 것은 장비에 무리도 가고 작업도 위험하므로 두세 번으로 나눠서 조금씩 깎는다. 쉐이퍼 펜스에 임시로 추가 펜스를 설치해서 얕은 깊이로 깎을 수 있다(B). 최종 단계에서는 추가 펜스를 제거하고 깎는다(C).

⚠️ **주의** 언제나 전원 플러그를 뽑고 라우터나 쉐이퍼의 비트를 교체한다.

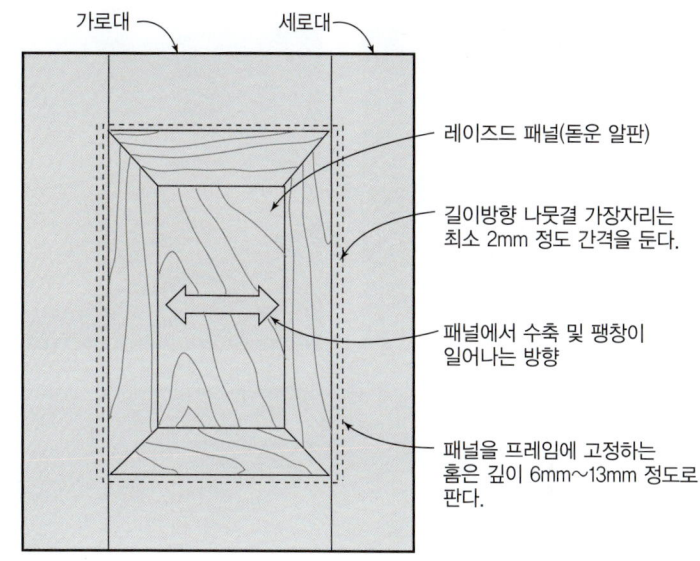

가로대　세로대

레이즈드 패널(돋운 알판)

길이방향 나뭇결 가장자리는 최소 2mm 정도 간격을 둔다.

패널에서 수축 및 팽창이 일어나는 방향

패널을 프레임에 고정하는 홈은 깊이 6mm~13mm 정도로 판다.

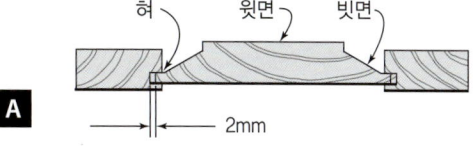

허　윗면　빗면

A

2mm

B

C

문짝을 조립하기 전에 다음 3가지를 확인해야 한다. 먼저 패널은 길이방향 나뭇결 가장자리에서 2mm~3mm 정도 간격이 생기도록 자른다. 패널이 프레임 홈 안에서 팽창할 수 있도록 공간을 남기는 것이다(D). (원목 패널의 수축 및 팽창량에 대한 계산은 *Understanding Wood*, by R. Bruce Hoadley, The Taunton Press를 참고한다.)

다음으로 문짝에 채색을 할 예정이면, 같은 스테인으로 패널의 길이방향 가장자리에 미리 채색 마감을 한다(E). 이렇게 해두어야 겨울에 패널이 수축했을 때, 패널 가장자리에서 스테인이 칠해지지 않은 부분이 드러나는 것을 피할 수 있다.

마지막으로 패널이 프레임 안에서 달가닥거리면서 움직이는 것을 막기 위해서 패널 중앙 뒤쪽에서 못을 박든지 패널과 홈 사이에 간격재를 삽입한다. 한 가지 방법은 6mm 폭의 홈에 끼우도록 되어 있는 작은 고무공(Space Balls라는 상품명으로 시판)을 삽입하여 패널이 팽창하면 눌리게 만드는 것이다(F).

패널을 삽입하고, 프레임에 접착제를 바르고, 전체를 잘 정렬시켜서 클램핑한다. 결합부에 바른 접착제가 패널의 가장자리로 스며 나오지 않도록 주의해야 한다. 자칫 패널과 프레임이 서로 접착되면 나중에 균열이 발생할 수도 있기 때문이다. 가구제작자 Edward Schoen은 일정 간격으로 홈을 파놓은 조립용 테이블을 사용하는데, 파이프 클램프의 간격이 항상 정확하기 때문에 편하게 조립할 수 있다(G).

알판 구조에서 그냥 플랫 패널(평판)을 끼우는 것도 한 방법이다. 이때 단판을 붙인 합판이나 MDF로 평판을 제작해서, 프레임 홈에 완전히 접착해버리면, 문짝은 매우 튼튼해진다. 패널의 둘레를 장식하고 싶으면, 치장 몰딩을 프레임 안쪽에 대고 패널에 접착한 후 못으로 박는다(H).

상부 아치형 알판 구조

패널의 위쪽을 아치 형태로 제작하는 것은 순서대로만 잘 따라하면 생각보다는 쉽다. 먼저 문짝을 상부 아치를 포함해서, 실물 크기로 그린다. 이때 아치의 반지름이 너무 작으면 안 된다. 어깨 부분이 약한 횡방향 나뭇결이므로 각이 급하면 부러질 수 있기 때문이다. 반지름은 250mm 이상이 좋다. (복잡한 곡선 작업은 *The Complete Illustrated Guide to Shaping Wood*, by Lonnie Bird, The Taunton Press를 참고한다.)

문짝에 사용할 목재는 신중하게 선택해야 한다. 세로대는 가능하면 곧은결 목재를 사용한다. 가로대는 나뭇결도 아치형으로 휘어져 있는 것을 선택해서 결 방향으로 아치형으로 자르면 보기가 좋다. 프레임의 결합부를 먼저 깎은 후, 컴퍼스를 사용해서 문짝 그림에서 아치 반지름을 가로대에 그대로 옮겨 선을 표시한다(A).

가로대의 곡선은 밴드쏘에서 자르는데, 표시선의 바깥에서 자른다(B). 그런 다음 스포크쉐이브 혹은 스핀들샌더를 사용해서 톱자국을 없앤다(C). 순결로 사포질해야 매끈하다.

프레임 부재는 라우터 테이블에서 6mm 볼베어링 슬로팅커터(ball bearing slotting cutter)로 홈을 깎는다. 직선 부재는 펜스를 사용하고, 아치형은 베어링에 대고 홈을 깎는다. 안전한 작업을 위해서 스타팅핀(starting pin)과 가드(guard)를 사용한다(D).

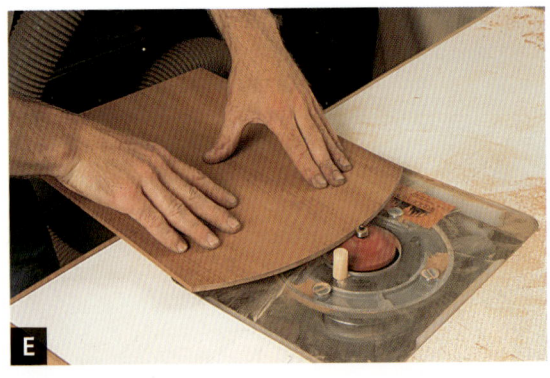

패널 윗부분도 같은 방법으로 곡선을 그린다. 대신에 가로대에 깎은 홈의 깊이만큼 반지름을 키운다. 밴드쏘에서 곡선으로 자른 다음, 이전과 같은 방법으로 매끈하게 다듬는다. 그런 다음 라우터 테이블에서 베어링 장착 패널레이징 비트와 스타팅핀을 사용해서 패널을 돋우어 깎는다(E). 한꺼번에 깎지 말고 조금씩 깊이를 늘려가면서 패널이 프레임의 홈에 들어갈 때까지 깎는다. 패널은 가로대와 세로대에 부드럽게 끼워져야 한다(F).

[TIP] 올바른 방향으로 사포질해야 표면이 훨씬 매끈하게 된다. 대패질할 때와 마찬가지로 목재의 섬유질이 몸 바깥으로 향해야 한다. 필요하면 판재를 뒤집어가면서, 결이 내려가는 방향(순결)으로 사포질한다.

널빤지를 대는 방법

널빤지를 대서 만든 형태의 문짝은 무뚝뚝하면서 소박하다. 세부적인 면에 신경을 쓰면 상당히 우아하게 만들 수 있다. 만드는 방법은 세로로 판재를 붙여 끼움촉으로 잇고, 뒤쪽에 가로 널빤지를 대서 연결한다. 먼저 세로 판재를 길이에 맞춰 자른다. 세로 판재의 폭은 서로 다르게 만들어도 되고, 아니면 일정하게 제작해서 대칭성을 강조해도 된다. 판재의 가장자리는 빗각(chamfer)으로 모따기 하거나 비드(bead)로 깎거나 그냥 직각으로 둔다.

판재 가장자리에 폭 6mm, 깊이 10mm의 홈을 깎아야 하는데, 라우터 테이블에서 슬로팅 커터를 사용해서 작업한다(A). 양쪽 끝 두 판재의 바깥쪽 가장자리에는 홈이 없다는 것도 기억해야 한다.

양쪽 홈에 들어가도록 두 깊이를 합한 폭으로 끼움촉을 깎는다. 끼움촉이 빠지는 것을 막기 위해서, 최외측 판재를 제외하고, 각 세로 판재마다 하나의 끼움촉을 접착제를 점점이 칠해서 끼운다(B).

판재와 끼움촉을 전부 맞춘 다음 가조립해서 전체적으로 문짝이 직각을 이루는지 확인한다. 세로 판재는 서로 일체로 접착하지 않는다. 이를 접착하면 가로 널빤지가 붙어 있기 때문에 치수변화가 발생하면 휘거나 갈라지게 된다. 이제 카운터씽크를 파고 가로 널빤지(battens)를 패널 뒤쪽에 나사로 고정한다(C). 나는 머리가 작은 트림나사(trim head screws)를 선호한다. 원하면 나무못으로 나사구멍을 막을 수도 있지만 그냥 두어도 나름 괜찮다.

> ⚠️ **주의** 홈을 깎을 때 라우터 비트의 회전 방향과 반대로 밀면서 깎는다. 그렇지 않으면 목재가 비트에 걸리면서 작업자의 손을 잡아채는 현상이 생긴다.

가로 널빤지 사이에 대각선 가새(brace)를 댄다. 가새는 문짝을 튼튼하게 만들고, 직각으로 유지되도록 만든다. 가새를 가로 널빤지 사이에 정확하게 맞추는 데는 요령이 필요하다. 가장 좋은 방법은, 먼저 가새로 사용할 목재를 대각선으로 가로질러 걸친 다음 클램핑하고, 가로 널빤지 안쪽에 해당하는 부분에서 목재의 양쪽 가장자리에 칼금을 표시한다(D). 이 표시를 이용하여 목재 둘레로 선을 긋고, 빗각켜기로 자른다.

가로 널빤지와 마찬가지로 가새를 문짝 뒤쪽에 나사로 고정한다(E). 완성된 문짝의 앞에서는 가새와 나사가 보이지 않는다(F).

문짝 내부 칸 나누기

문짝의 내부를 나눠 유리를 끼울 때는 간단한 라우터 지그를 이용하면 편하다(A). 일반적인 프레임을 사용할 때와 동일하게 문짝을 제작하고 조립한다. 문짝을 대패로 깎아 조정해서, 원하는 캐비닛에 맞춰 넣는다.

일단 맞춰 넣은 다음에 프레임의 뒤쪽 안쪽 가장자리에 10mm 폭으로 반턱을 라우터로 깎는다. 반턱의 깊이는 적절하게 정하면 된다. 나는 프레임 두께의 반 정도로 정한다. 이 정도면 유리 및 유리를 프레임에 고정하는 소폭판을 끼우기에 충분한 깊이다. 작업할 때 문짝 아래에 자투리 판재를 깔거나 목재 블록으로 받쳐서 라우터가 작업대를 손상시키지 않도록 만든다. 라우터에 대형 베이스플레이트를 붙이면 프레임 위에 안정적으로 얹을 수 있으므로, 반턱을 일정한 깊이로 쉽게 깎을 수 있다(B).

라우터로 깎으면 구석 부분은 곡선으로 깎이는데, 이 부분은 끌을 사용해서 직각으로 깎는다. 먼저 자를 사용해서 반턱의 직선부를 프레임 위로 연장해서 선을 그린 다음 표시선까지 끌로 깎아낸다. 조금씩 얇게 천천히 표시선까지 깎는데, 어깨 부분의 마구리 나뭇결은 나무망치로 두드리면서 잘라내고 길이방향 나뭇결은 끌로 밀어서 깎는다(C).

그림의 유리창 지그를 사용해서, 프레임에 길이 10mm, 폭 16mm 포켓을 깎아서 폭 16mm 창살을 끼울 수 있다. 지그 아래에 사포를 붙이면 클램핑하지 않아도 된다.

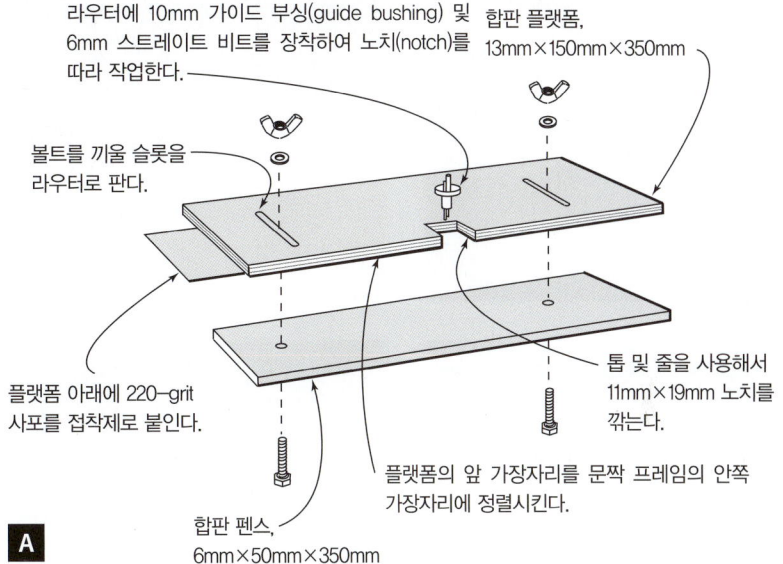

라우터에 10mm 가이드 부싱(guide bushing) 및 6mm 스트레이트 비트를 장착하여 노치(notch)를 따라 작업한다.

합판 플랫폼, 13mm×150mm×350mm

볼트를 끼울 슬롯을 라우터로 판다.

플랫폼 아래에 220-grit 사포를 접착제로 붙인다.

톱 및 줄을 사용해서 11mm×19mm 노치를 깎는다.

플랫폼의 앞 가장자리를 문짝 프레임의 안쪽 가장자리에 정렬시킨다.

A

합판 펜스, 6mm×50mm×350mm

B

C

반턱을 다 깎은 후에는 아래쪽의 남은 높이를 재고, 같은 높이로 창살을 깎는다. 폭은 16mm로 한다. 창살은 설치될 위치의 반턱 위에 걸쳐 놓고 프레임과 만나는 부분에 표시를 한 후 자른다. 그런 다음 다도날로 창살 끝에 두께의 반까지 반턱을 깎는다. 그리고 창살이 서로 겹치는 부분도 홈을 깎는다. 이때 창살 중 하나는 뒤집어 깎아야 끝의 반턱 방향이 모두 앞을 향하게 된다는 것을 기억한다(D). 자투리 목재를 사용해서, 두 창살의 표면이 같은 높이로 결합되는지 미리 시험해본다.

두 창살을 서로 끼운 다음, 반턱을 깎은 프레임 위에 놓고 위치를 표시한다. 이제 이 표식에 라우터 지그를 대고, 창살이 들어갈 16mm 폭의 포켓을 반턱에 깎는다. 둥글게 깎여진 포켓의 구석 부분은 끌을 이용해서 직각으로 깎아낼 수도 있고, 아니면 창살의 끝 부분을 둥글게 깎아낼 수도 있다. 유리를 고정하는 소폭판을 끼우고 나면, 이 부분은 보이지 않는다(E).

창살의 끝 부분과 프레임의 포켓에 접착제를 바르고, 포켓에 눌러 끼운다(F). 몇 군데를 클램핑해서 접착제가 경화될 때까지 고정해둔다(G).

유리는 반턱으로 깎은 부분보다 3mm 정도 작게 잘라서, 반턱에 걸쳐 끼운다. 코킹재를 사용해서 유리를 프레임에 고정하거나 소폭판을 반턱에 맞게 짜서 끼운다. 소폭판이 맞는지 일단 먼저 끼워본다(H). 그런 다음 유리를 끼워 넣기 전에 문짝에 마감재를 칠한다. 앞쪽에서는 이음부가 보이지 않는다(I).

문짝 달기

기본 경첩 설치

➤ 맞댐 경첩 (150쪽)
➤ 표면부착 경첩 (151쪽)
➤ 이지경첩 (152쪽)

특수 경첩

➤ 나이프힌지 (153쪽)
➤ 유럽 스타일의 경첩 (154쪽)
➤ 숨은 경첩 (155쪽)
➤ 긴 경첩 (156쪽)

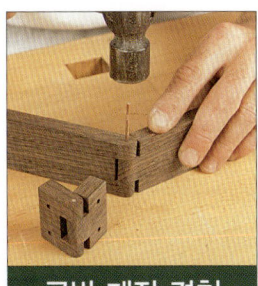

공방 제작 경첩

➤ 너클힌지 (157쪽)
➤ 황동 나이프힌지 (158쪽)
➤ 목재 나이프힌지 (159쪽)

포켓도어

➤ 포켓도어 철물 (160쪽)

문짝을 만든 다음에는 캐비닛에 넣고 경첩을 달아서 설치하는 게 순서다. 문짝을 맞춰 넣을 때 제작자의 솜씨가 그대로 드러난다. 문짝과 프레임 사이의 틈새가 일정하도록 만드는 것이 목표다. 이것은 문짝이 프레임 안으로 들어가는 구조든 아니면 프레임 위를 막는 구조든 마찬가지다. 일단 문짝을 문틀에 맞춘 후에는 경첩을 제대로 설치해야 모든 일을 성공적으로 끝낼 수 있다. 제대로 설치된 문짝은 쉽게, 그리고 경첩 둘레로 조용히 열려야 한다.

일반적으로 문짝은 약간 크게 만든 후, 조립해서 맞춰 넣을 때 약간 깎아내서 조정하는 것이 최선이다. 톱, 대패, 사포 등으로 깎아서 정확하게 간격을 맞추는 것이 더 용이하다. 테이블쏘에서 자르기용 썰매지그를 사용해서 가장자리를 직각으로 깎아낼 수 있다.

➤ 14쪽의 "아랫부분이 트인 자르기용 지그"를 참고한다.

수압대패로도 문짝을 다듬고 깎아 끼울 수 있다. 마지막에 맞출 때는 손대패가 가장 정밀하다. 가장자리를 직각으로 판판하게 깎는 것에 숙달되면, 대패밥 두께 최저 25㎛까지 깎는 것도 가능하다. 다른 기계 장비나 수공구가 따라올 수 없는 경지다. 표면을 사포질해야 할 때는 주의할 점이 있다. 이때 자칫하면 표면이 깎이고 가장자리의 직각 모양이 무너질 수 있다. 따라서 고운 사포를 펠트블록에 감아서 사용해야 한다.

일단 문짝을 입구에 맞춘 후에는 경첩을 단다. 경첩

은 종류가 매우 많으므로 문짝의 형태에 어울리는 것으로 선택한다. 물론 직접 나무나 다른 재료를 사용해서 직접 만들어도 된다.

경첩 선택

경첩이 문짝의 정확한 작동 및 느낌을 결정한다. 보이는 외양과 느낌부터 제대로 문짝이 열리게 하는 기능적인 면까지 영향을 미친다. 그냥 좋은 경첩을 만들거나 구입하는 것으로는 충분하지 않다. 각 형태의 특성을 이해해야 프로젝트에 맞는 경첩을 선택할 수 있으며, 이후 제대로 달아야 한다. 플러쉬(flush), 하프인셋(half-inset), 오버레이(overlay) 문짝에 다 적용할 수 있는 경첩도 있고 그렇지 않은 것도 있다. 반드시 문짝을 설치하기 전에 경첩부터 골라야 한다.

내 친구도 현명한 말을 한 적이 있는데, 경첩 부분에 신경을 많이 써야 한다는 것이다. 틀과 문짝 양쪽 모두에 홈을 정확하게 파야하는 경첩도 있고, 아니면 양쪽 모두 간단하게 나사로 고정해도 같은 결과를 얻을 수 있는 경첩도 있다. 결과를 미리 생각해보고, 어떻게 할지 결정하는 것이 좋다. 경첩을 달고 난 후에 캐비닛 바깥에서 보이는 외관도 중요하다. 경첩의 날개와 너클(양쪽 날개를 연결하는 가운데 축-옮긴이)이 언제나 보이는 경첩도 있고, 너클만 살짝 보이는 나이프힌지(knife hinge), 아니면 경첩이 전혀 보이지 않는 숨은 경첩(barrel hinges)도 있다.

어떤 경첩을 선택하든 간에 결합부를 짜 맞출 때와 비슷한 과정이 필요하다. 공구를 잘 조율하고 날을 예리하게 간다. 각 부분을 정확하게 표시하고 자르는 데 정성을 들여야 한다. 그렇게 하면 문짝은 수년 동안 잘 작동한다.

세 가지 문짝 설치 유형

문짝에 경첩을 달기 전에, 문짝은 틀에 정확하게 맞아야 한다. 세 가지 유형 - 플러쉬핏(flush fit), 풀오버레이(full overlay), 하프오버레이(half overlay) - 중에 플러쉬핏이 설치하기가 제일 까다롭다. 오버레이와 하프오버레이는 서랍에서 하던 방식대로 적용하면 된다.

> 110쪽의 "*풀오버레이 서랍*"과 113쪽의 "*하프오버레이 서랍*"을 참고한다.

그러나 플러쉬핏 문짝은 문짝의 가장자리가 프레임 둘레나 캐비닛 옆판과 일정한 틈새를 유지해야 한다. 또한 문짝의 표면은 캐비닛의 면과 단차 없이 높이가 맞아야 한다. 나는 정밀하게 맞추기 위해서 지그를 만들어 사용한다.

먼저 문짝을, 설치할 입구와 정확하게 크기가 같도록 제작한다. 문짝을 정확히 잘랐다면 입구에 끼워지지 않는 것이 정상이다. 이제 수압대패로 문짝의 둘레 모두 0.8mm 정도 깎아내고 맞춘다. 좁은 가장자리 단부 작업 시, 그리고 세로대에서 뜯기는 것을 방지하기 위해서 뒤에 보조 목재를 대고 작업한다.

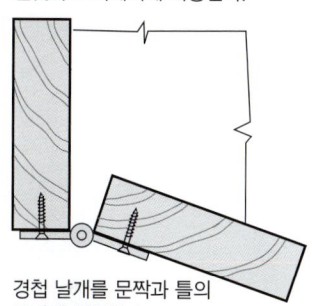

경첩의 종류

맞댐경첩

인셋(inset)과 오버레이(overlay)에 사용한다.

옆판

위판 혹은
밑판

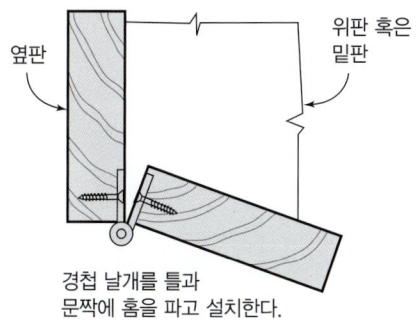

경첩 날개를 틀과
문짝에 홈을 파고 설치한다.

피아노경첩

인셋과 오버레이에 사용한다.

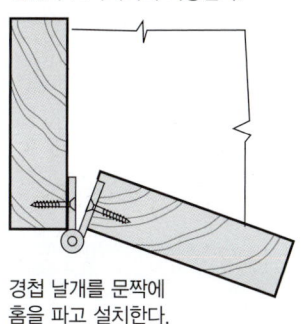

경첩 날개를 문짝에
홈을 파고 설치한다.

표면부착 경첩

인셋과 오버레이에 사용한다.

경첩 날개를 문짝과 틀의
표면에 설치한다.

나이프힌지(knife hinge)

인셋과 오버레이에 사용한다.

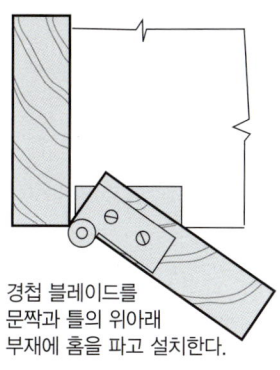

경첩 블레이드를
문짝과 틀의 위아래
부재에 홈을 파고 설치한다.

숨은 경첩

접이식(bifold), 인셋, 오버레이에 사용한다.

문짝 혹은 틀의
옆판

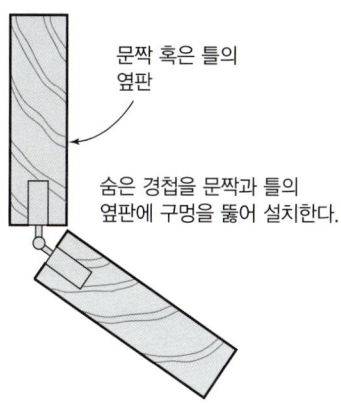

숨은 경첩을 문짝과 틀의
옆판에 구멍을 뚫어 설치한다.

싱크 경첩(cup hinge)

인셋, 하프오버레이(half overlay), 오버레이
(overlay)에 사용한다.

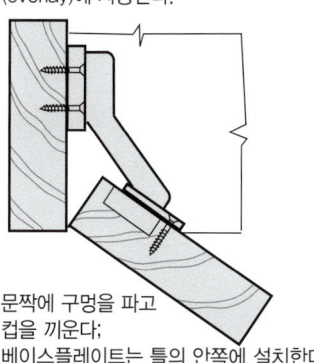

문짝에 구멍을 파고
컵을 끼운다;
베이스플레이트는 틀의 안쪽에 설치한다.

포켓도어

인셋, 하프오버레이에 사용한다.

슬라이드

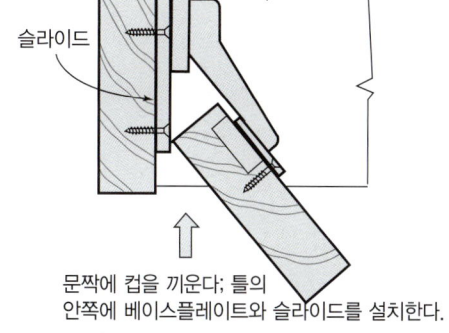

문짝에 컵을 끼운다; 틀의
안쪽에 베이스플레이트와 슬라이드를 설치한다.

수압대패에서 작업할 때, 문짝의 세로대 마구리가 뜯기는 것을 막기 위해서 뒤에 보조목을 대고 민다.

세로대의 마구리가 뜯기지 않도록 보조 목재를 대고, 표시한 금까지 조심해서 대패질 한다.

일정한 간격을 가지는 틈새를 만들려면, 문짝을 끼우고 컴퍼스를 사용해서 원하는 간격으로 금을 긋는다.

캐비닛의 전면이 위로 향하게 작업대 위에 놓고, 공방에서 제작한 문짝 거치대를 걸고, 문짝을 제 위치에 넣는다. 이제 문짝 둘레로 틈새를 확인해서, 간격이 일정하지 않으면 문틀을 기준으로 돌아가면서 컴퍼스로 금을 표시한다. 거치대 때문에 건너뛴 부분이 있다면, 작업대에서 곧은자를 대고 금을 연결한다.

이제 벤치플레인(bench plane)으로 표시한 금까지 가장자리를 깎아서 완성한다. 보조 목재를 클램핑해서 세로대가 뜯기는 것을 막는다.

시판 경첩

문짝에 경첩을 달 준비가 되면, 시판되는 많은 종류의 경첩 중에서 적절한 것을 골라야 한다. 시판되는 경첩을 이용하면 직접 만들어 사용하는 것보다 좋은 점이 많다. 시간을 절약할 수 있고(물론 돈이 들지만), 제작하는 가구의 스타일에 딱 맞게 경첩을 골라서 쓸 수 있다. 고풍스런 전통 스타일의 경첩도 구할 수 있

문짝 거치대

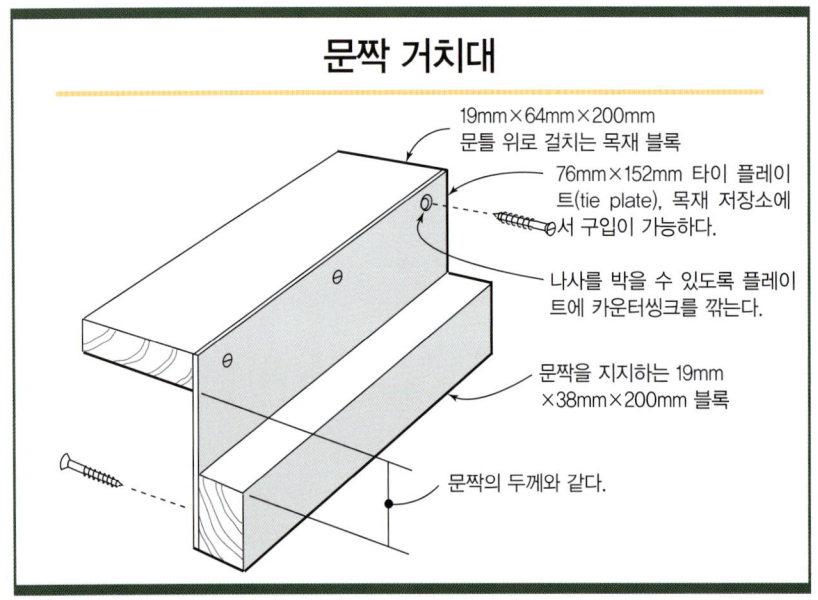

19mm×64mm×200mm 문틀 위로 걸치는 목재 블록

76mm×152mm 타이 플레이트(tie plate), 목재 저장소에서 구입이 가능하다.

나사를 박을 수 있도록 플레이트에 카운터씽크를 깎는다.

문짝을 지지하는 19mm ×38mm×200mm 블록

문짝의 두께와 같다.

▶ 경첩 홈의 위치

맞댐경첩을 달 때 경첩의 위치를 정확하게 정하는 방법은 다음과 같다. 힌지 너클부 가운데에서 날개 끝까지의 거리를 측정한 다음, 그 값에서 1.6mm 정도를 뺀다. 이 값이 경첩이 들어가는 홈의 폭이 된다. 이렇게 하면 문짝을 열었을 때 캐비닛의 앞부분에서 조이지 않고, 문짝을 닫았을 때는 별로 드러나지 않는다.

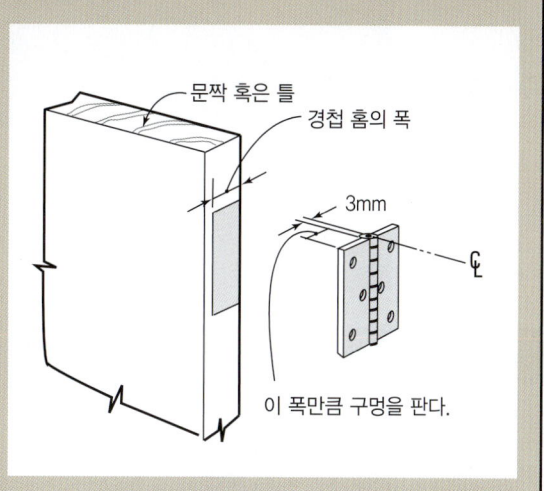

문짝 혹은 틀
경첩 홈의 폭
3mm
이 폭만큼 구멍을 판다.

다. 어떤 문짝 형태라도 그에 어울리는 경첩을 찾을 수 있다는 것이 다행스럽다.

일단 경첩의 형태를 정한 후에는 가능한 한 제일 좋은 것을 구입하도록 한다. 좋은 경첩은 몇 가지 특징이 있다. 경첩은 날개 두께가 3mm 이상이면서 편평하고 뒤틀리지 않은 것, 그리고 정확하게 작동하고 구멍이 깔끔하게 가공되어 있고, 나사 구멍에 카운터씽

크가 깎여 있는 것을 고른다. 너클 이음부는 정밀하게 가공되어 있고, 단단하게 조여지면서도 자유롭게 회전하는 것이어야 한다. 좋은 경첩은 삐걱거림 없이 부드럽게 돌면서 열린다. 순 황동 제품이 황동도금 제품보다 낫고, "밝은 황동(bright brass)"은 거울 같은 광택이 나도록 연마해야 한다. 좋은 철물은 설치하는 것도 즐겁고, 제작하는 문짝도 더 돋보이게 만든다.

맞댐경첩

맞댐경첩을 사용하는 경우에는 문짝과 틀 양쪽에 경첩 날개가 들어가는 홈을 파야 한다. 가능하면 캐비닛을 조립하기 전에 틀의 옆판에 홈을 먼저 깎는다. 그런 다음 문짝을 끼우고 마킹나이프(marking knife; 금긋기 칼)로 홈의 위치를 문짝에 옮겨 그린다(A).

➤ 146쪽의 "세 가지 문짝 설치 유형"을 참고한다.

경첩 날개가 들어가는 홈을 정확히 깎는 방법은 다음과 같다: 먼저, 문짝과 틀에 파야 하는 깊이를 정확히 정한다. 다음은 연필과 직각자를 사용하여, 각 경첩의 길이를 정확하게 그린다. 그런 다음 마킹게이지(그무개)로 길이방향 나뭇결 어깨 부분을 표시한다(B).

라우터에 6mm 스트레이트 비트를 장착하고 경첩 날개의 두께와 같도록 비트의 높이를 정한다. 제일 쉬운 방법은 경첩의 날개를 라우터의 베이스 플레이트에 직접 대서 정하는 것이다(C). 자투리 목재를 사용해서 원하는 깊이대로 깎이는지 확인한다.

라우터로 표시선 안쪽을 깎아내는데, 표시선과는 1.5mm 정도 거리를 유지한다(D). 그런 다음 예리한 끌을 사용해서 턱 부분을 정리한다. 문짝 세로대 뒤쪽에 목재 블록을 클램핑해서 길이방향 나뭇결 어깨 부분을 보호한다(E).

경첩을 해당 홈에 끼우고, 센터 드릴 비트(self-centering drill bit)로 나사를 박을 길잡이 구멍을 정확히 뚫는다. 이 단계에서는 각 경첩 날개마다 하나의 구멍만 뚫는다(F). 각 경첩 날개에 하나의 나사만 박은 상태로 문짝을 달고 잘 맞는지 확인한다. 만약 조정이 필요하다면 첫 번째 나사를 빼고, 문짝의 위치를 다시 맞춘 다음 구멍을 뚫고 다른 나사를 박는다. 문짝이 완벽하게 맞으면 나머지 나사를 전부 박는다.

표면부착 경첩

설치하기 제일 쉬운 경첩이 표면부착 경첩(surface mounted hinges)이다. 여러 형태가 있는데, 인셋 문짝 혹은 하프오버레이 문짝에 달 수 있는 것도 있고, 너클 안쪽에 스프링 장치가 숨겨져 있어서 자동으로 닫히는 경첩도 있다. 일반적으로 표면부착 경첩은, 사진의 나비경첩처럼, 장식적인 효과가 필요할 때 사용한다(A).

문짝을 틀에 맞춘 다음, 경첩의 너클 부분이 문짝과 틀의 가운데에 오도록 정렬시킨다. 센터 드릴 비트를 사용해서 나사를 박을 길잡이 구멍을 뚫는다. 나사산에 파라핀이나 밀랍을 약간 바르면 작업이 용이하다(B). 이제 나사만 박으면 끝이다.

이지경첩

　맞댐경첩의 일종인 이지경첩(no mortise hinges)은 캐비닛에 프레임이 있는 경우와 없는 경우 모두 사용할 수 있으며, 문짝을 쉽고 빠르게 달 수 있다. 제일 큰 장점은 문짝이나 틀에 경첩 홈을 파지 않기 때문에 작업이 훨씬 쉽다는 것이다.

　나사 박을 위치는 다음과 같이 정한다. 경첩을 뒤집어서 문짝의 세로대 전면에 배럴(barrel, 경첩의 너클부 전체)을 대서 붙인다. 그런 다음 경첩의 날개를 통과해서, 세로대에 길잡이 구멍을 뚫는다(A). 이제 경첩을 젖혀서 문짝에 설치한다.

　문짝을 틀의 입구에 임시로 맞춰 넣은 다음, 틀의 전면에 경첩의 위치를 표시한다. 배럴의 가운데 부분을 이용해서 표시한다(B).

　문짝을 들어내고, 캐비닛에 길잡이 구멍을 뚫는데, 이때는 여분의 다른 경첩을 이용한다. 경첩의 배럴을 프레임에 완전히 밀착시키고, 배럴의 가운데 부분을 틀의 표시선에 맞추면, 경첩을 정확하게 설치할 수 있다(C). 그런 다음 경첩의 날개를 열어젖힌 상태로 캐비닛에 문짝을 대고 나사로 박는다(D).

나이프힌지

가장 우아하고 눈에 잘 띠지 않는 경첩 중 하나가 나이프힌지(knife hinges; 코너피봇경첩)다. 제대로만 설치한다면 움직임은 매우 부드럽다(A). 날이 분리된 것이 제일 낫다. 핀과 연결된 날은 틀에 홈을 파서 설치하고 핀이 없는 날은 문짝에 홈을 파서 설치한다. 나이프힌지는 두 종류가 있는데, 하나는 오버레이 문짝에 사용하는 스트레이트 힌지(straight hinges)고, 다른 하나는 인셋 문짝에 사용하는 오프셋힌지(offset hinges)다(B). 틀의 오른쪽에 경첩을 다는 경우는 우측 오프셋 힌지를, 그리고 반대편에 붙이는 경우엔 좌측 오프셋 힌지를 구입해야 한다.

캐비닛을 조립하기 전에 틀에 경첩 홈을 파고, 문짝을 틀에 잘 맞춘 이후에 문짝에 홈을 판다. 경첩 홈의 위치를 정확하게 표시하는 것은 매우 중요하다. 각 경첩의 위치는 뾰족한 연필이나 칼을 사용해서 표시한다. 그런 다음 경첩 날의 두께와 같은 깊이로 라우터로 홈을 판다. 이때 표시선 안쪽까지만 판다. 6mm 스트레이트 비트를 사용하며, 문짝과 높이가 같은 자투리 목재를 함께 클램핑한 상태로 라우터 작업을 하면 안정적으로 깎을 수 있다(C).

틀에 파는 홈은 경첩의 크기에 맞춰 정확하게 끌로 다듬는다. 그러나 문짝의 홈은 아직까지는 아주 조금만 여유를 둔다(D).

A

스트레이트 힌지
오버레이 문짝에 사용한다.

오프셋 힌지
인셋 문짝에 사용한다
(그림은 우측 호프셋 힌지다).

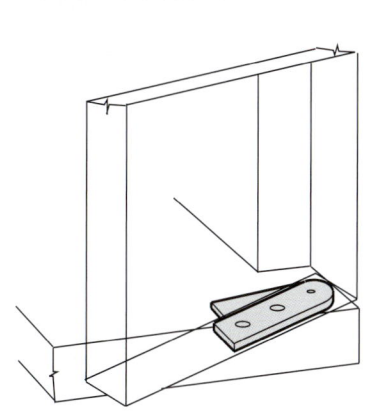
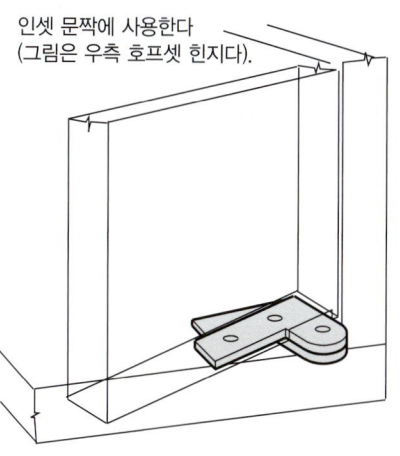

경첩 위치 표시

틀의 옆판에 딱 맞추어, 캐비닛의 위아래에 핀이 있는 쪽 날개의 위치를 표시한다. 핀이 없는 날은 문짝의 가장자리에서 0.8mm 정도 띄워서 위치를 표시한다.

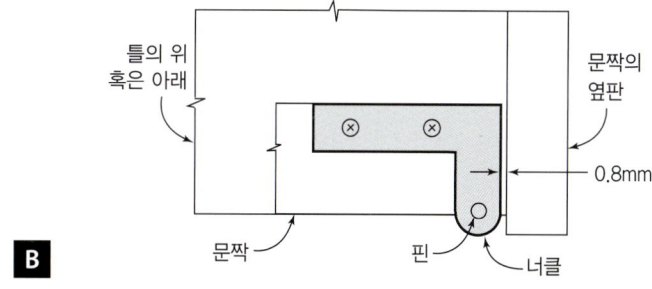

틀의 위 혹은 아래

문짝의 옆판

0.8mm

문짝

핀

너클

B

C

D

E

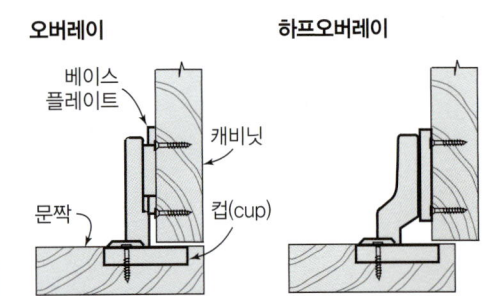

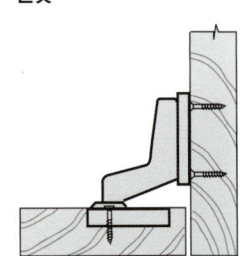

시스템에 많이 사용된다. 주방찬장처럼 매일 사용되는 문짝에 적합하다. 각각의 경첩은 컵(cup)과 베이스 플레이트로 구성되어 있다. 컵은 문짝의 뒤쪽에 홈을 파서 넣고 나사로 고정시키며, 베이스 플레이트는 틀의 옆판에 나사로 고정시킨다. 문짝을 달고 난 후에도 문짝을 위아래, 안팎, 그리고 옆방향으로 조정할 수 있다.

싱크경첩에는 세 종류가 있다; 오버레이(overlay), 하드오버레이(half overlay), 그리고 인셋(inset)이다. 열리는 각도는 다양하다(A).

설치는 쉽다. 문짝의 세로대에 각 경첩의 높이에 맞춰서 중심선을 표시한다. 문짝의 가장자리에서 경첩 홈의 중앙까지의 거리는 제조사의 지시에 따른다. 그 거리에 맞춰서 탁상드릴에 펜스를 설치하고 홈파기 작업을 한다. 35mm 경첩용 보링 비트(hinge boring bit)로 컵이 들어가는 홈을 파고(없으면 35mm 포스너 비트도 가능하다), 정확한 깊이로 홈을 파기 위해서, 내리는 깊이를 탁상드릴에 미리 세팅해 두고 작업하도록 한다(B).

문짝에 나사용 길잡이 구멍을 뚫고 경첩을 설치한다. 직각자를 사용해서, 문짝 가장자리에서 경첩의 위치를 정확하게 결정한 다음, 구멍을 뚫는다(C).

문짝에 설치한 경첩의 높이 및 중심간 거리를 정확하게 측정한 다음, 이를 틀에 정확하게 옮겨 베이스 플레이트의 위치를 표시한다. 캐비닛에 베이스 플레이트를 나사로 고정한다(D). 그런 다음 경첩을 베이스 플레이트에 끼운 다음 나사로 죈다(E).

핀이 있는 날을 틀에 설치하고, 핀 날에 문짝 날을 압착시킨다. 그런 다음 날 사이에 문짝을 밀어 넣는다. 각 날에 우선 나사 하나씩을 박은 다음 문짝이 잘 맞는지 확인한다. 끌을 사용해서 양쪽의 경첩 홈을 깎아 조정해서 정확하게 맞춘다. 잘 맞으면 나머지 나사를 박는다(E).

유럽 스타일의 경첩

싱크경첩은, 컵힌지(cup hinges) 또는 유로 힌지(Euro hinges)라고 불리는데, 유럽에서 32mm 캐비닛

[TIP] 설치해야 하는 문짝이 여럿이면, 별도의 6mm 합판을 사용해서 위치를 표시한 후, 이를 경첩 위치를 표시하는 데 이용하면 편하다. 경첩의 위치도 일정하게 되고, 작업도 빠르다.

숨은 경첩

경첩을 숨기고 싶을 때 사용할 수 있는 경첩이 숨은 경첩(barrel hinges)이다. 문짝과 틀의 안쪽 단부에 경첩 홈을 파기 때문에 문짝을 닫으면 경첩이 보이지 않는다. 이 경첩은 180°로 열리기 때문에 접이식 문(폴딩도어)에 사용하면 양쪽 문을 완전히 열 수 있어서 캐비닛 내부에 대한 접근성이 매우 좋다.

접이식 문에 숨은 경첩을 설치하는 방법은 다음과 같다. 문짝의 앞면을 마주 합해서 클램핑한 다음 직각자를 사용해서 경첩의 설치 위치를 정확하게 표시한다. 그런 다음 각 경첩을 끼울 수 있도록 지름 15mm의 구멍을 뚫는다. 비트에 마스킹 테이프로 뚫는 깊이를 표시한다(A). 경첩의 몸통인 배럴은 약간 확장되기 때문에 구멍이 약간 크더라도 괜찮다. 경첩을 설치한 후에는 느슨하지 않다.

일단 문짝에 판 두 홈에 두 개의 경첩을 밀어서 끼운다. 그런 다음 경첩의 배럴에 붙어 있는 작은 나사를 돌려서 경첩을 확장시켜서 홈에 단단히 고정시킨다(B). 문짝이 무거운 경우엔 배럴의 옆에 가공된 홈에 추가로 나사를 박아서 더욱 조여준다. 그런 다음 배럴을 연결하는 옆 문짝에 끼우고 고정시킨다(C).

숨은 경첩을 설치한 후에는 다른 문짝을 설치할 때와 마찬가지로 틀에 문짝을 단다.

긴 경첩

긴 경첩(continuous hinges) 혹은 피아노 경첩(piano hinges)은 가장 튼튼한 경첩 중 하나이므로 육중한 문짝을 설치할 때 적합하다. 피아노 경첩 중에 작은 것은 경첩 날개를 문짝과 틀 프레임의 가장자리 표면에 바로 고정시킬 수 있다. 그러나 경첩 날개의 폭이 16mm 이상 되는 것을 표면에 바로 설치하면, 틀과 문짝 사이에 틈새가 너무 벌어지므로 파서 넣어야 한다.

홈을 파는 대신에 문짝에 반턱을 깎는다. 반턱의 높이는, 경첩을 완전히 접은 다음 경첩 날개 하나의 두께에다 배럴의 두께를 합한 높이로 깎는다(A). 반턱은 테이블쏘나 라우터에 스트레이트 비트를 장착하고 깎는다.

문짝에 길잡이 구멍을 뚫고 경첩의 한쪽 날개를 나사로 고정시킨다. 이제 반대편 경첩 날개를 캐비닛 표면에 나사로 고정시킨다(B).

너클힌지

작은 캐비닛 문짝이나 상자 뚜껑에는 표면에 장착하는 너클힌지(knuckle hinges)가 잘 어울린다. 문짝이나 패널을 90° 약간 넘게 열 수 있다. 로즈우드(자단), 하드 메이플(경단풍나무), 웬지 등 조직이 치밀한 하드우드를 사용해야 튼튼하다. 핀으로는 황동을 사용한다.

목재의 나뭇결이 경첩의 혀 부분과 평행하도록 놓고, 경첩 두 개를 그린다. 테이블쏘에서 다도날을 사용해서 혀와 노치 부분을 잘라낸다. 이때 날의 높이가 목재의 두께와 같아야 경첩이 제대로 작동한다. 안전한 작업을 위해서 마이터 게이지에 높은 보조 펜스를 대고 작업한다. 노치를 먼저 자르고 그 다음에 혀 부분을 잘라서 노치에 딱 맞도록 만든다(A). 너클을 자른 다음에 경첩 폭에 맞춰 목재를 켠다.

이제 두 경첩을 서로 끼운 다음 3mm 황동핀을 끼울 수 있도록 너클 한가운데에 구멍을 뚫는다. 구멍을 뚫을 때 경첩이 움직이지 않도록 단단하게 클램핑한다(B).

경첩의 날개가 자유로이 회전하기 위해서는 공간이 필요하므로, 양쪽 혀 부분을 블록플레인(block plane)이나 환(rasp)으로 둥글게 다듬는다(C). 조심스레 사포질해서 표면을 매끈하게 다듬는다.

이음부에 핀을 박아서 경첩을 조립한다(D). 그런 다음 길이에 맞춰 날개를 자르고, 나사를 박기 위한 길잡이 구멍을 뚫는다. 이제 경첩을 문짝에 장착하는 방법은 일반적인 표면부착 경첩과 같다.

▶ 151쪽의 "표면부착 경첩"을 참고한다.

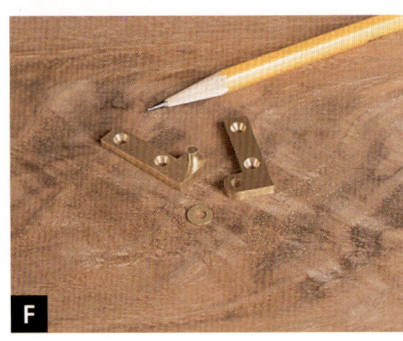

황동 나이프힌지

가구제작자 Yeung Chan은 황동 나이프힌지를 직접 만들어서 사용하는 걸 좋아한다. 사진은 그가 제작하고 있는 명조(明朝) 가구에 적용한 오프셋 힌지(offset hinges)다(A). 경첩을 만드는 데 특별한 금속가공 공구는 필요하지 않으며 작업도 비교적 단순하다.

오프셋 힌지를 만들 때는 정확하게 제작하기 위해서 템플릿을 사용한다. 빳빳한 종이를 사용해서 경첩의 모양을 그리고 구멍 위치에 중심선을 표시한다. 날의 둥근 단부를 그리는 데는 제도할 때 사용되는 원형자를 사용하면 편하다(B).

종이로 만든 템플릿을 사용해서 3mm 황동판에 모양을 그린다. 그런 다음 금속절단용 쇠톱을 사용해서 표시선에 가능하면 가깝게 자른다. 둥근 모양의 단부는 지금 자르지 않는다(C).

양쪽 날을 통과하도록 구멍을 뚫고 3mm 황동핀을 끼운다. 지금은 핀이 필요한 길이보다 조금 더 길어도 된다. 핀은 딱 맞아야 하지만, 날이 핀 둘레로 잘 회전하여야 한다. 핀을 날에 끼운 상태로 탁상드릴에서 나사 구멍을 뚫고 카운터씽크를 깎는다(D).

날을 같이 붙인 상태로 단부의 둥근 부분을 줄로 깎고 가장자리도 다듬는다(E).

두 날 사이에 황동 와셔를 끼우고 핀을 경첩 표면에 맞추어 자르고 줄로 다듬는다. 이제 경첩을 분리한 다음 320-grit 수준까지 표면을 사포질해서 광택을 낸다. 이제 원하는 곳에 설치하면 된다(F).

> ⚠️ **주의** 황동 날의 가장자리는 자르고 나면 매우 날카롭다. 따라서 조심해서 다루고 가능한 한 빨리 부드럽게 다듬는다.

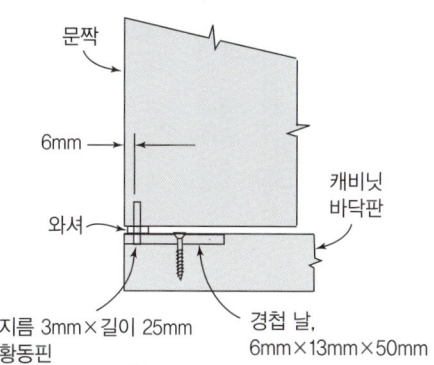

목재 나이프힌지

목공인이면서 디자이너인 Ellis Walentine은 월넛으로 목재 나이프힌지를 만든다(A). 사진의 CD 캐비닛처럼 위아래에 프레임이 있는 오버레이 문짝에 적용할 수 있다(B).

경첩은 4개의 단순한 부품으로 이루어져 있다. 목재로 만든 경첩 날, 그리고 이 날에 접착해서 끼우는 3mm 지름의 황동핀과 와셔, 그리고 날을 틀에 고정하는 나사로 이루어져 있다(C).

경첩 한 쌍을 설치하려면 먼저 틀의 위아래에 날이 들어가는 홈을 라우터로 깎는다. 홈의 깊이는 날의 높이에 정확히 맞춘다. 그런 다음 문짝의 위아래에, 핀을 끼울 지름 3mm 구멍을 뚫는다. 날에 핀을 끼우고, 이를 구멍에 끼운 후, 날을 틀의 경첩 홈에 밀어 넣는다(D). 날을 좌우로 조정하면서 문짝의 위치를 정한다. 문짝이 수평을 유지하고 부드럽게 열리면 날에 나사를 박아 고정시킨다.

문짝

6mm

와셔

캐비닛
바닥판

A

지름 3mm×길이 25mm
황동핀

경첩 날,
6mm×13mm×50mm

B

C

D

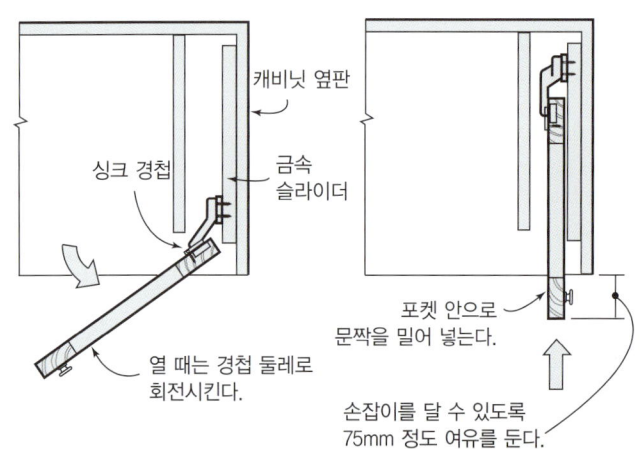

캐비닛 옆판

싱크 경첩

금속 슬라이더

열 때는 경첩 둘레로 회전시킨다.

A

포켓 안으로 문짝을 밀어 넣는다.

손잡이를 달 수 있도록 75mm 정도 여유를 둔다.

포켓도어 철물

문짝을 열었을 때, 문짝이 앞으로 튀어나와 있는 것이 불편한 경우에는 포켓 및 플리퍼도어(pocket and flipper door)로 설치하는 것이 한 방법이다. 예를 들어서 TV장 같은 경우다. 포켓도어 철물은 리프트업(lift-up)이나 플리퍼(flipper)도어와 같이 사용할 수 있으므로 오디오장 제작에 유용하다. 둘 다 문짝을 컵 형태의 경첩에 부착시키고 보통의 문짝처럼 여닫는다. 그러나 포켓도어로 설치하면 문짝을 캐비닛 안쪽으로 바로 밀어 넣을 수 있으므로 앞 공간을 비울 수 있다(A). 사진은 가구제작자 Hector Rodriguez가 포켓도어를 제작하는 모습이다.

가구를 제작하기 전에 먼저 철물을 구입하고, 문짝이 안으로 들어갈 수 있는 공간을 확보하고, 캐비닛과 문짝의 크기를 정한다. 문짝을 밀어 넣었을 때 손잡이는 밖으로 나와 있어야 하니까, 문짝이 50~75mm 정도 나오도록 계획하는 것이 좋다. 문짝을 제작한 다음에, 일반적인 싱크 경첩과 같은 방식으로 경첩을 설치한다(B).

포켓도어 철물을, 제조사의 설명을 참고해서, 캐비닛에 부착한다. 철물은 상하부 금속 슬라이드 및 슬라이드 사이에 부착하는 보조 장치(금속 혹은 목재) 혹은 인장 와이어(tension wire)로 구성되어 있다. 이 보조 장치가 문짝을 여닫을 때 걸리지 않고 정확하게 작동하게끔 도와 준다. 캐비닛에 철물을 설치하고 난 후에는 문짝과 경첩을 베이스 플레이트에 끼운다. 베이스 플레이트는 슬라이드와 부착되어 있다(C).

이제 각 문짝이 들어가는 포켓을 만든다. 먼저 틀에 와이어 받침(wire support)을 붙이고 거기에 수직 디바이더를 설치한다. 와이어 받침을 사용하면, 필요에 따라서 디바이더를 도로 빼내고 철물을 조정하는 것이 가능하다.

문짝은 디바이더와 틀 사이에서 부드럽게 움직여야 한다(D). 문짝을 닫을 때는, 포켓에서 앞으로 바로 빼낸 후 경첩 둘레로 회전시켜서 닫는다(E).

B

C

D

E

문짝 손잡이 및 철물

손잡이

➤ 포켓 손잡이 (165쪽)
➤ 손잡이 제작 (166쪽)

자물쇠

➤ 실린더 자물쇠 (167쪽)
➤ 문에 박은 숨은 자물쇠 (mortised locks) (168쪽)
➤ 열쇠구멍 장식쇠 (169쪽)
➤ 도어 볼트 (170쪽)

캐치 및 범퍼

➤ 불릿 캐치 (171쪽)
➤ 더블 볼캐치 (171쪽)
➤ 터치 래치 (172쪽)
➤ 자석 캐치 (173쪽)
➤ 숨은 자석 (174쪽)
➤ 스토퍼 및 범퍼 (175쪽)

경첩에 부착한 문짝이 잘 움직이면 손잡이와 자물쇠를 달아야 일이 끝난다. 경첩과 마찬가지로 손잡이도 원하는 것을 고를 수 있다. 시판되는 손잡이들은 설치하기 쉬워서 좋다. 캐비닛과 문짝의 스타일에 어울리는 손잡이를 고르는 것이 중요하다. 아니면 손잡이를 디자인하고, 나무나 다른 재료를 사용해서 직접 만들 수도 있다.

경첩과 손잡이가 있으면 문짝을 닫을 수는 있지만 움직이지 않게 위치를 고정할 수는 없다. 스토퍼를 설치해서 문짝을 멈추게 할 수는 있지만, 닫은 후 고정시키기 위해서는 멈춤쇠(catch) 철물이 필요하다. 단순히 고정만 시키는 멈춤쇠도 있지만, 보안이 필요하면 잠글 수 있는 제품을 사용한다.

시판 손잡이

서랍 손잡이와 마찬가지로, 제작하는 캐비닛 스타일에 어울리는 손잡이를 시중에서 구매할 수 있다.

➤ 119쪽의 "*서랍 철물*"을 참고한다.

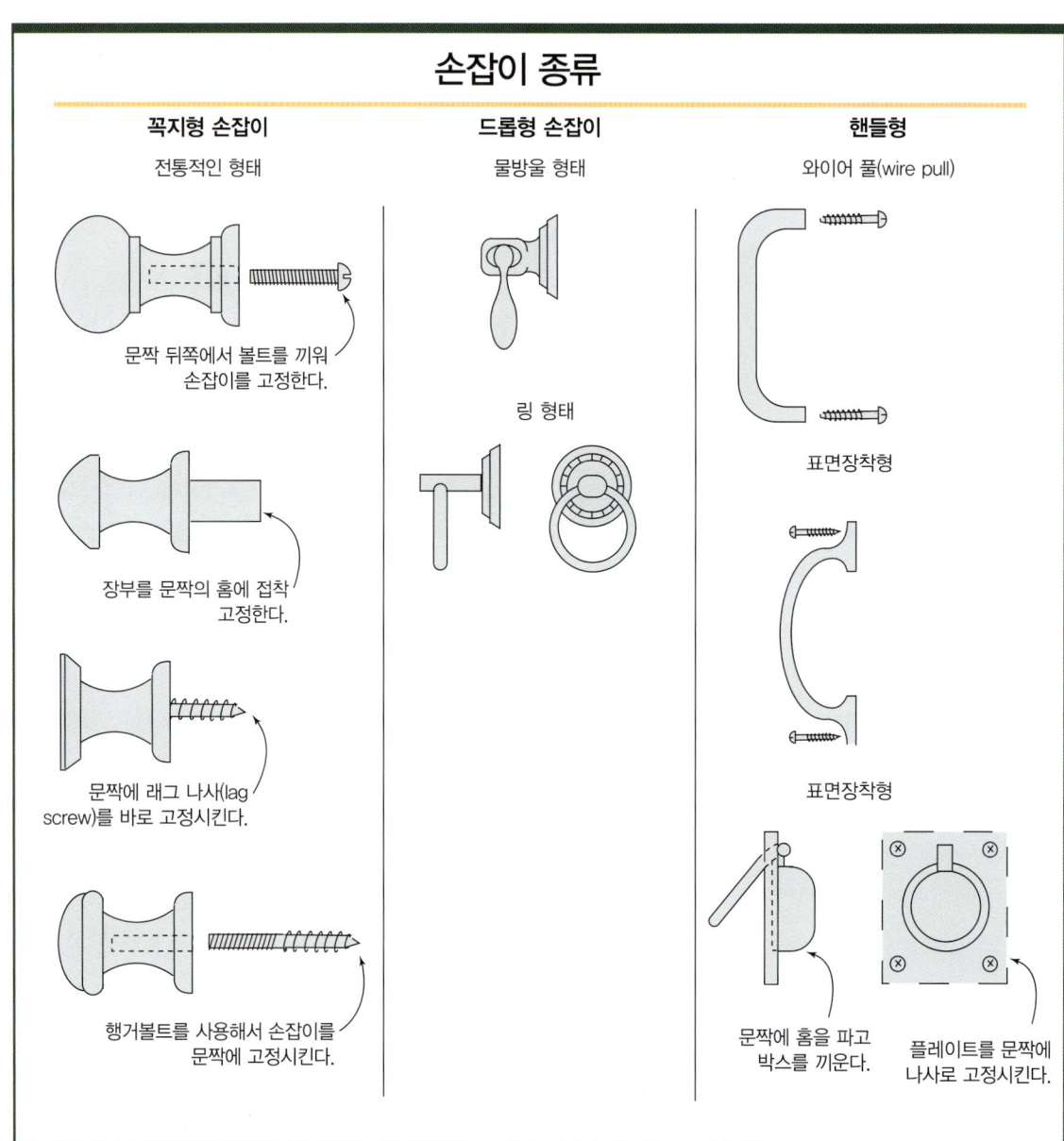

손잡이 종류

꼭지형 손잡이	드롭형 손잡이	핸들형
전통적인 형태	물방울 형태	와이어 풀(wire pull)

문짝 뒤쪽에서 볼트를 끼워 손잡이를 고정한다.

링 형태

표면장착형

장부를 문짝의 홈에 접착 고정한다.

문짝에 래그 나사(lag screw)를 바로 고정시킨다.

표면장착형

행거볼트를 사용해서 손잡이를 문짝에 고정시킨다.

문짝에 홈을 파고 박스를 끼운다.

플레이트를 문짝에 나사로 고정시킨다.

위 그림은 시판되는 손잡이의 일반적인 모양 및 부착 방법을 설명한 것이다. 이외에도 자연석을 사용한 손잡이도 있고, 보석세공사 혹은 금속세공사가 만든 아주 특별한 손잡이도 구할 수 있다. 물론 정교하고 멋진 손잡이는 더 비싸다.

프로젝트에 필요한 손잡이는 미리 한꺼번에 같은 제품으로 구입하도록 한다. 약간 다른 게 섞여 있거나 구멍이나 볼트가 잘못 만들어진 것이 있으면 바로 교환해야 한다. 제품을 확인한 후 사용하기 전까지는 서랍 등 건조하고 서늘한 곳에 보관한다.

손잡이 직접 제작하기

시판 손잡이 대신에 직접 나무로 손잡이를 만들어 붙이면 본인의 솜씨를 드러낼 수 있다. 직접 만든 손잡이가 주는 모양과 느낌은 시판 손잡이에 비할 바아니다. 그리고 얼마든지 다양하게 디자인할 수 있다. 경첩과 마찬가지로 좋은 재료를 보관하고 있다가 손잡이 제작에 사용한다. 흑단, 자단, 열대목 등이 단단하고 조직이 치밀하므로, 작은 크기로도 충분히 강하고 오래 사용할 수 있어서, 손잡이 제작용으로 적격이다.

멈춤쇠, 걸쇠, 스토퍼, 범퍼

자물쇠나 자동으로 닫히는 경첩을 설치하지 않으면 문짝을 닫아두기 어렵다. 문짝이 정말 완벽하다면 닫힌 상태로 그 자리에 멈추어 있을 것이다. 그러나 누군가 열어볼 수도 있고, 바람이 불어 열릴 수도 있고, 또한 제작 오차 등으로 인해서 모르는 새 서서히 열리는 경우도 많다. 시판되는 멈춤쇠(catch, 캐치)를 구입해서 사용할 수도 있고 직접 만들어서 붙일 수도 있기 때문에 해결할 수 있는 방법은 많다. 본인의 취향 및 프로젝트의 스타일에 따라 결정하면 된다.

자물쇠

대부분의 문짝은 간단한 멈춤쇠를 사용해서 닫아두면 되기 때문에 군이 자물쇠가 필요하지 않다. 물론 특정 시대에는 가구에 장부형태의 자물쇠를 달았고, 지금도 유사한 형태의 자물쇠를 붙일 수 있다. 그러나 보안이 우선적인 고려 사항이고, 아이들 손이 닿지 않게 하고 싶고, 또한 안전을 위해서도 필요하다면 적합한 자물쇠를 선택하는 것이 중요하다.

문짝 및 서랍의 자물쇠는 두 부분으로 구성되어 있다. 하나는 사각 혹은 원통 금속함에 들어 있는 자물쇠 자체로 문짝에 설치한다. 다른 하나는 캐비닛에 설치하는 플레이트(strike plate)다. 자물쇠에서 나온 볼트가 플레이트에 끼워지면서 자물쇠가 잠긴다. 통상 문짝을 조립하고 틀에 문짝을 붙이기 전에 자물쇠를 설치하는 것이 가장 낫다. 플레이트의 위치를 정하고 설치하는 것은 자물쇠를 기준으로 틀에 홈을 파고 설치하면 되기 때문에 문짝을 단 후에 쉽게 할 수 있다.

사 진 은 가 구 제 작 자 Edward Schoen이 만든 손잡이인데, 문짝 뒤쪽에서 기둥 부분을 나사로 고정하는 형태다. 손을 잡는 막대 부분은 양쪽 기둥 부분에 핀으로 고정하거나 (오른쪽), 기둥 및 막대 부분 전체를 나사로 고정한다(왼쪽).

▶ 피봇 손잡이

사진은 Ellis Walentine이 디자인한 손잡이로 아름답고도 기발하다. 이 손잡이는 큰 캐비닛 문짝이나 복도의 문에 잘 어울린다. 대부분의 부품을 목선반에서 가공하고, 설치할 때는 구멍을 뚫고 2개의 캐리지 볼트(carriage bolts)로 고정시킨다. 가만히 두면 핸들이 수직방향을 유지하며, 이때는 스트라이크(strike)가 문짝의 가장자리에서 튀어나와 문틀의 스트라이크 플레이트나 장붓구멍 홈에 끼워진다.

　핸들을 옆으로 돌리면 스트라이크가 빠져 나와서 문짝의 세로대 안으로 들어가면서 문이 열린다.

피봇 손잡이 부품

문짝의 가장자리에 구멍을 뚫고 스프링과 스트라이크를 끼운다.

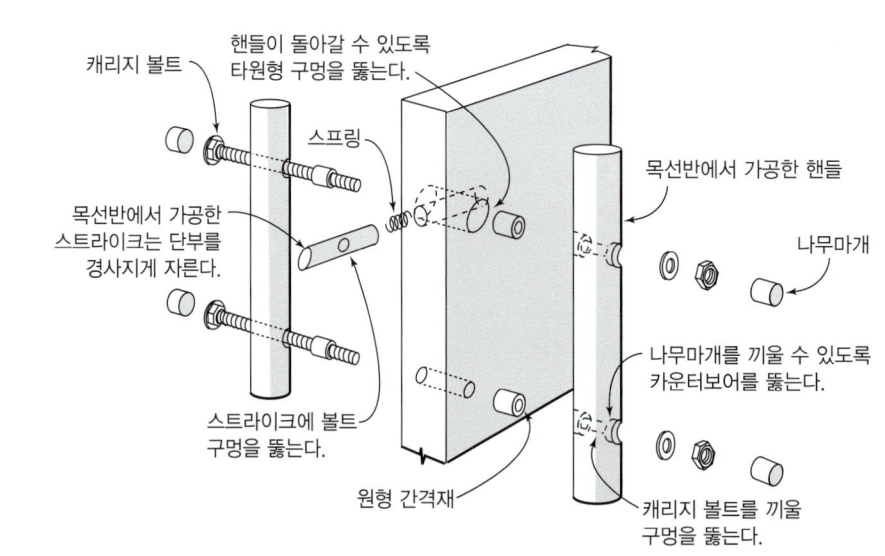

캐리지 볼트

핸들이 돌아갈 수 있도록 타원형 구멍을 뚫는다.

스프링

목선반에서 가공한 스트라이크는 단부를 경사지게 자른다.

목선반에서 가공한 핸들

나무마개

나무마개를 끼울 수 있도록 카운터보어를 뚫는다.

스트라이크에 볼트 구멍을 뚫는다.

원형 간격재

캐리지 볼트를 끼울 구멍을 뚫는다.

포켓 손잡이

세련된 느낌을 주는 이 손잡이는 표면에 드러나는 철물 없이 깔끔하게 맞추고 싶을 때 적합하다(A). 이 디자인은 문짝의 두께가 22mm 이상인 경우에 적용할 수 있다. 문짝을 조립한 후에 손잡이를 만드는 것도 가능하지만 조립 전에 깎는 것이 더 쉽다.

먼저 탁상드릴에 자투리 펜스를 고정하고, 38mm 포스너 비트로 반원을 뚫는다. 비트의 중심이 펜스의 가장자리보다 1.5mm 정도 안으로 들어오게 조절한다. 세로대에 손잡이 위치를 표시한 다음, 이를 펜스의 구멍에 정렬시킨 후 탁상드릴 위에 클램핑한다. 세로대 뒤쪽에 5mm 정도 남도록 깊이를 정해서 드릴로 구멍을 뚫는다(B).

플런지 라우터에 13mm 장부 비트(mortise bit)를 장착하고, 32mm 깊이로 포켓 안쪽으로 장붓구멍 형태의 홈을 파서 손가락을 집어넣어 잡을 수 있게 만든다. 안전하고 정확하게 작업하기 위해서는, 작업대에 목재 블록을 클램핑해서 라우터를 받치고, 라우터의 모서리 가이드를 사용해서 방향을 정확히 잡도록 한다(C).

손잡이는 하나만 뚫어도 되고 세로대가 만나는 위치에 대칭으로 뚫어도 좋다(D).

이 형태의 손잡이는 세로대 두께가 최소 22mm는 되어야 한다.

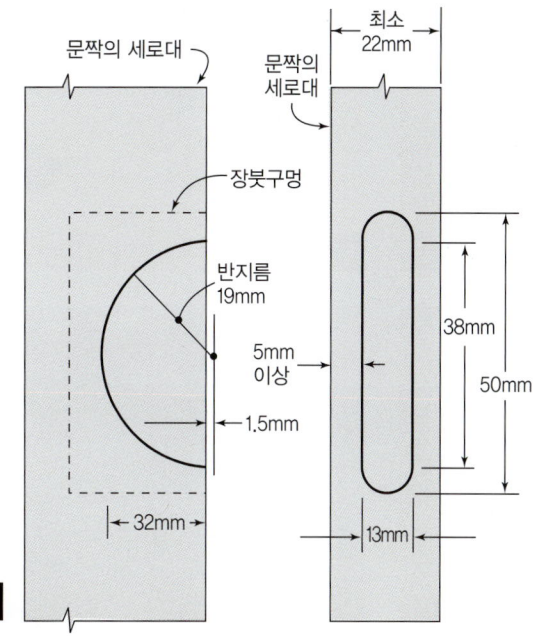

문짝의 세로대
문짝의 세로대
최소 22mm
장붓구멍
반지름 19mm
5mm 이상
1.5mm
32mm
38mm
50mm
13mm

A

B

C

D

손잡이 제작

사진의 손잡이는 서로 다른 두 방향에서 각각 곡면 형상을 그린 후, 잘라서 만든 것으로 재미있는 형상이 나타난다. 합판으로 만든 템플릿 2개를 사용해서 목재에 손잡이 모양을 그린다. 첫 번째 템플릿을 사용해서 손잡이의 옆면 모양과 반원의 중심점을 표시한다 (A). 두 번째 템플릿을 사용해서 손잡이의 윗면 모양을 그린다(B).

탁상드릴에서 포스너 비트로 목재에 반원을 뚫어야 하는데, 비트의 가운데 침을 미리 표시해둔 중심점에 맞춰서 뚫는다. L형 펜스를 사용하면 뚫을 때 목재가 돌아가는 것을 막을 수 있다(C).

밴드쏘에서 두 번을 잘라야 한다. 처음에는 윗면의 모양을 따라 양쪽 옆을 자른다(D). 이제 잘린 옆 부분을 도로 붙여서 테이프로 감는다. 이제 목재를 90° 돌린 후 옆면의 모양을 자른다(E). 손으로 사포질하거나, 스핀들 샌더를 살짝 사용해서 톱자국을 제거하고 모양을 다듬는다(F).

손잡이의 밑면에 접착제를 약간 바른 후, 작은 나사를 사용해서 문짝에 고정시킨다(G).

실린더 자물쇠

다용도 서랍이나 문짝, 혹은 튼튼하면서도 설치하기 쉬운 자물쇠가 필요한 곳에는 실린더 자물쇠가 최적이다. 실린더 자물쇠는 구멍 하나만 뚫으면 설치가 가능하다(A). 캠 레버(cam lever)가 캐비닛 뒤쪽 프레임이나 캐비닛 내부에 설치된 목재 블록에 걸리는 구조다.

문짝을 달기 전에 구멍을 뚫고 자물쇠를 설치하는 것이 편하다. 문짝의 두께를 보고 자물쇠를 선택해야 하며, 자물쇠 설치 위치는 자물쇠랑 같이 제공되는 템플릿을 사용해서 정한다(B). 그런 다음 문짝에 19mm 구멍을 뚫는다(C).

구멍을 통해서 앞쪽에서 링과 실린더를 설치하고, 뒤쪽에서 캠 레버 및 기타 부품을 끼워 잠근다(D).

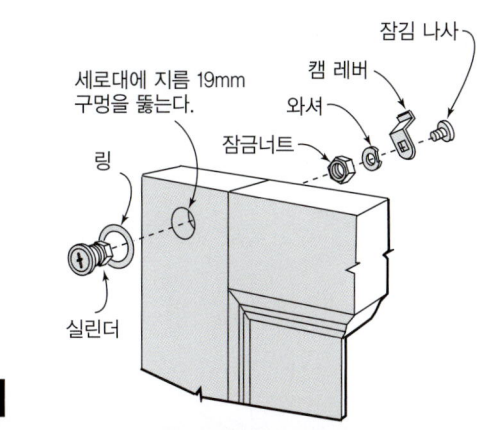

세로대에 지름 19mm 구멍을 뚫는다.

잠김 나사

캠 레버

와셔

잠금너트

링

실린더

A

B

C

D

하프몰티스 자물쇠는 플러쉬 문짝이나 서랍에
설치해서 볼트로 잠근다.

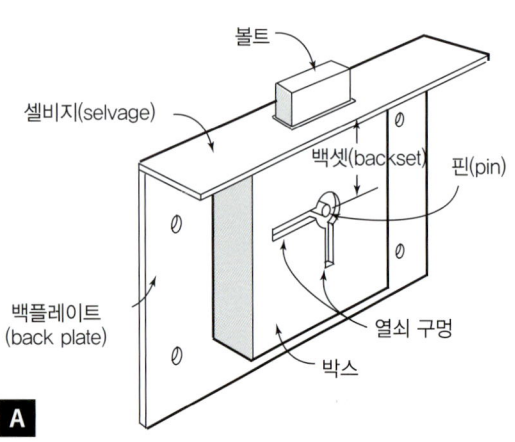

볼트
셀비지(selvage)
백셋(backset)
핀(pin)
백플레이트
(back plate)
열쇠 구멍
박스

A

B

C

D

문에 박은 숨은 자물쇠(mortised locks)

하프몰티스 자물쇠(half mortise locks)는 설치할 때
장붓구멍(mortise)의 반쪽만 필요하므로 그렇게 불리
는데, 문짝 및 서랍에 설치할 수 있다(A). 이 자물쇠를
설치한 후에는 열쇠 구멍과 구멍을 감싸는 금속 부분

만 보이기 때문에 상당히 절제된 느낌이 든다. 하프몰
티스 자물쇠는 여러 종류가 있다. 그러나 본체를 설치
하는 방법은 동일하다.

사진에 보인 자물쇠는 앞면을 같은 면에 맞춘 형태
인 플러쉬(flush) 서랍 및 문짝에 설치한 것이다. 장붓
구멍은 틀에 파고, 열쇠로 볼트를 돌리면 장붓구멍 안
으로 들어간다. 이 자물쇠를 적용할 때는 오른손으
로 여닫는 문인지, 아니면 왼손으로 여닫는 문인지 정
해야 한다(외부에서 봤을 때 경첩이 왼쪽에 달린 문
이 왼편달기 문(left hand door)이고 오른쪽에 달린 문
이 오른편달기 문(right hand door)이다. - 옮긴이). 먼
저 문짝이나 서랍의 전면에서 열쇠 구멍의 위치를 정
한다. 자물쇠 뒤쪽 플레이트의 크기를 문짝에 옮겨 표
시하고, 자물쇠 구멍과 같은 크기로 구멍을 뚫는다. 주
의할 점은, 열쇠구멍 장식쇠를 인셋(inset)으로 박아서
설치한다면, 자물쇠를 설치하기 전에 작업해야 한다.

하프몰티스 자물쇠를 설치하기 위해서는 장붓구멍
형태의 홈을 3개 파야 한다. 자물쇠를 문짝 뒤쪽에 대
고 자물쇠 박스 둘레로 선을 그은 다음 첫 번째 홈을
판다. 라우터에 작은 스트레이트 비트를 장착하고 표
시선의 안쪽까지 제거한다. 그런 다음 끌로 표시선에
이르기까지 어깨 부분을 제거한다(B).

자물쇠를 돌려서 백플레이트(back plate)를 문짝에
대고, 셀비지(selvage)를 문짝의 가장자리 단부와 높
이를 맞춘 상태로 백플레이트를 끼울 수 있도록 두 번
째 홈을 깎는다. 그런 다음 셀비지의 크기를 가장자리
단부에 옮겨 그리고, 끌로 세 번째 홈을 깎는다. 이제
자물쇠를 끼우면 홈에 잘 들어맞아야 한다(C).

문짝 전면에 열쇠 구멍의 아래쪽 반을 표시하고 실
톱을 사용해서 구멍을 뚫는다(D). 나사를 사용해서
문짝의 뒤쪽에서 자물쇠를 고정시킨다.

열쇠구멍 장식쇠

열쇠구멍 장식쇠(inset escutcheons)는 열쇠 구멍을 보호하는 역할을 하고, 자칫 심심해보일 수 있는 문짝이나 서랍 전면을 멋있게 장식한다. 중요한 것은 자물쇠 홈을 파기 전에 장식쇠를 먼저 설치해야 한다. 먼저 장식쇠의 원형 머리를 삽입할 수 있도록 구멍을 판다. 목공용 드릴비트나 포스너 비트로 장식쇠의 두께와 같은 깊이로 홈을 판다(A). 그런 다음 설치하는 열쇠가 들어가는 작은 구멍을 자물쇠 사양에 맞추어 그 안에 뚫는다.

이제 장식쇠를 문짝에 댄다. 크기가 줄어드는 모양이라면 작은 폭이 아래를 향하도록 둔다. 열쇠 구멍의 크기와 같은 지름의 나무못을 끼워서 장식쇠의 위치를 잡는다. 그런 다음 장식쇠 아래쪽 반의 모양을 그린다(B).

이 시점에서 열쇠 구멍의 나머지 부분을 실톱으로 마저 잘라낸다.

그런 다음 적절한 크기의 끌이나 소형 조각도를 사용해서 적절한 깊이로 파내고, 끌로 표시선까지 깎아낸다. 큰 구멍과 같은 깊이로 깎는다(C).

장식쇠를 끼울 때는 사포질할 때 생기는 목재의 가루(sanding dust)를 에폭시에 섞어 끼울 자리에 바른 다음 망치로 쳐서 끼운다(D). 색이 칠해져 있거나 마감처리가 된 장식쇠면 살살 박도록 하고 접착제 남은 것도 전부 잘 닦는다. 장식쇠가 밝은 황동의 새 제품이라면, 접착제가 마른 후에 줄(file)을 사용해서 표면 높이가 같도록 깎아 정리한 후, 장식쇠 및 목재 표면을 사포로 매끈하게 다듬는다. 사포를 펠트블록에 감아서 사포질하는데, 처음엔 거친 사포부터 시작해서, 점점 고운 사포로 바꿔가면서 작업한다(E).

도어 볼트

문짝 두 개는 몰티스 자물쇠를 사용해서 서로 잠글 수 있지만, 적어도 한쪽 문짝에는 멈춤쇠(catch, 캐치)를 설치해서 고정시켜야 한다.

▶ 168쪽의 "문에 박은 숨은 자물쇠(mortised locks)"를 참고한다.

도어볼트(door bolts)는 저렴하며, 인셋 문짝에 설치할 수 있다. 한쪽 문짝 뒤쪽에 설치하면, 볼트가 문짝을 고정하므로 마주보는 문짝도 몰티스 자물쇠를 풀기 전에는 열리지 않는다. 나는 볼트를 왼쪽 문짝에 설치해서, 오른쪽 문짝이 열쇠가 있는 주된 문짝이 되도록 제작한다. 볼트가 삽입되는 구멍을 문틀의 상부 프레임에 뚫고, 캐치를 문짝의 위쪽에 설치할 때 작동이 제일 잘 된다. 이렇게 설치하면 볼트 구멍에 먼지가 쌓이지 않는다.

캐치를 제대로 설치하려면, 캐치를 끼우기 위한 홈 3개를 정밀하게 깎아야 한다. 문짝의 뒤쪽과 가장자리에 설치할 캐치의 모양을 그린 다음 내부에도 볼트 장치의 형상을 그린다(A). 라우터로 내부의 깊은 홈을 먼저 깎는다. 이때 표시한 선의 안쪽까지만 깎는다. 깎은 홈 자체는 좀 거칠더라도 괜찮다. 슬라이딩 볼트가 움직일 수 있는 공간만 있으면 된다(B).

다음은 라우터로 두 개의 얕은 홈을 깎는다. 하나는 세로대의 뒤쪽에 있고 다른 하나는 위쪽 가장자리에 있다. 선의 안쪽까지 깎은 다음, 끌을 사용해서 홈의 벽까지 밀어서 깎는다(C). 홈의 깊이는 캐치의 플레이트 두께와 같다(D).

캐치를 홈에 끼우고 나사 두 개로 고정시킨다. 하나는 상단에 박고 다른 하나는 캐치의 아랫부분에 박는다(E). 문짝을 달고 볼트를 밀어 올려 살짝 두드려서, 볼트의 위치를 문틀에 표시한다. 그 위치에 볼트 구멍을 뚫는다.

불릿 캐치

인셋 문짝에는 위아래 문틀에 작은 불릿 캐치(bullet catches)를 숨겨서 설치할 수 있다. 캐치는 두 부분으로 나뉘어져 있다. 하나는 총알 모양의 실린더로 스프링으로 미는 작은 구슬이 들어 있고, 다른 한 부분은 구슬이 걸리는 스트라이크 플레이트다. 문이 닫히면 구슬이 문을 잡아준다.

문짝의 아래에 구멍을 파고 불릿을 설치한다. 먼저 플랜지가 들어갈 8mm 지름의 얕은 구멍을 뚫고, 그 다음엔 실린더가 들어갈 6mm 지름의 구멍을 더 깊이 뚫는다. 순간접착제를 한 방울 바르고, 불릿을 구멍에 두드려 끼운다(A). 플랜지 부분이 들어가고 나서 표면과 높이가 같아져야 한다.

문짝을 달고 불릿의 가운데 위치에 스트라이크 플레이트의 위치를 표시한다. 프레임 면에 작은 못으로 스트라이크 플레이트를 고정시킨다(B).

더블 볼캐치

더블 볼캐치는 설치하기도 쉽고, 문짝을 단 후에 조정도 가능하다. 캐치의 구슬 부분을 틀의 옆쪽, 위쪽 혹은 아래쪽에 설치한다. 필요에 따라서는 캐치를 목재 블록에 고정하고, 이를 다시 틀에 나사로 박는다. 이렇게 만들어두면 나중에 위치가 맞지 않아서 조정이 필요할 때 편리하다(A).

틀에 붙인 캐치의 가운데 위치를 문짝 뒤에 옮겨 표시하고 문짝에 스트라이크(strike, finger)를 설치한다(B). 잘 끼워지는지 확인한다. 캐치가 너무 뻑뻑하거나 너무 느슨하면 캐치의 위아래에 있는 작은 나사를 돌려서 구슬의 장력을 조절한다(C).

터치 래치

미끈한 스타일을 원해서, 문짝에 손잡이를 포함한 어떤 철물도 설치하지 않는다면, 터치 래치(touch latches)를 설치하는 것이 정답이다. 래치는 두 부분으로 구성되어 있는데, 하나는 자석 푸시암(push arm) 장치이고 다른 하나는 쇠 와셔다. 먼저 캐비닛 안쪽으로 틀의 위판이나 옆판에 나사로 푸시암을 고정한다. 문짝이 캐비닛의 전면에 닿기 전에 푸시암이 안으로 3mm 정도 밀려들어가도록 장치의 위치를 정한다. 길쭉한 구멍에 나사를 적절히 박고 위치를 정확히 조정한 다음, 나머지 나사를 박아 고정시킨다(A).

푸시암을 설치한 다음에는, 가운데 위치를 정확하게 측정해서 문짝의 뒤쪽에 표시한다. 그런 다음 금속 와셔를 문짝에 설치한다. 나는 포스너 비트로 얕은 홈을 파고 플레이트를 끼워서 외양이 깔끔하게 만든다(B). 캐비닛 쪽의 자석이 와셔와 붙어서 문이 닫힌다.

문을 열 때는 안으로 3mm 정도 민다(C). 그러면 푸시암 스프링으로 인해서 문짝이 13mm 정도 바깥으로 튕겨져 나오므로 손가락으로 문짝의 가장자리를 잡고 연다(D).

자석 캐치

내가 가장 좋아하는 캐치 중 하나가 저렴한 플라스틱 자석 캐치(magnet catches)로 위치 조정이 가능한 자석이 들어 있다. 비록 고급 캐비닛에는 어울리지 않을지 모르지만 큰 일자 드라이버로 자석의 위치를 앞뒤로 조정해서 문짝과 틀의 간격을 조정할 수 있다. 따라서 문짝을 단 후에 문짝의 위치를 정확히 맞출 수 있는 것이 큰 장점이다.

프레임을 갖춘 캐비닛에서 마주보는 문에 캐치를 설치하려면, 틀의 위판 아랫면에 목재 블록을 접착제로 붙이고, 그 곳에 캐치의 장부 형상 부분을 끼울 10mm 지름의 구멍을 뚫는다(A). 캐치의 장부 부분을 구멍에 넣고 클램프로 죄어서 끼운다(B).

문짝 뒤쪽에 작은 구멍을 뚫고 자석에 붙는 금속 핀과 판을 설치하는데, 방법은 캐치를 설치할 때처럼 클램프를 이용한다(C).

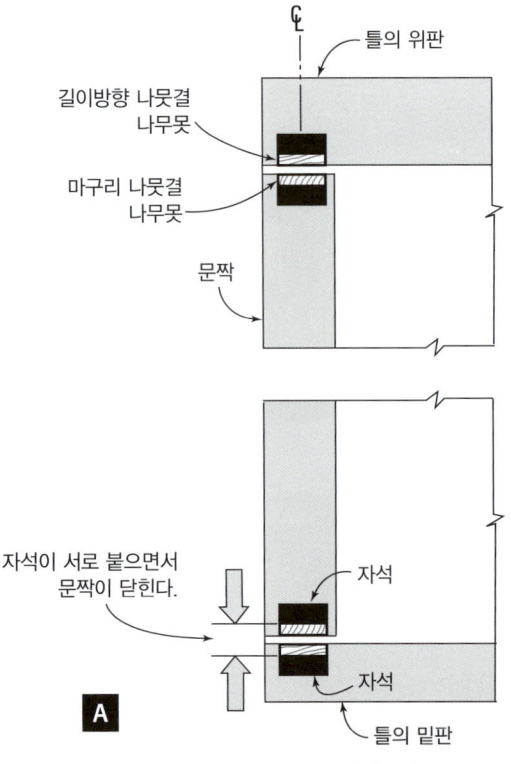

틀의 위판

길이방향 나뭇결
나무못

마구리 나뭇결
나무못

문짝

자석이 서로 붙으면서
문짝이 닫힌다.

자석

자석

틀의 밑판

A

숨은 자석

문짝을 고정하는 교묘한 방법 중 하나가 자석을 이용하는 것이다. 문짝의 위아래에 자석을 설치하고, 캐비닛 안에도 극을 맞춰 자석을 설치한다(A). 구멍에 자석을 접착한 다음, 나무마개로 덮으면 눈치채기 어렵다.

강한 자력의 희토류 자석(네오디움 자석이 많이 쓰인다. - 옮긴이)을 사용한다. 자석의 크기는 문짝의 크기 및 무게에 따라 정한다. 더 센 자력이 필요하면, 자석 아래에 두꺼운 특수 와셔를 삽입하는 방법도 있다.

캐비닛을 조립하기 전에 자석을 넣을 구멍을 틀에 먼저 뚫는 것이 좋다. 지름 13mm 자석을 사용한다면 탁상드릴에서 13mm 포스너 비트로 깊이 8mm의 구멍을 뚫는다. 그런 다음 자석 한 쌍을 놓고 서로 붙는 방향을 표시해두어야 한다. 구멍에 에폭시(순간접착제도 많이 쓰인다.) 한 방울을 떨어뜨리고 표시해둔 면이 위로 오도록 넣고 눌러 붙인다(B).

탁상드릴에서 플러그 커터(plug cutter; 나무못 제조 비트)로 자석을 덮을 나무못을 깎는다. 나뭇결의 방향을 맞추려면 틀의 구멍에는 길이방향 나뭇결에 맞게 길이방향 나뭇결로 나무못을 깎고, 문짝의 위아래는 마구리 나뭇결로 나무못을 깎는다(C).

각 구멍에 접착제를 칠하고 자석 위에 나무못을 끼운다. 나무못의 나뭇결을 틀 및 문짝의 나뭇결과 잘 맞춘다(D). 접착제가 경화되고 난 후, 나무못에서 튀어나온 부분을 깨끗하게 잘라내면 구멍이 거의 보이지 않는다. 문짝을 닫으면 부드럽게 붙는다.

B

C

D

스토퍼 및 범퍼

캐치의 역할은 문짝을 닫힌 상태로 유지하는 것이다. 반면에 범퍼(bumper)의 역할은 문짝이 덜컹거리지 않고 조용하게 닫히게 만드는 것이다. 문짝을 정지시킬 수 있는 가로대가 없는 경우에는 스토퍼를 설치해서 문짝과 틀을 플러쉬 상태(flush, 두 면이 단차 없이 표면이 정렬된 상태를 말함-옮긴이)가 될 수 있게 만든다.

범퍼는 문짝의 뒤쪽 혹은 캐비닛 프레임 안쪽에 설치하며, 문짝이 닫힐 때 나무와 나무가 직접 부딪히는 것을 막아주어야 하므로 탄력이 있는 재료를 사용한다. 시판되는 고무 범퍼는 모양 및 크기가 다양한데, 뒷면에 접착제가 묻어 있어서 바로 눌러 붙일 수 있는 형태가 제일 편하다. 캐비닛의 프레임 위치에 맞추어 문짝 뒤쪽에 눌러 붙인다(A).

문짝 스토퍼가 필요하면, 목재 스트립에 가죽을 붙여 쿠션 기능도 추가할 수 있다. 서랍에서도 비슷한 방법을 사용할 수 있다.

전면에 프레임이 있는 경우에는 간단하게 프레임 뒤쪽에 스트립을 접착시킨다(B).

받침, page 178

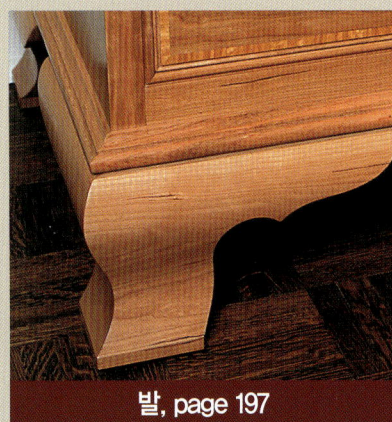

발, page 197

스탠드, page 206

받침, 발, 그리고 스탠드

거실 바닥에 두는 캐비닛이든지, 탁자 위에 올려두는 캐비닛이든지, 아니면 작은 보석 상자든지, 기본적인 상자형 구조의 가구는 위치를 높여야 할 필요가 있다. 이때 받침(bases), 발(feet), 혹은 스탠드(stands)를 붙이면 어울린다. 아주 작은 기념품 상자도 발이나 블록을 붙여서 바닥에서 떼면 이점이 있다. 아니면 캐비닛 밑 부분을 몰딩으로 감싸서 시각적으로 고정시키는 효과를 얻을 수도 있다. 실제로 캐비닛의 아래 네 점만 바닥에 닿게 위로 들어 올리는 것이 편평하고 넓은 밑이 바닥에 바로 닿는 것보다 구조적으로 더 안정적이다. 대형 캐비닛은 사람의 발이 들어갈 수 있도록 아래에 공간을 만들어 주어야, 발로 캐비닛의 앞부분을 차는 일이 안 생기므로 중요한 부분이라 할 수 있다.

반침과 발을 달면 보기에도 좋지만, 추가로 캐비닛이나 가구를 바닥에 안정적으로 고정시켜야 한다. 탁자가 건들거리는 것은 주로 바닥이 편평하지 않기 때문이다. 바닥이 완전히 수평이고 편평하기를 기대할 수는 없지만, 가구가 안정적으로 놓일 수 있도록 조치를 취할 수는 있다.

받침

토우킥

- ► 토우킥(걸레받이) 일체형 받침 (184쪽)
- ► 토우킥 내부 (186쪽)
- ► 토우킥을 확보하는 받침 (187쪽)
- ► 비스킷 토우킥 (188쪽)

캐비닛 설치

- ► 수평을 맞추는 방법 (189쪽)
- ► 나사형 인서트 (191쪽)
- ► 받침을 별도로 붙이는 경우 수평 맞추기 (192쪽)
- ► 붙박이장 (193쪽)
- ► 상부장 (194쪽)
- ► 프레임이 없는 캐비닛 (195쪽)
- ► 캐비닛 스크라이빙 (196쪽)

캐 비닛의 받침에는 두 가지 형태가 있다. 하나는 틀의 아랫부분을 안으로 넣은 토우킥(toe kick) 형태다. 캐비닛 앞에 섰을 때 발을 집어넣을 수 있기 때문에 캐비닛에 대한 접근성이 좋아진다. 다른 하나는 심미적인 측면을 고려해서 몰딩 받침을 붙인 형태로 받침이 약간 튀어나온다. 캐비닛 둘레에 붙인 몰딩이나 작은 틈새가 틀의 바닥 부분을 형성한다. 시각적으로 가구가 위로 들려지며 아랫부분은 바닥에 고정된 느낌이 든다. 몰딩 받침에 대한 디자인은 매우 다양하나, 킥 공간 자체는 기능적인 측면을 고려해야 하니까 융통성이 적은 편이다.

캐비닛 바닥이 처지는 것을 막는 방법

받침은 폭이 넓은 캐비닛이나 긴 부재를 지지하는 역할도 한다. 상자나 틀 구조를 둘레 네 면만 있고 뒤판 없이 제작하면 캐비닛의 가운데가 많이 처지는 문제가 있다. 캐비닛에 물건을 넣으면 시간이 지나면서 바닥판 및 상판이 아래로 처진다. 상판 및 바닥판을 엄청나게 두껍게 만들지 않는 이상 뒤판을 상판, 바닥판, 그리고 옆판과 붙여 제작해서 틀을 보강하고 처짐을 막아야 한다.

뒤판 자체로는 충분히 튼튼하지 않을 수도 있으며, 틀의 앞부분에서 문제가 생길 수 있다. 특히 폭이 600mm 이상이거나 대리석 등 무거운 상판이 올라가는 넓고 깊은 캐비닛은 문제가 생긴다. 쉬운 해결책

중에 하나가 오른쪽 그림처럼 폭 50mm 이상의 가로
대를 캐비닛 앞쪽 가까이 바닥판 밑에 붙이는 것이다.
상판이 매우 무거운 경우는 벌집공법(torsion box)을
사용해서 처짐 문제를 해결할 수 있다.

▶ 73쪽의 "벌집공법 선반"을 참고한다.

상황에 따라서는 뒤판의 가운데를 바닥까지 연장
시켜서 지지하는 것도 가능하고 바닥판 밑에 L형의
발을 붙이는 것도 한 방법이다. L형의 발은 합판으로
만드는 것이 튼튼하며, 두 부분으로 나눠 만든다. 수
직 부재를 거실 바닥과 떨어진 거리에 정확히 맞춰 자
른 후 75mm 폭의 보조목을 옆에 붙인다. 두 부재는
접착제와 스테이플건(타카)으로 붙이거나 나사로 고
정시킨다. 발을 보조목에 고정하는 것이 보조목을 발
에 고정하는 것보다 튼튼하다.

L형 발을 붙일 위치를 표시하고 보조목에 접착제
를 칠하고 스테이플건으로 캐비닛 밑에 박는다. 캐비
닛 둘레에 베이스보드(걸레받이)를 설치하면 L형 발
은 보이지 않는다. 혹은 챌판(kick plate)으로 발을 덮
을 수도 있다.

▶ 187쪽의 "토우킥을 확보하는 받침"을 참고한다.

전통적인 베이스보드

대형 캐비닛은 연귀맞춤으로 결합한 베이스보드
가 잘 어울린다. 전체 캐비닛의 크기에 맞춰서 베이
스보드의 크기도 적절히 정해야 한다. 보통은 캐비
닛이 높을수록 베이스보드는 더 넓은 것을 사용해야
한다. 그래야 시각적으로 안정감이 있다. 연귀맞춤
을 이용한 베이스보드를 넣으면, 캐비닛이 시각적으

처짐을 막는 방법

바닥판이 아래로 처지는 것을
막기 위해서 발을 붙인다.

틀 앞쪽의 바닥판 아랫면에 가로
대를 접착시킨다.

상판이 무거운 경우는 벌집공법을
적용해서 제작한다.

뒤판의 가운데 부분을 바닥까지
연장시킨다.

간단한 L형 발을 캐비닛
바닥에 설치해서 지지력
을 보강할 수 있다.

접착제와 스테이플건으로
발을 캐비닛 밑에 고정시
킨다.

접착제와 스테이플건으로 발을 캐비닛 밑에 고정시킨다.

베이스보드 구조

분리형 구조

틀의 옆판

몰딩

플랫보드
(flat board)

바닥판

바닥판 아래에 접착제와 못으로 보조목을 고정해서 플랫보드(flat board)를 못 박을 수 있게 만든다.

일체형 구조

플랫보드의 단부를 몰딩 처리

베이스보드의 윗부분을 바닥판의 윗부분보다 조금 아래에 맞춰서, 캐비닛 전면에서 일정 간격으로 선이 보이도록 만들어준다.

자재로 선을 형성하고 강조해주면, 베이스보드가 특별해 보인다. (사진 Paul Anthony)

로 바닥에 고정되는 효과도 있고, 캐비닛 밑 부분을 감춰주기 때문에 보기에도 좋다.

현대적 베이스보드

사진은 메이플 캐비닛의 베이스보드인데 Paul Anthony가 디자인한 것이다; 세련되고 현대적이며 야단스럽지 않다. 틀과 받침 사이의 작은 간격을 두어 베이스보드가 구분되도록 만들었다. 이 틈을 강조하기 위해서 Anthony는 눈에 잘 띄는 자재(퍼플하트, purpleheart) 스트립을 끼워 넣었다.

사진은 메이플과 퍼플하트(purpleheart; 紫材)로 제작한 세련된 캐비닛이다. 문짝과 베이스보드를 같은 면에 맞췄다. (사진 Paul Anthony)

받침을 캐비닛 앞에 튀어나온 구조로 만들지 않고, 반대로 원목 베이스보드 두께만큼 뒤로 넣어서 제작했다. 이렇게 하면 노출된 두 면에서, 베이스보드와 캐비닛의 면이 서로 일치한다.

▶ 187쪽의 "토우킥을 확보하는 받침"을 참고한다.

단을 높이고 몰딩 처리한 받침

틀의 크기에 상관없이, 받침의 단을 높이면 시각적으로 캐비닛의 밑 부분에 무게감이 생긴다. 직사각형 단은, 원하는 시각적 중량감을 고려해서, 적절

한 크기로 만든다. 편평한 단 위에 올리는 몰딩이 단과 캐비닛을 연결하는 역할을 한다.

캐비닛 아래의 단은 속이 찬 하나의 구조로 만들지 말고, 직사각형 각재를 사용해서 연귀맞춤으로 제작한다. 각재를 캐비닛 밑에 나사로 고정하고, 원하면 나사 구멍을 나무못으로 막는다. 뒷부분은 보이지 않더라도 같은 두께의 각재를 설치해두면, 수평도 유지되고, 틀을 올려도 탈 없는 튼튼한 지지 구조가 된다. 몰딩과 단을 연결할 때는 주의가 필요하다. 옆판에 전부

소형 캐비닛도 단을 받쳐 올리면 고풍스런 분위기가 난다.

틈새를 둔 베이스보드

캐비닛

합판 받침

빗각으로 켠 모서리

원목 베이스보드

대비되는 색상의 스트립을 베이스보드에 접착시킨다.

틈새

받침

받침을 캐비닛 전면에서 베이스보드의 두께만큼 안으로 집어넣어서 설치한다.

단을 높인 받침

몰딩과 단은 회색 부분에서 캐비닛과 접착시킨다.

나뭇결 방향

100mm 이하

몰딩과 단은 틀의 뒤판에 못 혹은 나사로 고정시킨다.

스크롤 작업으로 깎은 받침

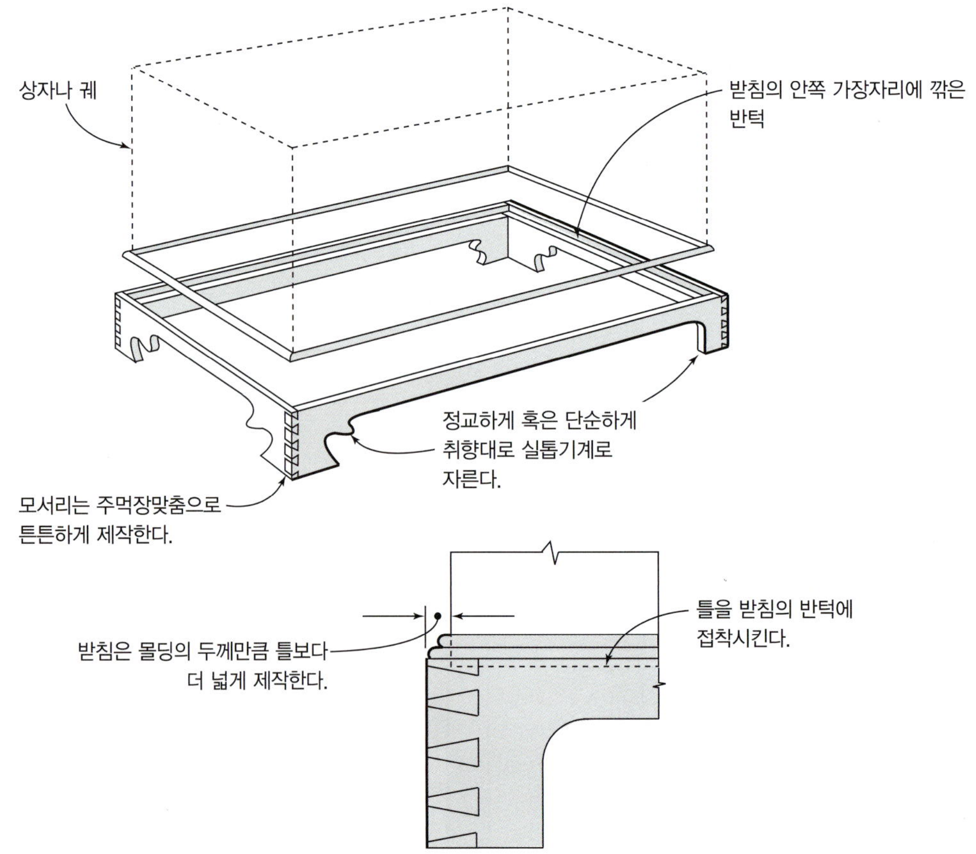

상자나 궤

받침의 안쪽 가장자리에 깎은 반턱

정교하게 혹은 단순하게 취향대로 실톱기계로 자른다.

모서리는 주먹장맞춤으로 튼튼하게 제작한다.

틀을 받침의 반턱에 접착시킨다.

받침은 몰딩의 두께만큼 틀보다 더 넓게 제작한다.

양쪽 모서리 부분을 단순한 작은 반원 형태로 스크롤 작업할 수도 있다.

접착시키면 목재의 치수변화를 제한하게 되므로 옆판이 쪼개지거나 갈라질 우려가 있다. 181쪽 아래 오른쪽 그림을 참고해서 접착시킨다.

스크롤 작업(실톱기계를 이용한 작업) 으로 깎은 받침

브래킷 형태의 발과 유사한 모양으로 받침을 실톱기계 작업으로 깎아 만들 수 있다. 왼쪽 사진의 받침은 발이 4개인데, 이불장처럼 큰 캐비닛의 모서리를 지지할 때 사용된다. 안쪽 가장자리를 스크롤 작업으로 깎으며, 취향에 따라 단순하게 만들 수도 있고 정교하게 제작할 수도 있다.

프레임의 모서리는, 반대편 쪽의 "스크롤 작업으로 깎은 받침"에서 보듯이, 주먹장맞춤으로 튼튼하게 제작한다. 받침을 조립한 후, 위쪽 가장자리에 반턱을 깎아서, 캐비닛의 밑에 접착시킨다. 그런 다음 틀의 아랫부분 둘레로 몰딩을 연귀맞춤으로 접착시키면, 받침과 틀이 시각적으로 자연스레 연결된다.

▶ 197쪽의 "발 설계"를 참고한다.

▶ 테이블쏘 발 스위치

테이블쏘에서는 눈과 손이 작업에 집중하고 있어야 안전하고 정확한 작업이 가능하다. 목재를 끝까지 밀어 깎는 작업이 아니면, 테이블 아래 전원을 손으로 더듬어서 꺼야 하는데, 이것은 위험한 측면이 있다. 아래 그림의 스위치는 발이나 무릎으로 작동이 가능하므로, 작업에 집중하면서도 전원을 끌 수 있다. 이 장치는 눌러서 작동시키는 형태의 스위치에 적용할 수 있으며, 설치도 매우 쉽다.

발 스위치 제작

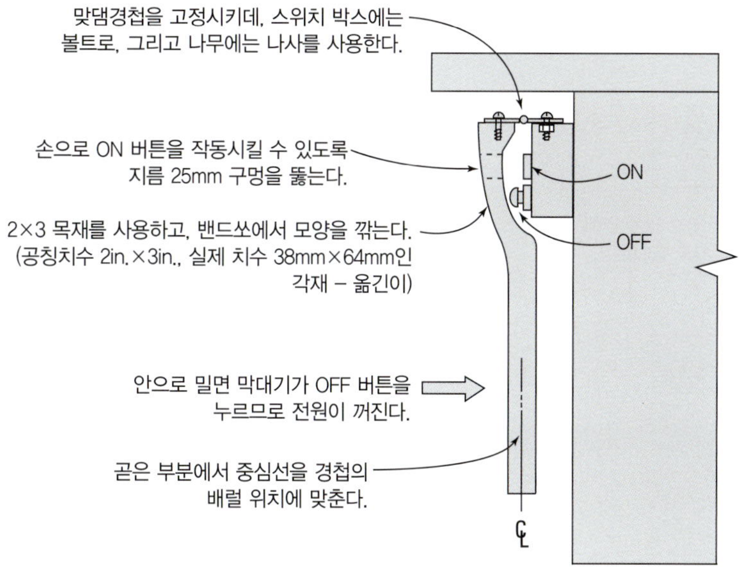

맞댐경첩을 고정시키데. 스위치 박스에는 볼트로, 그리고 나무에는 나사를 사용한다.

손으로 ON 버튼을 작동시킬 수 있도록 지름 25mm 구멍을 뚫는다.

2×3 목재를 사용하고, 밴드쏘에서 모양을 깎는다.
(공칭치수 2in.×3in., 실제 치수 38mm×64mm인 각재 - 옮긴이)

ON

OFF

안으로 밀면 막대기가 OFF 버튼을 누르므로 전원이 꺼진다.

곧은 부분에서 중심선을 경첩의 배럴 위치에 맞춘다.

A

토우킥(걸레받이) 일체형 받침

캐비닛 아래에 발이 들어가는 공간을 확보하는 방법은 두 가지가 있다. 하나는 받침을 별도로 제작해서 틀에 붙이는 것이고, 다른 하나는 받침이 캐비닛의 일부가 되도록 일체형으로 제작하는 것이다

▶ 187쪽의 "토우킥을 확보하는 받침"을 참고한다.

틀의 옆판이 드러나는 캐비닛의 경우, 옆판이 킥플레이트(kick plate)의 단부를 가리도록 제작한다.

틀의 결합부를 깎은 다음에, 캐비닛을 조립하기 전에, 킥 반지름 형상을 템플릿을 사용해서 틀의 옆판에 옮겨 그린다(A). 템플릿의 크기는 서브킥, 킥플레이트, 그리고 전면 프레임과 문짝 두께를 고려해서 정해야 한다(B). 여기서 보인 예는, 비용을 고려해서, 파티클보드나 유틸리티 합판 위에 6mm 합판을 대서 토우킥을 만든 것이다.

토우킥의 크기
토우킥의 크기로는 x=64mm, y=114mm가 적절하다. 가구에 따라 아래위로 25mm 정도는 조정해도 발이 들어갈 공간은 된다.

문짝이나 프레임의 전면

캐비닛을 조립하기 전에 킥 공간을 잘라낸다.
이때 문짝이나 프레임 전면의 두께도 고려해서 최종적인 킥 공간을 결정한다.

x

y

마감면 토우킥

틀의 옆판

문짝이나 전면 프레임

틀의 바닥판

틀의 옆판에서 잘라낸 폭과 같은 크기의 반지름

두께 19mm 서브킥을 보조목에 못으로 박는다.

두께 6mm의 킥플레이트를 서브킥에 못으로 박는다.

틀의 옆판 안쪽 면에 보조목을 설치한다.

비노출 토우킥

직각으로 잘라낸다.

서브킥을 틀의 옆판 가장자리에 못으로 박는다.

서브킥에 플레이트를 못으로 박는다.

필요하면, 킥플레이트를 폭을 넓게 만든 후 바닥면 형상에 맞춘다.

B

직쏘(jigsaw)를 사용해서 틀 옆판의 모서리 형상을 깎는다(C). 표시선 바깥 버리는 쪽에서 자른다. 그런 다음 스핀들 샌더 혹은 반원형 줄 및 사포로 다듬는다.

틀의 옆판을 합판으로 제작한다면 모서리 단면에 시판 테두리 장식을 구입해서 덮어줄 수 있다. 띠형태의 장식은 얇기 때문에 다리미로 열을 가해서 킥의 곡선부에 눌러 붙일 수 있다(D).

> 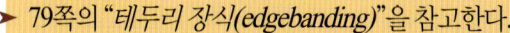 79쪽의 "테두리 장식(edgebanding)"을 참고한다.

틀 옆판의 안쪽에 서브킥과 킥플레이트를 합한 두께를 고려해서 위치를 정하고, 보조목으로 합판을 접착시켜 박는다(E).

서브킥은 두께 19mm의 합판 혹은 파티클보드로 만들어서 보조목에 부착시킨다(F). 그런 다음 서브킥 위에 마감한 킥을 작은 마감못을 사용하여 부착시키는데, 틀 옆판의 가장자리와 단차 없이 맞춘다. 두꺼운 서브킥이 뒤에 받쳐주므로 킥 플레이트 재료로는 두께 6mm의 얇은 하드우드 합판이면 충분하다(G).

토우킥 내부

틀의 옆판이 마감처리 되지 않은 경우(옆판이 이어지는 틀에 의해서 가려지거나 거실의 벽체 구석 부분으로 들어가는 경우)에는 킥 공간을 만드는 것이 훨씬 단순하다. 틀의 양쪽 옆판에 킥의 깊이 및 높이를 표시한다(A). 서브킥, 킥플레이트, 그리고 프레임 및 문짝의 두께도 잊지 말고 고려해야 한다.

테이블쏘에서 조기대를 톱날의 두께도 고려해서 킥의 높이에 맞추고 톱날을 끝까지 올린다. 톱날 근처에 손을 두지 말고, 또한 톱날 위에 보호덮개를 설치해서 사용한다. 틀의 내부 면이 위로 향하도록 테이블쏘 정반 위에 놓고 킥의 높이에 맞춰 표시선을 따라 자른다. 표시 위치에 도달하면 먼저 테이블쏘의 전원을 끄고 톱날의 회전이 멈출 때까지 기다린 후 들어낸다(B).

톱날 위치는 그대로 두고, 조기대를 킥의 깊이에 맞춰 조정한다. 조기대에 보조 블록을 클램핑하는데, 표시선보다 6mm 정도 못 미치는 위치까지만 잘리도록 클램핑한다. 이제 틀의 옆판을 뒤집어서 바깥쪽이 위를 향하도록 두고, 미리 맞춰 놓은 보조 블록까지 밀어서 자른다(C). 앞에서와 마찬가지로 톱날을 정지시키고 옆판을 들어낸 후 잘린 부분을 제거한다(D). 필요하면 예리한 끌로 잘린 단면을 다듬는다.

옆판이 마감 면이 아닌 경우는 서브킥을 틀의 안쪽에 설치하지 않고 옆판의 가장자리 단부에 바로 붙인다(E). 그런 다음 마감한 합판 킥으로 서브킥을 덮는다(F).

> ⚠️ **주의** 테이블쏘의 톱날은, 특별히 필요한 경우가 아니면, 작업하는 목재 표면 위로 조금만 올리는 것이 안전하다.

토우킥을 확보하는 받침

받침을 일체형으로 제작하지 않고 별도로 제작해서 붙이는 편이 쉬울 수도 있다. 특히 붙박이장을 설치하는 경우에는 이 방법이 수평을 맞추기가 쉽기 때문에 유용하다.

▶ 189쪽의 "수평을 맞추는 방법"을 참고한다.

독립적으로 설치하는 장에 킥을 만들려면 킥베이스와 캐비닛을 별도로 제작한 후에 나사로 결합한다(A).

옆판을 마감처리 하는 경우, 틀의 모서리 주위로 토우킥을 넣으려면, 그림에서 보듯이 앞쪽 및 옆쪽의 공간을 고려해서 받침의 크기를 정한다. 받침 표면에 설치하는 마감처리 된 합판에 대한 두께도 잊지 말고 고려한다. 그런 다음 19mm 합판으로 받침의 높이에 해당하는 폭을 맞춰서 켠다. 각 부재를 접착해서 못으로 박아 고정하는데, 내부에 들어가는 부재도 전체적으로 직각을 유지하도록 신경 쓴다(B). 받침의 내부 디바이더는 틀의 파티션 위치 바로 아래에 일치시켜서 하중을 잘 지지하도록 만든다. 대형 장이라 하더라도 내부 디바이더는 600mm 정도 간격이면 충분하다.

받침의 프레임을 조립한 후에는, 프레임 안쪽에 보조목을, 윗부분이 받침의 윗부분과 일치하도록 정렬시켜서, 못으로 박는다(C). 그런 다음 캐비닛의 뒤판을 조립한 받침의 뒷부분에 정렬시키고, 보조목의 카운터씽크 및 길잡이 구멍을 통해서 틀의 바닥에 나사로 고정시킨다(D).

마감처리한 킥플레이트를 6mm 하드우드 합판으로 만들고, 받침의 앞면 및 옆면에 붙인다. 모서리에서 연귀맞춤 형태로 양쪽 킥플레이트를 잘라, 접착제 및 마감못을 사용해서 붙이면 보기가 자연스럽다(E).

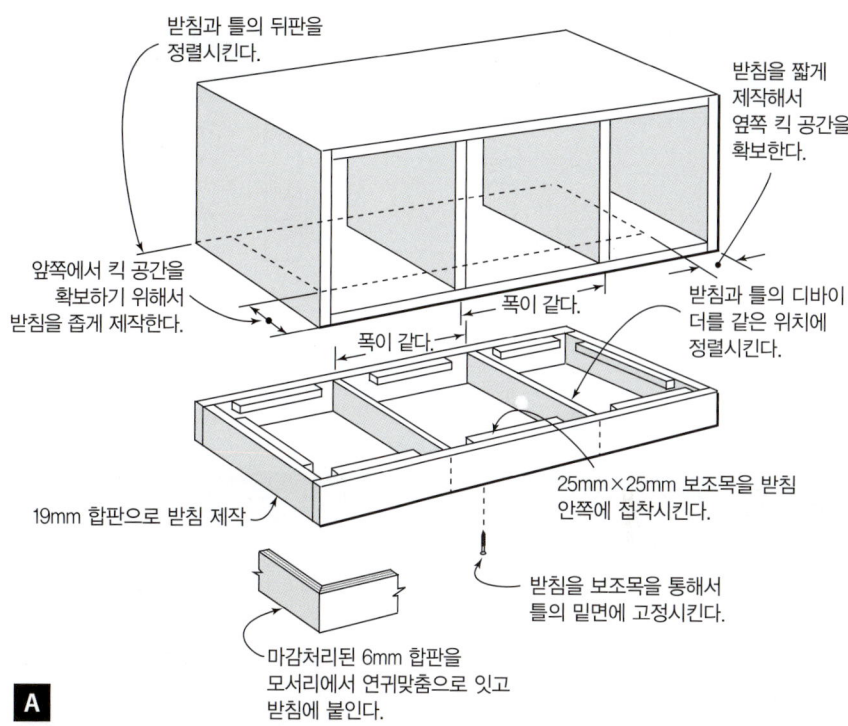

받침과 틀의 뒤판을 정렬시킨다.

받침을 짧게 제작해서 옆쪽 킥 공간을 확보한다.

앞쪽에서 킥 공간을 확보하기 위해서 받침을 좁게 제작한다.

폭이 같다.

폭이 같다.

받침과 틀의 디바이더를 같은 위치에 정렬시킨다.

19mm 합판으로 받침 제작

25mm×25mm 보조목을 받침 안쪽에 접착시킨다.

받침을 보조목을 통해서 틀의 밑면에 고정시킨다.

마감처리된 6mm 합판을 모서리에서 연귀맞춤으로 잇고 받침에 붙인다.

A

B

C

D

E

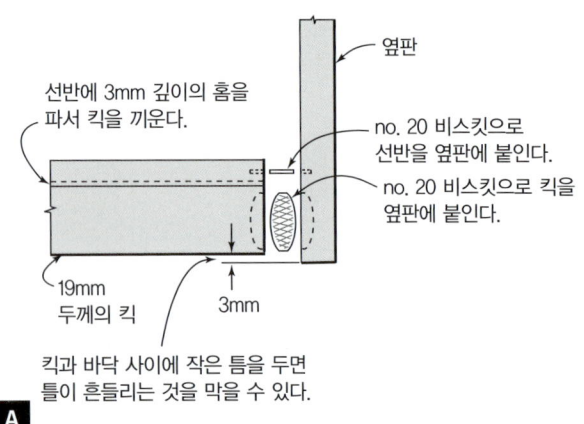

옆판

선반에 3mm 깊이의 홈을
파서 킥을 끼운다.

no. 20 비스킷으로
선반을 옆판에 붙인다.

no. 20 비스킷으로 킥을
옆판에 붙인다.

19mm
두께의 킥

3mm

킥과 바닥 사이에 작은 틈을 두면
틀이 흔들리는 것을 막을 수 있다.

A

B

C

D

E

비스킷 토우킥

책꽂이처럼 깊이가 얕은 옆판이 바닥과 직각으로
만나는 구조에서는 일체형 토우킥과 유사하게 비스
킷 토우킥도 가능하다.

184쪽의 "토우킥(걸레받이) 일체형 받침"을 참고
한다.

부재를 연결하는 방법은 여러 가지가 있지만, 비스
킷을 사용해서 선반과 킥을 옆판에 붙이는 게 가장 간
단한 방법 중 하나다. 결합부를 보강하려면 틀의 바닥
에 얕은 홈을 파고, 그 곳에 킥플레이트를 끼운다(A).
틀의 옆판과 바닥판에 결합부를 깎는다. 먼저 바닥판
에 킥플레이트가 들어갈 홈을 깎은 다음 옆판과 한꺼
번에 클램핑하는데, 옆판에 비스킷을 설치할 높이와
위치를 맞춘다. 그런 다음 바닥판의 단부에 비스킷 슬
롯(slot)을 판다. 비스킷 조이너의 바닥을 옆판에 붙이
고 판다(B).

클램핑한 것을 그대로 두고, 비스킷 조이너의 설정
도 바꾸지 말고 조이너를 수직으로 잡고, 조이너의 바
닥을 바닥판의 단부에 대고, 옆판에 슬롯을 판다(C).

킥과 바닥판의 슬롯에 비스킷을 접착시키고(D), 클
램핑해서 단단히 고정시킨다. 바닥이 편평하지 않아
서 틀이 흔들거리는 문제를 없애려면 킥을 바닥에서
3mm 정도 띄운다. 이렇게 하면 옆판이 전체 구조를
지지하게 되는데, 작은 물건들은 여전히 밑으로 굴러
들어가지 못한다(E).

수평을 맞추는 방법

독립형이든 붙박이형이든 사용하기 전에 최종적으로 테이블이나 캐비닛은 수평을 맞추어야 한다. 그렇지 않으면, 바닥이 고르지 않은 경우에는 테이블이 흔들거리게 된다. 무거운 장은 이로 인해 찌그러진다.

주방찬장이나 상부장처럼 가구나 캐비닛을 거실의 벽이나 바닥에 붙이는 경우는 수평으로 맞추는 것이 더 중요하다. 가구를 제작하기 전에 미리, 설치에 문제가 없는지 논리적으로 생각해봐야 한다.

사진은 브래킷 및 볼트를 사용해서 캐비닛의 수평을 맞추는 방법인데, 틀이 설치된 이후에도 수평을 맞출 수 있어서 매우 편리하다. 캐비닛의 각 모서리에서, 바닥판 아랫면과 옆판을 연결하는 브래킷을 나사로 박는다(A). 그런 다음 바닥판에 구멍 위치를 표시한다(B).

브래킷을 빼고, 바닥판에 지름 10mm 구멍을 뚫는다(C). 그런 다음 브래킷을 다시 고정하고, 발이 붙은 볼트를 브래킷에 돌려서 끼운다. 캐비닛을 설치한 후에는, 캐비닛 내부에서 드라이버로 발의 높낮이를 조정한다(D).

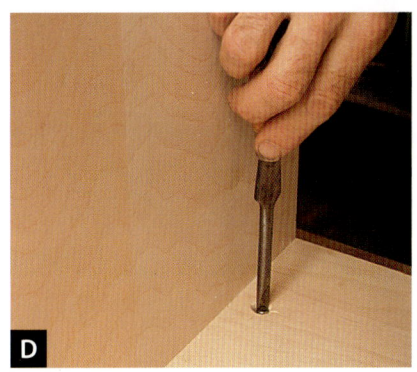

장, 박스, 책상 다리 등에는 높낮이 조정이 가능한 간단한 발을 붙일 수 있다. 발의 지압면은 거친 바닥 위로도 잘 미끄러진다. 이런 철물은 표면에 나일론을 붙인 볼트와 T너트(T-nuts; 흔히 '가시너트'로 불린다. - 옮긴이)로 구성되어 있다. 다리나 장의 모서리에 전부 볼트 길이에 맞춰 구멍을 뚫는다(E).

T너트를 구멍에 박아 넣는다. 너트는 톱니모양이기 때문에 도로 빠지지 않는다(F). 이제 너트에 볼트를 끼우면 된다. 작은 렌치로 돌려서 높이를 조절할 수 있다(G).

또 다른 방법은 나사형 인서트를 박고 볼트를 끼우는 형태로 다리 밑바닥이나 장의 옆판에 붙일 수 있다. 쉽고 정확하게 설치하려면 가구를 조립하기 전에 구멍을 뚫고 철물을 설치한다. 먼저 다리 밑바닥에 인서트 크기 및 지지 볼트의 길이에 맞춰 구멍을 뚫는다. 그런 다음 구멍 주위에 카운터씽크를 살짝 판다(H).

인서트를 다리 밑바닥에 면을 맞추어 설치하고, 지지 볼트를 돌려 끼운다(I). 볼트 머리가 둥글기 때문에 다리의 바닥으로는 최적이다. 필요하면 렌치로 볼트를 돌려서 길이를 조절할 수 있다.

나사형 인서트

나사형 인서트(threaded inserts; 흔히 '번데기'로 불린다. - 옮긴이)는 설치가 어렵기로 악명 높다. 실수 없이 설치하려면 탁상드릴을 사용한다. 인서트 크기에 맞게 구멍을 뚫는다. 그러고 나서 구멍 주위로 카운터씽크를 판다. 카운터씽크를 파면 구멍 주위가 부풀어 오르거나 터지는 것을 막을 수 있다. 인서트와 동일한 나사산을 가진 볼트를 준비해서 쇠톱으로 볼트 머리를 잘라 없앤다. 이제 볼트를 탁상드릴에 물린다. 너트 하나와 와셔를 볼트에 돌려 끼운 후에 와셔 아래에 인서트를 돌려 끼운다. 손으로 단단하게 조인다(A).

카운터씽크를 판 구멍을 인서트 아래에 중심을 맞추고 작업 판재를 탁상드릴 테이블에 클램핑한다. 탁상드릴의 전원은 뺀 상태로, 너트를 렌치로 돌리면서, 인서트를 구멍을 향해 내린다(B). 와셔가 면에 완전 밀착될 때까지 인서트와 너트를 계속 돌린다. 그런 다음 렌치로 너트를 풀고 척(chuck)을 반대로 돌려서 볼트를 인서트에서 빼낸다(C).

받침을 별도로 붙이는 경우 수평 맞추기

주방찬장처럼 붙박이장이나 캐비닛이 옆으로 연결되어 있어서 폭이 넓은 경우엔 받침을 별도로 제작한다음, 설치하기 전에 붙이는 것이 제일 쉽다. 받침을 바닥에 놓고, 보조목을 고루 받쳐서 수평을 맞춘다.

> ➤ 187쪽의 "토우킥을 확보하는 받침"을 참고한다.

받침의 수평은 기포수준기로 확인하는데, 하나로도 가능하겠지만, 두 개를 이용하면 전후, 좌우의 수평을 한꺼번에 확인할 수 있다(A).

받침의 수평이 맞으면 벽이나 바닥에 잘 붙이고 보조목이 받침 밖으로 튀어나온 것이 있으면 깨끗이 잘라낸다. 그런 다음 받침 위에 캐비닛을 올리고, 틀 내부에서 받침에 나사를 박아 고정한다(B). 틀의 뒤판 위쪽을 벽에 나사로 박아, 캐비닛을 영구 고정시킨다. 이제 마감처리된 킥으로 받침 둘레 세 면을 감싼다.

붙박이장

캐비닛을 제작하기 이전에 전체적인 계획부터 잘 세워야 하는 데 그만한 가치가 있다. 축척도를 그려서 캐비닛 자체뿐만 아니라 설치될 거실의 배치도도 함께 그린다. 문짝, 창문, 그리고 스위치, 콘센트 등 기타 영구 설비에 대한 위치도 표시한다(A).

만약 가구를 벽에 매다는 경우라면 단순히 벽덮개 (wall sheathing) 이상의 조치를 취할 필요가 있다. 벽체가 석보보드 패널 형태라면 특히 그렇다. 캐비닛을 가구 나사를 사용해서 벽덮개 안쪽에 있는 샛기둥 (stud; 벽의 주된 틀을 형성하는 수직 부재를 말한다. -옮긴이)에 직접 고정시킨다. 벽체나 바닥이 조적식 구조라면 석재 앵커 및 드릴 비트를 사용한다(B).

[TIP] 캐비닛을 설치할 때, 콘크리트 나사를 박는 순서는 다음과 같이 하는 것이 쉽다. 먼저 캐비닛에 보조 구멍을 뚫은 다음, 설치할 위치에 대고 초경 비트를 사용해서 캐비닛의 구멍을 통해서 조적벽을 통과하는 길잡이 구멍을 뚫는다. 캐비닛을 움직이지 말고 바로 나사로 고정시킨다.

적절한 철물을 골랐다면, 이제 성능이 좋은 기포관 수준기를 사용해서 설치 위치를 표시한다. 먼저 벽에 설치할 캐비닛의 위쪽에 수평선을 그려 높이를 표시한다(C).

그런 다음 바닥에서 제일 높은 위치를 찾은 다음 그 위치를 기준으로 벽을 따라 수평선을 그린다. 이 수평선은 캐비닛을 돋울 때 보조선이 된다. 쐐기목을 사용해서, 제일 높은 위치를 기준으로 수평을 맞추게 된다.

벽체가 샛기둥벽이라면 샛기둥의 가운데 위치를 찾은 다음(D), 그 위치를 틀에 표시한다. 그런 다음 틀의 부착용 스트립에 나사가 지나가는 구멍을 뚫는다.

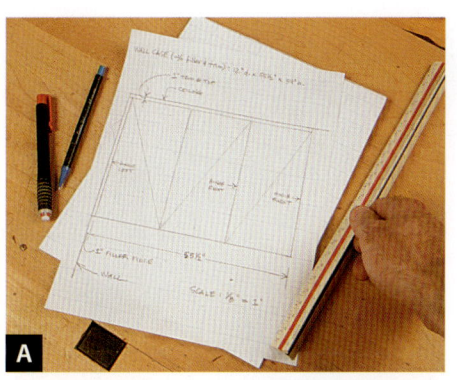

A

B

C

D

상부장

규모가 큰 상부장(wall cabinets)을 벽에 매달아 설치할 때는 문짝, 서랍, 선반 등을 전부 떼어내서, 가능한 한 가볍게 만든다. 도와주는 사람이 없으면 높이 조절이 가능한 지지대를 준비한다. 블록에 쐐기목을 끼워서 높이를 정밀하게 조절할 수 있다(A).

캐비닛을 영구 고정하기 전에 수준기를 사용하여 틀이 바닥과 수평인지 확인하고, 또한 상부장은 벽과 나란히 수직인지 확인한다. 이 부분을 대충 넘어가면 안 된다. 수평 및 수직이 맞지 않는 틀은 반드시 찌그러져서 문 입구가 뒤틀리고, 문짝도 맞지 않고, 서랍이 잘 빠지지 않고 걸리게 된다. 수준기를 사용해서 두 면, 즉 틀의 상부(혹은 하부) 및 전면을 정확히 확인한다(B).

이 두 면에서 수평 및 수직이 정확히 맞으면 틀의 구멍을 통해서 벽체 속 샛기둥에 나사를 박는다. 틀의 윗판(C)과 바닥판(D)을 고정해야 한다. 여러 개의 캐비닛을 설치하는 경우에는, 벽에 설치하기 전에 미리 캐비닛을 전부 나사로 결합시켜야 한다. 그렇지 않으면 나중에 앞면을 맞추기가 어렵다.

프레임이 없는 캐비닛

전면 프레임이 없는 붙박이장(built-in cabinets)은 틀과 벽, 혹은 틀과 천장 사이를 띄어야 문짝이나 서랍이 제대로 열리는 경우가 있다.

➤ 193쪽의 "붙박이장"을 참고한다.

이 공간을 그냥 두지 말고, 스트립을 틀의 앞면에 정렬시켜서 막는 게 좋다. 두 개의 목재를 L형으로 붙여서 끼움재를 만든다. 끼움재의 앞면은 캐비닛 앞면과 같은 목재를 사용한다. 앞쪽에서 보이는 폭은 아무렇게나 정할 수 있지만 벽에 별다른 장애물이 없는 이상, 틀과 벽 사이의 간격으로는 25mm 정도면 충분하다. 앞쪽 부재 뒤에 또 다른 부재를 직각으로 접착시킨다(A). 앞쪽 부재는 뒤에 받치는 부재보다 폭을 6mm 정도 넓게 만들고, 필요에 따라 벽의 모양에 맞춰서 스크라이빙(scribing; 불규칙한 면에 맞춰 목재를 잘라 맞추는 작업 - 옮긴이) 해서 설치한다.

끼움재를 캐비닛의 옆판에(혹은 위판에) 나사로 고정시키는데, 끼움재의 앞면이 문짝이나 서랍의 앞부분과 일치되도록 맞춘다(B). 틀의 수평을 맞춘 후에 벽에 맞추기 위해서 스크라이빙이 필요하다면, 먼저 끼움재에 표시를 하고, 나사를 풀어서 끼움재를 캐비닛에서 분리한 다음, 밴드쏘에서 표시선을 따라서 잘라낸다. 그런 다음 다시 끼움재를 박고 캐비닛을 설치한다.

A

B

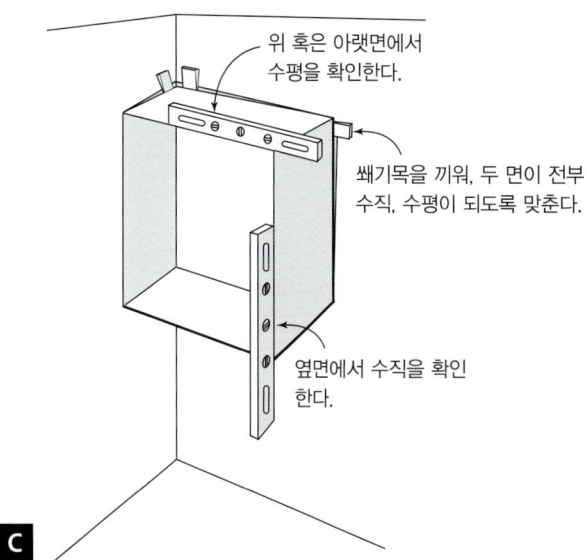

위 혹은 아랫면에서 수평을 확인한다.

쐐기목을 끼워, 두 면이 전부 수직, 수평이 되도록 맞춘다.

옆면에서 수직을 확인한다.

C

D

E

캐비닛 스크라이빙

캐비닛을 벽에 설치하고 나면, 옆으로 노출된 면이한 두 개 생긴다. 벽이 완벽하게 편평한 경우는 거의 없고, 표면이 약간씩 튀어나오거나 꺼진 부분이 있기 때문에 옆판과 벽 사이에 보기 흉한 틈이 생긴다. 스크라이빙(scribing)으로 이 틈을 메울 수 있다.

캐비닛을 설치할 때 스크라이빙을 계획하고 있다면, 옆판을 25mm 정도 뒤로 연장해서 빼야 한다. 또한 뒤판을 끼울 반턱도 폭을 25mm 더 키워서 깎는다(A). 뒤판을 붙이고 난 후에는 옆판이 뒤로 25mm 튀어나온 상태가 된다(B).

캐비닛을 벽에 대고 틀의 수평 및 수직을 맞춰서 주요 지점에 쐐기목을 끼운다(C). 그런 다음 컴퍼스에 스크라이빙할 폭(약 25mm를 기준으로 적절히 맞춘다.)을 맞추고, 옆판에서 아래쪽으로 내려가면서 벽의 형상을 따라 표시선을 긋는다(D).

캐비닛을 벽에서 떼어낸 다음 옆으로 눕히고 직쏘를 사용해서 표시선을 따라 잘라낸다. 바깥쪽으로 직쏘를 약간 기울여서 자르면 캐비닛이 벽에 더 잘 붙는다. 직쏘의 베이스플레이트를 밀착시켜 대지 말고 그냥 약간 기울여서 자른다. 바깥쪽으로 직쏘를 기울이기 때문에 마감 하는 쪽이 손상되지는 않는다(E). 거친 면이 생기면 블록플레인(block plane)으로 깎아준다. 이제 나사로 캐비닛을 완전히 고정시킨다.

발

발과 캐스터

구를 바닥에서 띄울 때는 발을 붙이는 것이 좋으며, 이때 개인적인 취향도 반영할 수도 있다. 현대적인 감각을 살려서 발을 붙일 수도 있고 고풍스런 스타일을 선택할 수도 있다. 혹은 간단하게 작은 버튼을 붙일 수도 있다. 기동성이 중요하다면 바퀴가 달린 발을 붙인다. 캐스터(casters)처럼 굴릴 수 있는 장치를 붙이면, 가구의 위치를 바꾸기 편하다.

발 설계

제작하는 가구에 프레임이 있는 경우, 이를 연장해서 다리를 바닥까지 그냥 내리거나 몰딩을 붙여서 멋을 내는 것도 가능하다. 받침이 없는 틀 구조는 발이 필요한데, 발의 형태는 매우 다양하다. 전통적인 궤나 서랍장은 브래킷 형태의 발이 있어서 고유한 스타일로 장의 높이를 돋운다. 목선반이나 스크롤 가공한 발도, 디자인은 간단하지만 효율적인 형태다.

다리를 바로 바닥에 붙이는 것이 가장 기본적인 형태다. 유일한 문제점은 발의 둘레는 각이 있어 날카로운 편이라서 양탄자나 기타 바닥 피복재가 걸려 찢길 수 있다는 것이다. 가구를 옮길 때는 자칫 발이 갈라질 수도 있다. 다리 밑바닥 둘레로 대패로 살짝 모따기 함으로써 이 문제는 해결할 수 있다. 모따기를 하면 끝이 쪼개지거나 갈라지는 것을 막을 수 있을 뿐더러 보기에도 훨씬 낫다.

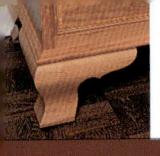
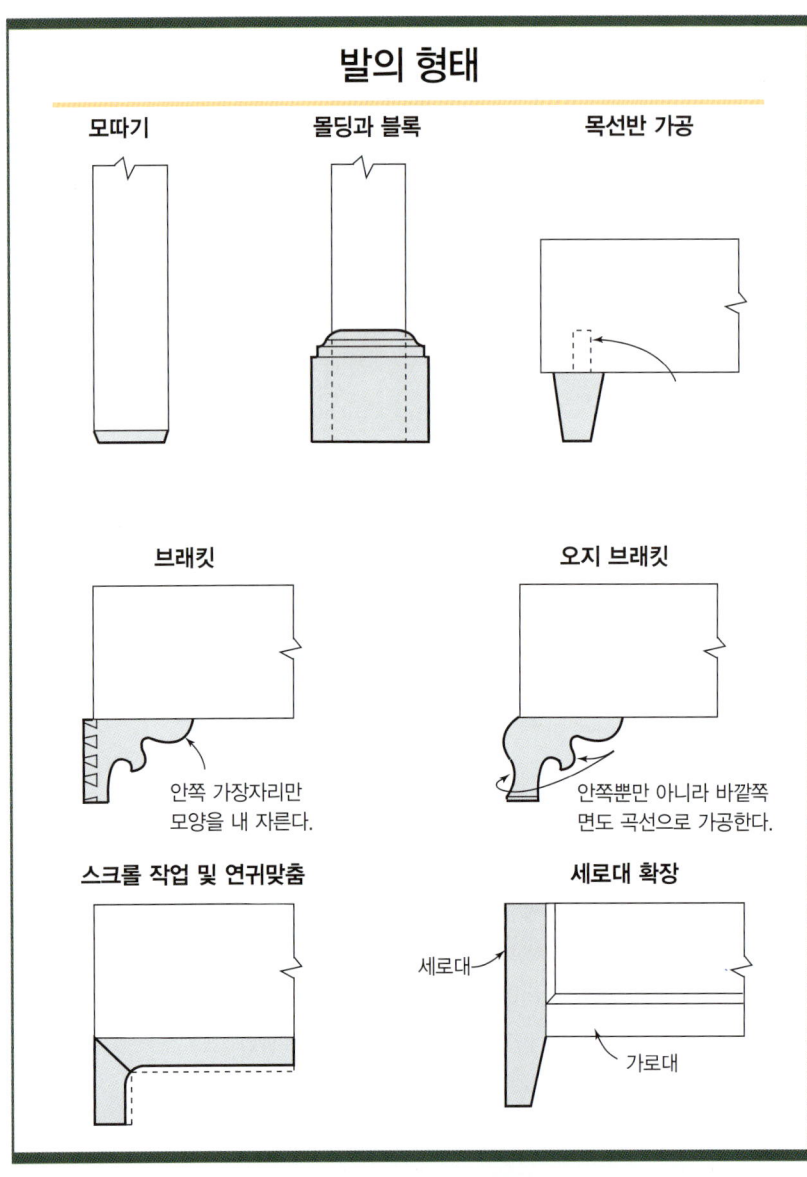

발의 형태

모따기

몰딩과 블록

목선반 가공

브래킷

안쪽 가장자리만 모양을 내 자른다.

오지 브래킷

안쪽뿐만 아니라 바깥쪽 면도 곡선으로 가공한다.

스크롤 작업 및 연귀맞춤

세로대 확장

세로대

가로대

다리 바닥을 대패로 약간 모따기하면, 갈라지거나 쪼개지는 것을 막을 수 있다.

작은 틀 구조는 간단하게 바깥쪽 모서리에 블록을 박아서 높일 수 있다.

틀을 놓으면 아래가 약간 뜨고, 은은한 그림자가 생긴다.

다리를 들거나 상자를 바닥에서 띄우는 간단한 방법은 플라스틱이나 고무 블록을 아래에 받치는 것이다. 미끄러짐도 방지할 수 있고 설치도 간단하다. 바닥에 나사로 고정시킨다. 틀 구조라면 블록을 외측 모서리 아래에 두면 안정적이다. 설치하고 나면 위에서는 블록이 보이지 않는다. 약간만 들어올리기 때문에 아래쪽에 생긴 짙은 선 혹은 틈이 멋있다.

바퀴의 형태

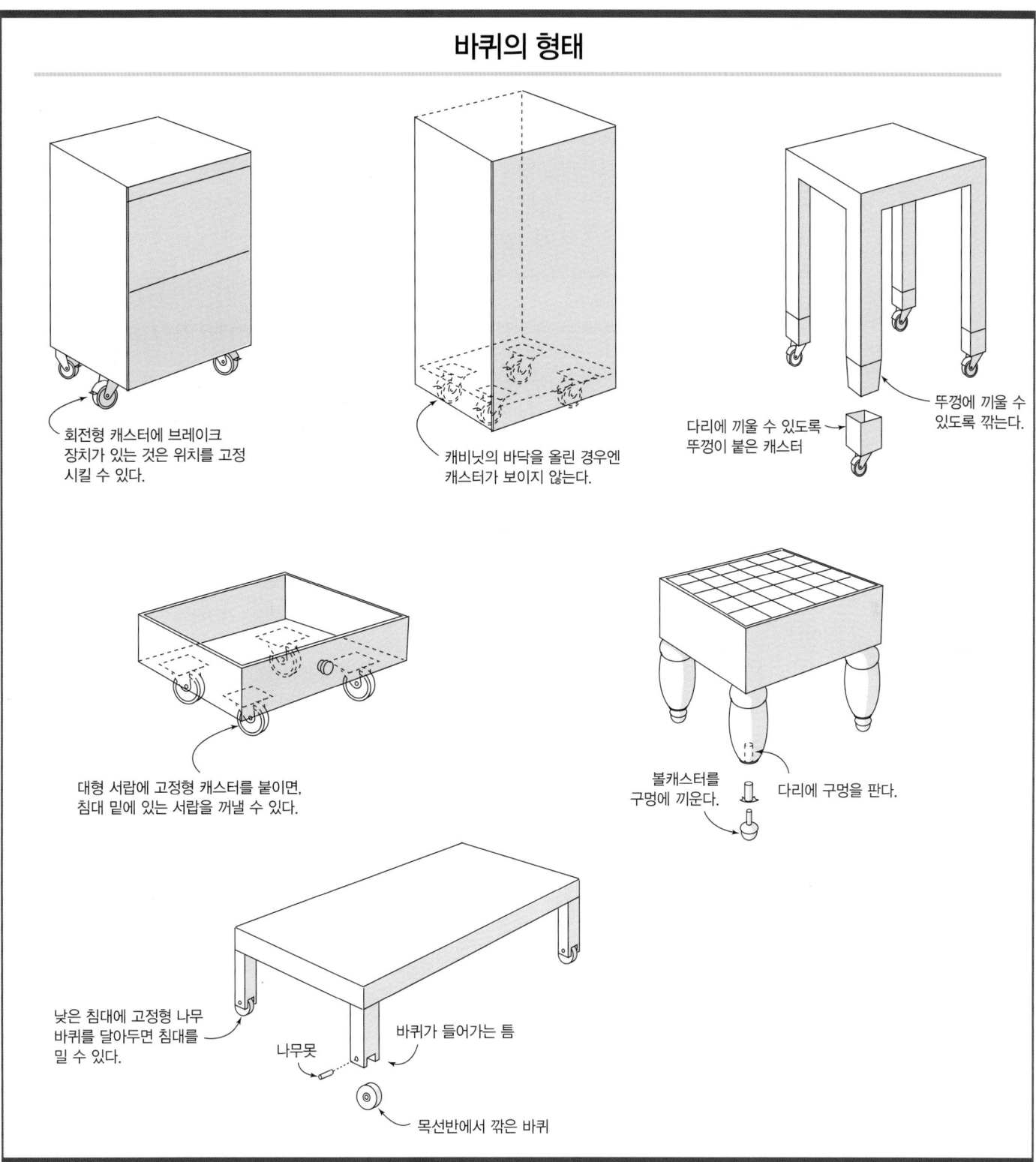

회전형 캐스터에 브레이크
장치가 있는 것은 위치를 고정
시킬 수 있다.

캐비닛의 바닥을 올린 경우엔
캐스터가 보이지 않는다.

다리에 끼울 수 있도록
뚜껑이 붙은 캐스터

뚜껑에 끼울 수
있도록 깎는다.

대형 서랍에 고정형 캐스터를 붙이면,
침대 밑에 있는 서랍을 꺼낼 수 있다.

볼캐스터를
구멍에 끼운다.

다리에 구멍을 판다.

낮은 침대에 고정형 나무
바퀴를 달아두면 침대를
밀 수 있다.

나무못

바퀴가 들어가는 틈

목선반에서 깎은 바퀴

뚜껑, 캐스터, 바퀴

가구의 위치를 자주 옮겨야 한다면 바퀴를 다는 것도 생각해볼 수 있다(199쪽 그림 참고). 무거운 서류함 등 대형 캐비닛에 바퀴를 설치하면, 옮길 때 몸에 무리도 가지 않고, 또한 바닥도 보호할 수 있기 때문에 매우 요긴하다. 바퀴를 드러낼 필요도 없다. 대형 캐비닛 밑에 설치해 두고 필요할 때 브레이크를 풀고 밀면 된다.

차를 나르는 작은 수레나 소형 식기대는 작은 황동 바퀴를 달면, 멋도 있고 실용적이다. 나무바퀴는 고풍스런 느낌을 주며, 직접 목선반에서 깎을 수 있다.

가구 바퀴를 회전형으로 설치할 건지, 혹은 브레이크 장치가 필요한지 결정해야 한다. 좁은 공간에 대형 캐비닛을 놓아야 한다면 회전형 캐스터를 붙이면 다루기가 더 쉽다. 가구가 크거나 무거우면 브레이크가 있는 캐스터를 붙이면, 옮기지 않을 때도 좀 더 안정적이다.

가구발

가구가 바닥 위로 미끄러지게 하면 바닥이 긁히거나 흠이 생기는 것을 막을 수 있다. 그러나 목재 가구는 그 자체로는 잘 미끄러지지 않는다. 고밀도 플라스틱 같은 마찰이 적은 재료를 바닥에 붙이는 것이 한 방법이다. 보호패드나 컵받침 위에 다리를 올리는 방법도 있다.

자주 옮기는 가구라면 밑에 긁힘방지 가구발(furniture glides)를 붙이는 게 최선이다. 모양 및 재료가 다양하며, 나사 혹은 못으로 고정시킨다. 이런 플라스틱 가구발은 거친 면 위에서도 잘 미끄러진다. 틀의 옆이나 다리에 박아서 사용한다.

자주 옮길 필요가 없는 무거운 가구는 플라스틱이나 고무로 제작된 컵받침형 가구발(coasters)을 붙여서 바닥을 보호할 수 있다.

작은 플라스틱 가구발은 간단하게 못으로 박는다.

플라스틱이나 고무로 제작된 컵받침형 가구발은 크기 및 모양이 다양하며, 가구 및 바닥을 보호한다.

스크롤 작업 후 연귀맞춤으로 붙인 발

사진의 연귀맞춤 발 디자인은 매우 단순하며, 과거 세커가구(Shaker furniture) 제작자의 소박한 디자인을 연상시킨다(A). 제작도 어렵지 않다(B).

캐비닛을 조립하기 전에 직쏘나 밴드쏘로 틀의 옆판에 스크롤 작업을 한다. 앞부분은, 빗각켜기 한 발과 가로대가 아직 직각일 때, 일단 틀에 먼저 접착시키는 것이 최선이다(C). 접착제가 경화된 후에 모양을 그려 넣고, 직쏘로 잘라낸다(D). 바닥이 둥근 스포크쉐이브(spokeshaves, 남경대패)를 이용하거나 전동드릴에 샌딩드럼(sanding drum)을 물려서 톱자국을 제거한다.

A

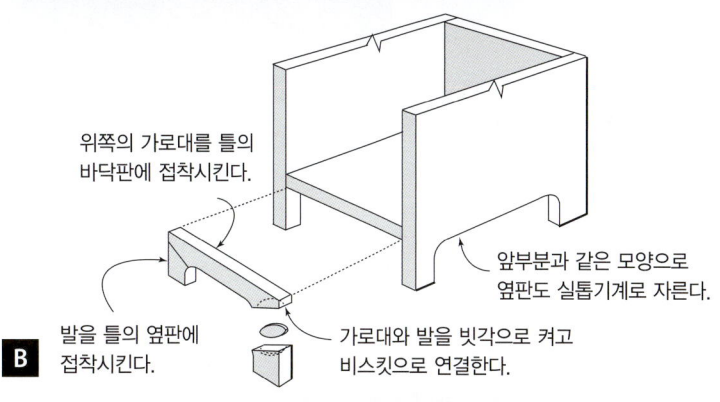

위쪽의 가로대를 틀의 바닥판에 접착시킨다.

발을 틀의 옆판에 접착시킨다.

가로대와 발을 빗각으로 켜고 비스킷으로 연결한다.

앞부분과 같은 모양으로 옆판도 실톱기계로 자른다.

B

C

D

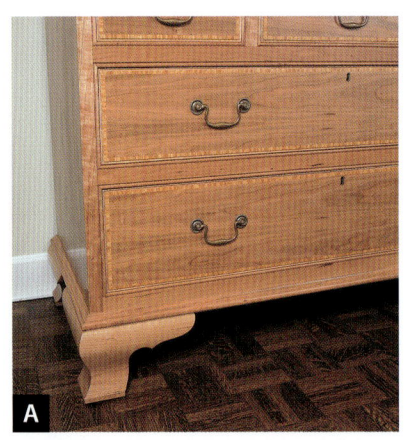

오지 브래킷 발

브래킷 발은 18세기 서양가구와 잘 어울린다(A). 이런 형태의 발은 중력을 거스른 느낌이 든다. 낚아채는 듯한 형태의 오지(ogee) 브래킷은 약해 보이지만, 사실 매우 튼튼하다.

앞쪽 발을 제작하는 건 복잡하지 않다(B). 제일 먼저 테이블쏘에서 목재를 자른다. 썰매 지그(crosscutting sled)를 사용하면 용이하게 자를 수 있다(C). 톱날을 45°로 그대로 유지한 채, 빗각으로 켠 양쪽 부재에, 합판 끼움촉을 삽입할 홈을 깎는다. 그런 다음 스크롤 작업할 형상을 그린다. 발을 여러 개 만들어야 한다면 합판으로 템플릿을 만들어 사용하면 정확하고 편하다(D). 밴드쏘에서 형상대로 자르는데, 가능한 한 표시선 가까이 자르면 다듬어 마무리하기가 편하다(E). 드럼 샌더를 이용하거나 사포를 손에 잡고 표면을 정리한다. 그러나 대부분 보이지 않는 면이기 때문에 너무 애쓸 필요는 없다. 보강 끼움촉 및 양쪽 부재를 접착시키는데, 양쪽 부재는 서로 직각이 되어야 한다.

접착제가 경화되면 오지 형상을 그려 넣고 밴드쏘에서 자른다. 사진과 같은 상자형 지그를 사용해서 발을 자른다(F). 앞에서와 마찬가지로 표시선에 가급적 가깝게 자른다(G). 한 면씩 차례로 자르는데, 첫 번째 면을 자르고 나면 윤곽이 생기므로 별도로 형상을 그

앞쪽 발

합판 끼움촉을 넣어서 연귀맞춤을 보강한다.

반턱 가장자리에 합판을 덧대서 접착제로 붙인다; 합판을 캐비닛에 나사로 박는다.

밴드쏘에서 바깥 면을 모양대로 자른다.

여기에 못이나 나사를 틀에 박는다.

결 방향

모서리 안쪽에 목재 블록을 쌓아 접착시켜서 보강한다.

뒤쪽 발

결 방향

뒤쪽 및 옆쪽 부재를 주먹장맞춤으로 결합한다.

리지 않아도 된다(H). 그냥 윤곽을 따라 두 번째 면을 자른다(I).

발을 추가로 보강하기 위해서 모서리 안쪽에 목재 블록을 쌓아 접착시킨다. 결방향은 발의 나뭇결 방향에 맞춘다. 이렇게 연귀맞춤을 보강하면 캐비닛에 실리는 하중을 지지하는 데 도움이 된다. 그 다음엔 캐비닛에 발을 박기 위해서 합판을 덧댄다(J).

뒤쪽 발도 앞쪽 발과 유사하게 제작한다. 다만 벽에 붙는 뒤쪽 부재는 편평하게 그냥 둔다. 옆 부재의 안쪽 형상을 자른 다음에 큰 주먹장맞춤으로 두 부재를 결합한다. 그런 다음 앞쪽 발을 제작할 때와 같은 방식으로, 밴드쏘에서 옆 방향 부재만 오지(Ogee) 형상으로 자른다. (브래킷 발을 제작하는 방법에 대한 추가적인 내용은 *The Complete Illustrated Guide to Shaping Wood*, by Lonnie Bird, The Taunton Press를 참고한다.)

[TIP] 큰 연귀맞춤을 깎을 때, 장비의 각도 설정이나 자유 각도자(bevel gauge)를 믿고 45°로 깎았는데, 깎고 나서 실망하는 경우가 많다. 목재 두 개를 준비해서 양쪽을 빗각으로 켠 다음 서로 맞붙여 보고, 서로 정확하게 직각을 이루는지 확인하는 것이 좋다. 직각이 아니면 편차의 반에 해당하는 크기만큼 날의 각을 조정한 다음, 다시 한 번 확인해본다. 완벽히 직각을 이룰 때까지 날의 각을 조정한다.

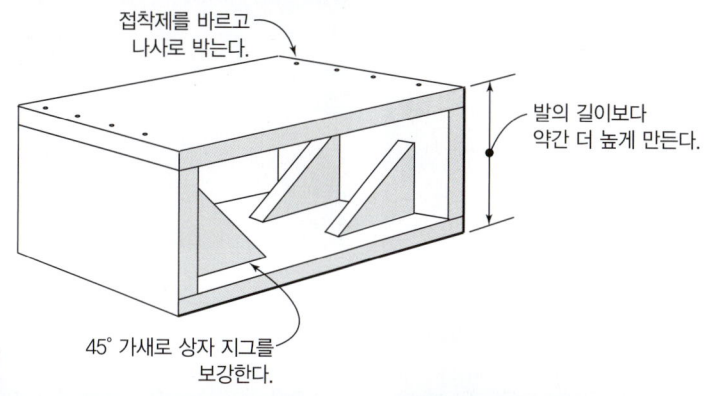

오지 형상을 자를 때는 발을 상자 지그에 단단하게 클램핑하고 나서 작업한다.

접착제를 바르고 나사로 박는다.

발의 길이보다 약간 더 높게 만든다.

45° 가새로 상자 지그를 보강한다.

F

G

H

I

J

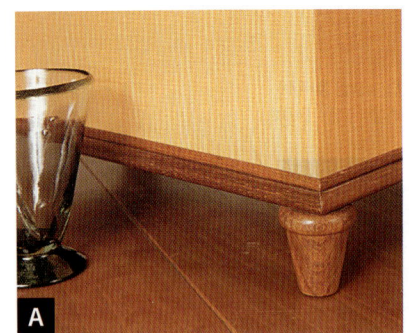

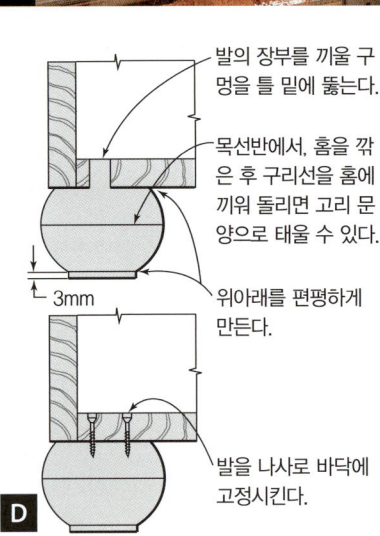

발의 장부를 끼울 구 멍을 틀 밑에 뚫는다.

목선반에서, 홈을 깎 은 후 구리선을 홈에 끼워 돌리면 고리 문 양으로 태울 수 있다.

3mm

위아래를 편평하게 만든다.

발을 나사로 바닥에 고정시킨다.

목선반에서 깎은 발

　단순한 형태의 테이퍼 발(tapered feet)은 작은 상자 혹은 궤에 잘 어울린다(A). 목선반에 발을 깎는데, 한 쪽 끝은 장부 모양으로 깎는다. 어깨 부분은 파팅툴(parting tool; 목선반 작업에서 나무를 깎는 공구 - 옮긴이)로 완전히 편평하게 깎아야 받침에 잘 밀착된다(B). 그런 다음 상자 밑에 장붓구멍을 뚫고 발에 접착제를 발라 끼우고 클램핑한다(C).

　대형 상자나 궤에는, 잘 고르기만 하면, 볼록한 모양의 번피트(bun feet)가 제격이다(D). 아래위로 편평한 부분을 만들어 주는 것이 중요하다. 아래 바닥에는 패드를 붙이고 위는 어깨 부분을 편평하게 만들어서 틀을 얹는다. 이렇게 편평한 부분이 있으면, 가구의 무게 때문에 발이 볼록하게 부푼 듯한 멋진 느낌이 난다. 발은 가구 밑에 나사로 박아도 되고, 아니면 한 쪽에 장부를 깎은 후 틀에 구멍을 뚫어 끼워 접착제로 붙여도 된다.

황동 캐스터

　세련된 느낌이 드는 사진의 캐스터는 전체가 황동으로 만들어진 제품이다. 소형 탁자나 받침에 달면 우아한 느낌이 난다(A).

　설치 방법은 간단하다. 다리 밑면 한가운데에 래그 나사(lag screw)를 박을 구멍을 먼저 뚫는다. 비트에 미리 마스킹 테이프를 감은 후 작업하면 정확한 깊이까지 뚫을 수 있다(B). 플레이트 부분이 다리 밑면에 잘 밀착되도록 못이나 송곳으로 자리를 잡아가면서 래그나사를 끼운다(C). 플레이트에 냄비머리 나사를 박아 캐스터를 다리 밑면에 고정시킨다(D).

볼 캐스터

금속 슬리브 속에 구슬을 박은 형태인 볼 캐스터는 튼튼하기 때문에 카트나 부엌 조리대에 사용하면 좋다. 가구를 조립하기 전에 볼 캐스터를 설치하기 위한 구멍을 미리 뚫어두는 것이 제일 낫다. 각 다리의 밑면에 카운터보어를 파서 많은 부분을 숨기면 깔끔해 보인다. 탁상드릴 테이블을 90° 옆으로 돌린 다음 28mm 포스너 비트를 장착해서 카운터보어를 뚫는다. 작업하는 부재를 비트에 수직되게 클램핑해야 하는데, 테이블에 수직선을 그어놓고 이에 대고 맞추면 쉽다. 13mm 깊이로 구멍을 뚫는다(A).

같은 셋업을 사용해서, 카운터보어 한가운데에 핀과 하우징이 들어갈 13mm 구멍을 뚫는다. 마스킹 테이프로 뚫어야 하는 깊이를 표시하고 작업하면 정확하다(B).

볼 캐스터 하우징은 톱니 모양이기 때문에 다리의 마구리 나뭇결에 물린다(C). 나무 막대를 사용해서 하우징을 카운터보어 안쪽의 구멍에 박는다(D).

핀과 볼을 하우징에 끼워 넣으면 완성된다(E).

스탠드

스탠드 제작

스탠드는 가구를 눈높이까지 올리기 때문에 효과가 상당히 크다. 예술품을 전시할 수도 있고, 화병 등 여러 물품을 올려놓을 수도 있다. 작은 궤나 특별한 보관함을 스탠드 위에 올려놓아도 좋다. 스탠드를 제작한 후 캐비닛을 그 위에 올려 전시하는 것은 세련된 방법인데, 선반 프레임이나 서랍이 디자인의 일부로 들어간다. 다음 쪽의 명조(明朝) 가구가 그 예다.

스탠드는 원목 혹은 합판을 사용하거나 둘을 혼합해서 제작한다. 스탠드를 제작하는 방법은 두 가지다. 하나는 넓은 원목 패널을 사용해서 모서리에서 짜 맞추는 것으로 시각적인 부피 및 중량감이 느껴진다. 또 다른 형태는 프레임형의 스탠드로 프레임 부재의 형상이 섬세하고 주로 장부맞춤으로 짜 맞춘다. 이 스탠드 위에 가구를 올리면 산뜻하고 가벼운 느낌이 생긴다.

스탠드 디자인

스탠드 위에는 상자, 보관함, 미술품 등 작은 물품에서부터 캐비닛처럼 큰 물품까지 모두 올릴 수 있다. 상자 형태의 틀 구조로 만들 것인지, 아니면 액자 형태의 프레임 구조로 만들 것인지 정해야 한다. 후자는 뚫린 형태로 더 가벼운 느낌을 준다. 얇은 프레임을 사용해서 키가 큰 스탠드를 제작하는 경우에는, 아래쪽에 가로대를 넣어 구조를 보강함으로써 흔들거리지 않도록 만들어야 한다.

넓은 패널을 사용해서 제작한 스탠드는 단단하며, 원목 혹은 하드우드 합판을 사용해서 만든다. 원목을 사용하면 모서리에서 맞댐맞춤으로 접착제로 결합시킬 수 있으나, 이음부에서는 상반되는 나뭇결이 눈에 띈다. 더 보기 좋은 방법은 원목이나 합판을 네 모서리에서 전부 연귀맞춤으로 결합하는 것이다. 합판은 표면의 단판이 얇고 섬세하다. 따라서 매우 정확하게 빗각켜기 해서 모서리에서 붙여야 내부 단판이 보이지 않는다.

사진의 명조 가구는 Yeung Chan이 크월라(멀바우) 및 메이플 변색재로 제작한 것인데, 서랍을 끼울 수 있도록 프레임 구조로 디자인한 것이다.

스탠드 유형

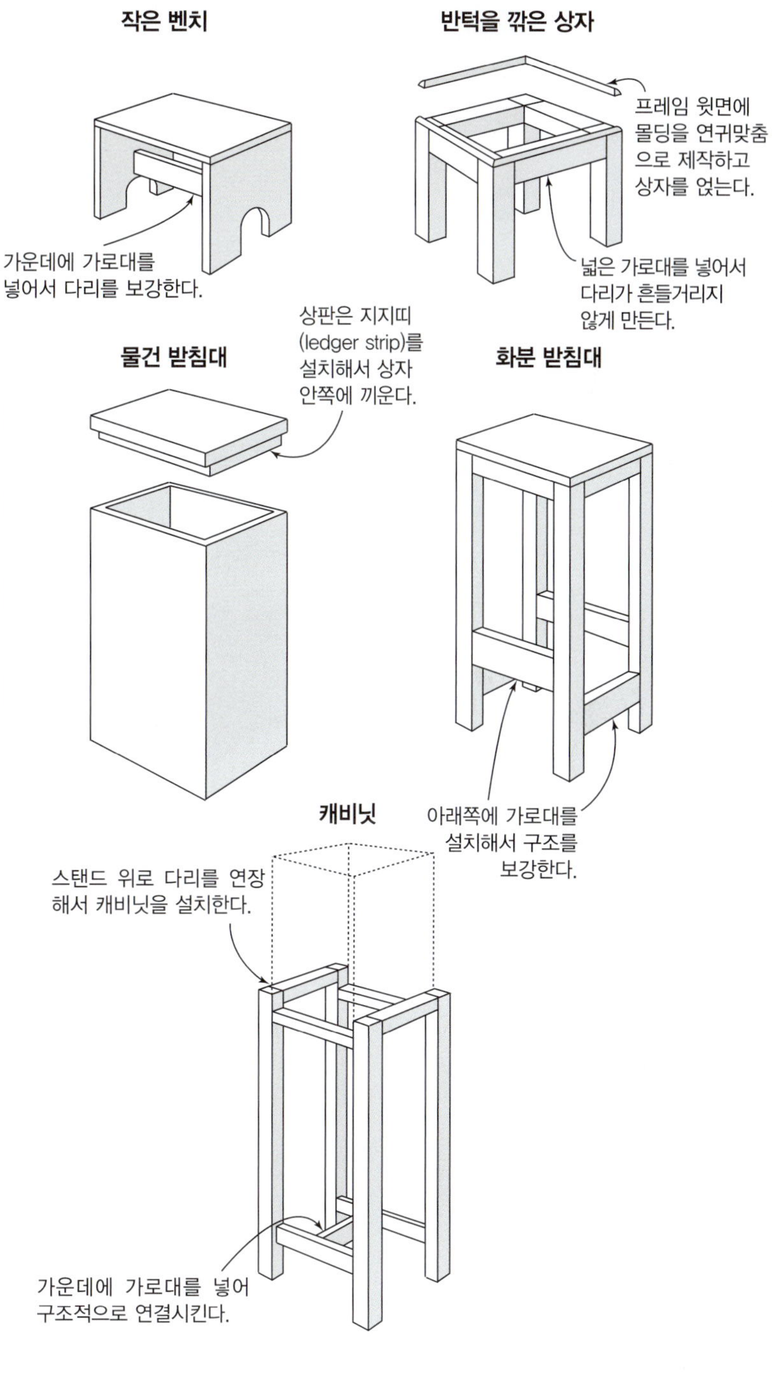

작은 벤치

가운데에 가로대를 넣어서 다리를 보강한다.

반턱을 깎은 상자

프레임 윗면에 몰딩을 연귀맞춤으로 제작하고 상자를 얹는다.

넓은 가로대를 넣어서 다리가 흔들거리지 않게 만든다.

물건 받침대

상판은 지지띠 (ledger strip)를 설치해서 상자 안쪽에 끼운다.

화분 받침대

아래쪽에 가로대를 설치해서 구조를 보강한다.

캐비닛

스탠드 위로 다리를 연장해서 캐비닛을 설치한다.

가운데에 가로대를 넣어 구조적으로 연결시킨다.

A

서랍장 스탠드

사진의 소형 프레임 형태의 스탠드는 상자나 작은 궤를 놓을 수 있다(A). 프레임 위에 올릴 서랍장을 지지할 수 있도록 두께 38mm 이상의 판재를 사용하여 스탠드를 제작한다(B). 75mm 혹은 100mm 폭의 가로대를 붙여서 결합부를 보강하고 흔들리는 것을 방지한다.

프레임 둘레로 몰딩을 붙이면, 나사나 다른 철물로 고정하지 않아도 서랍장이 미끄러지는 것을 막을 수 있다. 프레임 위에 서랍장을 올린 후, 몰딩을 둘레에 대고 빗각켜기 할 위치를 표시한다(C). 접착제와 소형 마감못을 사용해서 몰딩을 프레임 위에 고정시킨다(D).

스탠드의 폭은 서랍장 및
몰딩의 폭에다가, 각 면마다
1.6mm ~ 6mm 정도 추가로 띄운다.

서랍장 혹은
상자

서랍장 둘레로
몰딩을 연귀맞춤
으로 결합한다.

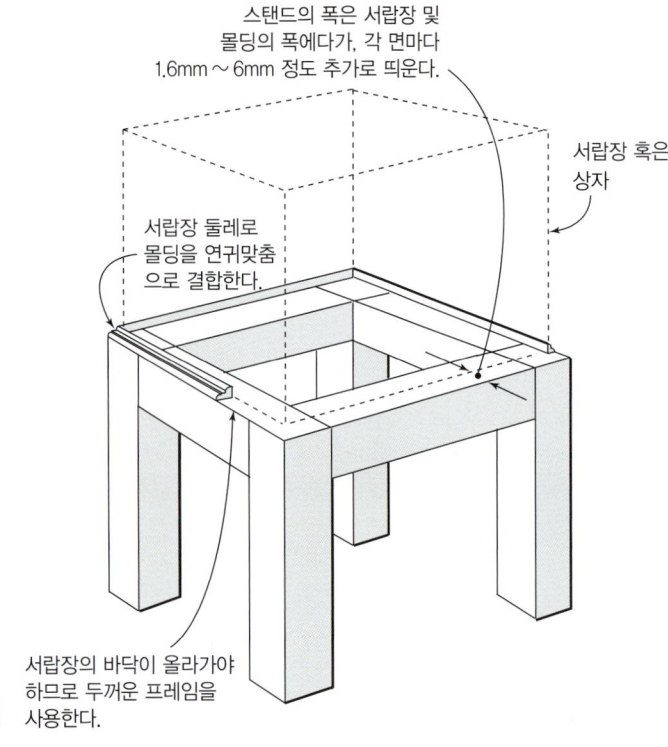

B

서랍장의 바닥이 올라가야
하므로 두꺼운 프레임을
사용한다.

C

D

받침대

사진의 받침대는 프레임 형태의 디자인보다 무겁고 단단하게 채워진 느낌이 난다. 높기 때문에 물건을 전시하는 데 적합하다(A). 상판은 지지띠를 설치하고 얹은 것이므로 옮길 수 있다(B). 원하면 아래쪽에 바닥판을 설치하고 무거운 재료로 채워서 스탠드를 더욱 안정적으로 만들 수 있다.

이 받침대를 만들 때 중요한 것은 옆판의 긴 가장자리를 빗각으로 켜고 끼움촉을 넣어서 맞추는 것이다. 끼움촉은 이음부의 위치를 정확히 잡는 데 도움이 되고 틀을 조립할 때 미끄러지는 것도 방지된다. 먼저 패널 가장자리를 전부 45° 빗각으로 켠다. 이때 별도의 판재를 조기대에 클램핑해서, 빗각으로 자른 단면의 끝부분이 조기대 바닥 틈새로 파고드는 것을 막도록 한다. 켤 때는 톱날 근처에서 아래로 눌러주면서 정확하게 자르도록 한다(C). 이제 톱날을 45°로 유지한 채로 패널을 뒤집어서 밀면서 끼움촉이 들어갈 홈도 깎는다(D). 이제 길이방향 나뭇결 끼움촉을 만드는데, 끼이지 않고 홈에 잘 들어가도록 제작한다.

받침대를 조립할 때 패널 4개를 한꺼번에 접착시켜야 하므로 어려운 작업이 될 수 있다. 따라서 다른 사람의 도움을 받는 것이 현명하다. 조립과정을 예행연습해보고, 클램프가 넉넉히 준비되어 있는지도 확인한다. 이제 모든 이음부에 접착제를 바르고 끼움촉을 홈에 끼우고 패널을 바로 세운다. 클램핑 보조목 및 목이 깊은 클램프를 사용해서 이음부를 단단하게 고정시킨다(E).

A

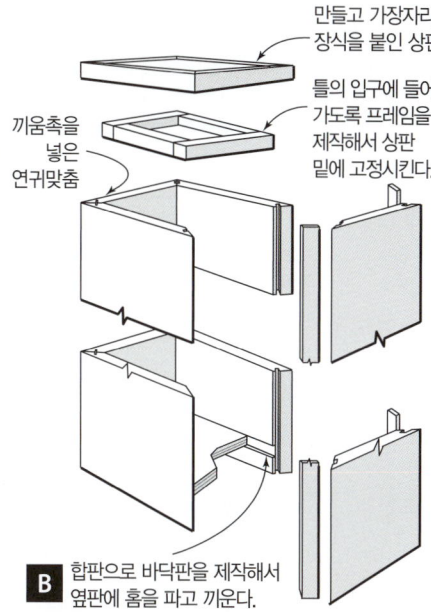

하드우드 합판으로 만들고 가장자리에 장식을 붙인 상판

틀의 입구에 들어가도록 프레임을 제작해서 상판 밑에 고정시킨다.

끼움촉을 넣은 연귀맞춤

B

합판으로 바닥판을 제작해서 옆판에 홈을 파고 끼운다.

C

D

E

삼방연귀와 제비촉(연귀)맞춤으로 제작된 가구

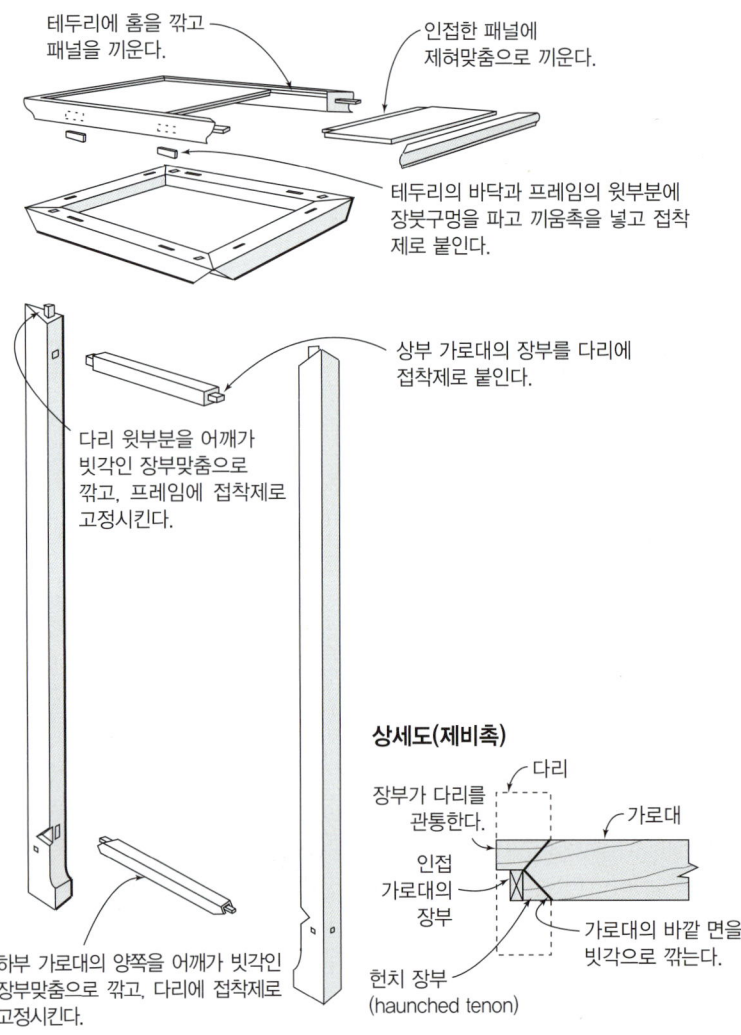

테두리에 홈을 깎고
패널을 끼운다.

인접한 패널에
제혀맞춤으로 끼운다.

테두리의 바닥과 프레임의 윗부분에
장붓구멍을 파고 끼움촉을 넣고 접착
제로 붙인다.

상부 가로대의 장부를 다리에
접착제로 붙인다.

다리 윗부분을 어깨가
빗각인 장부맞춤으로
깎고, 프레임에 접착제로
고정시킨다.

하부 가로대의 양쪽을 어깨가 빗각인
장부맞춤으로 깎고, 다리에 접착제로
고정시킨다.

상세도(제비촉)

다리

장부가 다리를
관통한다.

가로대

인접
가로대의
장부

가로대의 바깥 면을
빗각으로 깎는다.

헌치 장부
(haunched tenon)

A

B

C

화분 받침대

사진은 Yeung Chan이 만든 화분 받침대인데 매우
섬세하다. 비교적 얇고 폭이 좁은 프레임 부재를 사용
했으며, 연귀맞춤 및 장부맞춤을 적용했다(A). 서로
결합되는 부분이 많기 때문에 스탠드가 매우 튼튼하
다(B).

빗각켜기, 그리고 대부분의 장부 및 장붓구멍을 깎
을 때 전동 공구를 사용할 수 있다. 그러나 최종적으
로 다듬을 때는 수공구를 사용하는 것이 좋다. 특히
다리의 윗부분처럼 내다지장부를 연귀맞춤할 때는
그게 필요하다. Chan도 마지막에 깎아 다듬을 때는,
직접 만든 1.6mm 폭의 끌을 사용해서, 다리 결합부에
끼인 부스러기를 제거한다(C).

모든 결합부를 깎은 다음에는 부재를 순서대로 조립해야 한다. 제일 먼저, 가로대를 전부 다리에 끼운 후, 하부 프레임을 조립한다(D). 그 다음에 빗각으로 깎은 상부 프레임을 결합하고 다리의 장부 및 연귀맞춤 부분에 조심스레 얹는다(E).

이제 상판을 제혀맞춤으로 결합한 다음, 테두리와 결합시킨다(F). 마지막으로 상부 프레임의 장붓구멍에 끼움촉을 끼운 다음, 상판을 끼움촉과 결합시킨다(G).

다리와 에이프런, page 214

의자 및 스툴, page 231

전면 프레임, page 247

알판 구조, page 256

프레임 구조

목공에서 상자 이상의 것을 제작하려고 하면, 바로 프레임 구조에 직면한다. 상자나 틀은 넓은 패널을 결합시켜서 제작하지만, 프레임 구조는 세로대, 다리, 가로대, 스트레처(stretchers; 의자의 하부 가로대 - 옮긴이) 등 비교적 폭이 좁은 부재를 연결해서 제작한다. 탁자가 그 예다. 프레임은 상판을 지지하는 가로대 혹은 에이프런(apron; 받침목), 그리고 이와 연결된 다리로 구성된다.

목공에서 가장 기본적인 문제는 목재의 치수변화 현상인데, 알판구조(frame and panel construction)로 이를 해결할 수 있다. 문짝에서와 마찬가지로, 알판구조를 적용하면, 넓은 원목 패널을 사용해도 결합부가 쪼개지지 않는다. 캐비닛의 앞부분을 장식하는 전면 프레임(face frame)도 폭이 좁은 부재를 결합시킨 예다.

어떤 형태의 프레임이든지 제작 시 중요한 것은, 결합 강도가 좋은 결합 방법, 또한 부재의 폭이 좁아도 뒤틀리거나 흔들리지 않는 결합 방법을 선택하는 것이다.

다리와 에이프런

이음부 보강

➤ 에이프런 보강 (220쪽)
➤ 빗각으로 켜서 댄 버팀목 (220쪽)
➤ 금속 버팀대 (221쪽)
➤ 스크롤 작업한 브래킷 (222쪽)

에이프런과 가로대

➤ 비드 깎은 가로대 (223쪽)
➤ 서랍 입구 (224쪽)

다리

➤ 사각 단면 다리에 퀼크 비드 깎기 (225쪽)
➤ 두 면이 테이퍼인 형태 (226쪽)
➤ 네 면이 테이퍼인 형태 (227쪽)
➤ 복합 곡면 다리 (228쪽)
➤ 목선반 가공 다리 (229쪽)

탁 자, 책상, 침대, 의자 등 프레임 구조는 에이프런(apron)과 가로대를 연결하는 다리가 필요하다. 의자와 같이 각도 및 곡선이 다양한 구조도 그 나름대로 가치가 있지만, 다리 및 에이프런을 연결하는 기본적인 방법을 배워두면, 프레임으로 지지되는 모든 종류의 가구를 제작할 수 있다.

➤ 231쪽의 *"의자 및 스툴"*을 참고한다.

적절한 결합 방법을 선택하는 것이 매우 중요하다. 왜냐하면 많은 다리가 수평 방향으로도 상당한 힘을 받기 때문에 에이프런이 좁은 경우엔 옆으로 밀리면서 단단하게 지지되지 않는다. 다리와 에이프런의 양식은 가구의 구조에 영향을 미치고, 또한 전체적인 외관과 느낌에 영향을 준다. 다리와 에이프런의 양식은 단순한 직선 형태로부터 목선반 가공, 테이퍼(taper)(사선형태), 곡선 형태 등 아주 다양하다.

다리와 에이프런 디자인

다리와 에이프런을 같이 사용할 경우 첫 번째로 결정해야 하는 것이 결합 방법이다. 여러 가지 방법이 있지만 강도 및 난이도를 고려할 때 전통적인 장부맞춤이 최선의 방법 중 하나다. (결합 방법에 대한 자세한 내용은 *The Complete Illustrated Guide to Joinery*, by Gary Rogowski, The Taunton Press를 참고한다.)

에이프런의 장부는 강도 측면에서는 긴 것이 유리하다. 사실 길수록 더 낫다. 장부는 최소한 25mm는 되어야 한다. 다리가 유별나게 얇지 않다면 이 정도 장붓구멍을 파는 것은 문제가 되지는 않는다. 그러나 하나의 다리에 두 개의 에이프런 장부가 결합되는 경우에는 서로 간섭이 되기 때문에 긴 장부를 사용할 수 없다. 이 문제를 해결하는 데는 두 가지 방법이 있다. 하나는 장부의 위치를 바깥으로 약간 이동시켜 공간을 만드는 것이다. 옮기는 양은 장붓구멍에 따라 다르다. 통상 장붓구멍의 내부 면과 다리의 바깥 면 사이 거리가 6mm 정도는 되어야 한다.

또 다른 방법은 장부를 가운데에 깎고(이 편이 장부를 깎기가 더 쉽다), 장부가 서로 만나는 부분을 빗각으로 잘라주는 것이다. 이렇게 하면 장부의 길이는 훨씬 길다. 빗각으로 자른 부분 사이를 약간 띄워야 나중에 조립할 때 에이프런의 어깨를 다리에 완전히 밀착시킬 수 있다.

에이프런과 가로대의 형식

에이프런과 가로대가 프레임의 기본적인 요소지만 직선일 필요는 없다. 기본적인 직선형의 가로대 외에도 여러 형태가 있다. 테이블과 책상 등 큰 가구는 결합부나 가로대의 어깨가 넓을수록 좋다는 것을 기억해야 한다. 일반적으로 최소 100mm 정도를 확보하면 흔들리지 않고 튼튼하게 결합시킬 수 있다.

적합한 결합 방법만 잘 고르면, 에이프런이나 가로대를 제작하는 것은 어렵지 않다.

▶ 220쪽의 "에이프런 보강"을 참고한다.

가로대는 직선 혹은 곡선 형태로 디자인해서 제작

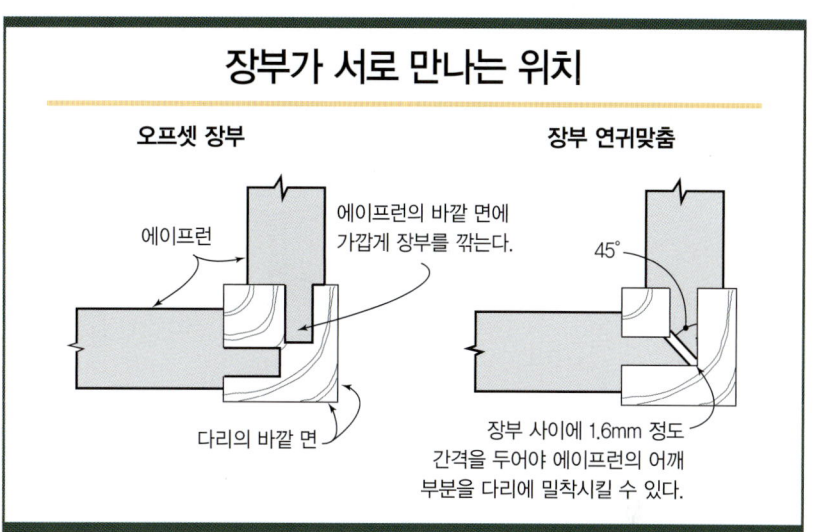

장부가 서로 만나는 위치

오프셋 장부

에이프런

에이프런의 바깥 면에 가깝게 장부를 깎는다.

다리의 바깥 면

장부 연귀맞춤

45°

장부 사이에 1.6mm 정도 간격을 두어야 에이프런의 어깨 부분을 다리에 밀착시킬 수 있다.

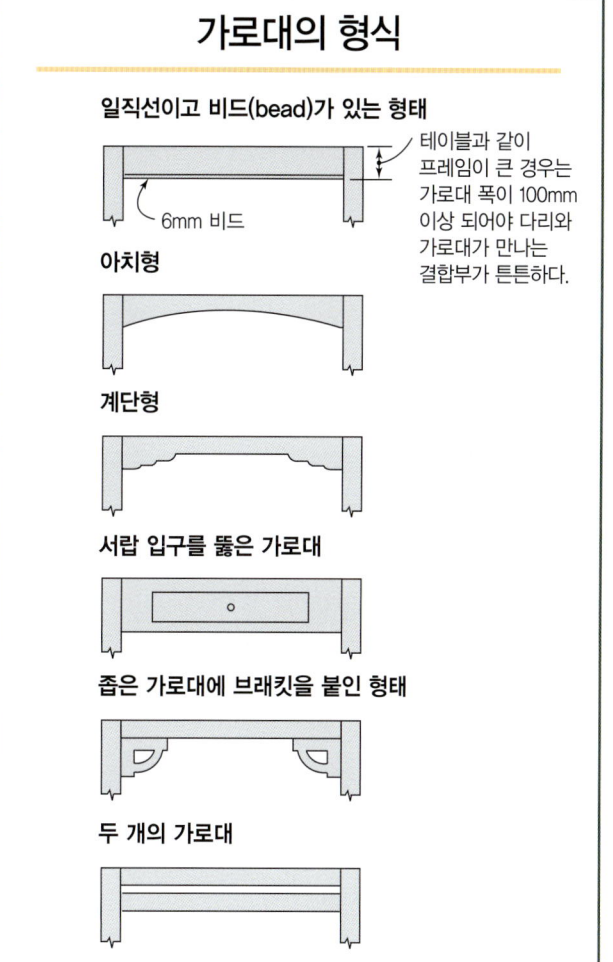

가로대의 형식

일직선이고 비드(bead)가 있는 형태

6mm 비드

테이블과 같이 프레임이 큰 경우는 가로대 폭이 100mm 이상 되어야 다리와 가로대가 만나는 결합부가 튼튼하다.

아치형

계단형

서랍 입구를 뚫은 가로대

좁은 가로대에 브래킷을 붙인 형태

두 개의 가로대

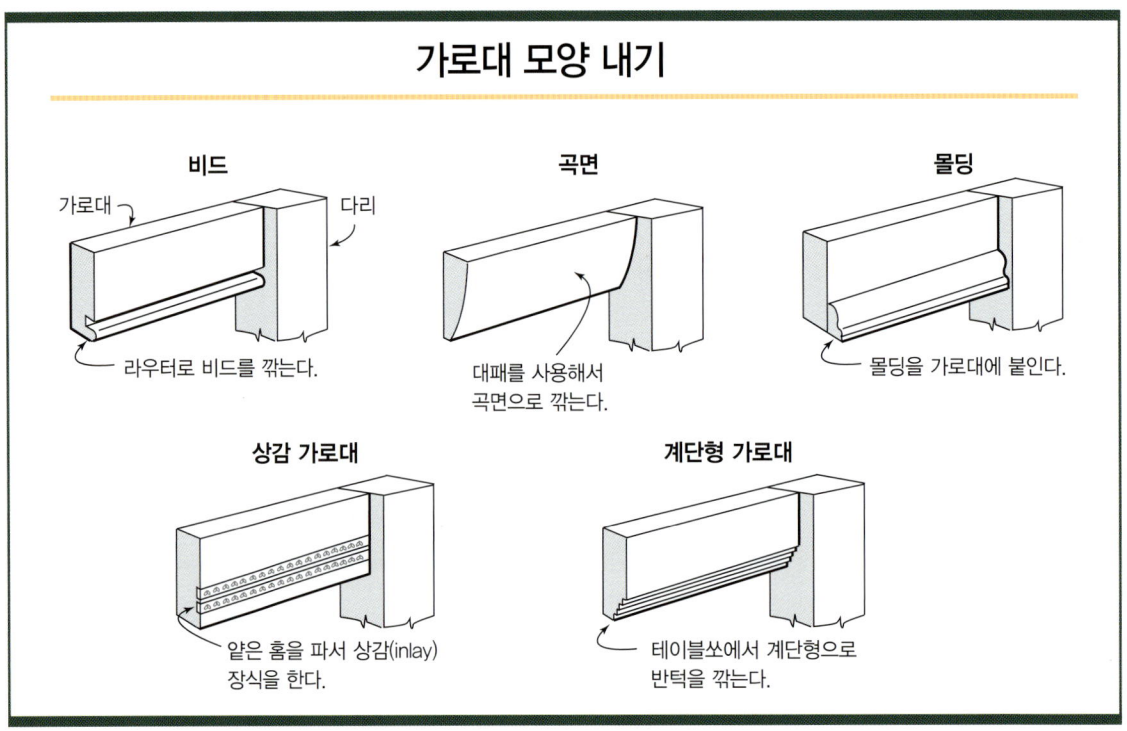

가로대 모양 내기

비드

가로대 / 다리

라우터로 비드를 깎는다.

곡면

대패를 사용해서 곡면으로 깎는다.

몰딩

몰딩을 가로대에 붙인다.

상감 가로대

얕은 홈을 파서 상감(inlay) 장식을 한다.

계단형 가로대

테이블쏘에서 계단형으로 반턱을 깎는다.

한다. 비드(beads), 상감, 홈을 넣어서 디자인을 멋있게 만들 수도 있다.

다리 유형

고급 가구는 다리가 아름다운 특징이 있으며, 보는 것만으로도 즐겁다. 실용 가구에서는 일직선 형태의 다리도 괜찮다. 강하고 튼튼하게 생긴 다리는 가구가 단단하다는 느낌을 준다.

그러나 탁자나 기타 프레임형 가구는 가로대와 다리가 기본적인 사각 단면에서 벗어나면 가구에 생동감이 돌면서 활기가 느껴진다.

비드를 넣거나 둥글게 처리만 해도 큰 수고 없이 멋을 낼 수 있고, 테이퍼 형식(사선)이나 곡선을 넣어 특징을 살릴 수도 있다.

일반적으로 다리에 모양을 내기 전에 결합부를 먼저 깎는 것이 좋다. 다리 부재의 외형이 직각일 때 조기대나 톱날을 대고 결합부를 깎는 것이 나중에 부재가 직선이 아닐 때 작업하는 것보다 쉽기 때문이다. 목선반 작업을 하는 다리는 대부분 에이프런과 가로대가 만나는 부분이 직각 단면이다. 그래도 목선반 작업 전에 결합부를 표시한 후, 나중에 장붓구멍을 깎는 것이 좋다.

프레임 조립

복잡한 프레임을 접착 조립할 때, 접착제가 굳어지기 전에 부재를 전부 클램핑해야 하는데, 시간이 모자란다면 정말 골치 아프다. 또한 부재 및 결합부를 전부 곧고 편평하게, 그리고 어깨 부분도 직각으로 잘 깎았다 하더라도, 클램핑 압력으로 인해서 직각이 뒤틀릴 수 있다.

복잡한 프레임은 작은 단위로 나눠서 접착 조립한다. 접착 작업을 진행하면서, 정확한 직각자를 사용해서 계속 직각을 확인한다.

부재가 편평하고 정렬을 유지하고 있는지, 곧은자로 면을 확인하는 것도 중요하다.

첫 단계로 가구 전체를 각 단위별 작은 조립체로 나눈다. 클램프가 많이 필요하지 않은, 프레임의 한쪽 면을 접착하고, 클램프가 결합부의 중앙에 잘 정렬되었는지 확인한다. 그런 다음 정확한 직각자를 사용해서 부재가 만나는 부분을 점검한다. 결합부가 직각이 아니면 클램프의 위치를 옮겨가면서 직각이 되도록 만든다. 곧은자(straightedge; 스트레이트에지)로 프레임 표면의 여러 위치에서 편평한지 확인한다. 곧은자와 면 사이에 빛이 샌다면 뒤틀렸다는 뜻이므로 다시 클램핑한다.

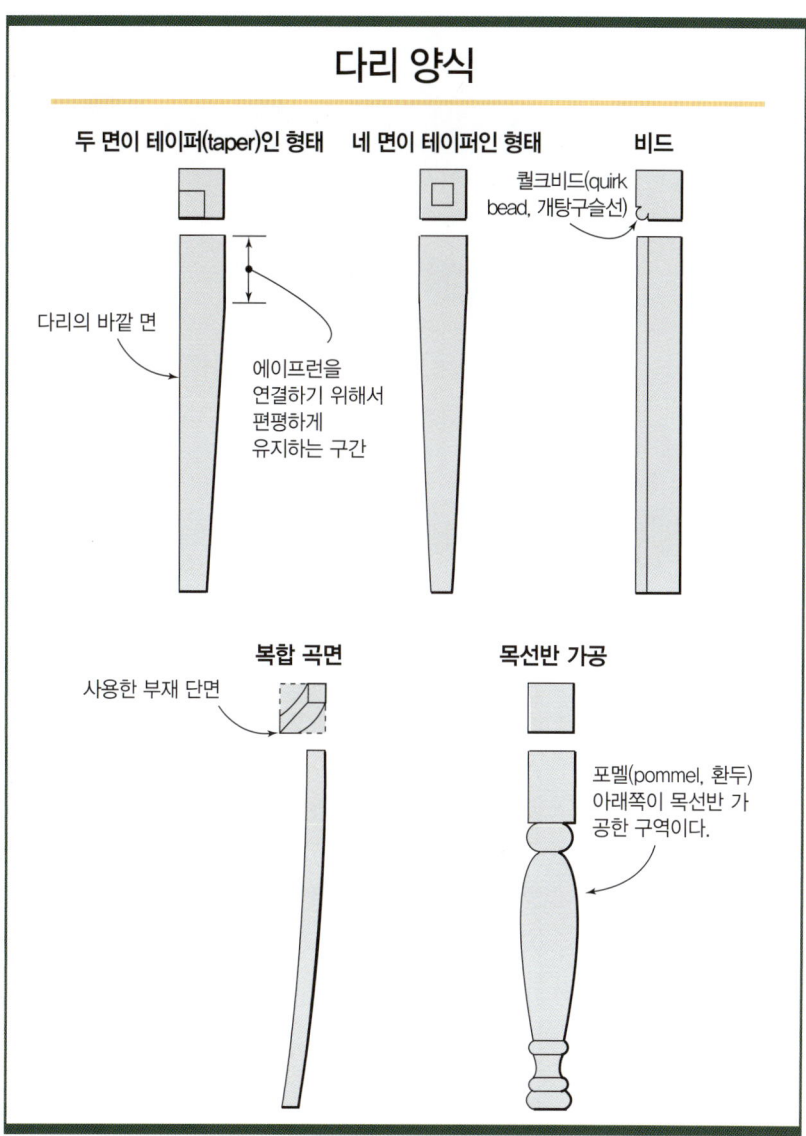

다리 양식

두 면이 테이퍼(taper)인 형태

다리의 바깥 면

에이프런을 연결하기 위해서 편평하게 유지하는 구간

네 면이 테이퍼인 형태

비드

퀄크비드(quirk bead, 개탕구슬선)

복합 곡면

사용한 부재 단면

목선반 가공

포멜(pommel, 환두) 아래쪽이 목선반 가공한 구역이다.

작은 단위로 조립한 다음 전체를 하나로 조립한다. 좋은 작업대 혹은 여타 편평한 면 위에서 접착 조립해야 한다.

침대 레일에 철물을 설치하고 박스 스프링을 올린다. 이런 형태의 철물은 현대적 감각의 매트리스에다 고풍스런 느낌을 더한다.

프레임에 침대 철물을 나사로 고정하고, 박스 스프링을 아래쪽에 걸친다.

작은 단위의 조립체가 경화된 후에 전체를 하나로 조립한다(217쪽 아래 사진 참고). 완전히 편평한 면 위에서 접착 조립하는 것이 매우 중요하다. 테이블쏘의 정반 혹은 편평한 작업대 위에서 조립해야 최종적으로 가구도 편평하게 직각이 유지된다.

침대 레일 지지대

침대 레일 자체는 두껍고 튼튼하기 때문에 하중을 가해도 처지지 않지만, 레일 사이에는 매트리스를 받칠 수 있는 지지대가 필요하다. 매트리스를 침대의 박스 스프링(box spring) 위에 얹는다면, 박스의 프레임이 매트리스를 받칠 수 있을 정도로 튼튼하기 때문에 괜찮다. 레일 옆면에 지지띠 형식으로 목재를 접착하거나 나사로 고정한 후, 박스 스프링을 올린다.

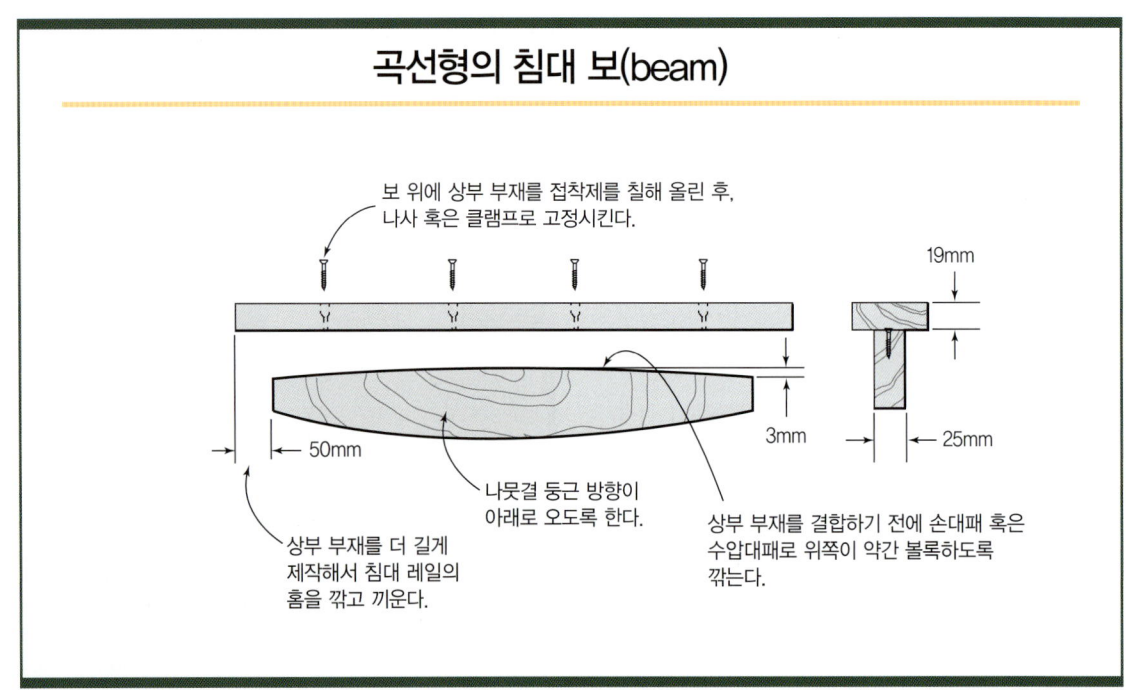

곡선형의 침대 보(beam)

보 위에 상부 부재를 접착제를 칠해 올린 후, 나사 혹은 클램프로 고정시킨다.

19mm

50mm

3mm

25mm

상부 부재를 더 길게 제작해서 침대 레일의 홈을 깎고 끼운다.

나뭇결 둥근 방향이 아래로 오도록 한다.

상부 부재를 결합하기 전에 손대패 혹은 수압대패로 위쪽이 약간 볼록하도록 깎는다.

그러나 서양의 전통적인 침대인, 기둥이 달린 침대는 침대 레일의 폭이 좁아서 스프링 박스가 레일 위로 튀어 올라오게 된다. 이 경우에 침대 철물인 베드행거 (bed hanger)를 사용한다. 베드행거는 두꺼운 강재를 90°로 구부려 만든다. 행거는 박스 스프링과 매트리스가 레일 아래쪽으로 내려가도록 위치를 잡고, 레일의 안쪽에 나사로 박는다.

박스 스프링이 없는 매트리스나 소파베드(futon, 푸톤)는 푹신하기 때문에, 매트리스를 편평하게 유지하려면 침대 프레임 사이에서 잘 지지되도록 만들어야 한다. 목재로 보(beam)를 만들어서 받쳐서 무게를 지지한다. 지지띠 목재에 홈을 깎고, 이를 침대 레일 안쪽에 접착시킨 후, 아래가 볼록한 형태로 보를 제작해서 홈에 끼운다.

보를 홈에 끼우고 합판이나 파티클보드 시트를 보위에 덮는다. 다루기 쉽도록 시트를 삼등분하고 설치할 때 손가락이 끼지 않도록 홈을 판다.

침대 레일에 지지띠를 접착하고, 갈빗대 형태로 보를 얹어서 매트리스를 든든하게 지지할 수 있다.

패널을 삼등분해서 얹는데, 손으로 잡을 수 있도록 패널에 홈을 파주면, 조립 및 해체가 손쉽다.

에이프런 보강

프레임을 튼튼하게 만들려면 다리와 가로대 사이를 튼튼하게 연결해야 한다. 그러려면 결합부의 폭을 비교적 넓게 제작하고, 장부맞춤 할 때는 장부를 넓고 길게 깎는다.

에이프런의 폭이 좁은 경우에도 에이프런이 다리나 기둥과 만나는 부분만큼은 폭을 충분히 넓게 만든다. 폭이 넓은 목재를 준비하고, 목재가 아직 직각 형상일 때 결합부를 깎는다. 가로대의 어깨 부분은 전체 너비를 사용하고, 중앙부는 곡선으로 표시한 후 밴드쏘에서 자른다(A).

프레임을 조립할 때는 어깨 부분이 넓기 때문에 결합부가 더 튼튼하고 흔들림도 줄어든다(B).

빗각으로 켜서 댄 버팀목

가로대의 결합부를 보강하는 가장 간단한 방법은 안쪽에 버팀목(brace)을 대는 방법이다. 의자를 제작할 때 의자의 다리와 프레임을 잘 결합시키기 위해서 프레임에 버팀목을 댄다. 같은 방법을 탁자나 책상과 같은 큰 가구에도 적용할 수 있다. 50mm 이상의 두꺼운 목재를 준비해서 양단을 45° 빗각으로 자른다(A).

탁상드릴에서 카운터씽크 비트(이중드릴비트)를 척에 물리고, 준비한 목재의 중앙에 구멍을 뚫는다. 그리고 비트와 45° 경사를 이루도록 기울인 다음, 빗면에 각각 2개의 구멍을 뚫는다(B).

버팀목의 빗면에 접착제를 바른 다음, 버팀목을 다리 및 양쪽 에이프런에 나사로 고정시킨다(C).

금속 버팀대

시판되는 금속 버팀대(metal barce)는 버팀목과 같은 용도로 사용되는데, 이를 사용하면 에이프런을 다리에 연결할 때 비스킷이나 꽂임촉을 사용할 수 있는 이점이 있다. 금속 버팀대는 조립식 프레임에 유용하다. 즉, 접착제를 사용하지 않고 부재를 조립할 수 있으며, 필요하면 금속 버팀대 자체로 결합부를 죄서 단단하게 고정시킬 수도 있다. 결합부를 깎은 다음에는 테이블쏘에서 가로대의 안쪽 면을 따라 좁은 폭의 홈을 깎는다(A).

가로대를 다리에 접착제 없이 맞춘 다음 가로대의 홈 버팀대를 끼우고, 행거볼트를 체결할 위치에다 버팀대를 관통해서 구멍을 뚫는다(B). 비트에 마스킹 테이프를 붙여서 뚫어야 하는 구멍의 깊이를 표시한다. 프레임을 다시 분리한 다음, 구멍에 행거볼트를 박는다. 너트 두 개를 볼트 끝에 끼운 후, 래그나사(lag screw)를 돌리면 박는 게 쉽다(C).

다리와 가로대를 조립한 다음, 버팀대를 결합시킨다. 다리에는 볼트로 체결하고, 가로대에는 나사를 박는다(D).

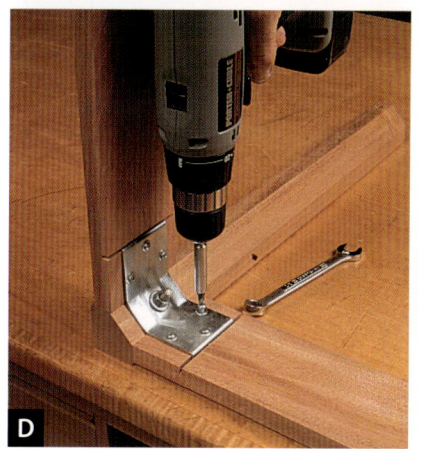

스크롤 작업한 브래킷

폭이 좁은 에이프런을 사용해야 한다면, 다리와 가로대가 만나는 부분에 목재 브래킷을 설치해서, 보강도 하고, 시각적으로도 재미있게 만들 수 있다. 적어도 한쪽 모서리는 완전히 직각인 목재를 준비해서 원하는 문양을 그려 넣는다. 밴드쏘를 사용해도 되지만 안쪽으로 문양이 복잡하다면 실톱기계를 사용하는 것이 제일 낫다(A).

다리와 에이프런의 안쪽 가장자리, 그리고 브래킷에서 맞닿는 면에 접착제를 칠한 후 제 위치에 붙여서 클램핑한다(B). 브래킷은 결합부를 보강하는 동시에 프레임을 장식하는 효과도 있다(C).

[TIP] 틈새나 구석에 난 톱자국을 없애기는 쉽지 않다. 애들이 좋아하는 사탕과자의 막대(Popsicle sticks)에 접착시멘트로 사포를 붙인 후, 작업면의 모양에 맞춰 구부려 사용한다. 원형 구멍은 적당한 직경의 나무못을 고른 후, 표면에 사포를 감아 접착시켜서, 면을 다듬는 데 사용한다.

비드 깎은 가로대

제작하기는 간단하지만 눈에 띄는 멋있는 상세로, 가로대의 아래쪽 가장자리에 라우터로 비드를 깎는 방법이 있다(A). 안내 베어링이 장착된 비딩 비트 (beading bits)는 3mm~13mm 혹은 그 이상의 크기까지 다양하게 시판된다. 크기는 비드 자체의 지름을 말한다(B). 가로대에 비드의 형상이 온전히 생기도록 비트의 위치를 잘 맞춰야 한다. 자칫 아래에 편평한 면이 생길 수 있다. 요령은 비트를 라우터 테이블에서 수십 마이크론 정도 띄우고 작업해서, 가로대의 가장자리에 아주 작은 두께가 생기게 만드는 것이다. 이후 손대패로 비드에 맞춰서 가장자리를 살짝 깎아낸다. 자투리 목재를 사용해서 과정을 시험적으로 해본 후, 정교하게 작업할 수 있는 라우터 테이블에서 본 작업을 수행한다(C).

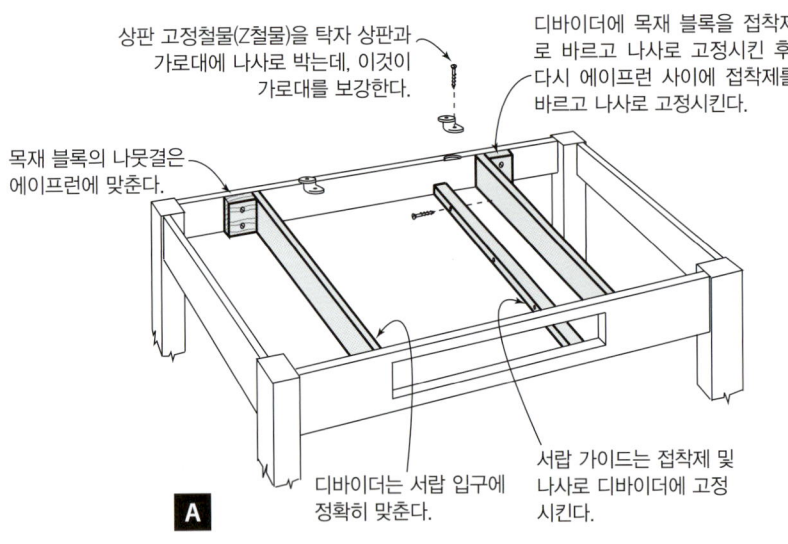

상판 고정철물(Z철물)을 탁자 상판과
가로대에 나사로 박는데, 이것이
가로대를 보강한다.

디바이더에 목재 블록을 접착제
로 바르고 나사로 고정시킨 후,
다시 에이프런 사이에 접착제를
바르고 나사로 고정시킨다.

목재 블록의 나뭇결은
에이프런에 맞춘다.

디바이더는 서랍 입구에
정확히 맞춘다.

서랍 가이드는 접착제 및
나사로 디바이더에 고정
시킨다.

A

서랍 입구

주방 테이블은 에이프런의 중앙에 서랍을 넣으면 공간을 효율적으로 사용할 수 있다. 주의할 점은 서랍 입구를 만들기 위해서 구멍을 뚫으면, 프레임이 약해질 수 있기 때문에 그림처럼 보강해야 한다(A). 에이프런을 잘라내고 오버레이 서랍을 넣는다. 그러나 에이프런에 맞춰 플러쉬핏 서랍을 제작해 넣으면 더 깔끔하다. 방법은 에이프런을 세 부분으로 나눠서 자르고, 서랍 입구 부분을 빼고 다시 결합한다. 그 부분은 서랍의 앞판으로 사용한다. 이렇게 하면 서랍 전면과 에이프런의 나뭇결이 자연스레 이어진다.

▶ 110쪽의 "풀오버레이 서랍"을 참고한다.
▶ 111쪽의 "플러쉬핏 서랍"을 참고한다.

가로대를 가로 질러 직각으로 선을 긋는데, 한쪽은 이중선을 긋는다. 선은 나중에 부재를 다시 결합시킬 때 방향을 제대로 맞추는 데 도움이 된다(B).

서랍 앞판의 높이를 정하고 난 후, 가로대의 양쪽 가장자리를 테이블쏘에서 잘라내서 높이를 맞춘다. 가운데 부재의 높이가 서랍의 높이와 같다(C).

가운데 부재에 서랍의 크기를 표시하고 자른다. 이제 부재를 다시 접착해서 조립하는데, 별도로 만든 서랍의 앞판과 대조한다. 서랍 앞판 양쪽이 거의 딱 맞도록 에이프런에서 서랍 입구 폭을 조정한다(D). 서랍을 만든 후, 대패로 다듬어서 서랍 입구의 크기와 정확히 맞춘다.

접착제가 경화된 후에 에이프런을 자동대패에 통과시켜서, 양면을 매끈하게 깎는다(E). 이제 에이프런과 서랍의 앞판은 색상과 나뭇결이 거의 표시나지 이어지며, 그냥 봐서는 어떻게 만들었는지도 알기 어렵다(F).

B

C

D

E

F

사각 단면 다리에 퀄크비드 깎기

각진 다리 모서리에 비드를 깎으면 멋진 마무리가 된다(A). 안내 베어링이 달린 일반적인 비딩 비트를 사용하면 되지만, 한쪽 면에만 비드를 깎을 때와 비교하면 방법이 다르다.

▶ 223쪽의 "비드 깎은 가로대"를 참고한다.

라우터 테이블에서, 펜스를 비트의 베어링에 맞추지 않고, 비드의 반지름만큼 펜스를 뒤로 뺀다. 다리 부재의 한쪽 면을, 일정한 속도로 밀면서 깎는다(B).

이제 다리 부재의 위아래를 바꾼 후, 다시 옆으로 90°를 돌려서 옆면도 마저 깎는다(C).

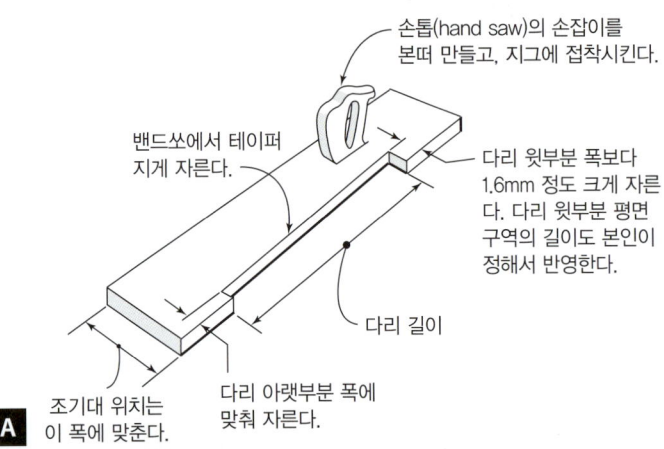

손톱(hand saw)의 손잡이를 본떠 만들고, 지그에 접착시킨다.

밴드쏘에서 테이퍼 지게 자른다.

다리 윗부분 폭보다 1.6mm 정도 크게 자른다. 다리 윗부분 평면 구역의 길이도 본인이 정해서 반영한다.

다리 길이

조기대 위치는 이 폭에 맞춘다.

다리 아랫부분 폭에 맞춰 자른다.

A

B

C

D

두 면이 테이퍼인 형태

두 면을 테이퍼(사선)로 깎은 다리는 전통가구로부터 현대가구에 이르기까지 대부분의 가구와 잘 어울린다. 테이퍼를 깎을 때는 지그를 만들어서 테이블쏘 작업을 수행한다(A). 지그는 특정 크기의 다리 및 특정 각도의 테이퍼에만 사용할 수 있기 때문에, 나는 다리 크기 및 테이퍼 형태별로 여러 개의 지그를 만들어 사용한다. 다리 윗부분은 에이프런과 결합되는 부분의 평면 크기를 기준으로 폭을 정한다. 지그를 만들고 난 후에는 다리 부재의 길이, 폭, 그리고 조기대를 톱날에서 얼마나 떨어뜨려야 하는지 등 중요한 정보를 표시해둔다.

사각 단면의 다리 부재를 지그에 끼우고 톱날이 부재 위로 약간만 올라오게 조정한다. 지름이 큰 톱날을 사용하면, 목재를 밀 때 테이블에 잘 밀착된다. 한쪽 면을 먼저 자른다(B). 그런 다음 다리를 90° 돌려서 같은 방법으로 두 번째 면도 자른다(C).

자른 면을 손대패로 다듬는다. 이때 다리 윗부분의 편평한 면과 테이퍼 진 부분이 만나는 부분에 유의한다. 이 부분에서 선이 뚜렷이 남도록 만드는 것이 중요하다(D).

네 면이 테이퍼인 형태

네 면이 테이퍼 진 형태의 다리는 작은 탁자 및 섬세한 프레임에 잘 어울리는데, 다리가 발 위에서 춤추는 느낌이 든다. 두 면이 테이퍼 진 다리와 마찬가지로, 윗부분의 평면 구역은 다리를 에이프런에 결합시킬 때 필요한 면이다. 다리 전체를 테이퍼 지게 깎을 수도 있지만, 이 경우에는 가로대의 어깨를 다리의 테이퍼에 맞춰 각을 줘서 깎아야하기 때문에 더 까다롭다.

다리는 수압대패에서 깎는데, 기본만 지키면 안전한 작업이다. 절삭 깊이는 1.6mm 이하로 맞추며, 절대로 커터헤드 위로 손을 밀지 말고 푸시블록을 사용한다. 수압대패의 펜스에 마스킹 테이프로 다리가 시작되는 위치를 표시한다. 그런 다음 다리의 윗부분을 표시 부분에 대고, 보호덮개를 옆으로 벌려 연 다음, 회전하는 커터헤드 위로 천천히 다리를 내려서 깎는다. 대신에 안전한 작업을 위해서 손은 커터헤드 뒤쪽에 두어야 한다(A).

원하는 테이퍼 양을 얻을 때까지 이 과정을 반복하고, 횟수를 기억한다. 마지막 과정에서는 위에서 내리는 대신 테이퍼 진 면을 수압대패의 앞 정반에 밀착시켜서 전체를 밀어준다(B).

나머지 세 면도 옆으로 90°씩 돌려가면서 마찬가지 방법으로, 같은 횟수만큼 반복하면서 깎는다. 이렇게 하면 다리 윗부분의 평면 구역과 그 아래의 테이퍼 진 부분 경계에 뚜렷하게 선이 생긴다(C).

> ⚠️ **주의** 수압대패를 사용할 때, 회전하는 커터 바로 위에 손을 두어서는 절대 안 된다. 손으로 밀어서 작업할 때는 커터 이전 및 이후에서 누르면서 민다.

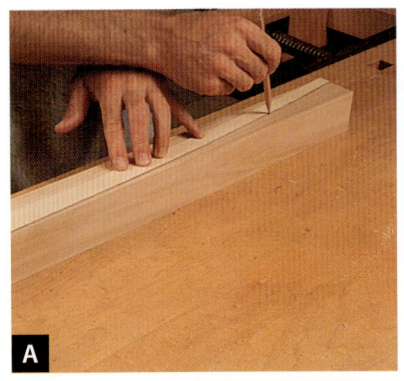

복합 곡면 다리

다리 디자인에는 여러 형태의 다양하고 복잡한 곡면을 넣을 수 있다. 가장 단순한 형태 중 하나는 인접한 두 면이 별도의 곡면을 형성하면서, 서로 멀어져 가는 모양으로 만든 날렵한 형태의 다리다. (곡면 작업에 대한 자세한 내용은 *The Complete Illustrated Guide to Shaping Wood*, by Lonnie Bird, The Taunton Press를 참고한다.)

준비한 목재의 각 면이 서로 직각인 초기 단계에서 결합부를 먼저 깎는 것이 순서다. 그런 다음 얇은 템플릿을 이용해서 표면에 원하는 모양을 그린다(A).

밴드쏘에 얇은 톱날을 장착하고 표시선을 따라 자른다(B). 그런 다음 목재를 90°도 돌려서 잘린 면에 템플릿을 눌러 대고 곡선을 그린다. 이때 결합부의 방향을 잘 확인해야 한다(C). 처음과 마찬가지로 옆면도 자르는데, 흔들거리지 않도록 목재를 테이블에 잘 붙이고 작업한다(D).

바닥이 편평한 스포크쉐이브를 사용해서 톱자국 및 곡선을 깨끗하게 다듬는다(E). 곡선의 변화를 크게 만들고자 할 때는 바닥이 볼록한 스포크쉐이브를 사용한다. 다리의 최종적인 모양은 두 면이 바깥으로 우아하게 휘어진 형상이다(F).

목선반 가공 다리

가구의 다리는 목선반에서 다양한 형태로 디자인해서 깎을 수 있다. 그러나 제대로 제작하기 위해서는 기본적인 사항은 지켜야 한다. 일반적으로, 사진에서 Mike Callihan이 보이듯이, 윗부분은 직각 형태로 그냥 두는 것이 좋다. 다리에 에이프런이나 가로대를 결합시킬 때, 통상의 방법대로 장부의 어깨 부분을 직각으로 가공할 수 있기 때문에 작업이 수월하다. 결합부를 미리 그려두고, 목선반 가공이 끝나 후에 나중에 깎으면 된다.

먼저 목재 둘레로 어깨 부분을 표시한 다음, 목선반의 양쪽 센터 사이에 끼운다. 처음에는 러핑가우지(roughing gouge)로 모서리를 둥글게 깎아낸다. 윗부분 평면 구역 50mm 아래 까지만 깎는다(A).

목선반 작업한 부분과 윗부분을 구분하기 위해서 표시선 바로 아래에 밴드쏘에서 3mm 깊이로 돌아가면서 둘레를 자른다. 모서리는 조금 더 깊이 자를 수 있다(B).

목선반에서 회전시키면서 스큐(skew chisels; 창끌. 목선반 작업에서 필수적인 세 가지 공구는 가우지, 파팅툴, 스큐다. - 옮긴이)의 끝부분을 사용해서 포멜(pommel; 사각형 단면과 원형 단면 사이의 변화구간 - 옮긴이)의 어깨 부분을 깎아낸다(C). 그런 다음 러핑가우지의 모서리 부분을 이용해서 어깨 부분까지 둥글게 깎는다(D).

이제, 파팅툴(parting tool)과 캘리퍼를 사용해서 포멜 아래를 둥글게 깎는다(E). 스큐의 끝부분을 사용해서 표시선까지 포멜의 어깨 부분을 다듬는다(F).

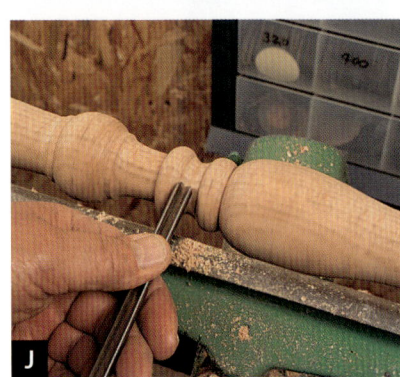

같은 디자인의 다리를 여러 개 깎는다면 디자인 패턴을 준비하고, 각 부분의 지름을 표시해두면 도움이 된다. 목재를 대략 둥글게 깎은 후에는, 패턴을 대고 주요 위치에 표시선을 긋는다(G). 파팅툴로 표시선에 홈을 파는데, 끼이지 않도록 홈을 조금씩 넓혀간다. 패턴에 표시된 각 부분 지름에 맞도록 캘리퍼로 확인하면서 정확한 깊이로 깎는다. 캘리퍼가 걸리는 것을 방지하기 위해서, 팁 부분이 둥글게 생긴 것을 사용하고, 항상 절삭공구 반대편에 대고 잰다(H).

지름이 큰 부분을 지름이 작은 부분보다 먼저 작업해야 다리가 휘지 않는다. 일직선 혹은 약간 곡선을 이루는 부분은, 가우지나 스큐를 사용해서 패턴을 눈으로 확인하면서 작업한다. 스큐를 잘 다루는 데는 시간이 필요하지만, 가장 매끈한 면을 만들 수 있다. 비드를 깎을 때는 중심선을 표시하고, 스큐의 끝부분을 위로 두고 돌려가면서 깎는다(I). 옴폭 들어간 부분을 깎을 때는 소형 가우지를 사용하며, 날이 걸리지 않도록 비비듯이 깎는다. 깎을 때는 곡선 형상이 적절한지 눈으로 판단하는데, 깎는 지점이 아니라 윗부분 형상을 기준으로 살피는 것이 더 정확하다(J).

공구 받침대는 치우고, 다리를 회전시키면서 사포질로 마감한다. 180-grit 사포로 시작해서 220-grit 사포까지 사용한다.

의자 및 스툴

의자 결합부

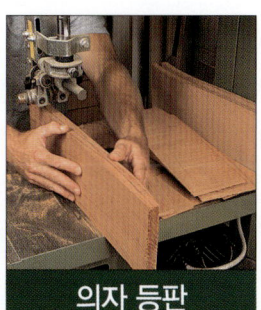

의자 등판

의자 좌판

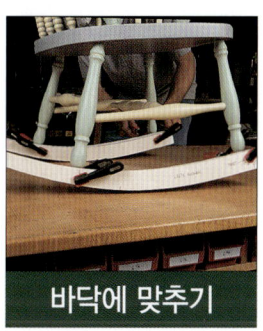

바닥에 맞추기

가구의 주요 기능 중에 하나가 앉는 용도다. 의자나 스툴은 결합부의 각도가 복잡하긴 하지만, 만드는 걸 지나치게 겁낼 필요는 없다. 각을 정하고 깎는 것이 생각보다는 쉽고, 또한 수세기 동안 이어져온 제작 기법 및 공구가 있다. 이들 대부분은 사용하기 쉽고 효율적이다.

대부분의 의자는 크게 두 종류로 나눌 수 있다. 하나는 플랭크 의자(plank chair)로 상하부가 좌판에 연결된 형태고, 다른 하나는 프레임 의자(frame chair)로 다리, 가로대 및 스트레처(stretcher)가 기본적인 구조를 이루고, 좌판을 부수적으로 얹은 형태다.

대부분의 의자는 안락하게 앉을 수 있도록 모양에 곡면이 포함되어 있다. 좌판 및 등판이 대표적인 곡면 부재다. 이러한 부재는 직접 손으로 깎을 수도 있고, 밴드쏘에서 자를 수도 있고, 아니면 적층구조로 제작할 수도 있다. 좌판이나 등판을 천이나 가죽으로 씌울 수도 있고, 천, 골풀, 얇은 판재 등 여러 재료로 유연하게 제작해서, 좀 더 편안하게 앉을 수 있도록 만들 수 있다.

제작한 의자는 바닥에 놓았을 때, 단단하게 지지되어야 한다. 의자를 제작하다보면 다리 하나가 더 길거나 짧은 경우가 종종 발생하므로, 이를 손보는 것이 마지막으로 해야 할 일이다. 정말 행복하게 앉으려면 흔들의자가 좋다.

편안하고 튼튼한 디자인

의자를 디자인할 때는 세 가지 목표가 있다: 안락함, 내구성, 그리고 멋진 형상이다. 디자인에 관한 기본적인 원칙도 있고 다양한 개성도 표현할 수 있지만, 안락하고 튼튼한 의자를 디자인하기 위해서, 따라야하는 중요한 기준이 있다.

딱히 정해진 숫자는 없지만, 의자 각 부분의 크기 및 등판의 각도가 맞아야 편안하게 앉을 수 있다. 아래 그림은 식탁 의자를 기준으로 평균적인 크기를 표시한 것이다. 사무용 의자나 안락의자 등을 디자인할 때도 이 크기를 참고할 수 있다.

튼튼한 의자를 만들기 위해서는 목재 및 맞춤 형식을 잘 선택해야 한다. (맞춤에 대한 더 자세한 내용은 *The Complete Illustrated Guide to Joinery*, by Gary Rogowski, The Taunton Press를 참고한다.) 의자의 각 부재는 일반적으로 상당히 얇기 때문에, 곧은결 목재를 사용해야 의자를 오랜 기간 사용할 수 있다. 중요한데도 종종 무시되는 것이 긁힘방지 가구발을 다리 바닥에 박는 것이다. 가구발을 붙이면 앉았을 때 쿠션 역할도 하고, 의자를 끌었을 때 다리나 바닥이 손상되지 않는다.

▶ 200쪽의 *"가구발"*을 참고한다.

플랭크 의자

플랭크 의자는 전체적으로 부재가 의자 자체 둘레에 돌아가면서 붙어 있다. 윈저 의자(Windsor chairs)가 대표적인 경우다. 좌판은 50mm 정도로 두꺼워야 하는데, 각 부재를 일체로 튼튼하게 연결하기 위해서는 충분한 깊이가 필요하기 때문이다. 가장 튼튼한 맞춤 양식은 부재를 테이퍼 형태로 깎고, 마찬가지로 테이퍼 형태로 판 구멍에 끼우거나 장부맞춤 형태로 결합시키는 것이다. 의자 하부에 스트레처를 설치하면, 의자의 전체적인 강도가 현저하게 높아진다.

프레임 의자

프레임 의자는 좌판이 아니라, 프레임 부재가 구조를 형성한다. 이 구조에서는 앉는 틀 부분에 판재 형태의 좌판(plank seat)을 올리거나, 별도의 좌판을 끼우거나(slip seat), 전통적인 형태의 덧씌운 좌판을 설치한다. 다리, 기둥, 가로대에 원형 단면의 부재를 사

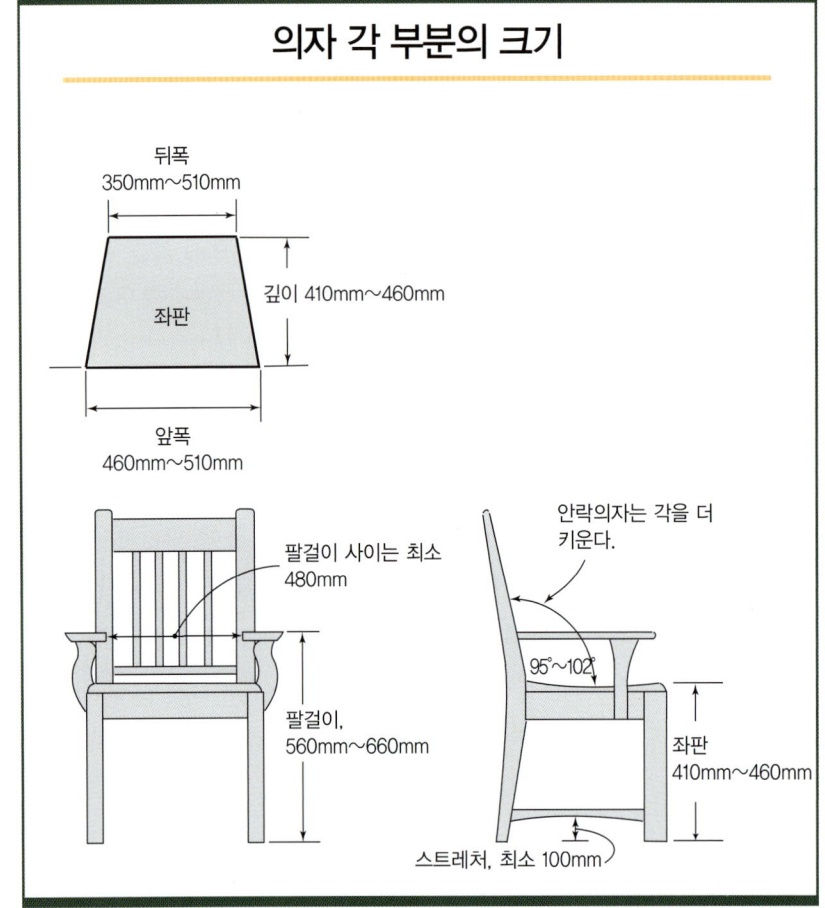

의자 각 부분의 크기

뒤폭
350mm~510mm

좌판

깊이 410mm~460mm

앞폭
460mm~510mm

팔걸이 사이는 최소 480mm

안락의자는 각을 더 키운다.

95˚~102˚

팔걸이, 560mm~660mm

좌판 410mm~460mm

스트레처, 최소 100mm

용할 수는 있지만, 일반적으로 사각형 단면의 가로대 및 기둥이 서로 다양한 각도로 결합되는 경우가 많다.

좌판과 등판

앉았을 때 엉덩이와 등이 편안한가 하는 것이 좋은 의자를 판단하는 제일 중요한 기준이다. 좌판과 등판의 크기를 정한 후, 디자인은 곡선 혹은 곡면 형상을 도입할 수 있다. 등판에는, 축 형태의 부재를 곡선으로 제작해서 좌판이나 프레임에 장부맞춤 형태로 결합시키거나, 원목 판재를 적절하게 곡면으로 깎아서 사용한다. 좌판을 깊숙이 깎아 내거나 유연한 재료로 엮어서 만들면 편안하게 앉을 수 있다. 덮개를 씌우면 세련된 느낌도 나고 쿠션이 있기 때문에 앉았을 때는 엉덩이가 편하다. (적층 좌판 및 등판 등 곡면을 정확하게 제작하는 방법은 *The Complete Illustrated Guide to Shaping Wood*, by Lonnie Bird, The Taunton Press를 참고한다.)

의자를 사용하다보면 몸을 뒤쪽으로 미는 경우도 있고, 그렇게 하다보면 의자 다리가 부러지는 참사가 생기기도 한다. 이를 방지하기 위해서 의자 뒤쪽 다리에 붙이는 멋진 장치가 있다. 틸터(tilter)라고 부르는데, 의자 다리에 끼워서 회전하게끔 되어 있는 공 모양의 나무다. 요즘은 금속으로 만들어지는데, 다리에 끼워서 사용한다. 234쪽 위 사진이 나무로 만든 틸터와 금속 틸터다.

나무 틸터의 구조를 보면 어떻게 만드는지 알 수 있다. 다리에 오목한 구멍을 팔 때는 스페이드 비트(spade bit, 나비비트)을 개조해서 사용한다. 탁상드릴에서 정반을 90° 눕히고, 다리를 비트에 평행하게 클림핑 하고 작업하는 것이 정확하다. 나무 틸터는 목선반에서 구멍에 맞춰 깎는다. 틸터를 가죽끈으로 고정

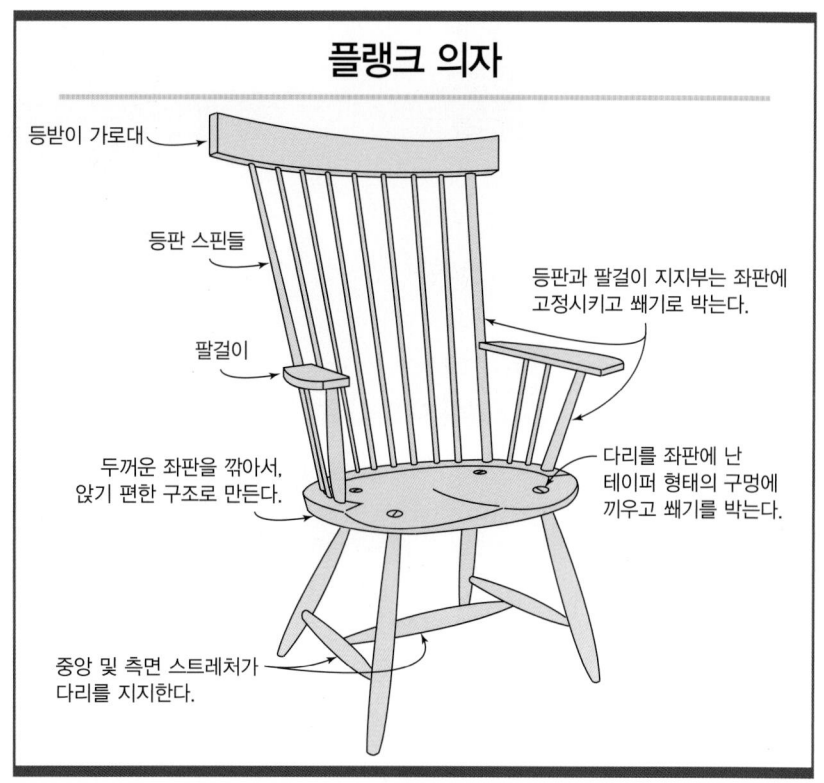

플랭크 의자

등받이 가로대

등판 스핀들

등판과 팔걸이 지지부는 좌판에 고정시키고 쐐기로 박는다.

팔걸이

두꺼운 좌판을 깎아서, 앉기 편한 구조로 만든다.

다리를 좌판에 난 테이퍼 형태의 구멍에 끼우고 쐐기를 박는다.

중앙 및 측면 스트레처가 다리를 지지한다.

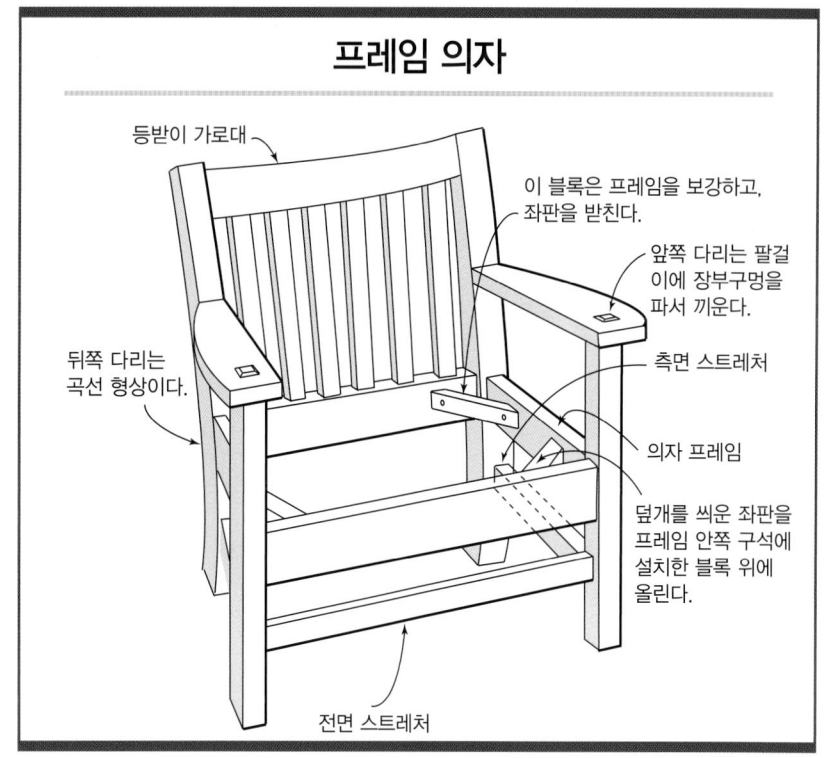

프레임 의자

등받이 가로대

이 블록은 프레임을 보강하고, 좌판을 받친다.

앞쪽 다리는 팔걸이에 장부구멍을 파서 끼운다.

측면 스트레처

의자 프레임

뒤쪽 다리는 곡선 형상이다.

덮개를 씌운 좌판을 프레임 안쪽 구석에 설치한 블록 위에 올린다.

전면 스트레처

과거에는 공 모양의 나무를 소켓에 끼우는 틸터를 사용했는데, 요즈음에는 금속 제품을 많이 사용한다(the United Society of Shakers, Sabbathday Lake, Maine 소장품. 사진 John Sheldon).

통나무를 잘라서 만들 때는 격자로 표시한 뒤 도끼로 자른다.

프로우(froe; 길쭉한 도끼 형태로 통나무를 쪼갤 때 사용함 – 옮긴이)와 나무 망치로 필요한 크기로 잘게 쪼갠다. 프로우에 손잡이가 있기 때문에 지렛대 원리를 사용해서 수직으로 조절하면서 쪼갤 수 있다.

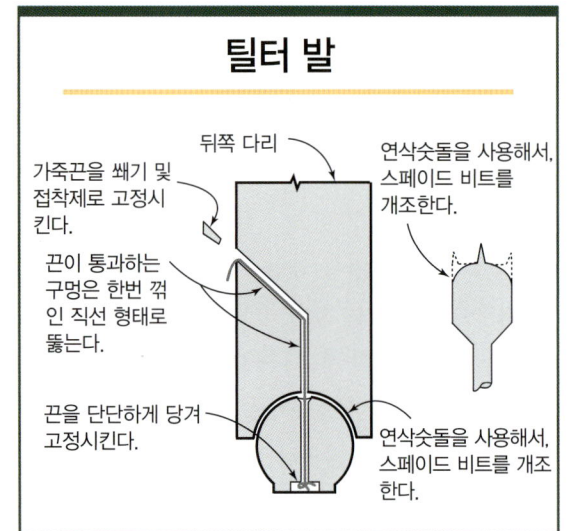

틸터 발

뒤쪽 다리

가죽끈을 쐐기 및 접착제로 고정시킨다.

끈이 통과하는 구멍은 한번 꺾인 직선 형태로 뚫는다.

끈을 단단하게 당겨 고정시킨다.

연삭숫돌을 사용해서, 스페이드 비트를 개조한다.

연삭숫돌을 사용해서, 스페이드 비트를 개조한다.

하기 전에, 틸터와 다리에 깎은 구멍 안쪽에 왁스를 칠해서 마찰을 줄인다.

통나무를 이용하는 방법

목재를 톱으로 켜서 사용하는 대신, 통나무를 쪼개서 다리나 등판 스핀들에 사용해도 튼튼한 의자를 만들 수 있다. 더구나 통나무는 나뭇결이 벗어나는 경우가 없고 곧기 때문에 작업하기도 더 수월하다. 의자 제작자인 Drew Langsner(Country Workshops in Marchall, North Carolina)는 마구리 단면에 정사각형을 나눠 그린 다음, 도끼와 나무 몽둥이로 한 선씩 가른다.

그 다음에는 프로우(froe; 설도)를 사용해서 각각 작은 사각형으로 쪼개는데, 작은 나무망치 형태인 프로우 망치를 사용한다. 프로우의 날을 쪼개는 나무의 가운데 부근에 두고 망치로 세게 내려친다. 일부 갈라지면 프로우로 뒤틀어서 반으로 쪼갠다. 이런 식으로 각각의 사각형을 전부 쪼갠다.

▶ 작업대 스토퍼 설치

친구 이자 가구제작자인 Frank Klausz의 공방에 있는 스토퍼를 참고해서 만들었다. 작업대 단부에, 작은 사각형 나무를 수평방향으로 완전히 고정시키고, 그 양쪽 끝에 회전시켜서 위로 올릴 수 있는 스토퍼를 설치해서, 대패질 혹은 톱질 할 때 작업물을 지지하는 용도로 사용한다. 스토퍼가 양쪽에 있기 때문에, 밀면서 자르는 전통적인 유럽식 톱과 당기면서 자르는 동양식 톱을 모두 사용할 수 있다.

양쪽 두 스토퍼는 회전하게 되어 있고, 가운데 나무가 이를 받치는, 단순하지만 효과적인 구조다. 자르는 방향에 따라 스토퍼를 선택해서 올리면 된다.

프로우를 지렛대처럼 사용해서 나무를 쉽게 쪼갤 수 있다.

작업 보조대에 고정시키고 깎으면 쉽다. 이 도구는 발로 누르면, 윗 부분이 부재를 죄서 고정시킨다.

이웃한 두 면을 직각으로 깎은 후에는 공방에서 만든 간단한 게이지를 사용해서 작업할 폭을 표시한다.

사각형 단면의 부재를 둥글게 깎아야 하는데, 다음 순서대로 진행한다. 먼저 탁상 바이스 혹은 작업 보조대(shaving horse)에서 드로우나이프(draw knife)로 이웃한 두 면을 일직선에 가깝게 사각형으로 깎는다.

두 면을 직각으로 깎은 후에는 부재의 폭을 표시하고 난 후, 계속해서 나머지도 면도 표시선에 맞춰 원하는 크기로 깎는다.

드로우나이프로 표시선에 맞춰 직각으로 깎는다. 둥글게 깎을 준비를 하는 것이다.

합판으로 뚜껑을 만들어 먼지가 앉는 것을 막아주면, 도끼의 날을 날카롭게 유지할 수 있다.

먼저 모서리를 깎아서 팔각형 단면으로 깎는다.

나무를 폭에 맞춰 사각형 단면으로 깎은 후에는 드로우나이프를 사용해서 모서리 부분을 깎아내서 팔각형 단면으로 깎는다. 그런 다음에는 바닥이 편평한 스포크쉐이브를 이용해서 각을 깎아낸다. 계속 눈으로 확인하면서, 다리 혹은 스핀들의 면이 둥글게 되도록 깎는다.

그루터기 보호

공구를 스포크쉐이브로 바꾸고, 팔각형 형상을 일정하고 매끈하게 다듬는다.

장작을 팰 수 있는 그루터기가 있으면, 나무를 눕혀서 쪼개는 작업 혹은 단단한 마구리면을 도끼로 쪼개는 작업 등 다양하게 이용할 수 있다. 먼지나 사포 연마재 가루가 표면의 공극에 끼일 수도 있고, 지나가는 사람들이 앉아 쉬기도 하니까 더러워진다. 이걸 막아야 칼이나 손도끼의 날이 무뎌지지 않는다. 사람들이 함부로 앉지 못하게 하고, 윗면을 깨끗하게 유지하려면, 의자제작자 Langsner가 하는 것처럼 자투리 목재에 합판을 붙여서 뚜껑을 만들어서 덮어둔다.

스포크쉐이브로 각진 부분을 깎아내서 둥글게 만든다. 면이 고른지 손으로 확인하면서 작업한다.

둥근 장부 깎기

장부를 둥글게 깎는 데는 오래된 방법이긴 하지만 최고의 방법 중 하나는, 수공구로 직접 깎는 것이다. 게이지 블록을 사용하면 장부 지름을 정확히 맞추는 데 도움이 된다. 드로우나이프와 스포크쉐이브로 둥글게 깎은 후에는 줄로 단부를 모따기한다(A).

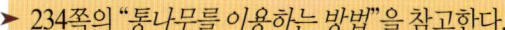

▶ 234쪽의 "통나무를 이용하는 방법"을 참고한다.

게이지 블록에 정확한 크기로 구멍을 뚫고 흑연으로 채운 후, 장부를 끼워 넣고 돌려보면 제대로 깎였는지 알 수 있다(B). 게이지에 구멍 3개를 뚫어서 사용하며, 하나는 최종 확인용으로 사용한다.

흑연이 묻은 부분을 스포크쉐이브로 깎아내서 둥글게 만든다(C). 장부가 일직선으로 깎이도록 신경 쓰면서, 장부를 게이지 블록에 맞춘다. 장부가 거의 맞으면 80-grit 천사포를 감아서, 앞뒤로 당기고 밀어서 둥글게 깎으면서, 지름을 줄여간다(D).

장부는 게이지 블록에 부드럽게, 그리고 단단하게 끼워져야 한다(E).

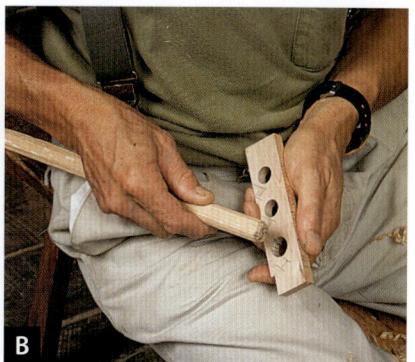

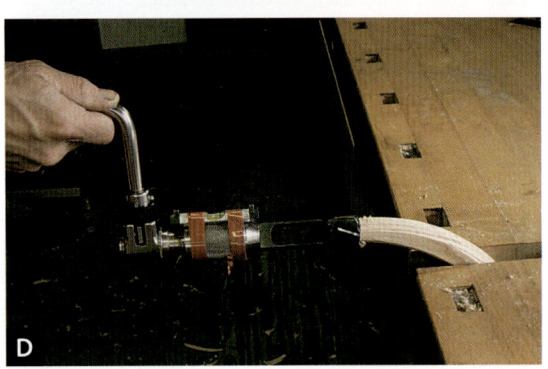

목선반에서 장부 깎기

목선반에서 장부를 깎는 것이 가장 빠르게 경제적이다. 어깨 부분을 표시하고 목선반 센터에 끼워 깎는데, 도중에 캘리퍼로 지름을 수시로 확인한다. 남는 공간 없이 캘리퍼가 부드럽게 들어가야 한다.

구멍이 테이퍼 형상이고, 장부도 테이퍼로 깎는다면 목선반을 사용하는 것이 제일 낫다. 작은 쪽 지름과 큰 쪽 지름에 맞춰서 홈을 깎은 후 테이퍼 작업을 하면, 정확한 기울기로 깎을 수 있다. 깎으면서 지름을 수시로 확인한다(A).

19mm 러핑가우지로 테이퍼를 깎는다. 목선반의 헤드스톡(headstock; 주축대) 쪽에서 작업하면 공구가 드라이버스퍼(drive spur)를 칠 수 있으므로, 테일스톡(tailstock; 심압대) 쪽에서 작업한다(B).

장부가 굵거나 긴 경우에는 시판되는 장부커터(tenon cutter)를 구입해서 드릴에 물려서 깎는다. 속도도 빠르고 길이 110mm까지 깎을 수 있다. 목재를 수평으로 클램핑한 후, 부재 축에 맞추어 수평을 잘 유지해야 장부를 곧게 깎을 수 있다(C). 생나무나 마른나무 모두 이 공구로 작업할 수 있는데, 불규칙하게 생긴 나무도 사용하고 장부의 어깨 부분이 깔끔하지 나오지 않더라도 크게 상관없는 소박한 작업에 적합하다.

둥근 장부를 깎을 때 사용할 수 있는 다른 공구도 있다. 가장 간단한 방법 중 하나는 전기드릴에 플러그 커터를 물려서 사용하는 것이다. 드릴에 기포 수준기를 테이프로 붙이면, 비트를 장부 중심에 정렬할 때 도움이 된다(D). 이 방법은 장부 길이에는 한계가 있다.

원형 장부

구멍을 테이퍼로 파고, 장부도 테이퍼 지게 깎아서 끼우는 것이 좌판과 다리를 가장 튼튼하게 연결할 수 있는 방법 중 하나다.

▶ 237쪽의 "둥근 장부 깎기"를 참고한다.

의자에 사람이 앉으면, 체중으로 인해서 결합부는 더 단단하게 조여진다(A). 의자제작자 Drew Langsner는 실물 크기의 패턴을 사용해서 구멍을 먼저 표시한다(B).

구멍을 표시한 다음에는 핸드드릴에 오거비트(auger bit)를 물려서 정확한 각도로 구멍을 뚫는다. 다리의 경사를 나타낼 수 있는 간단한 게이지를 직접 만들어 옆에 두면, 눈으로 경사각을 확인하면서 작업할 수 있다(C). 비트 끝의 나사가 좌판 아래를 뚫고 나오면 바로 멈춘다. 이제 좌판을 뒤집어서 아래에서 구멍을 마저 뚫는다. 이렇게 하면 나무가 뜯기는 것을 최소화할 수 있다.

좌판 밑이 위로 향하게 그냥 둔 채, 구멍을 테이퍼지게 깎아야 하는데, 드릴이나 핸드드릴에 테이퍼 리머(taper reamer)를 물려서 깎는다. 앞에서와 유사하게 직각자, 자유각도자를 사용해서 각을 맞춘다(D). 별도의 다리를 하나 깎아서 구멍의 테이퍼 깊이를 확인하는 데 사용한다(E). 장부 지름 전체가 좌판 바닥에 닿을 때까지 계속 확인하면서 작업한다.

다리와 스트레처의 장부는 경사가 복합적이라서 골칫거리다. 탁상드릴에서 경사진 플랫폼을 만들어서 사용하는 것이 한 방법이다(F). 그러나 다리를 조립한 후에 구멍을 뚫는 것도 가능하다. Powerbore® 비트와 확장 장치를 사용해서 이웃하는 다리까지 한

다리 위쪽을 쪼개고, 테이퍼 진 쐐기를 박는다. 나뭇결은 좌판의 나뭇결과 직각을 이루도록 방향을 정한다.

사람이 앉으면 좌판이 장부에 낀다.

의자에 하중이 걸리면 테이퍼 진 장부가 테이퍼 진 구멍으로 박힌다.

장부를 장붓구멍에 단단하게 고정시키기 위해서는 8°~10° 정도의 테이퍼 각이 이상적이다.

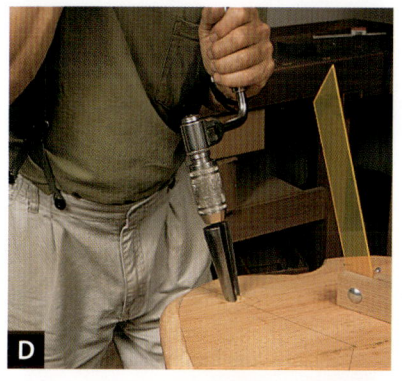

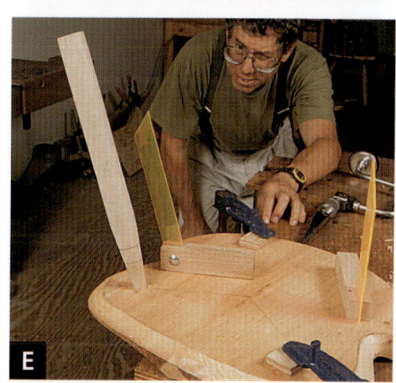

(사진 Drew Langsner)

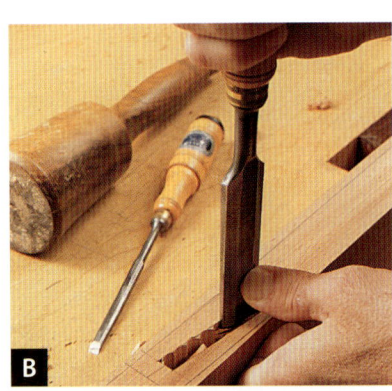

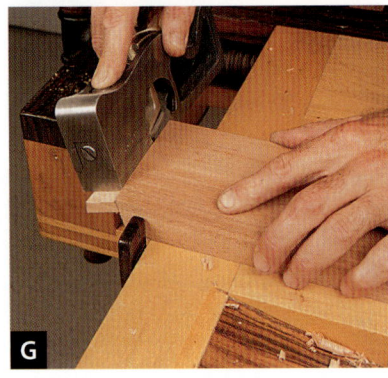

번에 구멍을 뚫을 수 있다(G). 가이드 장치를 다리에 클램핑하는데, 전체 조립물을 잡아주는 역할도 하고, 구멍을 뚫을 때 시각적으로도 도움이 된다.

경사진 장부맞춤

의자 제작에서 장부맞춤은 반드시 필요한 결합이지만, 경사지게 깎아야 하는 경우가 종종 있다. 이때는 장붓구멍을 먼저 깎는 것이 좋으며, 그래야 장부를 정확하게 맞출 수 있다. 장붓구멍을 경사지게 깎아야 한다면, 표시를 한 후, 탁상드릴에서 구멍을 판다. 포스너 비트를 사용하는데, 장붓구멍의 폭과 동일한 지름의 비트를 사용한다. 먼저 장붓구멍의 양쪽에 구멍을 파고, 그 사이에는 구멍이 겹치도록 연속적으로 판다(A).

평끌을 사용해서 장붓구멍을 직각으로 깎는다. 양단은 폭이 좁은 끌을 사용해서 직각으로 깎고 긴 벽부분은 폭이 넓은 끌을 사용해서 깎는다(B).

장부를 깎을 때는 의자 및 결합부를 실제 크기로 그려서 옮기는 게 좋다. 경사각을 수학적으로 계산하지 말고, 자유각도자를 사용해서 그대로 옮긴다(C).

자유각도자에 각을 고정한 다음 목재에 옮겨 그린다. 직각자를 자유각도자에 밀착시켜 대고 선을 그리면, 장부의 옆면이 정확하게 직각으로 뻗어 나오게 그릴 수 있다(D).

이제 부재를 수직으로 클램핑한 다음, 등대기톱으로 표시선을 따라 장부의 옆면을 켠다(E). 작업대 위에서 스토퍼로 받치고, 부재를 수평으로 잡고, 톱을 기울여서 장부의 경사진 어깨 부분을 자른다(F). 마구리대패를 사용해서 장부의 면을 다듬는데, 면은 편평하고 서로 평행해야 한다(G).

밴드쏘에서 휘어진 등판 깎기

넓고 휘어진 등판을 밴드쏘에서 깎을 수 있다. 비교적 작은 밴드쏘로도 이 작업이 가능하다. 개별 판재를 켜서 따로 깎지만, 접착제로 붙여서 원하는 크기의 등판을 만들 수 있다. 나뭇결이 서로 이어지도록 맞추는데, 판재 옆면에 합판 템플릿을 못으로 고정한 후 디자인을 옮겨 그린다(A).

밴드쏘 톱날을 판재에 직각으로 잘 맞추고(이게 정반을 톱날에 직각으로 맞추는 것보다 쉽다), 표시선을 따라 곡선으로 자른다(B). 자른 다음에는 판재를 최대한 서로 잘 정렬해서 접착해서 붙이고 클램핑한다(C).

이제 등판의 양쪽 면을 다듬는데, 바닥이 편평하거나 둥근 스포크쉐이브 및 스크레이퍼를 사용하며 사포는 최소한으로 사용한다(D). 가로 방향으로는 면이 곧은지 곧은자로 주기적으로 확인한다.

(사진 Drew Langsner)

좌판 깎아서 만들기

두꺼운 판재로 좌판을 깎아 만드는 것은, 어렵지는 않지만 물리적으로 상당히 힘들다. 특히 윈저 의자의 좌판처럼 둥글게 깊이 파는 경우가 그렇다. 의자제작자 Drew Langsner는 인쉐이브(inshave; 깎낫과 유사하다. - 옮긴이)로 가장 깊은 부분을 먼저 깎아낸다. 짧고 빠른 스트로크를 사용해서, 나뭇결 대각선 방향으로 작업한다. 인쉐이브 중에 가운데 부분이 곧고 양쪽 옆이 곡선 형태인 것이 사용하기 쉽다(A). 원하는 깊이만큼 손으로 깎을 수도 있고, 아니면 가장 깊은 위치까지 작은 구멍 두 개를 먼저 뚫어 놓고 그 깊이에 이를 때까지 깎아낸다.

인쉐이브보다 더 빨리 작업할 수 있지만 사용하기 약간 까다로운 공구가 자귀(adze; 깎기망치)다. 한 번에 많은 양을 깎아낼 수 있다. 자투리 목재를 바닥에 못으로 박고 여기에 판재를 대고 발로 고정한다. 자귀로 두 다리 사이에서 내려찍어 파내는데, 나뭇결을 가로질러 깎는다(B).

인쉐이브나 자귀 작업 후에 거친 표면을 다듬을 때는 트레비셔(travisher)를 사용한다. 트레비셔 몸체의 바닥과 날은 휘어진 면이 서로 다르기 때문에 매우 정확하게 작업할 수 있다(C). 얕게 깎이도록 날을 조정한 다음, 순결방향으로 밀거나 당겨서 깎는다. 손대패와 비슷한 톱밥이 생긴다(D). 눈으로 살피고 손으로도 만져보면서 적절하게 깎이고 있는지 확인하다. 마지막으로 패드샌더(pad sander)로 사포질한다.

좌판의 가장자리를 깎는 방법은 밴드쏘 정반을 기울인 다음, 돌아가면서 단면을 빗면으로 자른다(E). 그런 다음 드로우나이프로 다듬는다. 대각선으로 약간 비스듬한 방향으로 깎는 것이 조절하기 용이하다(F). 바닥이 편평한 스포크쉐이브를 사용해서, 빗면을 다듬고 모서리를 약간 둥글게 처리한다(G).

좌판을 엮어서 만들기

기둥과 가로대로 구성된 의자는, 새 의자든 낡은 의자든, 좌판 혹은 등판을 여러 재료를 엮어서 만들면, 짧은 시간에 안락한 면을 제작할 수 있다. 직물 테이프, 나일론 띠, 등심초 줄기, 부목 등 다양한 재료를 사용할 수 있으며, 만드는 방법은 서로 비슷하다. 이 분야 전문가인 Pat Boggs(Berea, Kentucky)는 히코리(hickory) 속껍질에서 잘라낸 스트립이나 부목을 사용한다.

스트립을 뜨거운 물에 30분 정도 담갔다가 날줄부터 작업하는데, 스트립을 옆쪽 가로대에 고정시키고 앞에서 뒤로 가로대 둘레로 팽팽하게 감는다(A, B). 스트립의 끝에 도달하면 새 스트립을 연결한다. 다 엮었으면 뒤쪽 가로대 둘레로 스트립을 감은 다음, 모서리를 돌아서 옆쪽 가로대에 고정시킨다.

씨줄 스트립은 의자 뒤쪽에서 시작해서, 옆쪽 가로대 둘레로 감아서 날줄 스트립의 위아래로 지나가게 엮는다(C). 씨줄을 날줄마다 매번 위아래로 엮을 수도 있지만, 원하는 모양에 따라 두 줄 이상을 넘겨서 엮을 수도 있다(D). 나무블록을 사용해서 부목의 가장자리를 망치로 두드려서 서로 밀착시킨다(E). 스트립의 끝은 좌판 아래에서 여러 씨줄을 건너 엮어서 고정시킨다. 스트립은 마르면서 팽팽하게 수축하므로, 질기고도 탱탱한 좌판을 만들 수 있다.

A

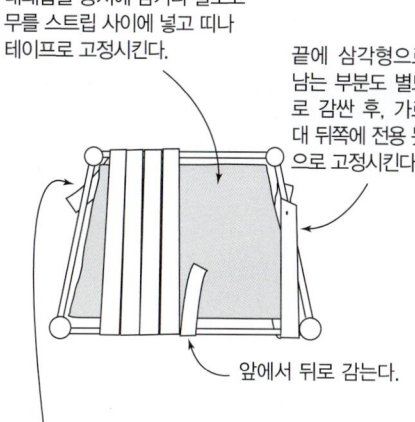

대패밥을 봉지에 담거나 발포고무를 스트립 사이에 넣고 띠나 테이프로 고정시킨다.

끝에 삼각형으로 남는 부분도 별도로 감싼 후, 가로대 뒤쪽에 전용 못으로 고정시킨다.

앞에서 뒤로 감는다.

스트립 시작점은 옆쪽 가로대 아래에 전용 못(upholstery tacks)으로 고정시킨다. 스트립으로는 나일론 띠, 직물 테이프, 등심초, 부목 등을 사용할 수 있다.

B

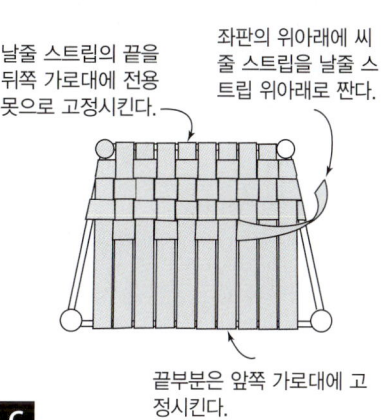

날줄 스트립의 끝을 뒤쪽 가로대에 전용 못으로 고정시킨다.

좌판의 위아래에 씨줄 스트립을 날줄 스트립 위아래로 짠다.

끝부분은 앞쪽 가로대에 고정시킨다.

C

D

E

좌판에 덮개 씌우기

좌판에 쿠션이 필요하면, 패드를 대고 커버링한다. 원목으로 좌판 바닥을 움푹하게 깎을 수도 있고, 아니면 편평한 합판을 그냥 사용해도 된다. 쿠션은 약 25mm 두께로 만드는데, 발포고무, 솜이나 폴리에스터 뭉치(목화솜이 느낌이 자연스럽다), 천 등을 이용하고, 이외에는 고정시키는 못(upholstery tacks)이 필요하다. 발포고무를 좌판의 외곽선 바로 안쪽에 맞춰 잘라 놓고, 그 위에 솜뭉치를 크기에 맞춰 잘라 얹는다(A). 발포고무는 밴드쏘에서 정반을 약간 기울여서 가장자리를 약간 경사지게 자른다.

천은 돌아가면서 75mm~100mm 정도 여유를 두고 자른다. 좌판에 발포고무, 솜뭉치를 얹고 천으로 덮은 다음 전체를 뒤집는다. 두어 개의 못으로 임시 고정하거나, 좌판 아랫면의 앞쪽 가운데와 뒤쪽 가장자리에 시침바느질하듯이 고정시킨다. 작업하면서 천을 고루 잘 당겨 펴야 한다(B). 그런 다음 옆쪽도 잘 당겨서 가운데에서 못으로 고정시킨다(C).

이제 스테이플건(타카)를 사용해서 좌판에 영구적으로 고정시킨다. 앞쪽 가운데를 먼저 하고, 뒤쪽 가장자리, 그리고 모서리 순으로 작업한다(D).

앞뒤와 마찬가지로 옆쪽도 스테이플건으로 고정시키는데, 가운데를 먼저 작업하고 모서리를 작업한다. 작업하면서 좌판을 뒤집어서 윗면이 편평한지 계속 확인해야 한다. 잘못되면 위치를 고쳐야 하므로 못을 뽑을 수 있도록 못뽑이나 장도리를 준비한다. 면이 많이 고르지 않으면, 모서리에서는 천을 접어서 고정시키면 더 팽팽하게 된다(E).

의자 및 스툴의 수평 맞추기

　의자 혹은 스툴을 제작해보면, 처음에 바닥에 바로 딱 맞지 않는다. 적어도 다리 하나는 약간 더 길어서 의자가 건들거리는 경우가 많다. 이것을 교정하는 것은 쉽다. 의자를 큰 MDF나 테이블쏘 정반에 올리고 문제가 되는 다리를 가장자리 바깥으로 약간 내민다. 이때 나머지 다리는 모두 정반 표면에 밀착되어야 한다. 내민 다리 둘레로, 정반 가장자리 높이로, 연필 선을 표시한다(A).

　등대기톱으로 표시선에서 자른다(B). 다시 의자를 편평한 면에 올렸을 때, 건들거리지 않고 딱 맞아야 한다.

러너의 반지름은 910mm~1,070mm 정도인데, 앉았을 때 턱에서 바닥면까지의 거리다. 반지름이 작으면 움직임이 빠르고, 반지름이 크면 움직임이 느리다.

좌판과 바닥면 사이의 각은 90°~120° 정도. 의자 뒤쪽 다리의 길이를 줄이거나 러너의 위치를 앞뒤로 조정해서 각을 바꿀 수 있다.

러너는 뒤로 가면서 테이퍼 지게 만든다.

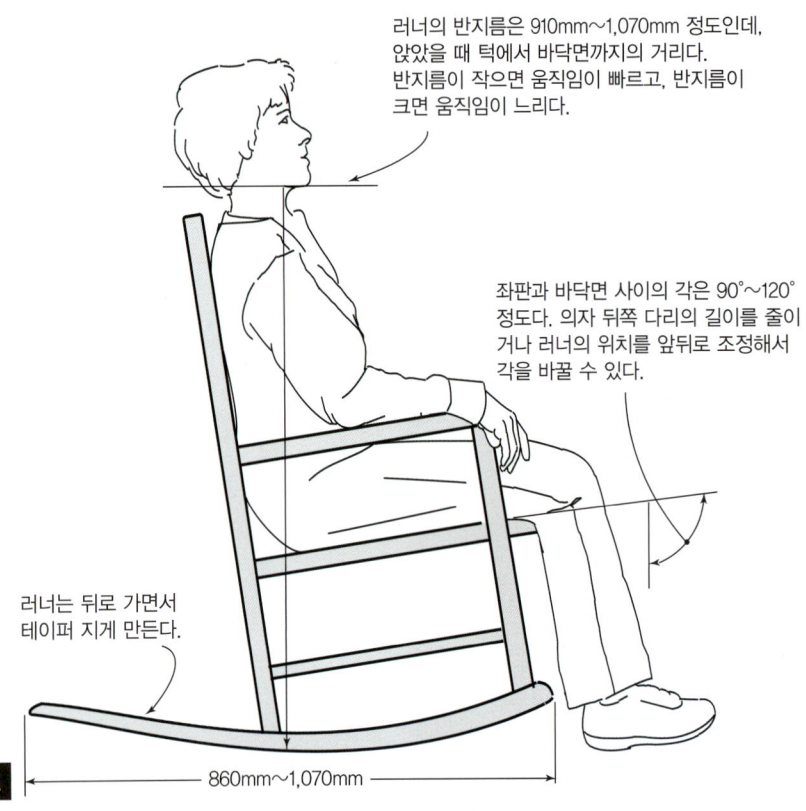

A — 860mm~1,070mm

B

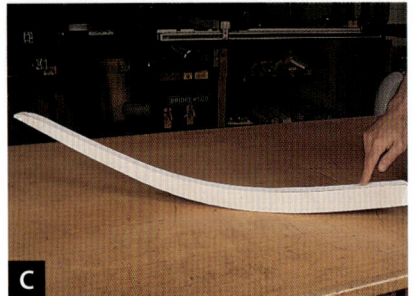

C

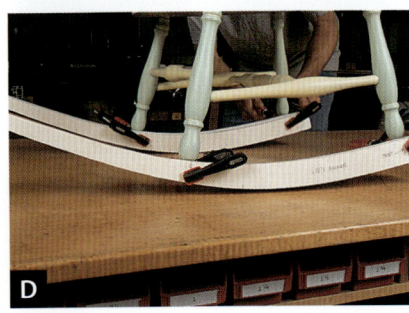

D

E

흔들의자 만들기

흔들의자의 러너(runners)는 그 형상이 딱히 정해져 있는 것은 아니다. 그림(A)는 여러 흔들의자에 적용할 수 있는 러너의 일반적인 모양이다.

러너는 실물 크기로 만들어서 형상이 적절한지 확인해야 한다. 편평하거나 움푹 들어가거나 튀어나온 곳이 없는 부드러운 곡선이어야 한다. 두께 8mm 폼 보드를 사용해서 모형을 만들 수 있는데, 밴드쏘에서 쉽게 작업할 수 있다(B). 패턴을 자른 다음, 편평한 면에 올려서 앞뒤로 흔들어본다. 반지름이 클수록 왕복하는 시간이 길고 반지름이 작을수록 급하고 빠르게 움직인다(C).

움직임이 만족스러우면 같은 형상으로 패턴을 하나 더 제작한 다음, 의자 다리 양쪽에 임시로 클램핑하고, 좌판 및 등판의 각도, 그리고 움직임을 다시 확인한다. 의자 뒤쪽 다리 길이를 조절하거나 러너의 위치를 앞뒤로 옮겨서 각도를 바꿀 수 있다. 원하는 각도를 정한 후에는 러너 패턴에다 다리가 결합되는 위치를 표시한다(D).

패턴을 사용해서 실제 러너를 제작한다. 밴드쏘에서 자르고 스포크쉐이브와 사포를 사용해서 곡면을 다듬는다. 패턴에 표시한 위치를 참고해서 러너를 다리에 결합시킨다. 맞춤 방법은 의자 디자인에 따라 장부맞춤, 꽂임촉맞춤, 열린장부맞춤(slip joint) 등을 이용할 수 있다. 러너의 모양은 원하는 대로 만들 수 있지만, 모서리를 약간 둥글게 따고, 앞에서 뒤로 가면서 테이퍼 지게 만들면 좀 더 세련된 느낌이 난다(E).

전면 프레임

전면 프레임 제작

➤ 전면 프레임 부착
(250쪽)

➤ 단순한 직사각형 프레임
(251쪽)

➤ 비드를 깎은 프레임
(252쪽)

➤ 빗각으로 결합한 프레임
과 틀 (254쪽)

코너장

➤ 꺾인 프레임 (255쪽)

좁은 폭의 가로대와 세로대를 결합시켜서 캐비닛 전면에 붙인 전면 프레임(face frame)은, 입구를 보강해서 찌그러지는 것을 막는 역할을 한다. 또한 문짝과 서랍에 경첩과 같은 철물을 설치할 때도 이용된다. 프레임은 몇 가지 스타일 중에서 고를 수 있고, 간단하게 비스킷이나 나사로 결합할 수도 있고 복잡한 장부맞춤을 적용할 수도 있다. 전통적인 주방찬장으로부터 휘어지거나 각이 진 상자 구조인 코너장에 이르기까지 모든 종류의 캐비닛에 프레임을 붙일 수 있다.

전면 프레임 디자인

전면 프레임은 원하면 얼마든지 넓고 두껍게 만들 수도 있지만, 소중한 내부 공간을 아끼면서 구조를 보강하는 데는 폭 32mm~50mm면 충분하다. 19mm~25mm 정도의 두께면 철물을 부착하는 데도 문제없다. 나사나 비스킷으로 쉽게 결합시킬 수도 있고, 꽂임촉맞춤이나 장부맞춤 등 좀 더 어려운 방법을 사용할 수도 있다. 결합 방법은 보유한 공구나 개인적인 목공 취향에 따라 정한다. 중요한 게 하나 있는데, 가로대를 약간 더 길게 제작해서, 조립한 후 프레임의 폭이 틀보다 약간 더 넓도록 만든다. 그래야 프레임을 부착한 다음에 틀의 옆면에 맞춰 프레임을 트리밍할 수 있다.

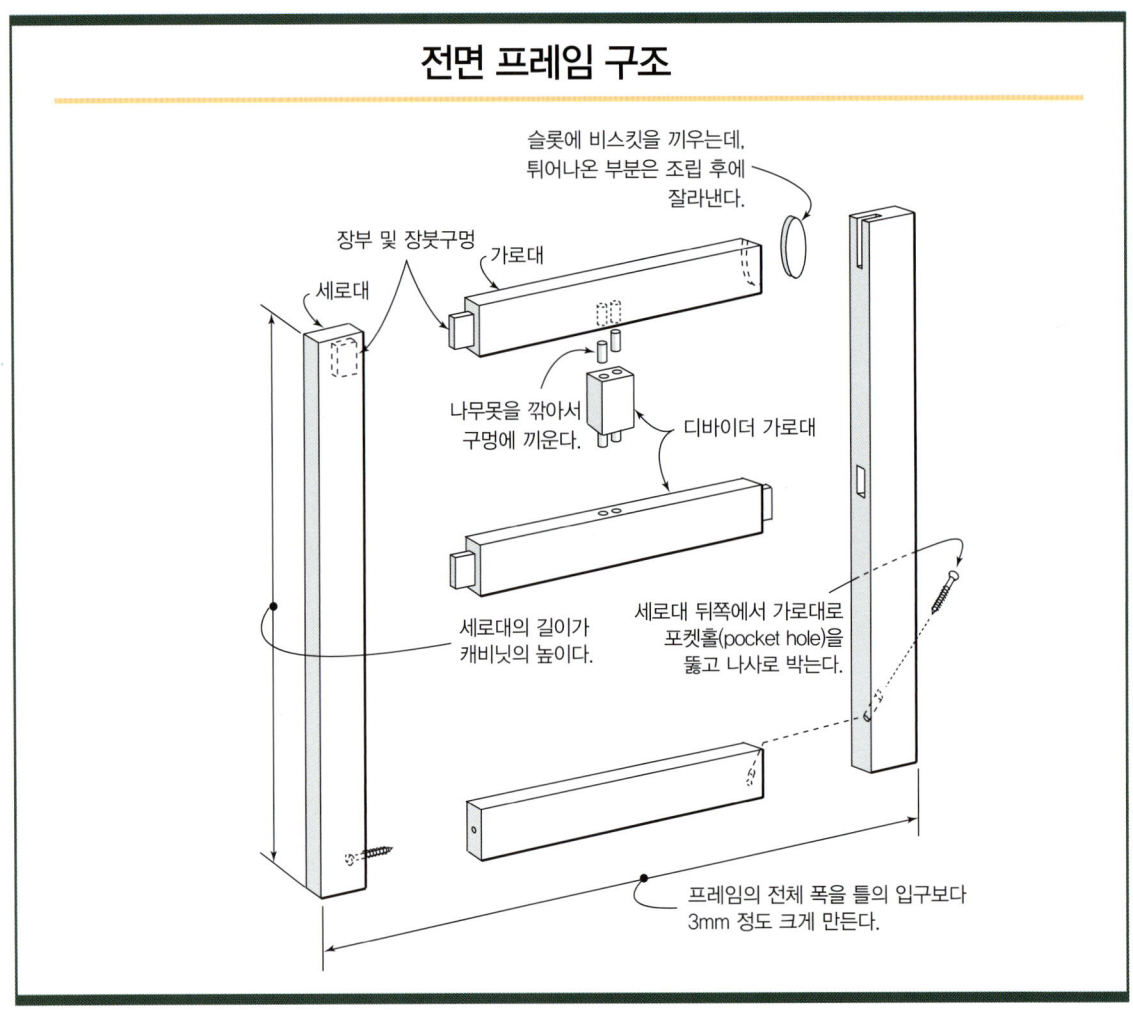

전면 프레임 구조

슬롯에 비스킷을 끼우는데,
튀어나온 부분은 조립 후에
잘라낸다.

장부 및 장붓구멍

가로대

세로대

나무못을 깎아서
구멍에 끼운다.

디바이더 가로대

세로대의 길이가
캐비닛의 높이다.

세로대 뒤쪽에서 가로대로
포켓홀(pocket hole)을
뚫고 나사로 박는다.

프레임의 전체 폭을 틀의 입구보다
3mm 정도 크게 만든다.

방에 캐비닛을 설치할 경우에는 프레임에 여유가 있어야 벽이나 천장 형상에 맞춰 스크라이빙(scribing)할 수 있다.

➤ 196쪽의 "캐비닛 스크라이빙"을 참고한다.

비스킷 보관 방법

비스킷결합은 전면 프레임을 아주 간단하게 붙이는 방법이다.

➤ 251쪽의 "단순한 직사각형 프레임"을 참고한다.

그러나 비스킷이 오래되면 습기 때문에 부풀어서 필요할 때 제대로 쓸 수 없는 경우가 종종 있다. 비스킷은 압축 제작한 것이며, 슬롯 안에서 접착제가 가해졌을 때 부풀도록 되어 있다. 공방에 함부로 방치하면 공기 중 습기가 스며들면서 팽창하기 때문에, 막상 슬롯에 끼우려고 하면 너무 끼어서 작업이 곤란한 경우가 생긴다.

전면 프레임 확장

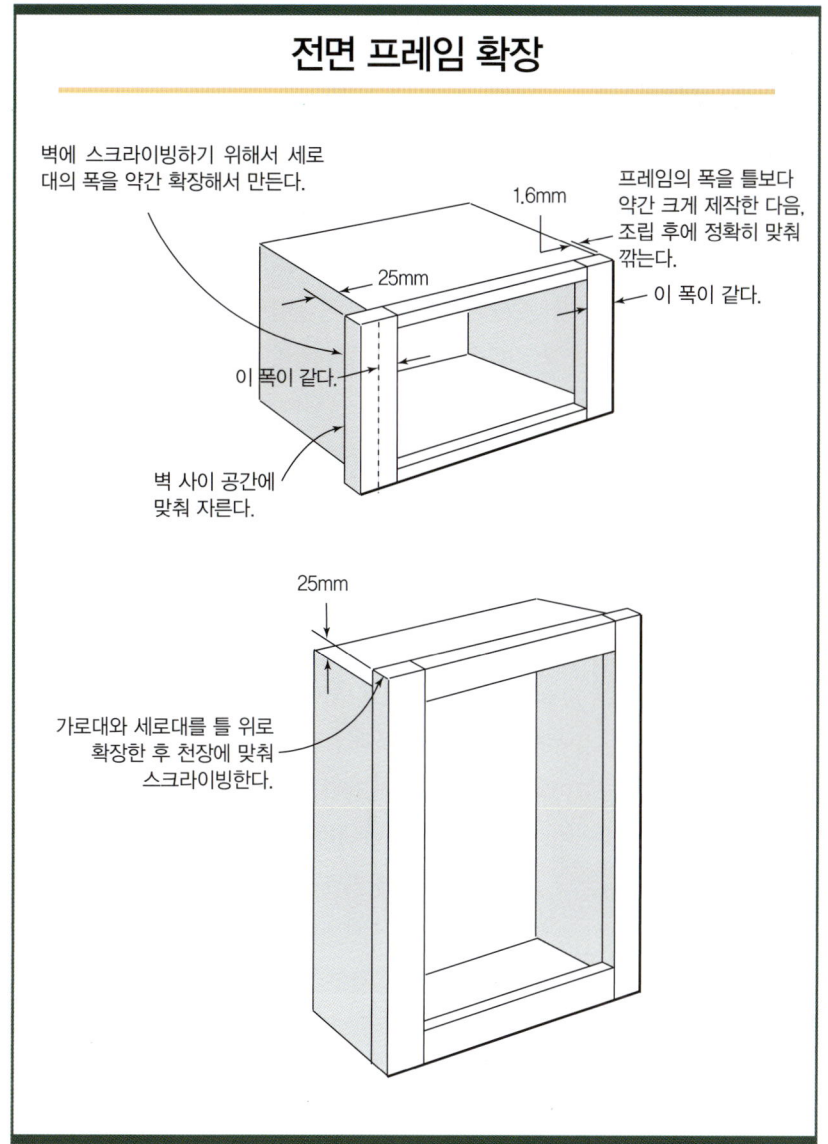

벽에 스크라이빙하기 위해서 세로대의 폭을 약간 확장해서 만든다.

1.6mm

25mm

프레임의 폭을 틀보다 약간 크게 제작한 다음, 조립 후에 정확히 맞춰 깎는다.

이 폭이 같다.

이 폭이 같다.

벽 사이 공간에 맞춰 자른다.

25mm

가로대와 세로대를 틀 위로 확장한 후 천장에 맞춰 스크라이빙한다.

유리병에 방습제 한두 개를 넣어 둠으로써 비스킷을 건조한 상태로 보관할 수 있다.

비스킷을 보관할 때 병에 실리카겔 방습제를 한두 개 같이 넣어 단단하게 닫아두면 이 문제를 해결할 수 있다. 실리카겔 방습제는 주방용품, 공구 등 녹이 스는 제품을 구입하면 물건 속에 같이 포장되어 있으므로 구하기도 쉽다. 방습제는 오븐에서 주기적으로 습기를 제거해준다.

전면 프레임 부착

프레임을 못으로 틀에 박을 수도 있지만 접착제로 붙여서 클램핑하는 것이 더 깔끔하다. 프레임 부재의 폭이 좁고 얇기 때문에 클램핑 압력을 고루 잘 주기 어렵다. 그래서 두께 50mm 정도의 보조목을 클램프와 프레임 사이에 넣고 클램핑해서 압력을 고루 분산시킨다. 틀의 가장자리에 접착제서 펴서 바르고 프레임을 잘 정렬시켜서 올린다. 양쪽에 1.6mm 정도 여유를 두어야 한다. 보조목을 대고 150mm 간격 정도로 클램핑한다(A). 접착시키는 부분에 틈새가 조금이라도 보이면 클램프를 더 설치한다.

접착제가 경화되면 틀의 옆 부분을 클램핑하고, 여유 부분을 벤치플레인(bench plane)으로 깎아낸다(B). 대패를 프레임 위에 두고 약간 어슷하게 밀어 깎아서, 대팻날이 프레임만 깎고 틀의 옆면을 깎지 않도록 한다. 작업하기 까다로운 위치나 대패 자국은 핸드 스크레이퍼도 깎아낸다(C).

180-grit 사포를 펠트블록에 감아 가장자리를 사포질해서 마감한다. 프레임의 세로대는 나뭇결 방향을 잘 정하면 결합한 부분이 거의 눈에 띠지 않는다(D).

단순한 직사각형 프레임

프레임을 가장 쉽게 만드는 방법은, 부재를 전부 직각으로 잘라 비스킷으로 조립하는 것이다. 하부장 위에 카운터탑이 올라가거나 상부장을 눈높이로 설치할 때처럼, 위아래가 잘 안 보이는 경우에 적합한 방법이다. 가로대와 세로대를 전부 길이에 맞춰 자른 다음, 비스킷을 끼우고 접착제 없이 가조립해본다. 비스킷 한가운데에 선을 그어두고 가로대와 세로대 위치에 맞춰보면, 비스킷이 프레임 안으로 넘어 들어가는지 확인할 수 있다(A).

비스킷 조이너를 사용해서 슬롯을 판다. 부재의 폭의 좁기 때문에 손을 보호하기 위한 장치를 강구하는 것이 좋다(B). 그림의 장치를 사용해서 가로대와 세로대에 모두 슬롯을 판 다음, 조이너의 중심선과 부재에 표시한 위치선을 일치시킨다(C).

슬롯에 접착제를 바르고, 비스킷을 끼우고 프레임을 클램핑한다(D). 그런 다음 등대기톱으로 비스킷의 튀어나온 부분을 잘라낸다(E).

세로대에 슬롯 파기

19mm×305mm×460mm 크기의 MDF 받침대를 작업대에 클램핑한다.

블록을 받침대에 접착하고 못으로 박는다.

조이너를 세로대 표식에 맞춘다.

세로대를 블록에 클램핑한다.

조이너를 밀어 슬롯을 판다.

가로대에 슬롯 파기

가로대의 끝을 블록에 맞춘다.

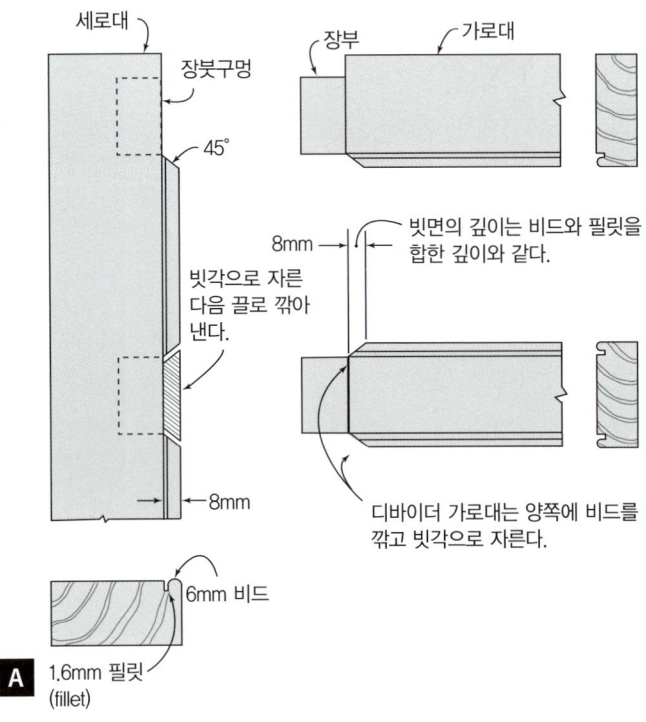

가로대의 길이 = 세로대 사이의 거리 + 양쪽 장붓구멍의 깊이 + 양쪽 비드와 필릿의 깊이

세로대

장붓구멍

장부

가로대

45°

빗면의 깊이는 비드와 필릿을 합한 깊이와 같다.

8mm

빗각으로 자른 다음 끌로 깎아 낸다.

8mm

디바이더 가로대는 양쪽에 비드를 깎고 빗각으로 자른다.

6mm 비드

A

1.6mm 필릿 (fillet)

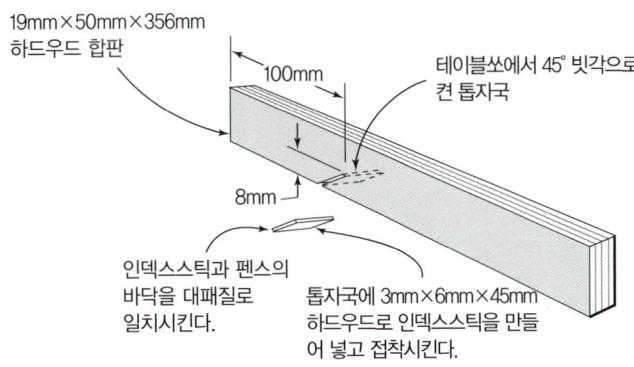

19mm×50mm×356mm 하드우드 합판

100mm

테이블쏘에서 45° 빗각으로 켠 톱자국

8mm

인덱스스틱과 펜스의 바닥을 대패질로 일치시킨다.

톱자국에 3mm×6mm×45mm 하드우드로 인덱스스틱을 만들어 넣고 접착시킨다.

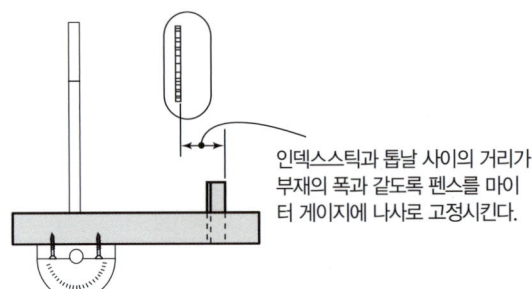

인덱스스틱과 톱날 사이의 거리가 부재의 폭과 같도록 펜스를 마이터 게이지에 나사로 고정시킨다.

B

비드를 깎은 프레임

프레임의 안쪽 가장자리에 비드(bead)를 넣으면 운치가 난다. 특히 서양 전통가구는 일반적으로 비드가 들어간다. 비드가 들어간 프레임을 제대로 만들려면 비드가 서로 만나는 모서리를 빗각으로 잘 잘라야 한다(A).

작업이 약간 까다롭기 때문에 나는 손으로 자르지 않고, 간단한 빗각켜기 지그를 사용해서 테이블쏘에서 자른다(B). 먼저 부재를 길이에 맞춰 자른 다음, 라우터 테이블에서 비딩비트를 사용해서 가로대와 세로대에 비드를 전부 깎는다. 프레임의 폭이 38mm 정도면 6mm 지름의 비딩비트를 사용하면 비례가 적절하다. 내부 디바이더에는 양쪽으로 비드를 깎는다(C).

비드를 깎은 다음에는 결합부를 깎는데, 가로대 양쪽의 빗각의 깊이도 고려해야 한다. 이제 테이블쏘의 톱날을 45°로 기울이고, 부재를 조기대에 밀착시켜서, 가로대의 양쪽을 빗각으로 자른다(D). 부재가 커서 톱날을 정반 위로 많이 올려야 한다면, 조기대에 블록을 클램핑하고, 여기에 부재를 대고, 조심스레 작업해야 한다.

가로대에 빗면을 자른 다음, 톱날을 그대로 두고 세로대의 양쪽 빗면 및 디바이더 가로대가 들어가는 위치도 자른다. 안전하고 정확한 작업을 위해서 항상 부재의 짧은 쪽이 펜스 쪽이 되어야 한다(E).

마이터 게이지에 빗각켜기 지그를 붙이고 디바이더의 반대편 면도 자른다. 조기대를 치우고 반대쪽 빗면을 지그의 인데스스틱(index stick)에 끼운다. 그런 다음 부재를 지그에 대고 잡아 톱날 방향으로 밀어 자른다(F).

빗각을 전부 자른 다음에는 세로대의 끝 부분과 디바이더 빗각 사이를 끌로써 깎아내고, 프레임을 가조립한다. 그런 다음 프레임을 접착해서 조립하고, 결합부를 클램핑하고 직각을 확인한다(G).

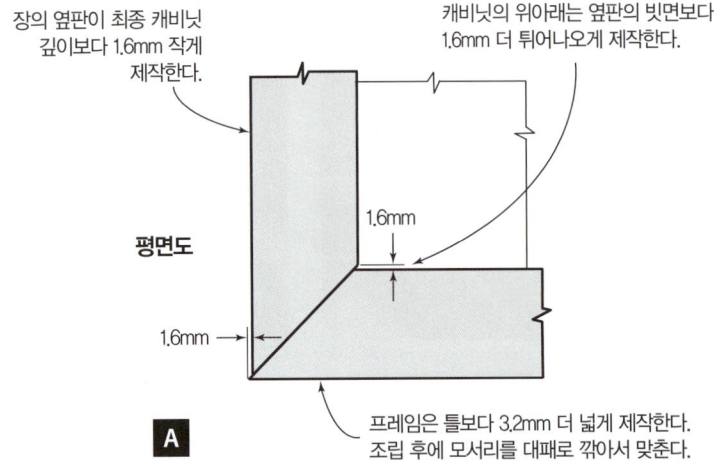

장의 옆판이 최종 캐비닛 깊이보다 1.6mm 작게 제작한다.

캐비닛의 위아래는 옆판의 빗면보다 1.6mm 더 튀어나오게 제작한다.

평면도

1.6mm

1.6mm

프레임은 틀보다 3.2mm 더 넓게 제작한다. 조립 후에 모서리를 대패로 깎아서 맞춘다.

A

빗각으로 결합한 프레임과 틀

전면 프레임과 틀 사이의 접합부가 보이지 않게 만들려면, 틀과 프레임의 가장자리를 전부 빗각으로 자르고 접착해서 클램핑한다(A). 이렇게 하면 장의 옆에서 맞댐이음이 보이지 않으므로, 두꺼운 옆판을 사용해서 제작한 것처럼 보인다. 틀을 조립하기 전에 테이블쏘에서 패널의 바깥 면을 아래로 가게 놓고 장의 옆판을 45° 빗각으로 자른다(B). 그림과 같은 크기로 자른다.

틀을 조립한다. 전면 프레임을 접착하고 파이프 클램프나 퀵 클램프로 고정해서 조립한다(C). 프레임의 폭이 틀의 폭 보다 3.2mm 더 넓어서 양쪽으로 각각 1.6mm씩 나오는지 확인한다. 프레임의 접착제가 경화되면 전면 프레임 둘레를 빗각으로 자른다. 조기대에 높은 펜스를 붙이고, 페더보드를 사용해서 프레임을 안정적으로 밀착시킨다(D).

캐비닛에 프레임을 접착시킨다. 이때 간판을 사용해서 클램프 압력을 분산시킨다. 연귀맞춤한 부분에서 미끄러지지 않도록 양옆으로 그리고 앞뒤로 클램핑한다(E).

대패나 샌딩블록으로 프레임의 튀어나온 부분을 깎아낸다(F). 날카로운 모서리는 220-grit 사포로 조심하면서 부드럽게 다듬는다.

B

C

D

E

F

꺾인 프레임

코너장(corner cabinets)에선 각이 져서 꺾인 프레임을 볼 수 있다. 이 경우 빗각으로 자르고 접착시키는 것이 상당히 까다롭다. 코너장에 대한 프레임을, 일반적인 프레임과 마찬가지 방법으로, 먼저 제작한다. 그런 다음 캐비닛의 옆판 각도에 맞춰 프레임 양쪽을 테이블쏘에서 22.5° 빗각으로 자른다(A). 빗각으로 자른 뾰족한 끝부분이 조기대 아래 끼는 것을 막으려면, 판재를 조기대에 클램핑해서 틈새를 막아준다. 큰 프레임을 켤 때는 페더보드를 사용해서 프레임을 조기대에 잘 밀착시켜 고정한다(B).

좋은 세로켜기용 톱날(rip blade)을 사용하더라도, 면이 타거나 흠이 생길 수 있으므로, 접착제로 붙이기 전에 블록플레인으로 깨끗하게 다듬는다(C).

꺾인 프레임을 옆판에 붙일 때, 클램핑을 하면 미끄러지는 문제가 있다. 공방에서 그림과 같은 보조목을 만들어서 사용하면, 접합부 가운데에 90°로 압력을 가할 수 있다. 이 보조목을 프레임과 빗각으로 자른 옆판 둘레에 각각 끼우고, 퀵 클램프로 고정시킨다(D).

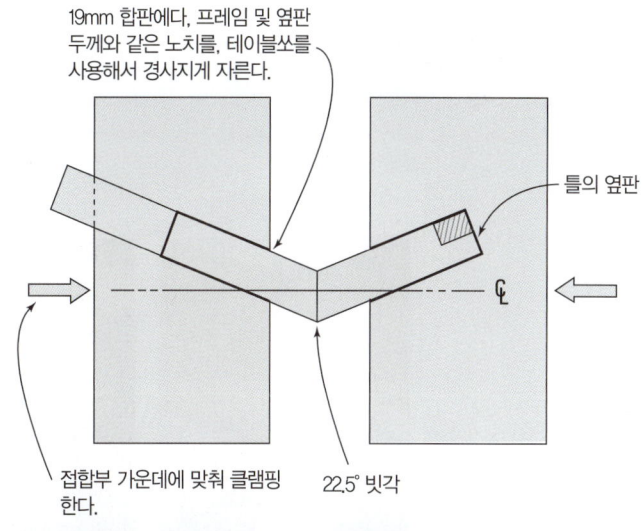

19mm 합판에다, 프레임 및 옆판 두께와 같은 노치를, 테이블쏘를 사용해서 경사지게 자른다.

틀의 옆판

A

접합부 가운데에 맞춰 클램핑한다.

22.5° 빗각

B

C

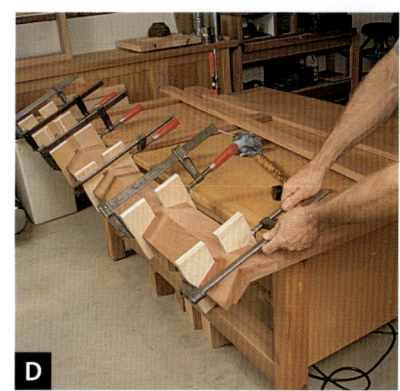

D

알판 구조

패널 제작

뒤판의 형태

원목 가구에서 생기는 목재의 치수변화 문제를 해결할 수 있는 멋진 해법이 알판 구조다. 넓은 원목 패널을 프레임에 홈을 파서 끼우면, 패널은 평면을 유지하면서도 자유롭게 수축, 팽창한다. 이것이 알판 구조의 핵심이다. 그리고 보기에도 좋아서 여러 형태의 가구 디자인과 잘 어울린다. 알판 구조는 가구 제작에 필수불가결한 요소로서 문짝, 장의 앞판 및 뒤판, 이불장(궤) 뚜껑, 디바이더, 먼지받이, 벽체 패널 등에 두루 사용된다.

➤ 132쪽의 "*문짝 디자인*"을 참고한다.

알판 구조를 제작하는 방법은 패널 문짝을 제작하는 방법과 많은 부분 유사하다. 캐비닛 옆판처럼, 패널을 틀의 면 부분에 바로 붙이는 구조에서는, 안쪽은 보이지 않기 때문에 안쪽의 공구 및 기계 자국은 크게 신경 쓸 필요가 없다. 그리고 원목이 아니더라도 합판이나 여러 인조보드를 사용해서 원목 분위기를 낼 수 있다. 제일 좋은 점은 알판 구조는 표면에서 높낮이가 다르기 때문에 밝고 어두운 부분이 구분되면서 입체감이 섬세하게 표현된다는 것이다.

알판 구조

문짝과 마찬가지로 알판 구조를 다양하게 캐비닛 제작에 활용할 수 있다. 패널의 형태를 편평한 플랫으로 할 수도 있고(flat), 돋을 수도 있고(raised), 몰딩을 넣을 수도(molded) 있다. 패널이 넓거나 높은 경우에 는 두 개 이상으로 분리하는 것이 좋다. 그래야 더 안정적이고 프레임도 더 강해진다. 가로대와 세로대에 두께가 다른 목재를 사용해서 단차를 두면 더 매력적으로 보인다. 혹은 세로대를 가로대를 지나도록 연장해서 가구 다리로 사용하는 것도 가능하다.

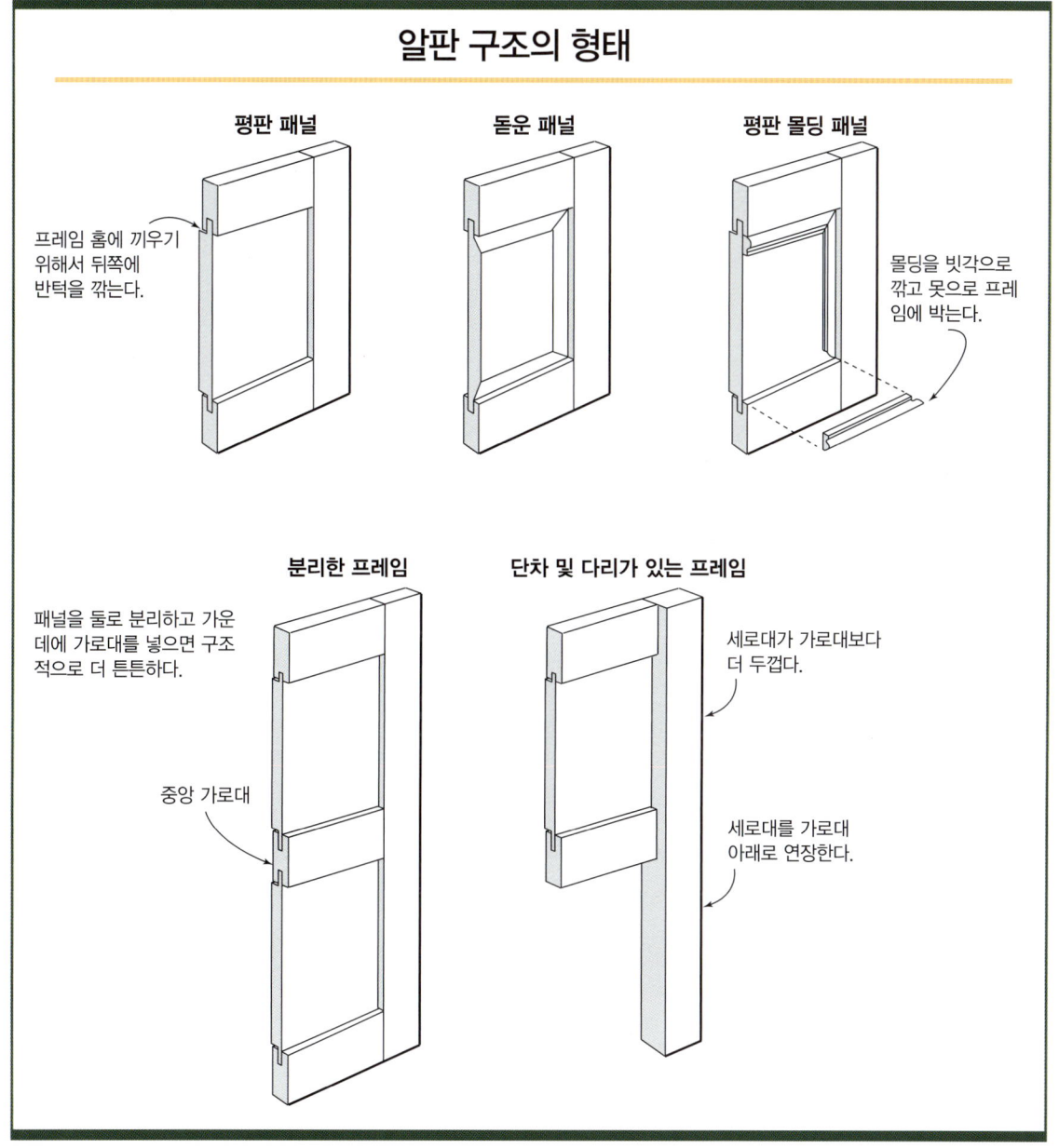

알판 구조의 형태

평판 패널

프레임 홈에 끼우기 위해서 뒤쪽에 반턱을 깎는다.

돋운 패널

평판 몰딩 패널

몰딩을 빗각으로 깎고 못으로 프레임에 박는다.

분리한 프레임

패널을 둘로 분리하고 가운데에 가로대를 넣으면 구조적으로 더 튼튼하다.

중앙 가로대

단차 및 다리가 있는 프레임

세로대가 가로대보다 더 두껍다.

세로대를 가로대 아래로 연장한다.

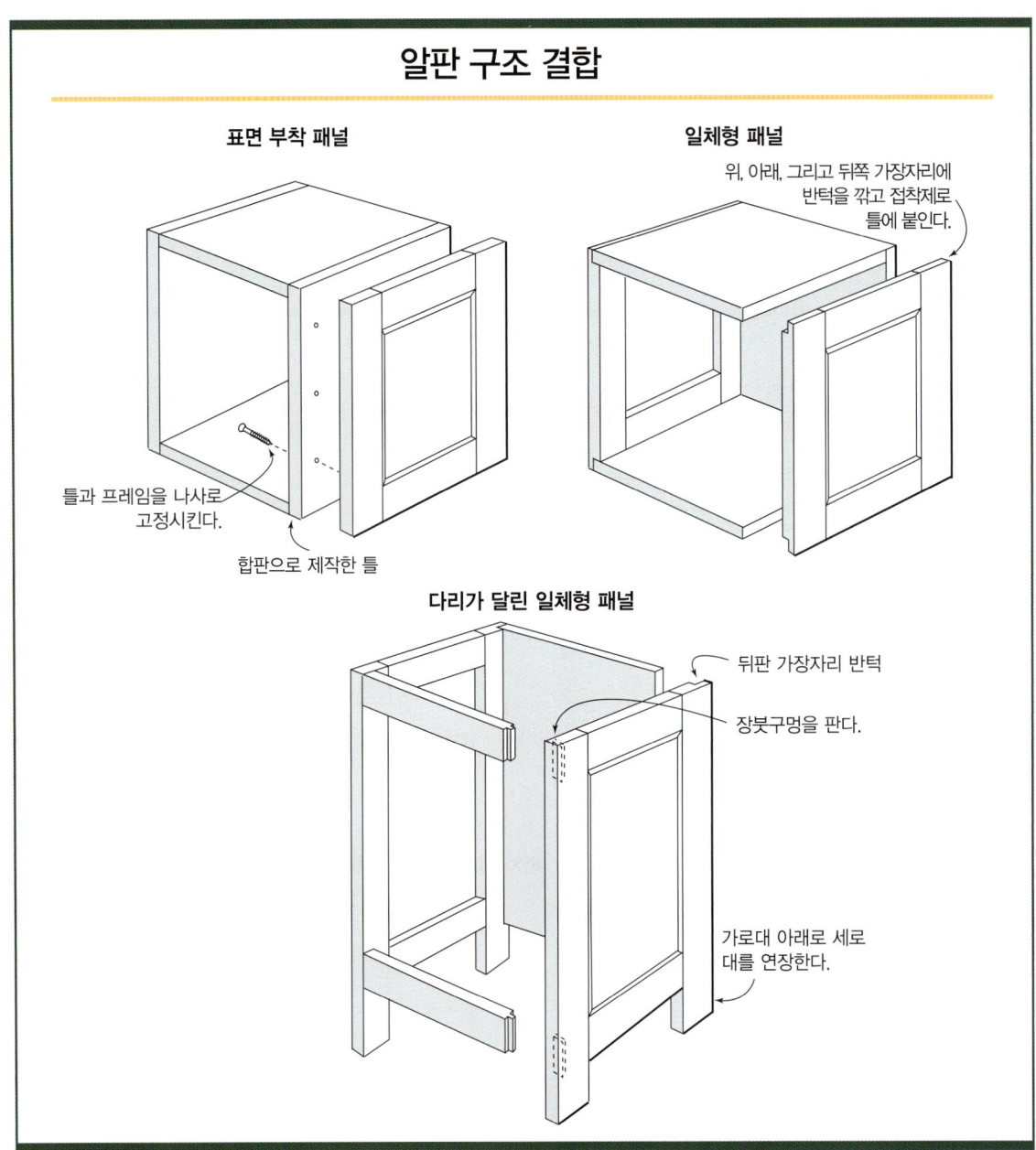

알판 구조 결합

표면 부착 패널

틀과 프레임을 나사로
고정시킨다.

합판으로 제작한 틀

일체형 패널

위, 아래, 그리고 뒤쪽 가장자리에
반턱을 깎고 접착제로
틀에 붙인다.

다리가 달린 일체형 패널

뒤판 가장자리 반턱

장붓구멍을 판다.

가로대 아래로 세로
대를 연장한다.

패널 결합

위 그림처럼 알판 구조는 틀에서 일반적인 패널과 마찬가지로 활용할 수 있다. 패널을 틀에 붙일 때는 장부맞춤, 통맞춤, 비스킷맞춤, 제혀맞춤, 주먹장맞춤 등 일반적인 결합방법을 모두 사용할 수 있다. 알판 구조는 가로대와 세로대의 나뭇결을, 알판 구조를 붙이는 부재의 나뭇결과 일치하도록 해서 접합부가 잘 드러나지 않도록 디자인한다. 알판 구조를 합판 위에 붙일 때는, 패널이 아니라 프레임을 접착제나 나사로 결합해야 패널이 자유롭게 수축, 팽창할 수 있다.

뒤판의 형태

틀의 반턱에 끼우는 뒤판

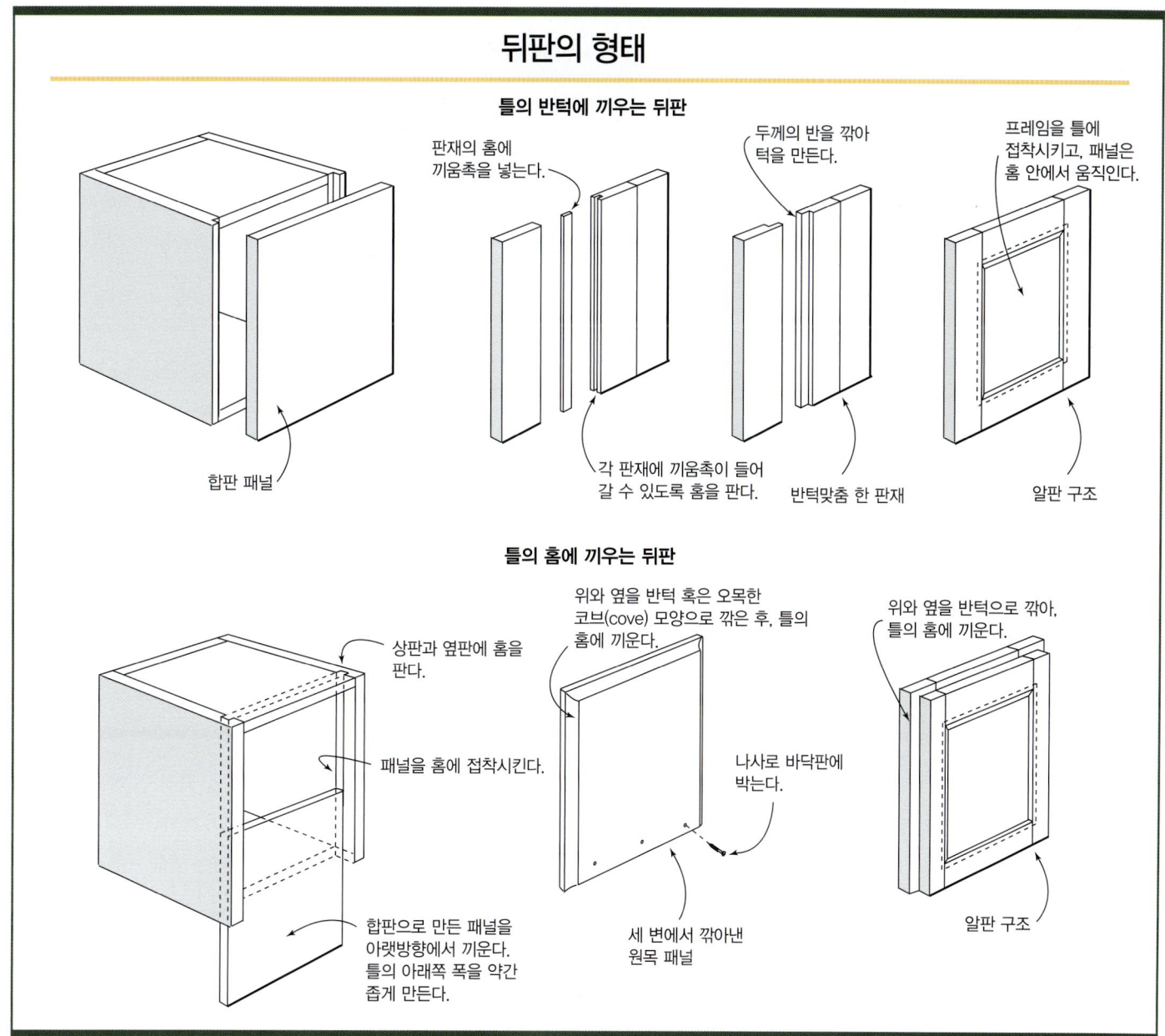

판재의 홈에 끼움촉을 넣는다.

두께의 반을 깎아 턱을 만든다.

프레임을 틀에 접착시키고, 패널은 홈 안에서 움직인다.

합판 패널

각 판재에 끼움촉이 들어 갈 수 있도록 홈을 판다.

반턱맞춤 한 판재

알판 구조

틀의 홈에 끼우는 뒤판

상판과 옆판에 홈을 판다.

위와 옆을 반턱 혹은 오목한 코브(cove) 모양으로 깎은 후, 틀의 홈에 끼운다.

위와 옆을 반턱으로 깎아, 틀의 홈에 끼운다.

패널을 홈에 접착시킨다.

나사로 바닥판에 박는다.

합판으로 만든 패널을 아랫방향에서 끼운다. 틀의 아래쪽 폭을 약간 좁게 만든다.

세 변에서 깎아낸 원목 패널

알판 구조

캐비닛 뒤판

알판 구조를 캐비닛 뒤판으로 사용하면, 안팎으로 멋진 모양이 된다. 목재의 치수변화에 대한 걱정 없이 상당히 넓은 원목 패널을 사용할 수 있게 된다. 중요한 프로젝트가 있거나 캐비닛의 뒤가 보이는 경우엔, 비록 결합 작업은 수고스럽지만, 그만한 가치가 있다. 뒤판이 틀 안쪽에서만 보이는 경우가 많은데, 이런 가구는 좋은 품질의 단판을 표면에 사용한 하드우드 합판을 적용하면 될 것이다.

▶ 반턱깎기용 펜스

판재 가장자리에 반턱을 깎을 때는 톱날이 일부 조기대 속으로 묻혀야 하지만, 기존의 조기대는 상하지 않게 해야 한다. 이때 사용하는 것이 '희생' 합판 펜스인데, 그림과 같은 형태는 박스 모양의 조기대에 모두 사용할 수 있다. 이 펜스는 별도의 공구를 사용하지 않고, 조기대에 바로 올려 끼운다. 톱날을 내린 상태로, 합판 펜스가 톱날 위쪽으로 오도록 조기대 위치를 조정한다. 그런 다음 톱날을 천천히 합판 속으로 올린다. 한쪽이 너무 많이 닳으면 펜스를 돌려 반대쪽 면을 사용한다.

희생 펜스

19mm 하드우드 합판을 사용해서 상자 모양으로 펜스를 만든다. 톱날은 기존의 조기대 대신 이 펜스 속으로 들어간다.

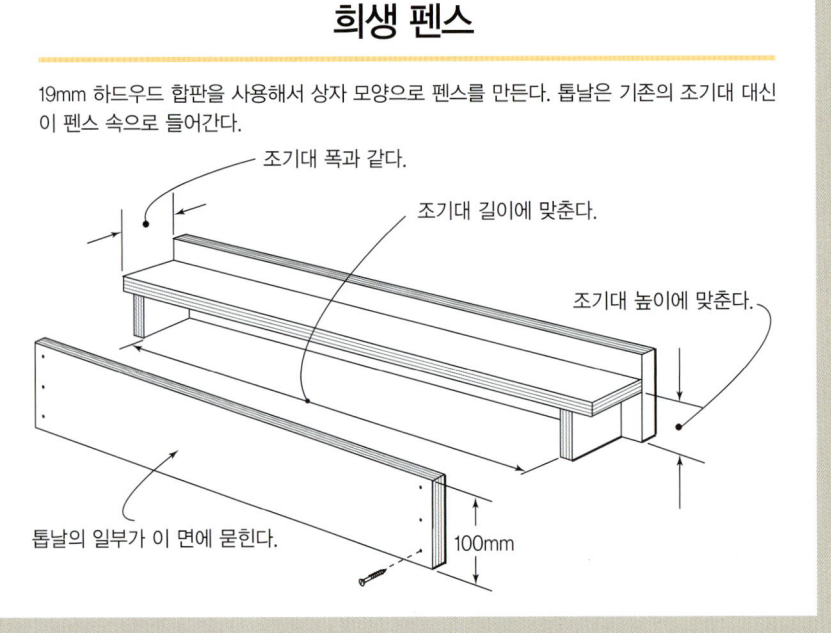

조기대 폭과 같다.

조기대 길이에 맞춘다.

조기대 높이에 맞춘다.

톱날의 일부가 이 면에 묻힌다.

100mm

뒤쪽 패널의 가장자리 단면이 안보이게 하려면, 틀의 옆판 안쪽으로 집어넣어야 한다. 259쪽에서 볼 수 있듯이, 틀의 뒤쪽에 반턱을 깎고 뒤판을 집어넣고 접착제를 바르고 나사로 고정하는 방법이 제일 쉽다. 아니면 틀에 홈을 깎고, 뒤판 가장자리에 반턱을 깎은 다음, 홈에 끼우는 것도 가능하다. 이때 홈은 상판과 옆판에만 깎고, 틀의 아래쪽을 약간 좁게 만든 다음, 뒤판을 끼워 넣는 방식이 좋다. 바닥판까지 전부 홈을 판 다음, 뒤판을 넣어 조립하는 것도 가능하지만, 이 경우는 틀을 조립할 때 뒤판도 함께 조립해야 하는 번거로움이 있고, 더구나 뒤판을 도로 빼야 하는 경우가 생긴다면 아예 대책이 없다.

간격을 둔 평판 패널

알판 구조 중에서 가장 기본적인 것은 프레임에 홈을 파고 평판 패널을 끼워 넣은 것이다. 얇은 패널을 그냥 끼우면 프레임 안에서 덜거덕 거리면서 움직이므로, 두꺼운 패널을 사용하고 가장자리에 반턱을 깎아 홈에 끼우는 것이 최선이다. 패널 둘레에 반턱을 깎으므로, 정확히 말하면 패널은 더 이상 평판이 아니다. 전통적인 평판 패널은 반턱을 틀 안쪽으로 깎기 때문에 보이는 바깥 면은 그냥 평판이다. 그러나 원하면 바깥에 반턱을 깎아서 보이게 하는 것도 디자인 측면에서 가능하다. 원목의 치수변화가 일어날 수 있는 공간이 필요하므로, 그림에서 보듯이 길이방향 나뭇결 옆쪽으로 6mm 정도 짧게 만든다(A).

프레임의 홈에 끼울 수 있도록 패널에 반턱을 깎은 후에는 반턱의 어깨 부분을 샌딩블록이나 작은 대패로 경사지게 깎는다(B).

조립할 때는 클램핑하기 전에, 패널의 위치를 맞추고 프레임과 패널 사이에 작은 쐐기목을 끼워서 위치를 잡는다(C). 프레임의 접합부에서 접착제가 패널의 가장자리나 프레임의 홈 안으로 새어 들어가는 일이 없도록 주의한다.

프레임을 조립한 후에는 세로대와 패널의 길이방향 옆 가장자리 사이에 틈을 볼 수 있다. 패널의 마구리 방향 가장자리는 가로대에 바로 붙여 제작하는데, 이것은 이 방향으로는 치수변화가 별로 안 생기기 때문이다(D).

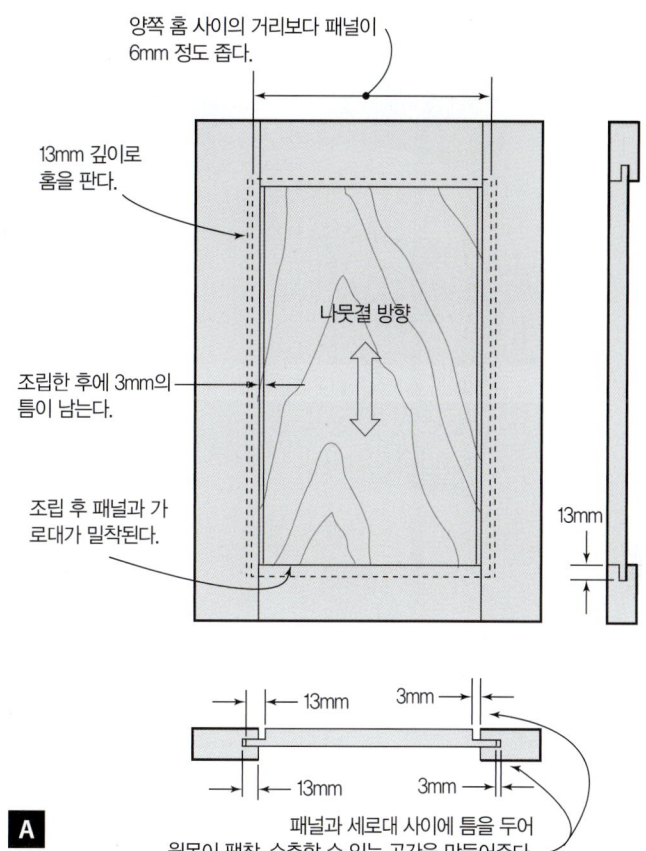

양쪽 홈 사이의 거리보다 패널이 6mm 정도 좁다.

13mm 깊이로 홈을 판다.

나뭇결 방향

조립한 후에 3mm의 틈이 남는다.

조립 후 패널과 가로대가 밀착된다.

13mm

A

13mm   3mm   13mm   3mm

패널과 세로대 사이에 틈을 두어 원목이 팽창, 수축할 수 있는 공간을 만들어준다.

B

D

C

돋운 원목 패널

돋운 패널(raised panel)을 만드는 가장 쉬운 방법은 라우터 테이블에서 튼튼한 펜스를 설치하고 패널레이징비트(panel raising bits)를 장착해서 깎는 것이다. 강력한 라우터(3HP 이상)가 필요하고, 커터가 들어갈 정도로 테이블의 구멍도 커야 한다. 커터의 지름이 50mm가 넘으면, 속도 조절이 가능한 라우터를 사용해야 한다. 모터 속도를 10,000rpm 정도로 맞추고 사용하는 것이 안전하다. 작업을 할 때는 한 가장자리를 깎은 후에는 패널을 반시계방향으로 돌려서 다음 작업을 해야 목재가 뜯기지 않는다. 패널의 앞면이 아래로 가도록 두고 작업하며, 처음에 마구리 방향 가장자리부터 깎고 그 다음에 길이방향 가장자리를 깎는다(A).

빗면을 한 번에 깎지 말고 조금씩 나눠서 깎는다. 마지막에는 일정한 속도로 얕게 깎아서 뜯긴 자국이나 탄 부분을 제거해준다(B). 작업 후에는 패널의 가장자리가 홈에 부드럽게 끼워져야 한다(C).

돋운 패널의 가장자리를 깎을 수 있는 레이즈드 패널 커터(raised panel cutter)가 없다면, 테이블쏘를 이용한다. 먼저 돋운 부분의 어깨 높이에 맞춰 네 방향으로 홈을 파야 하는데, 테이블쏘의 톱날을 원하는 높이에 정확히 맞춘 다음 패널을 밀어서 판다(D).

톱날을 원하는 경사로 기울이는데, 15°~25° 정도가 적절하다. 각이 작을수록 빗면의 폭은 넓어진다. 톱날은 조기대에서 멀어지는 반대방향으로 기울여야 잘린 나무가 끼이지 않는다. 패널 가장자리는 폭이 좁기 때문에 톱날 옆 공간이 별로 없는 인서트(throat plate)를 끼운다. 조기대에 높은 펜스를 붙인 다음 이미 파놓은 홈까지 정확하게 닿도록 톱날을 올린다(E).

특히 하드우드나 조직이 치밀한 목재를 사용하면, 빗면이 완벽하게 깎이지는 않는다. 톱자국이나 탄 부분은 핸드 스크레이퍼로 깎아내서 다듬는다(F). 마구리대패를 패널과 평행하게 눕혀 잡고 어깨부분을 정확하게 다듬는다(G). 그런 다음 빗면도 매끈하게 다듬는다(H).

[TIP] 패널을 돋우고 프레임에 홈을 파서 넣어보면, 너무 끼어서 잘 안 들어가는 경우도 있다. 이 경우 다시 깎아서 조정하지 않아도 대패질 몇 번으로 문제를 해결할 수 있다. 패널의 앞면이 바닥으로 가도록 뒤집어 놓고 블록플레인으로 뒤쪽 가장자리를 깎아낸다. 대패를 약간 기울여 잡고 홈에 들어가도록 가장자리를 깎아 맞춘다. 뒤쪽 가장자리가 약간 테이퍼 지게 되지만, 이를 알아보는 사람은 없다.

단판을 붙인 돋운 패널

목공인 Paul Sapporito에게서 배운 요령이 하나 있다. 합판이나 MDF로 돋운 패널을 만들고, 원목 소폭판과 단판(veneer)을 붙이는 기법이다. 이렇게 하면 치수변화가 생기기 않는다. 패널이 매우 크거나 고급 단판을 사용하고 싶을 때 매우 유용한 방법이다. 먼저, 빗면보다 3mm 정도 넓게 원목으로 가장자리에 댈 소폭판을 켠다. 단판과 같은 종의 목재를 사용하는 것이 좋다. 그런 다음 양단을 빗각으로 자른 후, 패널 가장자리 둘레에 접착해서 붙인다(A). 접착제가 경화되면 패널 표면에 맞춰 단차가 없도록 깎는다.

▶ 75쪽의 "소폭판 트리밍"을 참고한다.

패널에 단판을 붙이기 전에 어느 쪽이 앞면인지 가장자리에 표시해둔다. 앞면에 붙일 단판은 소폭판 안쪽 접합선 보다 6mm 혹은 그 이상 나오도록 크기를 정해서 자른다. 뒷면에 붙일 단판은 소폭판 바깥 가장자리보다 밖으로 나오도록 크기를 정해서 자른다(B). 패널에 양면에 단판을 접착하는데, 보조목과 클램프를 사용할 수도 있고, 아니면 베니어 프레스(veneer press), 진공 백(vacuum bag) 등을 이용할 수 있다. 단판 위에 나무 대신에 플라스틱 재질의 보조재를 사용하면 접착제가 진공 백에 붙는 것을 막을 수 있다(C).

단판이 경화된 다음에는 플러쉬 트리밍 비트(flush trimming bit)를 사용해서 뒷면부터 트리밍한다(D). 그런 다음 스크레이핑과 사포질로 매끈하게 다듬는다. 단판 테이프(venner tape)를 사용했다면, 젖은 스펀지로 문질러주면 제거하기 쉽다(E). 라우터 테이블이나 쉐이퍼에서 빗면을 깎는다.

▶ 262쪽의 "돋운 원목 패널"을 참고한다.

이렇게 만든 패널은 전통적인 원목 패널과 달리, 둘레로 전부 길이방향 나뭇결이 나타난다(F).

뺄 수 있는 합판 뒤판

뒤판으로 합판을 사용하면, 목재의 치수변화를 걱정하지 않아도 되는 좋은 점이 있기 때문에 큰 패널을 사용할 수 있다. 그리고 뒤판을 틀의 반턱에 나사로 고정하면, 마감재를 칠할 때 도로 뺄 수 있다. 캐비닛을 조립하기 전에, 뒤판의 두께와 같은 폭이고 깊이는 10mm인 반턱을 옆판에 깎는다. 다도날(dado blade, 홈파기 전용날)을 사용하고, 조기대에 보조 펜스를 붙여서 톱날의 일부가 묻히도록 한다(A).

▶ 260쪽의 "반턱깎기용 펜스"를 참고한다.

틀을 조립한 후에는, 뒤판에서 나사 박을 위치에 카운터씽크를 파고, 반턱 및 위판과 바닥판 사이에 뒤판을 접착 없이 끼워 넣는다. 옆판이 뒤판과 붙도록 틀을 가로질러 임시로 클램핑한다. 그런 다음 반턱에 잘 박히도록 약간 경사지게 나사를 박는다(B).

나중에 마감재를 칠할 때는 나사를 풀고, 뒤판을 수평으로 놓고 마감작업을 진행하는 것이 좋다. 뒤판을 분리하면, 맨 안쪽 구석이 없으므로, 캐비닛 안쪽을 칠하는 것도 훨씬 수월하다(C).

끼움촉과 홈을 사용한 뒤판

끼움촉으로 여러 개의 개별 패널을 연결한 다음, 틀의 반턱에 끼워 넣을 수도 있다. 각 판재의 가장자리 홈에 끼움촉을 넣는데, 전체 패널을 보강하는 효과도 있고, 판재와 판재 사이의 틈새도 막아준다. 먼저 라우터로 각 판재의 가장자리에 폭이 좁은 홈을 판다. 얇은 1.6mm 슬로팅커터(slotting cutter)로도, 매번 비트의 높이만 조정하면 원하는 폭을 모두 깎을 수 있다(A).

판재 사이에 넣을 끼움촉을 자른다. 끼움촉의 폭은 양쪽 홈의 깊이를 합한 것과 같다. 각 판재 사이에 끼움촉을 넣고, 접착제 없이 전부 조립한다(B).

이제 틀 뒤쪽 반턱에 전체 패널을 끼워 넣고 카운터씽크(countersink) 위치에 나사를 박는데, 각 판재가 팽창할 수 있도록 각 판재 사이에 작은 틈을 두어야 한다(C).

알판 구조의 뒤판

캐비닛의 뒤쪽도 앞쪽처럼 멋지게 만들려면, 뒤판을 알판 구조로 제작해서 틀의 반턱에 접착해서 붙인다. 이렇게 하는 것은 일이 많으므로, 최고급 가구를 만드는 경우라든지 아니면 뒤쪽도 보이는 독립형 프리스탠딩 캐비닛(freestanding cabinets)인 경우에 적용한다.

반턱을 프레임보다 약간 더 깊게 깎고 틀을 조립한다. 딱 맞게 끼워 넣는 방법은, 먼저 프레임을 틀의 반턱 크기보다 약간 더 크게 만든 다음, 프레임의 가장자리 단면을 안쪽으로 약간 경사지게 대패로 깎아내면서 겨우 들어가도록 맞춘다(A).

틀에 뒤판을 붙이기 전에 바 클램프(bar clamps)를 여럿 준비다. 반턱에 접착제를 칠하고 뒤판을 끼워 넣고, 옆 방향 및 아래위 방향으로 클램핑해서 밀착시킨다. 틀과 클램프 사이에 보조목을 삽입하면 힘을 고루 분포시킬 수 있다(B).

접착제가 경화된 다음에, 약간 튀어나온 반턱 부분은, 뒤판과 단차가 없도록, 손대패로 깎는다(C).

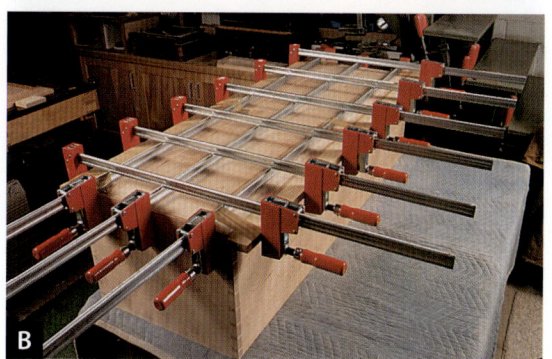

상판 제작, page 270

상판 고정, page 292

탁자 상판 및 카운터

캐비닛이나 탁자 제작에서, 상판 혹은 카운터(counter)를 만들어서 결합하면가구가 완성된다. 프레임 혹은 틀에 실제 사용되는 면을 보태는 것이다. 이제 상을 차릴 수도 있고, 독서 램프를 놓을 수도 있으며, 수평면이 필요한 수많은 일상의 작업을 수행할 수 있다.

탁자 상판이나 카운터는 두 가지 중요한 요구조건을 만족해야 한다; 편평해야 하고, 이용 가능한 표면이어야 한다. 상판을 받치는 프레임이 편평하다면, 상판 자체만 편평하게 제작하면 된다. 합판이나 플라스틱 라미네이트 상판은 상대적으로 제작하기 쉽다. 원목 상판은 좀 더 까다로우며, 상판의 폭이 넓으면 특히 그러하다.

상판을 제작한 다음에는 아래 지지부에 연결해야 한다. 가장 쉬운 방법은 밑에서 나사로 상판을 고정하는 것이다. 합판, 중밀도섬유판(MDF) 등 인조 재료를 사용하는 경우에는 이 방법을 쓸 수 있다. 그러나 원목 상판은 목재의 치수변화를 해결할 수 있는 방법이 필요하다.

상판 제작

상판 제작

상판 처리

날개 및 변죽

매일 사용하는 물건 중에 가장 유용한 부분이 수평면이나 상판일 것이다. 탁자의 상판이거나 책상의 상판이거나 궤의 뚜껑이거나, 표면은 중요한 기능을 가지고 있다. 닳아서 잠글 수 있거나, 일을 할 수 있는 표면이거나, 혹은 단순히 여러 가지를 늘어놓을 수도 있다. 상판은 편평하고 매끈하고 마감처리가 잘 되어 있어서 편하게 사용할 수 있어야 한다. 합판이나 플라스틱 라미네이트와 같은 인조 재료로 상판을 제작한다면, 아주 큰 상판도 큰 어려움 없이 제작할 수 있다. 원목으로 제작한다면 목재의 치수변화에 어떻게 대처할 것인지, 그리고 천연재료를 큰 규모로 집성하고 깎는 방법에 대해서도 생각해야 한다.

상판은 원형, 타원형, 긴 형태, 넓은 형태 등 모양과 크기가 다양하다. 표면은 용도에 따라서 달라진다. 예를 들어서 중역용 탁자는 가죽으로 표면을 장식해서 품격을 높일 수 있다. 주방 카운터처럼 내구성 있는 작업면이 필요하다면 플라스틱 라미네이트 상판을 사용하는 것이 적절하다.

사람이 많아서 탁자의 상판이 너무 좁은 경우도 있다. 이런 경우에 날개를 중간에 추가하거나, 아니면 날개를 끄집어내서 소형 다용도 탁자를, 잔치도 벌일 수 있는 큰 탁자로, 확장할 수 있는 형태도 있다. 손님도 편하게 하고 스타일도 유지하려면, 상판의 가장자리 가공 방법에도 신경을 써야 한다. 상판의 가장자리를 약간 모따기 하거나 둥글게 깎으면, 팔도 걸칠 수 있고 디자인도 돋보인다. 각진 가장자리는 신경이 쓰이기 때문이다.

가구 상판

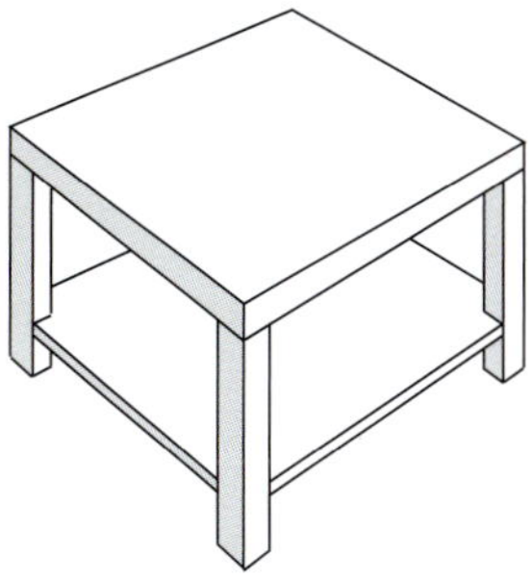

사각형 상판의 커피 테이블

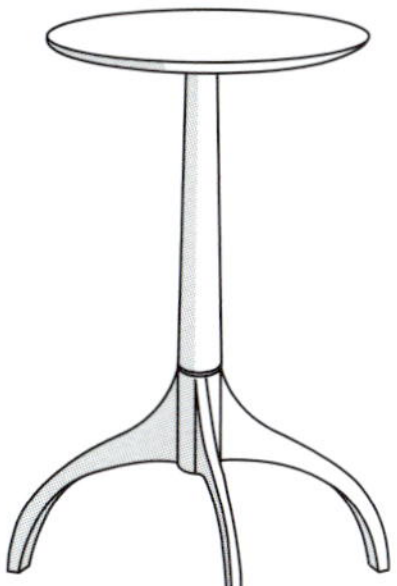

원형 상판의 촛불 스탠드

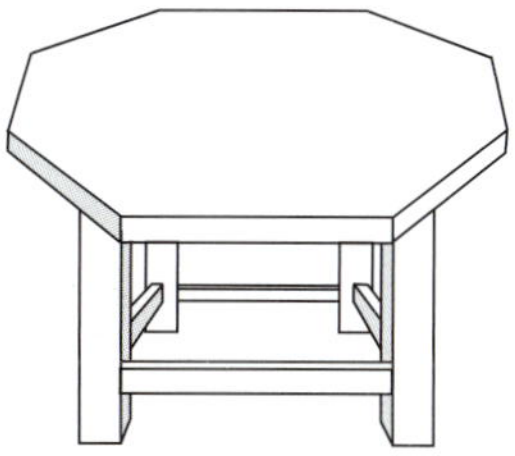

팔각 상판의 작업 탁자

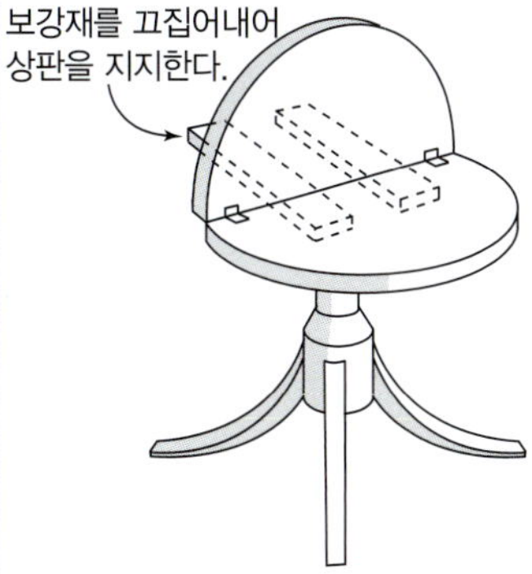

보강재를 끄집어내어
상판을 지지한다.

접이식 상판의 카드 게임용 탁자

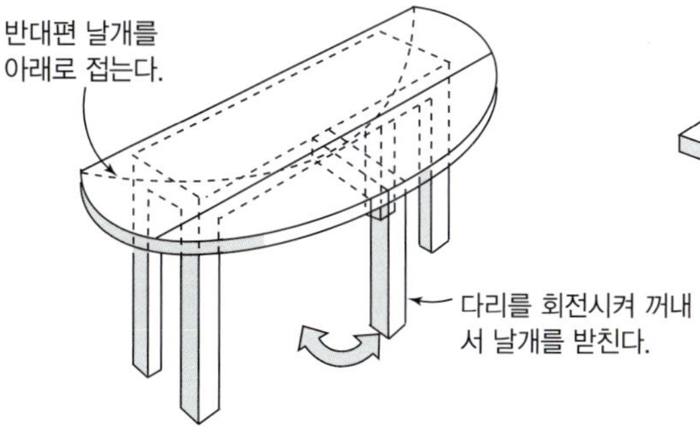

반대편 날개를
아래로 접는다.

다리를 회전시켜 꺼내
서 날개를 받친다.

타원형 상판의 크기 조절형 탁자

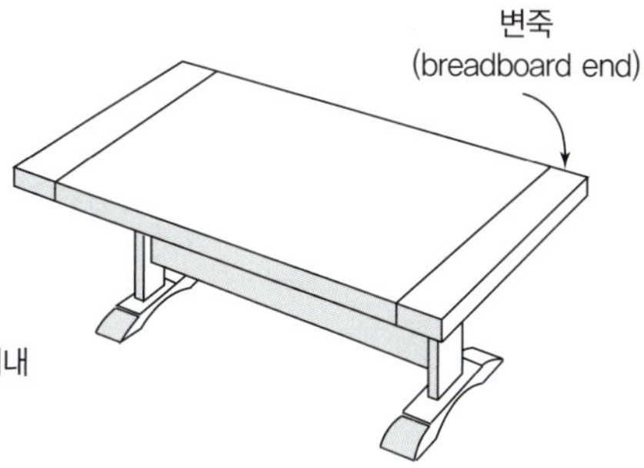

변죽
(breadboard end)

원목 상판의 식탁

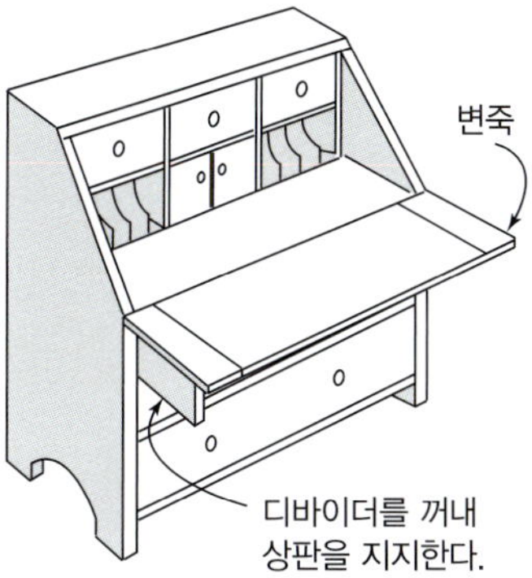

변죽

디바이더를 꺼내
상판을 지지한다.

상판을 앞으로 젖히는 책상

앞쪽이 둥근 사이드보드(sideboard)

더러움 방지판

카운터탑(counter top) 상판의 주방 캐비닛

기본 상판 디자인

탁자 상판 및 사용 면은 다양하게 멋과 스타일을 가미할 수 있다. 다용도 카운터도 있고, 귀한 단판이나 이국적인 재료로 덮은 최고급 상감 작품도 있다. 가구의 스타일 및 상판 제작 방법은 가구의 기능에 따라 정한다. 커피 테이블과 같은 낮은 탁자는 음료수, 책, 잡지 등의 물건 혹은 두 다리를 올려놓을 수 있도록 표면이 단순해야 한다. 상판을 내려서 사용하는 책상(fall-front desk)이나 날개 확장테이블(gate-leg table)은, 필요에 따라서 사용 표면을 변경할 수 있도록, 상판을 분리하거나 움직일 수 있게 제작해야 하므로 과정이 좀 더 복잡하다.

집성할 때 나뭇결 배치 방법

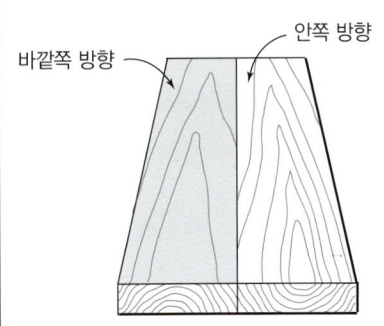

나뭇결을 교대로 배치하면 현저하게 대비된다.

바깥쪽 방향 / 안쪽 방향

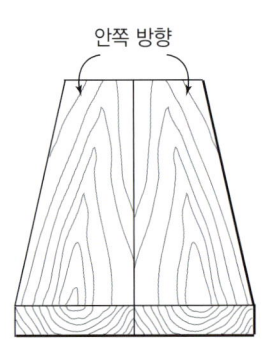

같은 방향으로 배치하면 서로 반사되는 느낌을 준다. 나무의 안쪽을 사용하는 것이 효과가 더 좋다.

안쪽 방향

나뭇결 방향

상판을 집성할 때 나이테를 어느 방향으로 배치해야 할까? 정답은 일단 목재의 심부가 같은 방향을 향하도록 배치한다. 이는 판재의 마구리를 보고 판단할 수 있다. 나이테 방향을 엇갈리게 교대로 배치하면 두 가지 문제가 생긴다. 하나는 너비굽음(cup)이 발생하므로 상판은 빨래판처럼 굴곡이 진다. 두 번째는 옆 방향으로 강한 빛이 들어오면, 각 판재마다 명암이 강하게 대비된다. 같은 방향으로 배치하면 상판이 전체적으로 같은 방향으로 휘게 되고, 이를 프레임이나 틀이 편평하게 잡아준다. 또한 빛에 의한 반사 및 대비가 균일하다.

일단 같은 방향으로 판재를 배열한 다음에는, 어느 쪽을 위로 향하게 할 것인지 결정해야 한다. 가능하면 나무의 바깥쪽이 위로 올라오는 것은 피해야 한다. 항상 나무의 안쪽 방향이 보이도록 하는 것이 좋은데, 나뭇결도 풍부하고 또한 반사되는 느낌도 깊기 때문이다.

상판 가장자리 모양내기

상판 가장자리를 멋지게 만들면, 가구의 스타일도 살고 보기에도 좋고 또한 사용하기에도 편하다. 선반 가장자리를 가공할 때는 선반을 공구 위치로 옮겨서 라우터 테이블이나 쉐이퍼를 사용하는 것이 비교적 용이하지만, 상판의 경우는 라우터 및 비트를 들고 가서 상판 위치에서 작업하는 편이 낫다. 공구를 손에 잡고 작업하기 때문에 안내 베어링이 장착된 비트를 사용한다. 아니면 별도로 몰딩 작업을 한 후, 장부맞춤이나 제혀맞춤으로 상판에 붙인다.

타원을 그리는 방법 두 가지

타원형 상판은 외양이 주는 느낌이 다른 모양보다 더 흥미롭다. 그 자체로 자연스런 리듬을 가지고 흐르는 느낌이 든다. 상판을 타원형으로 깎는 것은 직쏘나 밴드쏘와 같은 전동공구를 이용해서 간단하게 수행할 수 있는 작업이다. 그러나 타원을 손으로 바로 그릴 수는 없기 때문에 기술적인 방법이 필요하다. 가장 간단하게 그리는 방법은 컴퍼스, 실, 연필을 사용해서 그리는 것이다(274쪽 그림 참고). 그러나 실에 걸리는 장력이 달라지면 타원이 약간 찌그러질 수 있다 핀컴퍼스와 곱자(framing square)를 사용하면 더 정확하게 그릴 수 있다.

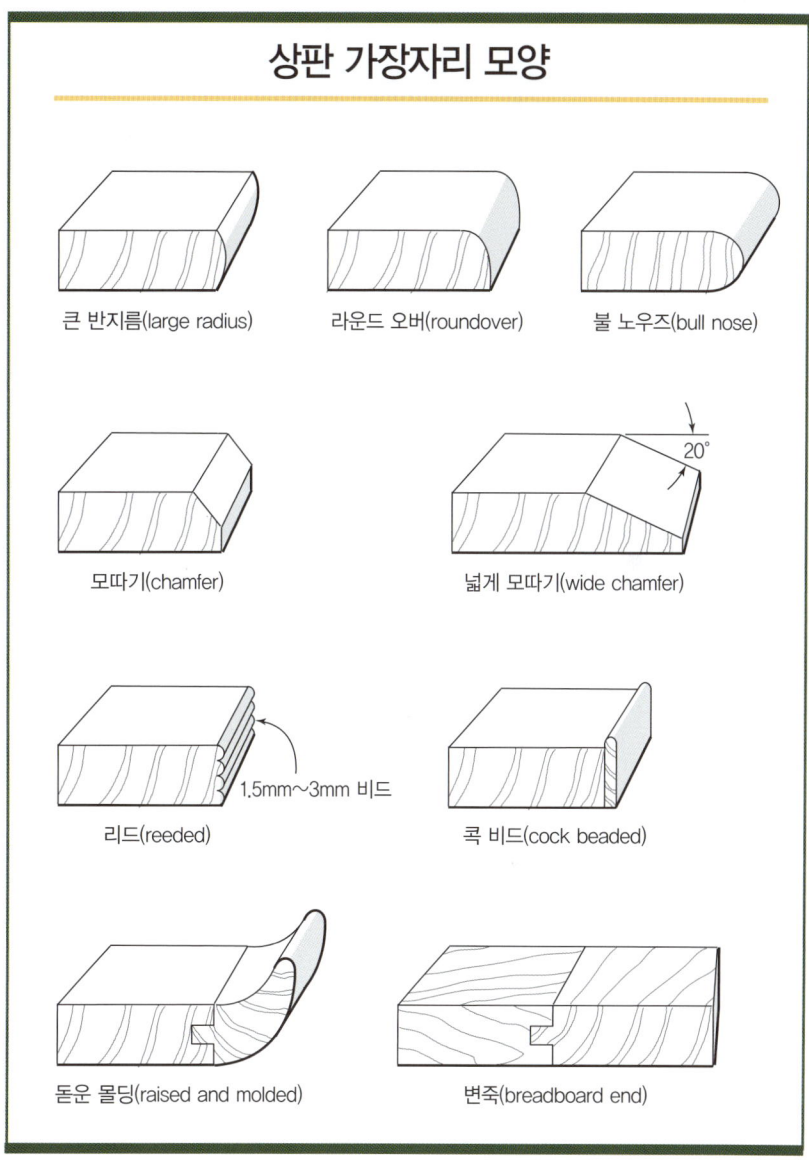

상판 가장자리 모양

큰 반지름(large radius)

라운드 오버(roundover)

불 노우즈(bull nose)

모따기(chamfer)

넓게 모따기(wide chamfer)

1.5mm~3mm 비드

리드(reeded)

콕 비드(cock beaded)

돋운 몰딩(raised and molded)

변죽(breadboard end)

타원을 그리는 방법 두 가지

실과 연필

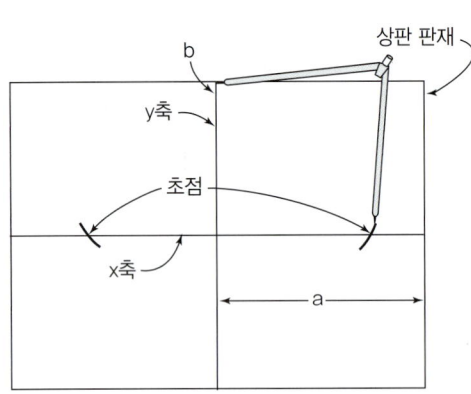

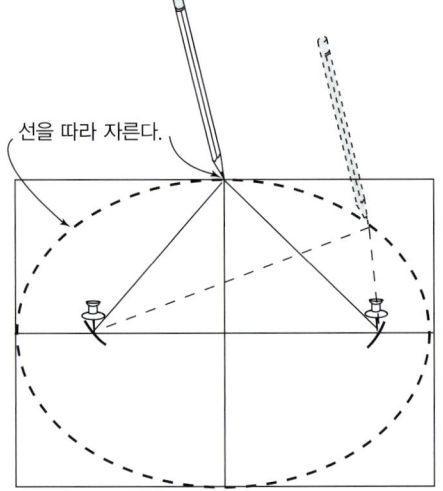

선을 따라 자른다.

단계 1. 타원과 가로, 세로 크기가 같은 직사각형 모양의 판재를 준비한다. 가운데에 x, y축을 그린다.

단계 2. a의 길이에 컴퍼스를 맞춘 다음, b점을 중심으로 원호를 그려서 초점을 찾는다.

단계 3. 압정이나 작은 못을 초점에 박고, 두 초점 사이를 실로 묶어 연결하는데, 실의 길이는 연필을 걸어서 팽팽하게 당겼을 때, 연필이 그리고자 하는 타원 위에 오도록 정한다.

단계 4. 실을 팽팽하게 유지한 채로 연필로 한 바퀴 돌려서 타원을 그린다.

핀컴퍼스와 곱자

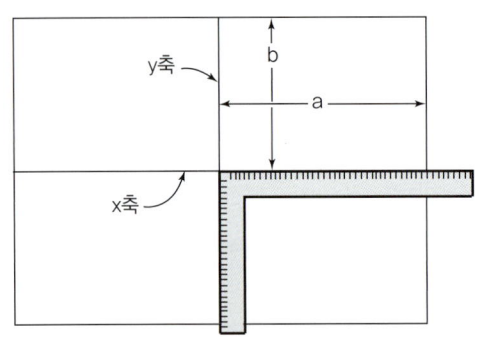

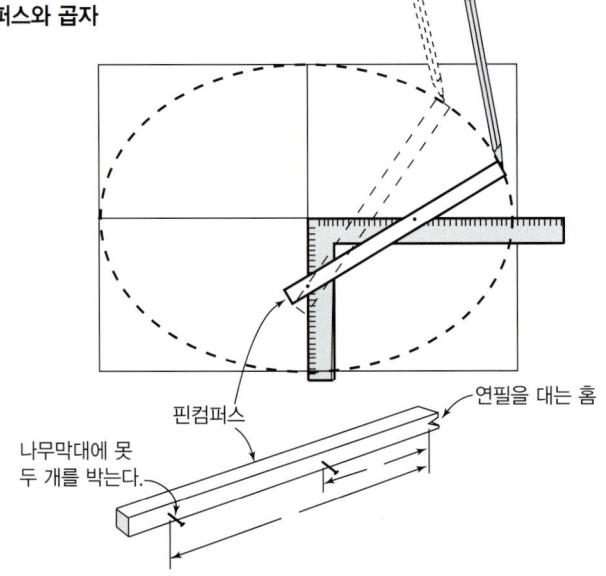

단계 1. 타원과 가로, 세로 크기가 같은 직사각형 모양의 판재를 준비한다. 가운데에 x, y축을 그린다.

단계 2. 곱자나 나무스틱을 그림처럼 하나의 사분면 x, y축에 댄다.

단계 3. 곱자를 두 개의 못에 붙이고, 연필을 홈에 대고, 타원의 1/4을 그린다. 곱자를 다른 사분면으로 옮겨가면서 타원을 완성한다.

테이블 조인트용 경첩의 설치

바깥 날개를 접고 펴는 확장 테이블(drop-leaf tables)에서 날개를 아래로 접는 가장 좋은 방법은 테이블 조인트(rule joint)를 사용하는 것이다. 상판과 날개를 제작하는 것은 어렵지 않다. 라우터에 라운드오버 비트를 장착해서, 상판의 두 긴 변을 따라, 어깨를 3.2mm 남기고 연결부를 동그랗게 깎는다. 그런 다음 대응하는 크기의 코브 비트(오목면 비트)로 각 날개의 가장자리를 오목하게 깎는다. 본 작업을 하기 전에 동일한 두께의 자투리 판재로 미리 깎아서 잘 맞는지 확인해야 한다. 이제 경첩 위치를 표시하고 깎는 작업을 해야 하는데, 이게 조금 까다롭다. 테이블 조인트용 경첩(rule joint hinges, drop-leaf hinges)을 철물가게나 전자상거래를 통해서 구입한다.

이제 경첩의 위치를 표시해야 하는데, 날개를 올릴 때 상판에 꽉 죄는 것을 막기 위해서 0.8mm 오프셋을 둔다. 먼저 라우터 혹은 끌로 경첩 날개가 들어가는 장붓구멍을 깎는다. 그러고 나서 경첩의 너클이 들어가는 부분을 별도로 더 깊이 깎는다. 경첩을 끼운 다음 제대로 작동이 되는지 확인해서, 부딪히는 부분이 있으면 블록플레인나 사포로 깎아서 조정한다.

서로 크기가 일치하는 코브 비트와 라운드오버 비트(roundover bits)를 사용해서 날개가 붙는 테이블의 접합부를 깎는다. 룰 조인트(rule joint; table joint)라는 이름은 전통 접자(folding rules)의 연결부 황동과 비슷한 형태라서 그런 이름이 붙었다.

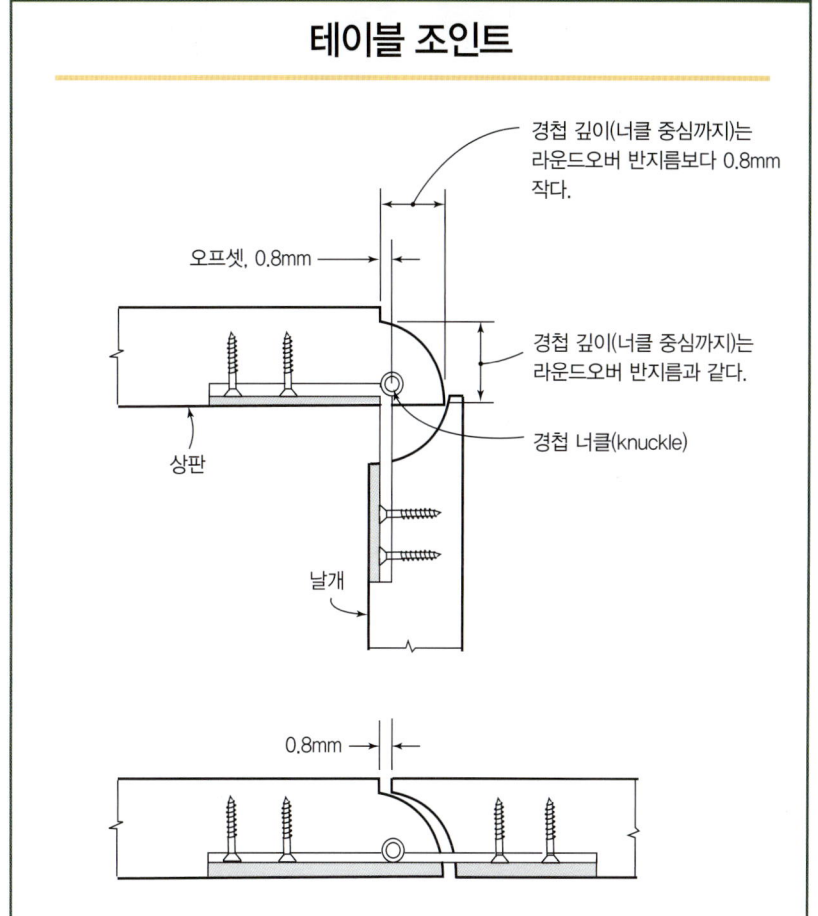

테이블 조인트

경첩 깊이(너클 중심까지)는 라운드오버 반지름보다 0.8mm 작다.

오프셋, 0.8mm

경첩 깊이(너클 중심까지)는 라운드오버 반지름과 같다.

경첩 너클(knuckle)

상판

날개

0.8mm

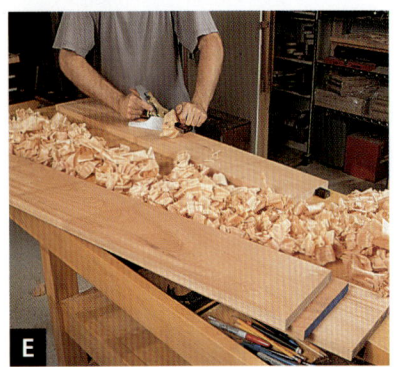

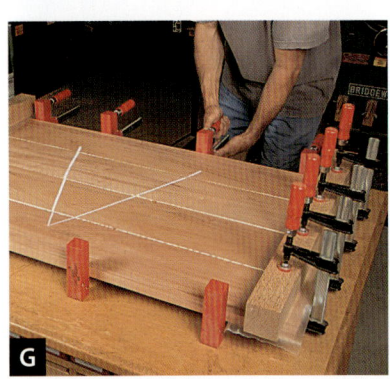

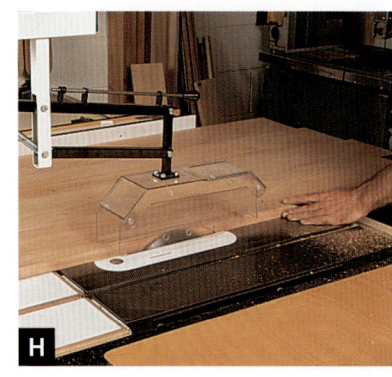

넓은 원목 상판

넓은 원목 상판도 기본적인 제작 과정을 따라 쉽게 만들 수 있다. 틀의 옆판, 위판, 바닥판, 선반 등 여러 종류의 넓은 패널도 같은 방법으로 제작할 수 있다. 먼저 원목을 필요한 길이보다 100mm 이상 길게 자른다(A).

수압대패를 사용해서 원목 판재의 한 면을 편평하게 깎는다(B). 그런 다음 자동대패에서 반대편 면도 깎는데(C), 원하는 두께에 다다를 때까지 양쪽 면을 교대로 깎는다. 다시 수압대패에서, 각 판재의 한쪽 가장자리 단면을 직각으로 깎는다(D). 이제 테이블 쏘에서 반대쪽 가장자리를 켠 후, 이전과 마찬가지로 수압대패에서 직각으로 깎는다.

시간과 수고를 줄이는 요령이 있다; 상판을 집성하기 전에, 드러나는 면에서 기계 자국을 손대패로 전부 없앤다. 이렇게 해두면 접착제를 칠한 후에는 접합부를 단차 없이 정확하게 맞추기만 하면 된다. 즉, 나중에 상판 전체를 대패질하고 사포질할 필요가 없다(E). 나뭇결 방향에 최대한 신경을 써서 판재를 정렬한 다음, 집성 작업 중에 헷갈리는 것을 막기 위해서, V자 표시를 그려둔다(F).

집성 작업 중에 판재를 편평하게 정렬을 잘 유지하기 위해서, 양단을 가로질러 튼튼한 보조목으로 눌러 클램핑한다. 보조목 아래 파라핀 종이(wax paper)를 끼워 접착제가 묻는 것을 막을 수 있다. 먼저 횡방향을 가로 질러 바 클램프(bar clamps)로 가볍게 클램핑한다. 그런 다음 양단 보조목을 클램핑한다. 그러고 나서 다시 바 클램프를 단단히 클램핑한다(G). 접착제가 경화된 후에, 눌린 자국도 없애주고 양쪽 변이 서로 평행하도록, 길이 방향 양쪽 가장자리를 잘라낸다(H).

패널을 집성하고 난 후에는 마구리 쪽을 직각으로 잘라내야 한다. 한 가지 방법은 먼저 곧은자를 펜스처럼 가로질러 놓고 클램핑한다. 시판되는 곧은자 중에는 클램프가 아예 붙어 있는 것도 있지만, 그냥 튼튼하고 일직선인 나무를 사용해도 된다. 큰 직각자를 사용해서 길이 방향과 직각으로 놓이도록 해야 한다(I). 원형톱을 이용해서 자르는데, 원형톱의 베이스 플레이트가 폭이 있으므로 이를 감안해서 곧은자의 위치를 잡아야 한다(J). 원형톱 톱자국을 없애기 위해서 라우터에 스트레이트 비트를 장착하고, 곧은자의 위치를 조정한 후, 1.6mm 정도 깎아낸다. 이때 라우터에 대형 베이스 플레이트를 붙여서 작업하면 라우터의 균형을 유지하고, 정확하게 직각으로 깎는 데 도움이 된다(K).

다른 방법으로는 테이블쏘에서 슬라이딩 테이블을 이용해서 자를 수도 있다. 저렴한 슬라이딩 테이블이 많이 시판되고 있는데, 대부분의 테이블쏘에서 사용할 수 있다(L). 상판을 가볍게 사포질하고, 가장자리 직각을 검사하고, 표면을 대패, 스크레이퍼 등으로 전부 다듬는다. 처음에 손대패로 전부 깎았기 때문에 사포질할 필요도 없다.

[TIP] 기계 장비의 펜스와 테이블은 서로 완벽하게 직각이어야 정밀하게 작업을 수행할 수 있다. 장비의 정지턱이나 조절 나사를 믿지 말고 직접 재봐야 한다. 150mm 정도 크기의 정밀 직각자를 사용해서 재면 된다. 직각자의 한쪽 면을 펜스나 테이블에 밀착시킨 상태로, 반대쪽 면과 직각자 사이 틈새를 관찰해서 빛이 보이는지 확인한다. 빛이 새지 않으면 이웃한 두 면은 서로 직각이다.

가장자리에 원목을 덧댄 합판

넓은 상판을 제작할 때는 합판이 최적인데, 그 이유는 원목의 수축 팽창에 따른 치수변화를 걱정하지 않아도 되고, 또한 사포질도 조금만 하면 되기 때문이다. 합판의 가장자리에 원목을 대면, 보기 싫은 가장자리 단면도 숨기고, 내구성도 향상시킬 수 있다. 목재를 잘라 가장자리에 붙일 스트립을 준비한다. 스트립은 일단 전부 긴 변보다 길게 준비하며, 한쪽만 빗각으로 켠다. 반대쪽 빗각 위치를 정확하게 정하려면, 빗각으로 켠 부분을 합판 모서리에서 서로 맞춘 후, 반대편을 클램핑한 다음 빗각켜기 할 부분을 표시한다(A). 빗각켜기톱을 사용해서 길이에 맞춰 표시한 부분을 자른다.

스트립을 합판에 접착시킬 때, 비스킷을 사용하면 위치를 정확하게 잡을 수 있다. 상판의 긴 변 및 소폭판에 200mm 정도의 간격으로 비스킷 삽입 위치를 표시하고 슬롯을 판다(B).

긴 변 스트립을 먼저 접착시킨다. 짧은 변 스트립도 접착제 없이 그냥 긴 변 스트립과 밀착시켜서 위치를 정확히 잡는 데 이용한다(C). 가능한 한 많은 클램프를 사용해서 고루 단단하게 클램핑한다(D).

긴 변 스트립의 접착제가 경화되면, 짧은 변 스트립의 빗면을 긴 변 스트립의 빗면에 대고, 길이에 맞춰 반대편을 빗각으로 자른다. 이때 조금씩 자르면서 양쪽 긴 변 빗면 사이에 들어가도록 맞춘다(E). 이제 비스킷을 끼울 슬롯을 파고, 접착제를 바르고, 비스킷을 끼우고, 짧은 변 스트립을 클램핑한다. 모서리 빗면도 잘 클램핑해서 밀착시킨다(F). 합판에 맞춰 스트립을 다듬는다.

각진 모서리 처리 방법

누군가는 탁자 모서리에 부딪히고 나서, 탁자를 만든 사람을 원망할지 모른다. 그런 일이 생기지 않게 하려면, 블록플레인으로 각진 모서리를 살짝 모따기 한다(A). 그런 다음 샌딩블록에 180-grit 사포를 감아 둥글게 다듬어준다(B). 사려 깊다고 친구들이 고마워 할지 모른다.

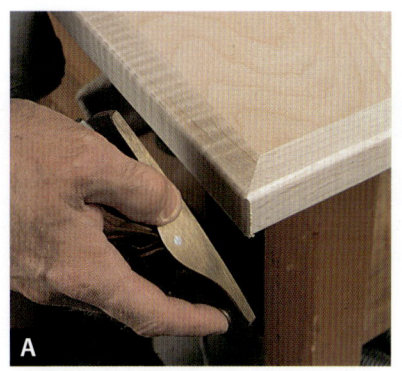

원형 상판

상판을 원형으로 자를 때는 밴드쏘나 직쏘를 사용할 수 있다. 그러나 별로 정밀하지 않다. 정확하게 자르려면 플런지 라우터(plunge router), 스트레이트 비트, 그리고 6mm 합판으로 만든 핀컴퍼스를 이용한다. 핀컴퍼스를 라우터의 베이스에 고정하고, 비트의 가장자리에서 원하는 거리만큼 떨어진 위치에 나사를 박는다. 바닥을 깎는 스트레이트 비트(bottom cutting straight bits)는 다 사용할 수 있지만, 4날 혹은 6날 엔드밀 비트(four- or six flute end mill bit)를 사용하면 매우 깔끔한 결과를 얻을 수 있다. 특히 판재의 마구리 부분 작업에 도움이 된다(A).

작업대에 자투리 판재를 클램핑한다. 상판 판재 윗면에 카펫 테이프(양면테이프)를 곳곳에 붙인 다음, 판재를 뒤집어서 자투리 판재에 접착시킨다(B). 핀컴퍼스의 나사를 판재 아랫면 중앙에 고정하고, 비트의 깊이는 6mm 정도에 맞춘다. 가운데 핀컴퍼스 나사를 기준으로, 판재 둘레로 반시계 방향으로 돌아가면서 라우터로 깎는다(C). 매 바퀴 깎고 난 후에는 비트를 아래로 조금씩 더 내려서 깎아 내려간다. 자투리 판재가 깎일 때까지 진행한다(D).

퍼티 나이프의 무딘 쪽을 사용해서 상판을 자투리 판재에서 떼어내고, 윗면의 카펫 테이프도 뜯어낸다(E). 이제 가장자리만 가볍게 사포질 해주면 된다. 이 방법으로 완벽하게 원형인 상판을 제작할 수 있다.

흠집 메꾸기

원목으로 상판을 만들다보면 작은 옹이나 흠집을 만나는 경우도 있다. 에폭시를 사용해서 옹이나 다른 결함을 감출 수 있다. 에폭시는 굳고 나면 매우 단단한데, 이보다 더 중요한 점은 수축하지 않는다는 것이다. 작은 흠집은 2액형 5분 에폭시를 섞어서 바르면 되는데, 글자 그대로 5분 지나면 경화된다. 메꿔야 되는 면적이 넓으면, 경화시간이 더 긴 에폭시를 사용해야 굳어지기 전에 작업을 마칠 수 있다. 에폭시 두 성분을 잘 섞은 다음, 현재 작업하는 목재를 사포질해서 생긴 가루와 혼합해서, 걸쭉한 반죽형태로 만든다(A).

균열이 판재를 관통한 경우에는 뒷면을 테이프로 막아서 에폭시가 흘러나오는 것을 방지한다. 구멍에 에폭시 혼합물을 넣어 메꾼다(B). 한 번에 완전히 메꿔지지 않을 수 있으므로 추가로 더 보탠다.

에폭시 혼합물이 완전히 경화된 후에 스크레이퍼와 샌딩블록으로 편평하게 깎아 다듬는다(C).

라미네이트 카운터탑

플라스틱 라미네이트 카운터탑의 내부 재료는 파
티클보드다. 파티클보드는 싸고 부피변화가 없으며
비교적 편평하다. 카운터탑은 함부로 다뤄지는 경향
이 있으므로 파티클보드가 지닌 경도, 밀도 등이 장
점이다. 파티클보드는 플레이크보드(flakeboard)나
칩보드(chipboard)보다는 균질하고 밀도가 높은 산
업용 파티클보드(industrial grade particle board)를
선택한다. 일반적으로 카운터탑은 두께 19mm의 상
판과 그 아래에 동일한 19mm 두께의 폭이 좁은 보
강재로 구성되어 있다(A). 보강재로 인해서 옆에서
는 두께가 38mm로 보이며, 전체 구조도 튼튼하다.
또한 상판 아래 캐비닛과 연결부 역할도 한다.

테이블쏘에서 패널을 최종 크기보다 3mm 정도 크
게 자르고, 보강재도 폭대로 자른다. 보강재를 긴 앞
쪽 가장자리에 접착제도 바르고 스테이플건으로 박
는데, 앞을 정확히 맞춰서 클램프로 고정한 후 작업한
다(B). 그런 다음 긴 뒤쪽 가장자리에도 보강재를 부
착한다. 그러고 나서 직각 방향으로, 짧은 보강재를
300mm 간격으로 부착한다(C). 보강재를 전부 붙였
으면, 패널을 최종 크기에 맞춰서 자르고, 가장자리를
트리밍하고, 테이블쏘에서 직각으로 자른다(D).

라미네이트로 씌우기 위해서 라미네이트를
25mm 정도 크게 자른다. 기재인 패널에 접착시킨
후에 트리밍한다.

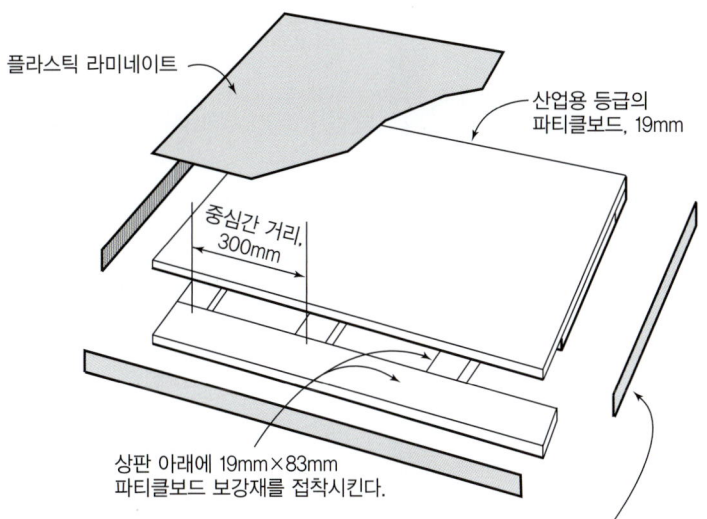

플라스틱 라미네이트

산업용 등급의
파티클보드, 19mm

중심간 거리,
300mm

상판 아래에 19mm×83mm
파티클보드 보강재를 접착시킨다.

라미네이트는 양쪽 옆에 먼저
붙이고, 그 다음에 앞면, 그리고
마지막으로 윗면에 붙인다.

A

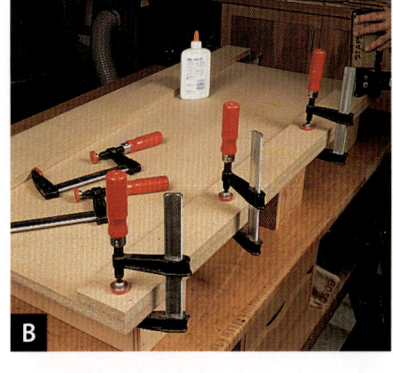

B

C

D

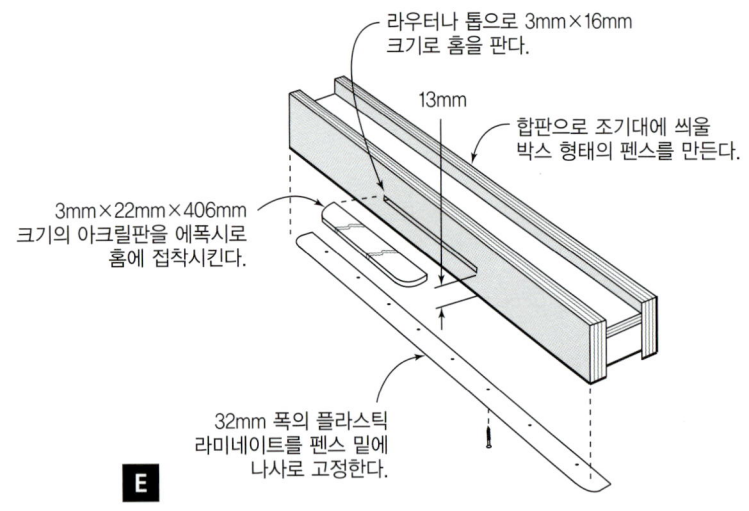

라우터나 톱으로 3mm×16mm 크기로 홈을 판다.

13mm

합판으로 조기대에 씌울 박스 형태의 펜스를 만든다.

3mm×22mm×406mm 크기의 아크릴판을 에폭시로 홈에 접착시킨다.

32mm 폭의 플라스틱 라미네이트를 펜스 밑에 나사로 고정한다.

E

플라스틱 라미네이트는 초경톱날을 사용해서 테이블쏘에서 자른다. 그런데 시트가 비교적 얇기 때문에 조기대 아래로 미끄러져 들어가 잘리지 않고 물리거나 밀리는 현상이 생길 수 있다. 이 문제를 미연에 방지하려면 조기대와 테이블쏘 정반 사이의 틈새를 막아줄 수 있는 별도의 펜스를 제작해서 기존의 조기대 위에 씌운다(E). 투명 아크릴로 소폭판을 만들고 그 아래로 시트가 통과하도록 만들면, 시트가 밀려서 올라오는 것을 막을 수 있다. 특히 좁은 폭으로 절단할 경우에 필요하다. 시트는 뒤를 들고 톱날 쪽으로 밀어 넣으면서 정반쪽으로 일정한 힘을 가한다(F).

보통 가장자리 단부를 먼저 덮어 붙이는 것이 제일 낫다. 그런 다음 윗면을 덮는다. 이렇게 하면 접착선이 위쪽으로 드러나지 않는다. 기재 단면과 라미네이트 뒷면에 접착시멘트(contact cement)를 붓으로 바른다(G). 파티클보드와 같은 다공질 표면에는 처음 칠한 부분이 마른 후 한 번 더 바른다. 고루 발라졌는지 반사광을 이용해서 확인한다. 접착시멘트는 10분에서 30분 정도, 더 이상 손가락에 붙지 않을 때까지 기다린다. 접착시멘트에 시트를 붙일 때는 한 번에 끝내야 한다. 일단 서로 닿으면 다시 떼기 어렵기 때문이다. 시트의 폭이 비교적 좁은 경우에는 눈대중으로도 붙일 수 있는데, 가장자리를 돌아가면서 고루 약간 튀어나오도록 잘 정렬시킨다(H). 이제 고무롤러를 사용해서 단단히 눌러 붙인다(I).

F

G

H

I

가장자리의 튀어나온 부분을 라우터에 플러쉬 트리밍 비트(flush trimming bit)를 장착해서 트리밍한다. 가볍고 다루기 쉬운 트리머(trimmer)가 최고지만, 아무 라우터라도 괜찮다(J).

라미네이트가 클 때는 약간 다른 방법을 사용한다. 먼저 붙여야 할 두 면에 접착제를 바르고 마르도록 둔다. 자투리 라미네이트, 합판 등 얇은 재료를 스트립 모양으로 잘라서 기재 위에 올려놓고, 그 위에 다시 라미네이트 시트를 올린다(K). 이렇게 하면 들러붙는 것을 막으면서, 라미네이트의 위치를 잡을 수 있다. 위치를 정확히 맞춘 후에는, 가운데에서 시작해서 바깥쪽으로 나가면서, 아래 스트립을 순차적으로 빼내면서, 라미네이트를 손으로 눌러 붙인다(L). 그런 다음 고무롤러로 가운데에서 바깥 방향으로 나가면서 최대한 세게 눌러준다. 표면이 넓은 경우엔 J형 롤러가 사용하기 편하다(M).

마찬가지로 플러쉬 트리밍 비트를 사용해서 튀어나온 가장자리를 잘라낸다(N). 이 비트는 라미네이트 시트를 트리밍하면서, 동시에 모서리도 약간 모따기 해준다(O). 줄(mill file)로 날카로운 모서리를 다듬어준 후, 샌딩블록으로 부드럽게 사포질한다(P).

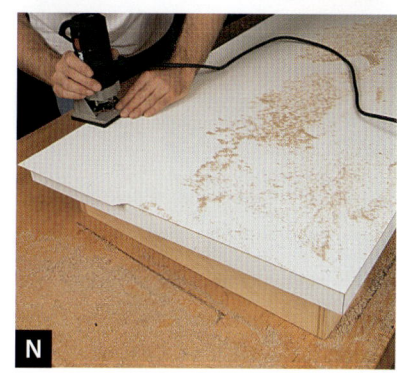
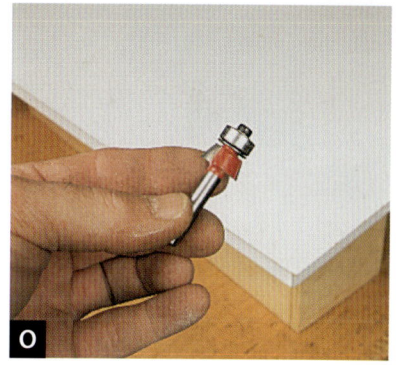

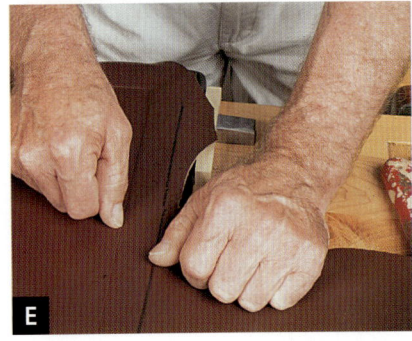

상판을 가죽으로 덮기

앉아서 글을 쓰는 고급스런 책상 면은 가죽으로 만드는 것이 최고다. 가죽은 모든 재료 위에 올릴 수 있지만, 마감하지 않은 합판 위에 올리는 것이 제일 낫다. 가죽으로 덮는 윗면보다 1.6mm 정도 높게 해서 상판 둘레로 테두리 부재를 만들어 붙여야 한다. 곧은자와 대형 직각자를 사용해서 가죽을 재단하는데, 25mm 정도 더 크게 자른다. 가죽의 뒷면에 물을 가볍게 분무한 후, 물이 고루 스며들 수 있도록 5~10분 정도 말아둔다.

가죽이 습기를 흡수하도록 기다리는 동안, 면도날로 테두리 부재 안쪽으로, 돌아가면서 도려낸다(A). 목공용 접착제에 10% 정도의 물을 섞어 크림처럼 걸쭉하게 만든다. 작은 페인트 롤러를 사용해서 표면에 고루 바른다. 그런 다음 물을 섞지 않은 목공용 접착제를 가장자리로 돌아가면서 한 줄로 짠 후, 붓으로 펴 바른다(B). 패널 가운데 부분에 칠한 희석된 접착제는 가죽을 부드럽게 유지시킨다.

이제 가죽이 약간 축축해졌으면 작업을 시작한다. 말아둔 가죽을 책상 면 가운데에 맞춘 다음 접착제 위로 편다(C). 손바닥으로 가죽을 바깥쪽으로 펴는데, 접힌 곳을 펴고, 또한 공기가 들어가지 않도록 밀어낸다(D). 그런 다음 손가락이나 무딘 나무조각 등으로 앞에서 도려낸 둘레를 따라가면서 눌러 가죽에 주름을 잡는다(E). 면도날로 주름 잡은 선을 따라 자른다(F). 책상을 사용하기 전에 하룻밤 정도 말린다. 접착제와 가죽에 있던 습기가 증발하면서, 가죽이 수축하게 된다. 그러면서 팽팽해져서, 남아 있던 주름도 사라진다.

가죽 툴링

가죽을 툴링(tooling) 혹은 엠보싱(embossing) 처리하면 면이 고급스럽게 보인다(A). 기법은 단순하므로, 몇 가지 공구만 준비하면 된다. 가죽공예용 모양펀치를 원하는 디자인으로 몇 개 준비하고, 또한 작은 망치를 준비한다. 모양펀치의 끝은 경화강(hardened steel)으로 제조되는데, 여러 가지 모양으로 판매되므로, 가죽공예 전문점에서 원하는 것으로 구할 수 있다(B). 근데 제법 비싸다.

툴링은 접착제가 마르기 전에, 가죽을 접착시킬 때 행한다. 펀치를 대고, 일정한 힘으로 망치로 치면서, 둘레로 돌아가면서 작업한다(C). 펀치를 가장자리 쪽으로 옆으로 약간 밀면서 망치로 두드린다. 일정한 간격으로 모양이 새겨지도록 해야 한다. 패턴을 나란히 한 줄 더 새긴다면, 첫 번째 패턴 작업을 마친 후, 그에 맞춰 곧은자를 클램핑한 후, 이를 기준으로 삼아 두 번째 패턴을 새긴다(D).

금박이나 에나멜 페인트를 칠해서 패턴을 강조하고 드러나게 할 수 있다. 금빛 에나멜도 좋고, 아니면 금박을 붙이는 전문 도료(gold size)를 사용해서 패턴에 금박을 입힐 수도 있다(E). 페인트가 완전히 마르기 전에, #0000 스틸울(steel wool; 강면)에 왁스를 발라서 페인트칠한 곳을 세게 문질러주면, 잉여 페인트도 제거되고, 패턴에 낡은 듯한 풍치도 생긴다(F).

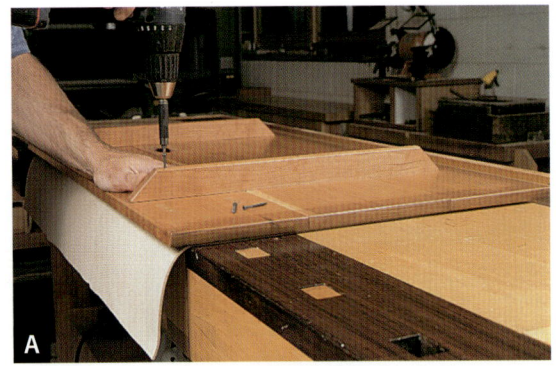

위로 여는 뚜껑

궤처럼 낮은 위치에 두는 보관함은 뚜껑에 경첩을 붙여 위로 열면, 안을 뒤져서 물건을 찾는 것이 쉽다. 뚜껑이 넓고 별도의 지지부가 없다면, 뚜껑이 뒤틀리는 것을 막아주기 위해서 뚜껑에 보강재를 대는 것이 중요하다. 보강재는 뚜껑의 아랫면에, 목재에서 치수변화가 일어날 수 있도록 접착제 없이 나사로 고정한다(A).

상자의 옆판은 상대적으로 얇기 때문에, 별도의 보강재를 상판 스트립에 직각으로 설치하고 나서, 전체를 접착제와 나사로 상자에 결합시킨다(B). 그런 다음 뚜껑을 상판 스트립에 띠형 경첩(strap hinges)으로 고정시킨다(C).

뚜껑이 갑자기 닫히는 것을 막기 위해서 상자 안쪽, 상판 아래와 옆판 옆면을 연결하는 안전경첩(lid support)을 설치한다. 어린이가 있는 집에서는 이게 필요하다(D). 이것을 설치한 후에는 애들이 맘껏 뒤져도 안심할 수 있다.

목재 흠집 살리기

목재의 결점을 잘라 내거나 숨기기보다 오히려 강조해서 살릴 수도 있다. 사진은 체리 판재 옹이에 구멍이 난 경우인데, 물론 그냥 쓰기도 어렵지만 보기에 흉하다(A). 조심스레 구멍 둘레를 사포질해서, 부스러기를 제거하고 날카로운 모서리를 없앤다. 뒷면에 페인트칠한 작은 패널 혹은 고급 목재 스트립을 붙여 구멍을 가린다(B).

위쪽에서 보면, 결점이었던 부분이 이제는 주목을 끄는 부분이 된다(C).

아니면 나비상감을 적용해서 촉(butterfly key, inlaid dovetailed key)으로 갈라진 곳을 가로질러 접착시키는 방법도 있다. 보기에도 좋고, 균열이 진전되는 것도 막아준다. 촉은 단단하고 조직이 치밀한 나무를 사용하고, 밴드쏘에서 자른다. 그런 다음 끼울 위치에 대고 외곽선을 그린다(D). 촉의 두께는 상판 두께의 2/3로 만든다. 라우터에 지름이 작은 스트레이트 비트를 장착한 후, 비트의 절삭 깊이는 촉 두께보다 1.6mm 작게 맞춘다. 라우터로 손에 잡고, 표시선 안쪽만 파낸다. 그런 다음 끌로 표시선까지 파낸다(E).

파낸 홈과 촉의 옆면에 접착제를 바르고 두드려 끼운다(F). 접착제가 경화되면 대패 및 스크레이퍼를 사용해서 표면에 맞춰 깎는다(G).

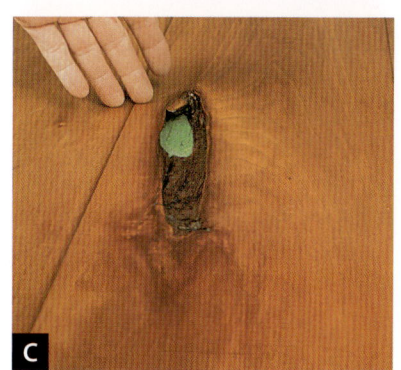

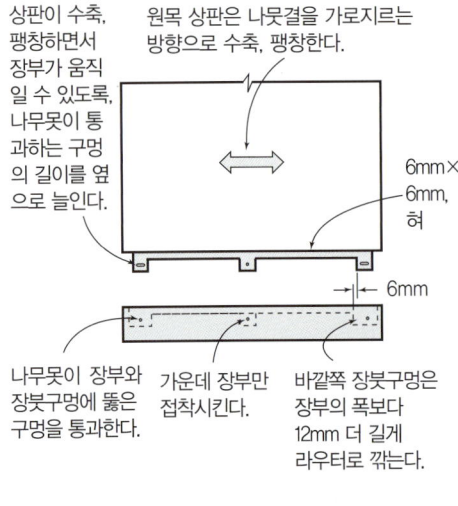

상판이 수축, 팽창하면서 장부가 움직일 수 있도록, 나무못이 통과하는 구멍의 길이를 옆으로 늘인다.

원목 상판은 나뭇결을 가로지르는 방향으로 수축, 팽창한다.

6mm×6mm, 혀

6mm

나무못이 장부와 장붓구멍에 뚫은 구멍을 통과한다.

가운데 장부만 접착시킨다.

바깥쪽 장붓구멍은 장부의 폭보다 12mm 더 길게 라우터로 깎는다.

변죽을 길게 만들면, 습도가 높아졌을 때 상판이 밖으로 튀어나오지 않는다.

A

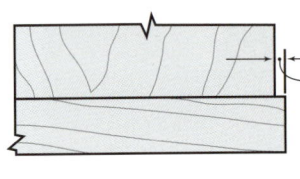

B

C

D

E

F

G

변죽

변죽(breadboard ends; 빵도마 단부 형식 - 옮긴이)을 붙이면, 마구리 나뭇결도 감출 수 있고, 특색이 있어서 보기에도 좋다. 그리고 넓은 원목 면을 편평하게 잡아주는 역할도 한다. 변죽은 원목 상판이 수축, 팽창할 수 있는 구조로 되어 있기 때문에 가능하다. 상판을 가로질러 전체를 접착해 버리면 목재의 치수변화로 인해서 결국은 갈라진다. 전통적인 방법은 상판의 단부에 장부를 깎고, 변죽에 장붓구멍을 파는 것이다. 가운데 장부만 접착시키면 상판은 자유로운 수축, 팽창할 수 있다(A). 먼저 변죽을 상판의 폭보다 25mm 정도 더 길게 자르고, 속에 3개의 장붓구멍을 판다. 장붓구멍의 깊이는 25mm, 폭은 75mm~100mm 정도가 적절하다(B). 장붓구멍을 판 다음에는 그 사이에, 라우터나 테이블쏘를 사용해서, 6mm 깊이로 홈을 판다(C).

변죽이 상판에 딱 붙도록 만드는 방법은, 변죽 가운데 부분을 대패로 몇 번 깎아주는 것이다. 이렇게 하고 나중에 가운데를 접착시키면, 스프링 작용으로 인해서 변죽의 끝 부분이 상판에 밀착된다(D).

테이블쏘에서 홈파기 전용날(다도날)을 사용해서 상판에 25mm 길이로 혀를 깎는다. 각각의 면은 두 번에 나눠서 깎는다. 처음에는 보조펜스를 조기에 옆에 양면 테이프로 고정시킨 후 밀어서 깎는다(E). 그런 다음 보조펜스를 제거하고 패널을 조기대에 바로 붙이고 밀어서 전체 혀를 깎는다(F). 이런 방식으로 작업하면 조기대를 옮길 필요가 없기 때문에 오차를 줄일 수 있다.

이제 혀에 장부 3개를 그리는데, 양쪽 바깥쪽 장부는 폭이 장붓구멍보다 12mm 정도 좁게 만든다. 그런 다음 변죽의 홈에 들어갈 혀를 6mm 깊이로 깎는다. 장부 및 혀는 표시선을 따라 직쏘로 자른다(G).
바깥쪽 어깨는 등대기톱으로 자른다(H). 변죽과 상
판 사이에서 걸리는 것을 막기 위해서, 변죽의 안쪽
가장자리와 상판의 어깨 부분을 대패로 살짝 모따기
한다(I).

변죽을 임시로 상판에 끼운 다음에 길이에 맞춰
자른다. 현재의 습도로 비춰봤을 때, 앞으로 상판이
팽창할 가능성이 크면 상판보다 3mm 정도 길게 자
르는 것이 좋다. 변죽을 길이에 맞춰 자른 후에는, 상
판에 클램핑한 다음, 상판 아래쪽으로부터 각 장부
의 가운데를 통과하는 구멍을 뚫는다. 6mm 나무못
을 박을 수 있도록 뚫는다(J). 이제 변죽을 분리한 다
음, 실톱을 사용해서 바깥쪽 두 개 구멍을 길게 넓힌
다(K).

[TIP] 드릴 비트에 마스킹 테이프를 감아서 뚫는
깊이를 표시한다. 테이프가 퍼덕거리게 두면 눈에
잘 띈다.

가운데 장부 및 장붓구멍에만 붓으로 접착제를 바
르고(L), 클램프 하나만 사용해서 변죽을 고정시킨
다(M). 상판의 아래쪽에서, 장부를 통과해서 상판에
나무못을 전부 박는데, 나무못이 아래로 빠지지 않
도록 끝에만 접착제를 약간 바른다(N). 최종적으로
변죽은 상판 옆으로 약간 튀어나온 형상이다(O). 상
판이 팽창하면 튀어나온 부분이 점점 없어진다. 그
러나 계절이 바뀌면서 다시 튀어나올 것이다. 상판
이 변죽 바깥으로 튀어나오는 것보다 이게 더 낫다.

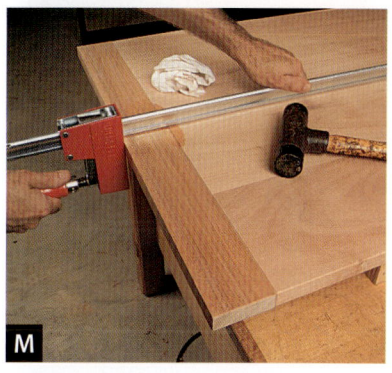

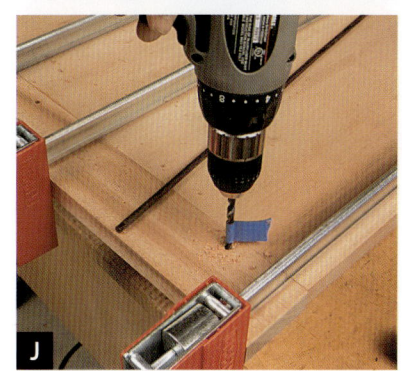

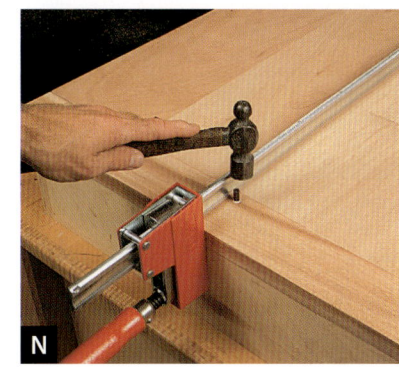

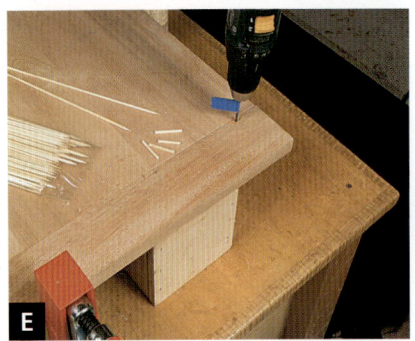

비스킷으로 결합한 변죽

약간 편법이라고 할 수도 있지만, 비스킷을 사용해서 변죽을 붙일 수도 있다. 이것은 50mm~75mm 정도의 비교적 폭이 좁은 변죽에 적합한 방법이다. 앞에서와 마찬가지로 가운데 부분을 대패로 약간 깎아내서, 스프링 같은 탄력이 생기게 만든다. 상판과 변죽 양쪽에 비스킷을 쌍으로 끼울 수 있도록 슬롯을 판다. 비스킷 조이너로 두 번째 줄의 슬롯을 팔 때도, 비스킷 조이너가 첫 번째 줄의 슬롯을 팔 때 기준으로 삼은 면을 그대로 사용해야 한다. 그리고 가운데 4개 슬롯은 100mm~150mm 서로 이상 떨어져서는 안 된다(A). 슬롯을 다 판 후에는 비스킷을 전부 상판에 접착시킨다(B).

상판의 비스킷이 경화된 다음에는, 변죽의 가운데 4개 슬롯에만 접착제를 바르고(C), 변죽과 상판을 붙여 클램핑한다(D).

상판을 뒤집은 후, 접착시키지 않은 비스킷을 관통해서, 변죽에 3mm 지름의 구멍을 뚫는다. 여기에 3mm 지름의 나무못을 박는데, 잡화점에서 파는 대나무꼬치가 최고다(E). 나무못을 비스킷에 꽂고 튀어나온 부분은 플러그톱으로 잘라낸다(F). 상판이 수축, 팽창해도 대나무못은 부러지지 않고 휘어진다. 이렇게 만들면 상판은 갈라지지 않으며, 변죽도 밀착된다.

삽입식 테이블 날개

테이블 확장슬라이더(table extension slides)는 시중에서 쉽게 구할 수 있다. 이것을 테이블 아래에 붙여서 상판을 둘로 분리시킬 수 있다. 분리된 상판 가운데에 별도의 날개를 삽입하면 테이블 면이 넓어진다. 상판과 날개는 테이블 핀이나 비스킷으로 위치를 정렬시키고, 면을 편평하게 유지시킨다. 핀은 황동, 나무, 플라스틱 등 다양한데 끝이 둥근 꽂임촉 형태다. 비스킷은 한쪽에만 접착시키고 튀어나온 부분을 날개에 끼우게 된다. 테이블 핀이든지 아니면 비스킷이든지간에, 먼저 테이블 프레임을 둘로 나눠서 제작한다. 프레임을 접착시킬 때, 가로대의 내민 부분이 정확하게 직각이 되도록 만드는 것이 중요하다(A).

이제 각각의 반쪽 상판을 프레임에 상판 고정철물(tabletop clips; Z철물)로 고정시킨다. 에이프런의 자유단 쪽은 합판 보강판으로 버팀대를 대주어야 한다(B). 테이블 핀 혹은 비스킷을 반쪽 상판의 한쪽에만 접착시킨다(C). 양쪽 상판을 밀어 붙인 다음, 아래에 확장슬라이더를 나사로 박는다. 슬라이더를 6mm 정도 빼서, 닫힌 후에 상판이 밀착되는지 확인한다(D).

상판 제작과 유사한 방법으로 날개를 제작한다. 에이프런을 달아서 날개를 끼웠을 때 일체로 보이게 만들 수도 있고, 아니면 그냥 평판 형태로 제작하는 것도 가능하다. 다만 에이프런을 달면, 날개를 보관할 때 더 불편하다. 에이프런은 버팀대로 보강하고, 양쪽 에이프런과 날개에 모두 슬롯을 판다. 한쪽에만 핀이나 비스킷에 접착제로 고정한다(E).

날개를 끼울 때는 테이블을 양쪽으로 당겨 벌리고, 확장용으로 설치한 가로대 위에 날개를 얹은 다음, 핀 혹은 비스킷을 슬롯에 정렬시키고(F), 테이블을 밀어서 붙인다(G).

상판 고정

목재의 치수변화 대처

➤ 나무 버튼 (294쪽)

➤ 끼움촉과 접착제 (296쪽)

➤ 나무 받침 (296쪽)

철물을 이용하는 방법

➤ 탁자용 금속 고정철물 (297쪽)

➤ 나사를 깊게 박는 경우 (298쪽)

➤ 포켓홀 (299쪽)

상판을 아래 지지부에 못으로 박기도 하지만, 좀 더 세련되게 프레임이나 지지 부재에 결합시키는 방법이 있다. 결합부가 상판 아래에 있기 때문에 눈에 띠지도 않고, 튼튼하다. 상판이 원목이라면 횡방향으로 수축, 팽창이 일어날 수 있도록 제작해야 한다. 요령은 상판을 프레임에 고정시키기는 하지만 동시에 움직일 수도 있어야 한다. 이게 불가능한 것처럼 들릴지도 모른다. 그러나 간단하면서도 보기 좋은 몇 가지 방법이 있다.

상판 고정 방법

상판의 재료에 따라 고정 방법이 다르다. 원목을 사용한다면 목재의 치수변화에 대처해야 한다. 금속철물이나 나무 버튼을 사용해서, 상판에는 나사로 박고, 에이프런에는 홈을 파서 끼우면, 상판에서 치수변화가 생기더라도 프레임에 고정된다. 이외에 에이프런에 나사 구멍을 크게 뚫는 방법도 있다.

합판, MDF 등 인조 재료를 사용하는 경우에는 목재의 치수변화를 걱정할 필요 없이 나사로 고정할 수 있다. 가장 간단한 방법이 에이프런에 구멍을 뚫고 이를 관통해서 나사를 상판 아래에 박는 것이다. 대리석 등 천연 재료를 사용하는 경우에도 원목과 같은 치수변화에 대비해야 한다. 나사를 사용할 수 없기 때문에 프레임 둘레에 실리콘 충전재를 칠한 다음 굳을 때까지 상판과 프레임을 클램핑한다.

상판 아래에 작은 목재 블록을 접착제로 붙여두면, 계절마다 수축, 팽창할 때 상판이 어긋나는 것을 막을 수 있다.

블록 붙이기

철물이나 버튼을 사용해서 고정하더라도, 상판의 폭이 넓은 경우엔 치수변화가 생기면 옆으로 어긋날 수 있다. 큰 상판을 가운데에 잘 맞추려면, 양쪽 프레임 끝 부분에서, 상판 아랫면에 목재 블록을 접착시켜둔다. 상판을 버튼, 철물, 나사 등으로 고정한 후에, 75mm 목재 블록의 이웃한 두 면에 접착제를 충분히 바른 다음, 에이프런 가운데에서 상판 나뭇결을 가로지르는 횡방향으로 접착시킨다. 접착제가 경화될 때까지 블록을 상판에 클램핑한다. 같은 방법으로 프레임의 반대편에도 블록을 접착시킨다.

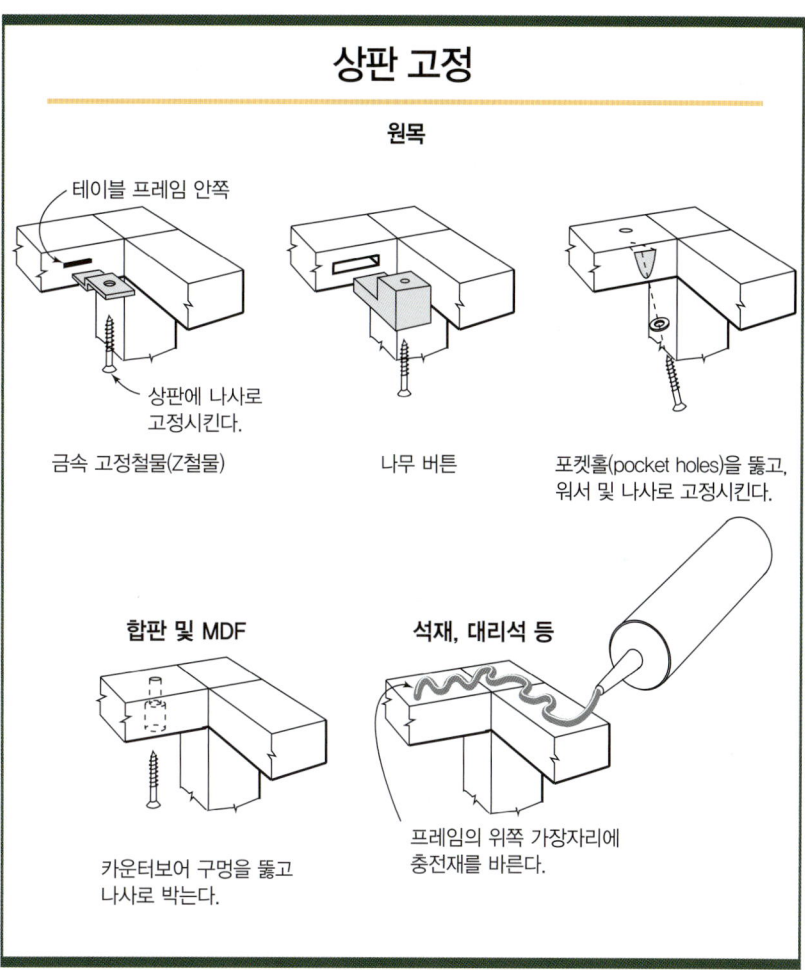

상판 고정

원목

테이블 프레임 안쪽

상판에 나사로 고정시킨다.

금속 고정철물(Z철물)

나무 버튼

포켓홀(pocket holes)을 뚫고, 워서 및 나사로 고정시킨다.

합판 및 MDF

카운터보어 구멍을 뚫고 나사로 박는다.

석재, 대리석 등

프레임의 위쪽 가장자리에 충전재를 바른다.

접착 작업을 하다보면, 목이 깊은 클램프가 유용하다.

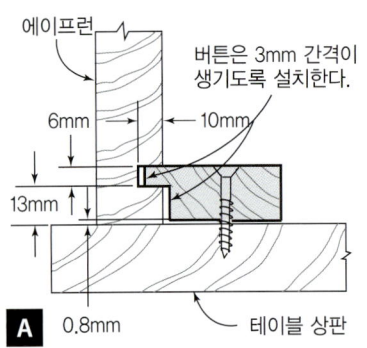

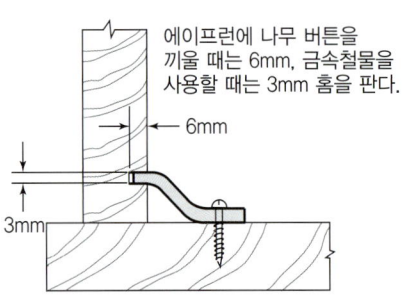

에이프런

버튼은 3mm 간격이
생기도록 설치한다.

6mm

10mm

13mm

A 0.8mm

테이블 상판

에이프런에 나무 버튼을
끼울 때는 6mm, 금속철물을
사용할 때는 3mm 홈을 판다.

6mm

3mm

나무 버튼

상판을 프레임에 고정시킬 때, 나무 버튼(wood buttons)을 이용하는 것이 간단하면서도 효과적이다 (A). 나는 나무 버튼을 한꺼번에 많이 제작해두고 필요할 때 사용한다. 단면 크기가 19mm×25mm인 긴 목재를 준비한 후, 테이블쏘에서 13mm 폭으로 홈을 연속적으로 깎는다(B).

빗각켜기톱에서 톱날을 각각의 홈 왼쪽 어깨에 맞추고 연속적으로 버튼을 자른다(C). 톱자국이 3mm 라면, 각 버튼에 10mm 길이로 혀가 만들어진다. 이제 각 버튼마다 나사 박을 위치에 카운터씽크와 길잡이 구멍을 판다.

버튼을 만들었다면, 프레임을 조립하기 전에 에이프런의 안쪽에 홈을 판다. 6mm 홈파기 전용날을 이용하고, 높이를 정해서 10mm 깊이의 홈을 판다. 그림처럼, 버튼의 혀를 끼웠을 때, 버튼과 상판 사이에 0.8mm 간격이 생기도록 홈을 판다. 마스킹 테이프를 붙이고 화살표로 작업 위치를 표시한다(D).

> ⚠️ **주의** 목재를 조기대에 직접 대고 횡방향으로 가로켜기 하는 것은 위험하다. 목재가 끼면서 킥백(kick back)이 발생할 수 있기 때문이다. 나무 블록을 조기대에 클램핑하고, 이걸 기준으로 작업 목재와 톱날 사이의 거리를 확보하는 것이 안전하다.

아래 받침부를 조립한 다음, 상판을 뒤집어서 가운데에 맞춘다. 버튼을 에이프런의 홈에 끼워 위치를 정하는데, 일부는 모서리에 설치해서 결합부를 보강한다. 나뭇결의 길이방향에 설치하는 버튼은 에이프런과 버튼 사이에 틈을 두는 것을 잊지 않는다. 그러나 나뭇결을 가로질러 배치하는 버튼은 에이프런에 딱붙여 설치한다(E). 각 버튼을 상판 아랫면에 나사로 고정시킨다(F). 길이방향에 배치한 버튼에는 틈이 있기 때문에 상판이 횡방향으로 자유로이 수축, 팽창할수 있으나, 상판은 여전히 에이프런에 밀착 고정된다.

[TIP] 작업을 하다보면 실수도 하게 마련이다. 에이프런에 고정철물을 끼울 홈을 미리 파두는 것을 잊고, 프레임을 전부 접착시켰다고 하자. 이런 경우엔 비스킷 조이너로 홈을 깎으면 된다. 표준 비스킷 커터를 사용해서 금속 고정철물을 끼울 수 있는 홈을 팔 수 있다.

끼움촉과 접착제

합판 혹은 단판을 붙인 테이블 상판은 치수변화가 생기지 않는다. 따라서 상판 아래에 에이프런을 바로 붙일 수 있다. 이 경우 접합부를 보강하고 정렬도 돕기 위해서 짧은 합판 끼움촉을 사용하는 것이 가능한데, 가구제작자 Konrad Leo Horsch는 이런 방식으로 여성용 책상의 상판을 곡선 형태의 에이프런에 고정시켰다.

상판의 아랫면과 에이프런의 위쪽 단부에 라우터로 홈을 깎고, 75mm 정도의 간격으로 비스킷에 접착제를 발라 에이프런에 끼운다(A).

이제 상판과 에이프런, 다리를 전부 접착 조립하는데, 클램프를 많이 사용해서 이음부의 선이 보이지 않도록 단단히 결합시킨다(B).

나무 받침

프레임 위에 나무 받침을 올리고, 이를 통해서 상판 아랫면에 나사로 박는 것도, 효과적이면서도 우아하게 상판을 고정하는 방법이다. 다리 윗부분, 에이프런, 나무 받침에 홈을 반씩 깎고 서로 끼워, 프레임 윗면과 높이를 맞춘다. 카운터씽크를 파고 나사로 박아 단단히 고정시킬 수 있다(A). 상판 중앙에 있는 받침은 보통의 길잡이구멍을 뚫고 나사를 박으면 되지만, 프레임 외곽으로 설치한 받침은 나사 구멍을 약간 길쭉하게 파서 상판이 수축, 팽창할 수 있도록 만든다.

상판을 뒤집어 놓고, 테이블 지지부를 가운데에 맞춰 올린 다음, 나무 받침을 상판에 나사로 박는다(B).

탁자용 금속 고정철물

금속 고정철물은 모양 때문에 Z철물(Z-clips)이라고도 불린다. 이것도 나무 버튼과 비슷한 방법으로 설치한다.

➤ 294쪽의 그림을 참고한다.

에이프런에 결합부를 전부 깎은 다음, 안쪽에 폭 3mm 깊이 13mm의 홈을 판다. 테이블쏘를 이용한다(A).

작업대 위에 상판을 뒤집어 올려놓고, 테이블 지지부를 가운데에 맞춘 다음, 고정철물을 위치를 정하고 끼운다. 나무 버튼과 마찬가지로, 나뭇결을 기준으로 횡방향으로 가로질러 마주보는 철물은, 철물과 가로대 사이에 틈새를 두어야 한다(B). 상판에 길잡이구멍을 뚫고 냄비머리나사로 철물을 박는다(C).

A

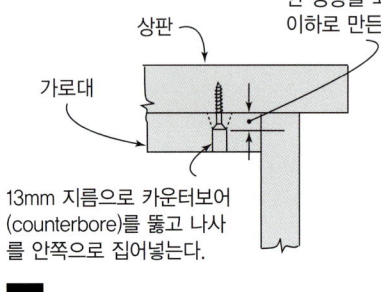

에이프런이나 가로대에서 목재의 치수변화로 인한 영향을 최소화하기 위해서 이 부분을 25mm 이하로 만든다.

상판

가로대

13mm 지름으로 카운터보어 (counterbore)를 뚫고 나사를 안쪽으로 집어넣는다.

상판의 치수변화가 생기는 방향으로, 구멍의 윗부분을 길쭉하게 넓힌다.

B

C

D

나사를 깊게 박는 경우

몇 가지 원칙만 지키면 나사로 상판을 고정하는 것도 괜찮다. 먼저, 나사를 가로대나 에이프런에 박을 때, 가로대나 에이프런에 박히는 깊이가 25mm를 넘지 않도록 한다. 가로대의 폭이 25mm 이상인 경우에는 포스너 비트(Forstner bit)로 카운터보어를 판 다음 (A), 가로대를 관통해서 나사자루가 지나가는 구멍을 뚫는다. 가로대에 박히는 나사의 깊이를 얕게 하면, 시간이 지나면서 치수변화로 인해 목재가 수축, 팽창하더라도 나사가 느슨해지지 않는다.

원목 상판에 나사를 박을 때도 목재의 치수변화가 문제가 된다. 상판이 변화할 수 있는 여지가 없으면 상판이 쪼개지거나 프레임 결합부가 벌어진다. 가장 쉬운 해결책은 가로대에 나사 구멍을 길쭉하게 슬롯 형태로 파는 것이다(B). 가로대에 구멍을 뚫을 때, 드릴 비트를 좌우로 기울여서 구멍을 넓힌다. 물론 상판에서 치수변화가 일어나는 방향으로 구멍을 넓혀야 한다(C).

상판을 뒤집어 놓고, 가운데에 받침을 올린 다음, 길잡이 구멍을 통해서 나사를 상판에 박는다(D).

포켓홀

나사를 상판 가까운 위치에 박을 때는 포켓홀 (pocket hole)을 뚫는다. 좋은 포켓홀 지그가 많이 판매되므로 이를 구입해서 사용해도 되고, 아니면 직접 단단하고 조직이 치밀한 목재로 만들어도 된다. 목적은 보조 블록을 사용해서, 에이프런에 지름 13mm의 경사진 카운터보어를 파는 것이다. 그리고 나서 나사 자루가 지나가는 구멍을 더 뚫는다. 크게 카운터보어를 뚫어주면, 계절별로 습도가 바뀌면서 상판이 수축 혹은 팽창하더라도 나사가 움직일 수 있는 공간이 생긴다.

먼저, 자투리 목재를 사용해서 테이블쏘나 밴드 쏘에서 20° 기울어진 쐐기 형태로 자른다. 그런 다음 38mm×50mm 크기의 하드우드 각재를 쐐기목 및 탁상드릴 정반과 함께 클램핑한다. 13mm 포스너 비트를 사용해서 각재 중앙에서 옆면을 관통하도록, 경사지게 구멍을 뚫는다(A). 이제 원하는 구멍 위치에 맞춰 보조 블록의 끝부분을 잘라낸다(B). 보조 블록을 에이프런의 안쪽 면에 대고 끝은 서로 맞춰 클램핑한다. 탁상드릴에서 사용한 같은 비트로 보조 블록을 통과해서 에이프런에 구멍을 뚫는다. 깊이에 맞춰 마스킹 테이프를 붙여 정확하게 뚫는다(C).

블록을 제거하고, 긴 비트를 사용해서 에이프런 안으로 구멍을 연장한다(D). 그런 다음 6mm 비트를 사용해서 위쪽에서 아래로 구멍을 뚫는다(E). 구멍을 크게 뚫었으므로 상판이 수축, 팽창함에 따라 나사도 움직일 수 있다. #6 냄비머리나사에 와셔를 끼워, 상판을 에이프런에 고정시킨다(F).

유관 업체

다음 업체들이 제공한 재료, 장비, 기술적인 지원에 감사드린다.

Leonard Lee, president, and Wally Wilson at Lee Valley Tools (800-871-8158)

Todd Langston and Scott Box at Porter-Cable and Delta (800-321-9443)

Tom Lie-Nielsen at Lie-Nielsen Toolworks (800-327-2520)

John Orro at Jet (800-274-6848)

George Delaney at Powermatic (931-473-5551)

Dave Keller at Keller & Co. (800-995-2456)

Carol Reed, The Router Lady (760-789-6612)

Gary Chin at Garrett Wade (800-221-2942)

Harry and Henry at Harris Tools (506-228-8310)

Jim Brewer at Freud (800-334-4107)

Zack Etheridge at Highland Hardware (800-241-6748)

Ann Rockler at Rockler Hardware (800-279-4441)

Kurt Wilke at Wilke Machinery (800-235-2100)

Fred Damsen at The Japan Woodworker (800-537-7820)

Daryl Keil at Vacuum Pressing Systems (207-725-0935)

Vince Barragan at Eagle Tools (626-797 -8262)

Mike Peters at Shady Lane Tree Farm (610-965-5612)

Chris Carlson at Bosch (800-815-8665)

Frank Pollaro at Flamingo Veneer (973-672-7600)

Carlo Venditto at Jesada (800-531-5559)

The folks at Woodworker's Supply (800-645-9292)

Bruce Halliburton at Georgia Pacific (404-652-4000)

Ron Snayberger at DeWalt (800-433-9258)

Phil Humfrey at Exaktor (800-387-9789)

Lisa Gazda at American Clamping (800-828-1004)

Cynrhia Van Hester at Wetzler Clamp (800-451-1852)

Torbin Helshoji at Laguna Tools (800-234-1976)

Brad Witt at Woodhaven (800-344-6657)

Marcello Tommosini at CMT (800-268-2487)

Darrel Nish at Craft Supplies (800-373-0917)

Jim Forrest at Forrest Mfg. (800-733-7111)

Greta Heimerdinger at Lignomat USA (800-227-2105)

Jim Dumas and Greg Engle at Certainly Wood (716-655-0206)

Ken Grizzley and the lads-even Mark-at Leigh Industries (604-464-2700)

역자 추천 사이트

재료/공구

공구사랑	mok09.co.kr
메무새	memuse.com
소비트	sobit.co.kr
손잡이닷컴	sonjabee.com
오스모	osmomall.com
위넥스툴	winextool.co.kr
위시스	wwisys.com
이가철물	leesdeco.co.kr
철물닷컴	chulmool.com
철물마트	77mart.co.kr
철천지	77g.com
코스타	mykosta.co.kr
툴크래프트	toolcraft.co.kr
헤펠레	hafele.co.kr
DeWALT	dewalt.co.kr

목재

다우통상	daouwood.co.kr
이솔목재	esolwood.co.kr
코리인터내셔널	khori.co.kr
코스타우드	kostawood.com
털보우드	cafe.naver.com/tbwood

제작/블로그

가구장이 박홍구	blog.naver.com/gagu0007
경산목수	blog.naver.com/myownfactory
나무의꿈	blog.naver.com/namuggum
대현공방	blog.naver.com/aerojsa
도현아빠	blog.naver.com/zen0505
목공방 미르	furniturestory.tistory.com
빨간코 네모	blog.naver.com/fotojazz
스튜디오 올앤올	ollnall.com/index.html
양키목수	blog.naver.com/soltss
우공공방	otooo.co.kr
워니워니	blog.naver.com/srju1092
정목	blog.naver.com/rodin33
정석공방	blog.naver.com/skyeye74
정재원 가구	jeongjae.com
Bittersweet Story	btsweet.blogspot.kr
QUAD	woodworksthequad.co.kr
Wood Studio.H	blog.naver.com/woodstudio_h

해외

BESSEY Tools	besseytools.com
CMT orange tools	cmtutensili.com
FESTOOL	festool.com
IRWIN Tools	irwin.com
Lamello	lamello.com
Lee Valley & Veritas	leevalley.com
LIBERON	liberon.co.uk
Lie-Nielsen Toolworks	lie-nielsen.com
pfeil	pfeiltools.com
ROCKLER	rockler.com
WOODCRAFT	woodcraft.com
WOODWORKING.COM	woodworking.com

참고 문헌

가구 제작

Joyce, Ernest. *Encyclopedia of Furniture Making*. Sterling Publishing.

Krenov, James. *The Fine Art of Cabinetmaking*. Sterling Publishing.

Tolpin, Jim. *Building Traditional Kitchen Cabinets*. The Taunton Press.

목공 기술

Forest Products Laboratory. *Wood Handbook: Wood as an Engineering Material*. Forest Products Laboratory.

Hoadley, R. Bruce. *Identifying Wood*. The Taunton Press.

—— *Understanding Wood*. The Taunton Press.

디자인

Aronson, Joseph. *The Encyclopedia of Furniture*. Crown Publishing.

Editors of *Fine Woodworking*. *Practical Design*. The Taunton Press.

Graves, Garth. *The Woodworker's Guide to Furniture Design*. Popular Woodworking Books.

Morley, John. *The History of Furniture: Twenty- Five Centuries of Style and Design in the Western Tradition*. Bulfinch Press.

Pye, David. *The Nature and Aesthetics*. Cambium Press.

공구 및 장비

Bird, Lonnie. *The Bandsaw Book*. The Taunton Press.

—— *The Shaper Book*. The Taunton Press.

Duginske, Mark. *Mastering Woodworking Machines*. The Taunton Press.

Hack, Garrctt. *Classic Hand Tools*. The Taunton Press.

—— *The Handplane Book*. The Taunton Press.

Lee, Leonard. *The Complete Guide to Sharpening*. The Taunton Press.

Mehler, Kelly. *The Table Saw Book*. The Taunton Press.

Nagyszalanczy, Sandor. *The Art of Fine tools*. The Taunton Press.

—— *Woodshop jigs and Fixtures*. The Taunton Press.

공방

Landis, Scott. *The Workbench Book*. The Taunton Press.

—— *The Workshop Book*. The Taunton Press.

Nagyszalanczy, Sandor. *Setting Up Shop*. The Taunton Press.

—— *Woodshop Dust Control*. The Taunton Press.

Tolpin, Jim. *The Toolbox Book*. The Taunton Press.

목재 마감

Charron, Andy. *Water-Based Finishes*. The Taunton Press.

Dresdner, Michael. *The New Wood Finishing Book*. The Taunton Press.

Jewitt, Jeff. *Great Wood Finishes*. The Taunton Press.

—— *Hand-Applied Finishes*. The Taunton Press.

색인

여러분의 원고를 기다립니다

도서출판 씨아이알은 목공예 분야의 좋은 책을 출판함으로써 목공예에 대한 관심 고취와 확산에 기여하고자 합니다. 목공예 분야의 책을 집필하거나 계획하고 계신 분들, 해외의 좋은 책을 번역하실 의사가 있으신 분들은 도서출판 씨아이알로 연락을 부탁드립니다. 책의 선정과 출간에 좋은 동반자가 되어드리겠습니다. 도서출판 씨아이알의 문은 날마다 활짝 열려 있습니다.

출판문의처: cool3011@circom.co.kr, 02)2275-8603(내선 605)

도서출판 씨아이알의 관련 분야 도서안내

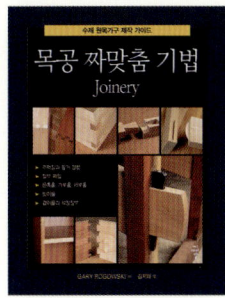

목공 짜맞춤 기법

Gary Rogowski 저 /
김지태 역 / 2017년 12월 /
38,000원

**사랑 가득
엄마표 가구 만들기**

애나 화이트(Ana White) 저 /
이재규, 정복자 역 /
2017년 11월 /
196쪽(216*280) / 22,000원

부조 조각의 정석

Lora S. Irish 저 /
David Koh 역 /
2016년 11월 /
138쪽(216*280) / 18,000원

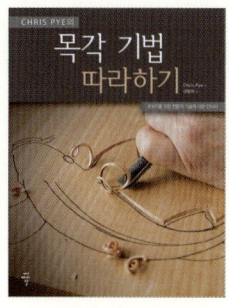

**Chris Pye의
목각 기법 따라하기**

Chris Pye 저 /
정복자 역 / 2016년 4월 /
160쪽(216*280) / 20,000원

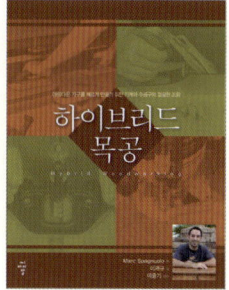

하이브리드 목공

Marc Spagnuolo 저 /
이재규 역 / 2016년 2월 /
192쪽(210*276) / 22,000원

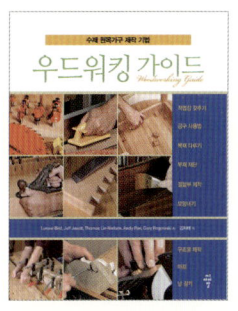

우드워킹 가이드

Lonnie Bird 외 저 /
김지태 역 / 2015년 9월 /
328쪽(222*275) / 34,000원

가구디자인

Stuart Lawson 저 /
한정현 역 / 2015년 5월 /
228쪽(216*280) / 24,000원

우든펜의 정석

Barry Gross 저 /
고득수 역 / 2015년 5월 /
152쪽(216*280) / 20,000원

**Bob Flexner의
목재 마감**

Bob Flexner 저 /
최석환 역 / 2013년 7월 /
152쪽(215*275) / 20,000원

목공 기초

Peter Korn 저 /
최석환 역 / 2013년 7월 /
192쪽(215*275) / 22,000원

역 자 |

최석환(국민대학교 공과대학 교수)
wdfurniture@naver.com

감 수 |

백주현(미르의 가구이야기 대표)
garam100@naver.com

수제 원목가구 제작 가이드

고급 목가구
손수 만들기

초판발행   2015년 06월 22일
초판2쇄   2018년 05월 03일

저   자   ANDY RAE
역   자   최석환
펴 낸 이   김성배
펴 낸 곳   도서출판 씨아이알

책임편집   박영지
디 자 인   김진희
제작책임   김문갑

등록번호   제2-3285호
등 록 일   2001년 3월 19일
주   소   04626 서울특별시 중구 필동로8길 43(예장동 1-151)
전화번호   02-2275-8603(대표)
팩스번호   02-2265-9394
홈페이지   www.circom.co.kr

I S B N   979-11-5610-135-2 93630
정   가   34,000원